儿童行为的
塑造与矫正

林正文 著

ertong xingwei de

suzao yu jiaozheng

北京师范大学出版社

图书在版编目(CIP)数据

儿童行为的塑造与矫正/林正文著.—北京:北京师范大学出版社,1998.4(2022.1重印)
ISBN 978-7-303-04678-2

Ⅰ.儿… Ⅱ.林… Ⅲ.行为-儿童教育-基本知识
Ⅳ.G61

中国版本图书馆 CCP 数据核字(98)第06596号

营 销 中 心 电 话　　010-58802181　58805532

出版发行:北京师范大学出版社 www.bnupg.com
　　　　　北京市西城区新街口外大街12-3号
　　　　　邮政编码:100088
印　　刷:北京市溢漾印刷有限公司
经　　销:全国新华书店
开　　本:889 mm × 1194 mm　1/32
印　　张:24
插　　页:6
字　　数:586千字
版　　次:1998 年 4 月第 1 版
印　　次:2022 年 1 月第 22 次印刷
定　　价:36.00 元

责任编辑:许金更　石小玲　　装帧设计:李葆芬
责任校对:李　菡　　　　　　　责任印制:马　洁

郑　序

　　台南师范学院林正文教授与我相识多年，我两次去台湾访问，均受到林教授及夫人的盛情款待。

　　林教授不但为人真诚、热情，且学富五车，著述颇丰。去年5月，我请先生来京讲学一周，介绍其新著《行为改变技术》，大受欢迎，索书者众。为了与更多读者分享这一学术硕果，征得林正文教授和台湾五南图书出版公司同意，我将该书推荐给北京师范大学出版社发行大陆版本，并将书名改为《儿童行为的塑造与矫正》。

　　该书全面系统阐述了塑造儿童良好行为、矫正儿童不良行为的原理与策略，并引用大量有趣的心理学实验及家庭与学校教育中生动实例，来说明正确或错误用法。内容丰富实用，结构新颖严谨，论述深入浅出，语言幽默流畅，是一本雅俗共赏的好书。不但可用作大学教材，而且广大中、小学、幼儿园教师及孩子家长阅读此书后，也会茅塞顿开，在教育儿童上少走弯路。

　　由于海峡两岸隔绝多年，学术用语略有不同，如书中多次出现的"制约反应"、"增强"，在大陆心理学界分别称作"条件反射"和"强化"。诸如此类的微小差异读过几页自会释然，不至于影响对全书内容的理解。

先读为快！

在该书大陆版本付梓之际，特赘数语以为序。

郑 日 昌

丁丑年正月初一

于北京师范大学丽泽 9 楼

自　序

　　自从西风东渐，近二三十年来，人们在教养学童观念上产生重大巨变。现代教职或亲职都强调以儿童为辅导中心的说法，与过去把学童当成练习挥棒的对象，大异其趣。可是在另一方面，孩子们令人百思不解的问题行为，并不因观念调整而有所改善，还是和往日一样，难以理解，则是一项不争的事实。

　　在这一箩筐的孩子问题中，正面临角色转变的老师和父母，又如何发挥应有的角色功能？坦白说：做一个任务专家，无能为力；做一个仲裁者，一筹莫展；做一个良好厨师，面对马上要端上去的菜肴，连菜单都会弄错……如此怎么不令人忧心？

　　不管父母也好，老师也罢，不论怎么无能为力，怎么一筹莫展……角色总要扮演，无法置身事外。面临这种情形，为人父母和为人师长，会觉得其苦无比，或勇气尽失，尤其是面对恶行孽子者为然。甚至恶言相向，大发雷霆，誓言跟他断绝关系或把他开除退学。虽然如此，多少父母或老师还是不死心，仍不断努力去寻找放诸四海皆准的真理——养儿育女和春风化雨的准则。

　　如今，日复一日，年复一年，许多专家学者投入了无数心血，提供了不少意见。但事实告诉我们，不仅这些准则仍在寻觅中，而且问题严重，依然如故。一旦问题发生时，社会舆论所批评的对象，首先倒霉的是老师，接着是父母，似乎很少去怪罪儿童本身，真使老师、父母感叹难为。笔者怀疑如此把孩子奉为主人，却不负责任的说法真能改善这些问题吗？反而让我们感觉孩子的问题，似乎愈来愈多。

　　笔者躬逢其时，何其不幸？又何其幸运？不幸的是笔者当了父亲，也执起了教鞭。当我身为3个孩子的父亲和当了成百上千学子的老师，尤其是接触更多少年犯和负责训导工作后，看看社会这些批判，才茅塞顿开，在下列两个问题找到了答案：

　　　　只有那些无儿无女的人，才有养育子女的锦囊妙计。
　　　　只有那些不教儿童的人，才有感化顽童的妙法良策。

　　可是这些无儿无女的社会贤达，或是这些不教学童的学者专家，虽然一再告诉人们许多管教孩子的锦囊妙计和妙法良策，但多少年来，对这些顽童孽子的老师、家长而言，却派不上用场，儿童的问题不但不减少，反而有增无减。不知是老师、家长孽子不可教？抑是专家学者清谈不可用？幸运的是在这20多年，个人在教育学子和管教子女这两件事，如同一场赌博一样，输赢虽然未到最后，无法定论；也许到头来千头万绪一团糟，也许临终了万流归宗一曙光，都还在未知之数。但我却从教养学童和个案辅导过程中，体会到：没有任何事情会比学童、子女的成长和问题学童的改变，更具乐趣，更见喜悦。只要能体会，事实上也有很美的一面。

　　这10年来在师院初教系担任行为改变技术的专业课程，不管是阅读专门著作，或是从事实际教学，或是参与个案辅导的生涯历程中，一方面孕育上述悲欢交集的感触，一方面也思索撰写可供人们参考的通俗作品。终于在3年前写完本书的姊妹篇《儿童行为观察与辅导》后，学生和读者的反应还不错，在挚友的鼓励下，又尝试本书的撰写。

　　目前坊间有关行为改变技术的专著已有5本，都相当不错，假若在内容安排上跟这些专著毫无二致的话，就没有多大意义。因此，对本书的出版，并不求在这领域中增加一本新书，而是期望根据个人多年教学和研究心得，撰写一本更适合小学、幼儿园老师及家长阅读，用以辅导学童之通俗行为改变技术的书本。

为达上述理想，本书在撰写方面把握下列二项重点：

一、强调理论依据

由于行为改变技术是一门应用行为科学，主要是借重实验心理学的研究结果，以改变人类行为。因此，各种方法策略都有其科学实验依据。虽然这些方法都建立在动物实验上，饱受许多批判，但此种批判对各种行为基本原则的确立，影响不大，还是可取。可是检视国内几本相关著作，虽然很好，但有关此项理论叙述，不是独付阙如；就是笼统说明，叙述简略。对读者的深入理解，都助有限，未免是一大缺憾。基此，本书特别强调此点，不但有整体性理论依据的专节说明，而且各章（即每一策略）均有动物实验的小节叙述，以建立各种方法的基本模式，确信对于读者清楚理解各种策略，将有很大的裨益。

二、重视实务应用

从行为改变技术的内涵层面来看，每种方法策略固然有其理论基础，宜加以重视。但其目的乃在于应用，故从另外实际层面而言，其所探讨的内容，乃在于俾使读者获得有关生活实用知识为主。因此全书虽然仅仅介绍制约取向部分的十五章节，主要篇幅则放在实务处理上，每项策略至少有 20 个例子，总计 300 多个——日常生活中常见的实例分析，确信可以帮助老师、父母有效地处理孩子的行为问题，使为人师表、父母者能有更好的角色扮演。以笔者本身从事这方面研究与教学的立场，我愿将这些方法和技巧分享给读者。几年来笔者曾有效地应用在自己子女和个案辅导上，读者若能清楚明了并正确掌握其精神，善加应用，必可收到理想的效果，尤其是对小学、幼儿园及家里的学童为然，至于中学以上的青少年可能就不适宜了。

全书内容分五篇十七章，除前后之绪论与结论各一章外，每篇三章。第一篇基本原则篇，包括二至四等三章；第二篇复杂行为篇，包括五至七等三章；第三篇扩大应用篇，包括八至十等三篇；第四篇非常情况篇，包括十一至十三等三章；第五篇防微杜渐篇，包括十四至十六等三章。若从纵贯面分析，前四篇属于操作性制约取向，强调行为后效强化。从简单行为的基本原则开始，依章节顺序深入探讨复杂行为，然后扩大应用，再叙及非常情况的处理。最后防微杜渐篇属于反应性制约取向，强调刺激的变化与操作。若从横断面来看，则每篇均有一章强调良好行为的塑造，前四篇计有正增强（第二章）、行为塑造（第五章）、后向连锁反应（第八章）和逃脱及躲避制约（第十三章）等四章；也有一章是探讨偏差行为的改变，计有消弱（第四章）、区别增强（第七章）、隔离（第十章）和惩罚（第十一章）等四章；中间一章是上下两章必须配合应用的手段，计有增强物（第三章）、继续增强（第六章）、间歇增强（第九章）和代币制（第十二章）等四章。最后一篇则属于反应性制约取向，着重在由刺激所引发的反应，计有刺激控制、渐隐及类化等三章。

至于内容的撰写，每章力求一致，包括楔子、内容、正用、影响因素、误用及应用原则等 6 部分，其中正用、误用分别在家庭、学校方面各举 5 例（尽可能包括幼儿园 2 例，小学 2 例、特教 1 例），以适应不同老师的实际需要，方便应用到实际生活中。每章以 2 万字左右配合课程教学时间，方便在两小时内授毕。

熟读唐诗三百首，不会吟诗也会吟。由于本书阅读的对象锁定在小学、幼儿园老师及家长，其中多数人的心理学基础不够，甚至缺乏，因此大量放进各种、各类及各年龄层问题行为的实例，希望这些没有心理学、教育学背景的家长们熟读三百实例后，纵然心中没有良法妙策，也可以依样画葫芦。假若读者已有心理学基础，那么重点就放在理论实验部分，然后选择几个相关实例印证一下就可以，无须每一实例都一一详读，否则不仅浪费时间，可能掷书一叹，误以为笔者找例子增加篇幅了。假若你的辅导对象是中学以上的青少年时，那就别浪费时间翻阅，否则你将会失望。

从初步内容构思到最后完稿付梓，前后有一年半，虽然笔者有心把它写得更趋理想，但由于个人学识能力的限制及身兼行政工作的影响，尤其是赶着交稿情况下完成，相信存有甚多缺失，至祈学界先进不吝指正，以待来日修订。假若因此真能带给小学、幼儿园老师及家长一点帮助，将是笔者最感欣慰的事。

最后特别要感谢五南图书公司杨荣川先生鼎力支持，经理毛基正先生多次关注，使本书能顺利出版。也要感谢本校陈海泓教授在美进修期间的资料提供及部分译文的协助，使内容较趋充实。在写作过程中，内子张金蝶女士的长期支持与文字校对，是最大的助力。女儿敏棻当过课堂上的听众，伟棻在打字、版面上的设计，淑棻的生活实例和初稿的阅读及指正，均有助于本书向理想境界更接近一步，特此一并致谢。

林 正 文　　谨 识
1996 年 2 月
于台南师院初教系

目　　录

第一篇　基本原则篇

第二篇　复杂行为篇

第三篇　扩大应用篇

第四篇　非常情况篇

第五篇 防微杜渐篇

本书架构图

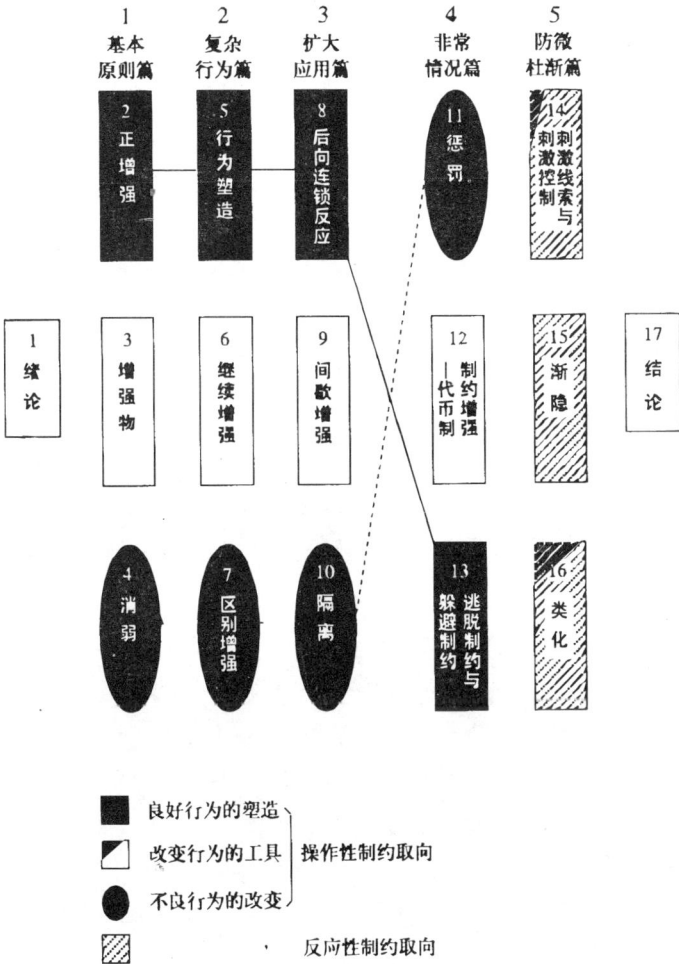

1	2	3	4	5
基本原则篇	复杂行为篇	扩大应用篇	非常情况篇	防微杜渐篇

2 正增强 — 5 行为塑造 — 8 后向连锁反应　　11 惩罚　　14 刺激线索与刺激控制

1 绪论　　3 增强物　　6 继续增强　　9 间歇增强　　12 制约增强—代币制　　15 渐隐　　17 结论

4 消弱　　7 区别增强　　10 隔离　　13 逃脱制约与躲避制约　　16 类化

■ 良好行为的塑造　　　　 ┐
□ 改变行为的工具　　　　 ├ 操作性制约取向
● 不良行为的改变　　　　 ┘

▨ 　　　　　　反应性制约取向

第一章 绪 论

好逸恶劳是否为人类本性，或许尚得争论，但彰显在生活中，多数人们确是如此，则为不争事实。因此人类为要适应社会环境，必须改善此种本性，从孩童时期就开始学习许多生活技巧：幼童之时如何吃饭、穿衣、走路……；渐长之后，如何分担家事、友爱兄弟、尊敬长辈……；进了学校，如何与同学相处、用功读书、敬爱老师……才能获得良好的适应。而这些技巧的获得，固然可以经由观察而学习，但我们不能期待完全由这种方式学得，必须端赖父母的培养和师长的教育，否则不仅将降低孩子的适应能力，而且可能要费更多的时间和精神来矫正、改变孩子的恶习。

第一节 意 义

李老师听到上课钟响了，动身从办公室走到教室，当他踏入教室的刹那，映入眼帘的是：

铭哲：□沫横飞地大发谬论。

丽妃：视若无人地乱丢纸屑。

兆淋：埋头用功地静写作业。
国杰：兴致勃勃地聊天谈笑。
景怡：无精打彩地静坐角落。
…………

上述事象，我们不知道李老师的感受如何，但这些素材倒是可以提供讨论本书主题的一个起点。这些事象若仔细观察，不难发现：每一情况皆涉及儿童的某种行为。这些行为有的偏差，有的良好，有的中性，应有尽有。从事教育的老师或负责教养的父母，无不希望偏差者能改善，中性者能从善，良好者能继续保持，这种希望或期待正是本书所要讨论的主题和处理的范围之一。事实上，假如你仔细阅读本书，将可以了解上述问题，并会拥有处理技巧。不管探讨的内容或处理的技巧，本书均采行为改变技术的观点。在还没介绍这些内容时，让我们先对有关行为改变技术的观念、意义、理论基础、特征、功用及发展历史作简单叙述。

一 个 体 行 为

要了解行为改变技术的意义，首先应该了解个体行为、行为改变、行为塑造等名词的意义，而后行为改变技术的意义，自然就很容易理解。个体行为是由个体和行为组合而成的一个复合词，要说明它的意义时，必先说明个体的意义。心理学上所说的"个体"系指单一的有机体（organism）而言，而所谓"有机体"一词，是指具有生命而且自身能够有系统的维持其生理与心理功能者。通常均指人与动物而言。

行为在心理学中是一个相当重要的名词，但亦是一个最难界定的名词，根据学者的论点，大致有 3 种不同的涵义。

1.传统行为者如华生（Watson）或斯金纳（Skinner）等，将行为界定为可以观察测量的外显反应或活动。

2.新行为论如赫尔（Hull）或托尔曼（Tolman）将行为的定义放宽，除可观察测量的外显行为外，也包括内隐性的意识历程。

3.认知论者，将行为视为心理表征的历程，对外显而可以观察测量的行为，反而不太重视。

综观上述说法，如不加另外的限制词，行为一词在心理学界广义用法，已包括内在的、外显的意识与潜意识等一切活动。

已说明个体及行为二词后，我们要问个体行为又是什么？狭义言之，是指被人观察到或是能用仪器测得到的个体活动。广义言之，除直接能观察及测量的外显活动外，尚包括间接推知的内在心理历程——意识及潜意识历程。

本书因篇幅关系，仅叙述制约学习部分，所以在定义方面则采狭义的观点。

外显行为可指个体的局部活动，如肌肉活动与腺体活动等均属之，亦可指有组织、有方向的整体活动，如打球、写字、演说、吃东西等等均属之。在原则上，本书又以个体整体性活动为主。沃特斯（Waters）（1958）认为整体性行为至少具有以下 4 种特性：

1.自发的（autonomous）：行为是自发的而且有目标的。

2.持久的（persistent）：直到达成目标，个体始告停止。

3.变动的（variable）：为谋目标之达成而常换其手段。

4.可因训练而改变（changeable）：行为可经学习或训练而改变。

二　行　为　改　变

个体行为就本质观察并非固定不变，而是因身心发展及客观情境影响，随时在变化。一般说来，此种改变来自3方面：

（一）成熟

世上所有动物都有一种使得种族延续的循环活动，人类也不例外。从人生整个过程观察，通常是由受孕、出生、婴孩、儿童、少年、青年、壮年、老年等时期，而至死亡。由一时期而至另一时期，其间发展是渐进的，且具有一定秩序，但表现出来的行为甚为明显，而有很大不同与改变。譬如：初生婴儿，由于生理尚未成熟，他才逐渐具备仰头、翻身、坐爬、行走与跑跳的基础。同样的，随着生理的逐渐成熟，整体或大肌肉的运动也逐渐的分化成局部或小肌肉的运动。生理的老化亦同样会产生许多行为的改变。

生理成熟有好多是生得的行为，如吃、性、参与活动等行为，不仅人类具备，一般动物亦然。就像雌性鸟类的筑巢、蜜蜂沟通食物来源、蜘蛛织网等行为都是本能。生理成熟虽出自本能，但严格说也不完全受遗传的影响，多少还受人为环境力量的左右，不像动物在这方面的行为少有变化。例如：台南的蜜蜂，即使飞到台北，甚至美国，沟通食物来源的行为，还是遵循相同的模式。但若换成人类就不同了，一个小孩生于台南，长在台北，定居美国，其习得的行为，和当时生下就留在台南长大的孩子绝对不同，纵然他们还具有相同的本能行为，可是他们各要满足这些本能行为的方式也改变了，所以人类的行为模式，不像蚂蚁、蜜蜂、蜘蛛那样早就被注定在遗传基因上了。

(二) 有机体的暂时状态

所谓有机体的暂时状态是指由疾病、疲倦、情绪紧张或药物所导致的行为变化。

个体身体若有疾病，一则直接成为行为问题的原因，如内分泌障碍，包括甲状腺、副肾、皮质及脑下垂体等亢进或低下，均会产生各种不同的行为问题；身体机能的障碍及精神病也会使人格产生异常；另则身体疾病，使病患觉得痛苦与不快，扰乱日常生活，阻碍交友关系以致影响其行为问题。

其次情绪作用也关系到个体行为，例如当个体处于某种危急情境中，会引起紧张、害怕的情绪状态，有机体内部也会发生一连串的生理反应，而影响到行为反应。不仅会损害到身体的健康，甚至导致一些疾病——即一般所谓的心身症（psychosomatic disorders）疾病，许多疾病如心脏病、血压高、消化系统溃疡等等都与情绪压力有关。

至于药物方面影响儿童行为更为明显，如使用兴奋剂或迷幻药后，很快引起生理反应，药效呈现时，会让人控制不住，变成极端恐慌、焦虑、不安状态，导致不良行为的产生。

(三) 学习

行为的改变除上述两类外，其他所有的行为改变可以说是来自于学习。其中第 1 类提到人类由遗传、生理成熟与老化所产生之持久性的行为改变，不能算是一种学习。另外第 2 类由疾病和药物所引起的暂时变化，也被排除在学习之外。

有关学习这个主题曾经引起很多理论家的激烈争论，虽然目前的争论已经较少，但有关学习理论的建立，仍然很少有一致的说法。

早期心理学者研究行为，同意学习过程不能直接研究，因此，学习是否产生，主要是观察个体经训练或指导之后，是否因练习程度的不同而有差异。易言之，学习是一个中介变项，介于练习与行为改变之间，必须借二者的函数关系推论其存在。至斯金纳才提出异议，认为行为的改变就是学习，无须作进一步推论的过程。

近几年来学者界定学习定义的趋势，是依据可观察得到的行为改变。最普及的定义乃由金布尔（Kimble）所界定的：

学习是行为潜力较具持久性的改变，此种改变系由于增强练习而获得的结果。

亦可界定为：**经由练习而产生较持久性行为改变的历程。**

根据上面的讨论，行为改变包括有机体的成熟、疾病、药物……导致的暂时变化及学习的结果，本书采狭义的立场，仅指学习所导致的行为改变。

这种改变具有下列特性：

1. 学习是行为改变的索引。

2. 这种行为改变具有较持久的特性。

3. 行为改变不必在学习经验之后立即发生。

4. 行为改变是经验和练习的结果。

5. 该经验或练习须予以增强，即仅是获致奖赏的那些反应才会学得。

因此凡是经由生理上的成熟而导致行为的改变就不可称为学习。相同地，由于药物或疲劳而导致的行为暂时改变，也不可称为学习。唯有透过练习，使个体的行为产生持久性改变的历程，才称之为学习，这样的定义，若详细分析，包含了 3 方面的意义：

1. 行为产生了变化

透过学习有些行为的变化是可以立即观察到的，例如由不会开车到会开车。此外，有些行为的变化是无法立即显现出来的，必须在适当的时候或场合才会表现出来，这就是所谓潜伏学习。因此，由学习所造成的行为变化，有些是立竿见影，有些却是潜伏未彰。

2. 较持久的变化

一个经由学习而产生的行为是持久的，但是有些行为的变化却是暂时的，例如：身体在极端疲惫下开车，这时开车行为与平日开车行为是不一样的，这种由疲倦所造成的行为变化，并不是学习的结果。此外，由药物所引起的行为也不能算是学习的结果。例如，人吃了迷幻药，而做出类似乩童的行为，这些行为的改变都没有持续性。

3. 行为变化是透过经验和练习的结果

例如学会骑车，骑车行为并不是因个人肢体和心智成熟所获得，而是经过练习结果。有些行为的变化，例如：雌性鸟类的筑巢行为是种本能，婴儿会爬的行为主要是因肢体成熟的缘故，而不是练习的结果。这些因本能或成熟所引起的行为改变，都不能算是学习的结果。

三 行 为 塑 造

若就行为改变的特质来探讨，首先可以区分出两种不同的状况，其一是从没有改变为有；其二是从不良改变为良好或从偏差改变为正常。

为什么人类行为要改变呢？这乃因为与生俱来和自然成熟的行为太少、太简单、太幼稚，不够适应环境的要求。

从发展观点来看，个体自降生后，其生理状况时时刻刻都在改变，这种改变是沿着发展的历程进行，不仅是量的递增（如体形的改变、动作的变化），而且也是质的改变（如心智发展）。

无论身体动作或心智作用的改变，若仅靠生物性的成熟，已无法适应环境，尤其是社会越来越文明，人际关系越趋复杂，更显困难，必须依赖后天的社会学习，否则势将适应不良。

在学习历程中，行为学派否定遗传因素，相信个体的一切行为均为后天学习的结果，而适应行为中，举凡日常自理行为、语言文字、算术能力、课业知识、社交技巧、生涯规划、工作能力等，都可以透过学习情境的控制与营造。

行为既可控制与营造，那么如何建立？心理学家桑代克（Thorndike）认为行为受其本身的后果所控制，人类某一种行为的发生，若为个人带来好的后果，它的强度就会因之增加，反复行为，终于养成牢固的习惯。这整个过程，后来行为学派的学者，称之为"增强"，行为所带来的后果称为"增强物"。

简单的行为，使用增强方法来建立，可以理解。问题是人类行为大多是复杂的，如何使用增强来达成？在这种情形下，我们可以利用同样的原理，俟机增强与终点（目标）行为稍微有关的行为，然后再逐步接近我们所期望建立的终点行为。换言之，我们先把复杂行为先予以细目化，采用增强原理，从最简单的细目行为来开始建立，然后循序渐进，予以塑造成型，以达到新行为的建立。

四 偏差行为

学童在社会家庭生活过程中，固然多数都能适应，表现良好，可是也有部分会发生问题。其中一部分，如同前小节提及的——未能建立良好行为，带给父母、师长烦恼。另外一部分，则发生行为偏差，不仅困扰父母、师长，而且也影响个体的身心发展。如何改善这些偏差行为，成为本书各章所要讨论的重点。

"行为"一词，在前面冠上一个限制词形成所谓"偏差行为"又有什么意义？平常所说偏差行为仅是一种统称，在分析和辅导上没有多大意义，实际应用上，宜对各种偏差行为分别讨论，才能发挥效用，显现其意义。因此要给笼统性之"偏差行为"一词，下一种大家可以接受的定义，的确是一件困难的事。

不过本文既然以"行为改变"为讨论主题，为了便于讨论有关问题，我们综合一般看法，给它一个简单概括性的定义。

所谓**偏差行为乃指学生在行为上失去常态，足以困扰他人或自己而妨害其生活适应者**。

从这项定义看来，偏差行为的成立至少应具备下列2项条件：

1. 异常

所谓"异常"或称"失常"，是指学生的某项行为异于常态。"常态"以统计观念来说，就是平均值。学生偏差行为就是指该生的行为表现偏离平均值，也就是指这项行为显现与年龄相同、教育水准相近者不同的意思，用通俗话说就是"与众不同"。例如就发展观点而言，身体活动是儿童正常现象，但小明的活动量超过同年龄儿童平均值很多，且为父母、师长所无法接受的那就是异常。

2. 有害

所谓有害是指行为结果，对学生本身或他人造成困扰，且妨害其生活适应。假若小明某种行为仅与众不同，但其行为结果并不妨害别人，也不困扰自己，仍然不能称为偏差。必须异常与有害二者兼具，才能视为偏差行为。例如小华素食，虽然与众不同，但并不妨害别人，也不影响其健康，所以不能说素食是偏差行为。但小明若是极端偏食，就成问题，在这种情形下，不仅与众不同，而且绝对有碍健康，如此则属偏差行为了。

行为既然包含外显行为与内隐意识历程，因此所谓偏差行为，当然也包含这二内涵在内，只是这类行为结果，不仅与众有异，而且妨害个体身心适应。

偏差行为到底有哪些？随学者的看法不同而有差异。若以行为问题的性质来分，马丁（Martin）和皮尔（Pear）（1992）把它区分为下列 3 大类：

①不足性行为（behavioral deficiencies）：行为表现太少，沉默寡言。

②过多性行为（behavioral excess）：行为表现过多。

③不适宜行为（behavioral inappropriateness）：表现不符合时间、地点及身分的行为。

在学生各种行为表现中，出现某种偏差行为，极其自然，这类行为若仅是偶尔出现一次，不再复现，不足为奇，不必刻意注意。假若连续出现或一再出现，则表示已显现下列征候，非注意不可：

（一）适应困难

从社会适应观点而言，学生任何偏差行为的出现，皆可视为适应困难的征候。显示学生遭遇困难，不仅无法以自己的知能、经验去克服，而且也无法改变自己的行为模式，去适应环境的需求，唯有诉诸病态（偏差）行为以满足需求，消除困难或解决危机。

（二）求助呼声

从心理卫生的观点来看，学生任何偏差行为显现，皆可视为求助呼声。表示他们不能以社会所允许之积极建设性方法解决困难，亦不能以个体所拥有之消极挫折容忍力来面对问题，因此需要师长、甚至专业人员来帮助，了解问题症结，有效予以辅导。

学生在生活上既然面临适应困难而显现求助呼声，身为师长者，岂能袖手旁观？实在有必要加以诊断与辅导，否则将降低教育功能。

小孩子会表现不良行为，并不是因为他中了什么邪，只要用一些符咒把附在身上的恶魔除掉就好了；也不是有什么病原体在他身上作祟，吃一帖灵丹仙药就可以解决；更不是因为小孩子在早年遇到什么不幸的事件，而造成日后产生一些心理障碍的一种症状。它的产生是看外界对这个行为的反应而定。基此，行为学派学者乃强调前述增强原理的应用，假若行为发生带来坏的结果，或徒劳无功，则行为再度产生的强度，便会因之减弱，如此重复多次之后，它终于不再出现，自个人行为中消失。

至于不良行为如脾气暴躁、反抗权威、过度恐惧、独自游戏、不做功课、破坏公物、满口秽言等，亦是个体在教室、社会或其他情境学习而来。即是学习而来，当然也同样可以透过学习的手段——增强原理的应用来改善。

五　行为改变技术

父母若发现自己的孩子有上述行为异常，会寻求学者专家协助，使之恢复正常；老师若发觉班上儿童行为异常，则希望他们最好能转班或转校，以免防碍教学。对于这类儿童，新近欧美许多学者热衷于研究，如何应用从学习心理学或其他实验心理学所获得的原理原则，以有效改变这类儿童的偏差行为，包括良好行为的建立与增进，以及不适当行为的矫正与根除。这一种应用学习理论来建立良好行为，或改善偏差行为的科学方法，就是本书所要介绍的行为改变技术。

所谓行为改变技术，是指凡是应用学习理论于实际补救程序（remedial procedures），复健、矫正、教室管理、咨商及辅导等技术均称之，包括不良行为的改善及良好行为的塑造。

第二节　理论基础与应用策略

行为改变技术是 50 年代末期在若干先驱学者倡导下，自成系统而广泛应用于不良适应行为的一种辅导方法，自 1962 年 R. I. 华生才在一篇文章提出行为改变技术（behavior modification technique）这个专有名词，迄今为期仅有 30 多年光景，但广泛应用于行为治疗上却发展非常迅速，自 80 年代在辅导咨商及心理治疗上，已成为强势力量，令人刮目相看。

行为改变技术发展虽晚，但其理论却奠基于本世纪初期两种学习理论的影响，一是巴甫洛夫的古典制约，二是斯金纳的操作制约，60 年代后尤其是 70 年代，行为改变技术的范围扩大，不再限于只采用行为论的制约学习理论，而扩大采用认知理论及社会学习理论，以改变个体的态度、观念、思想等较复杂的心理历程。因此，探讨行为改变技术的理论依据不外：古典制约、操作制约、认知理论及社会学习等 4 种理论。

由于篇幅的关系，本书仅介绍制约取向的行为改变技术部分，所以在理论依据方面，仅叙述反应性及操作性制约学习理论，至于认知及社会学习理论则留待另一本专著叙述，因此本书副标题制约取向。其中前二者的实验结果和理论基础为行为改变技术大厦的建立，提供了主要的基础部分，迄今仍是最有用的。

一 反应性制约学习

有些心理学家把行为的习得，解释为刺激与反应联结的历程。在学习心理学上称此种解释为联结论（association theory）。

联结学习在心理学发展过程中可分两种方式：一种是刺激代替作用，另一种是反应强化作用。前者的基本看法是指某些刺激能自动地引发某些反应，而后者的基本观点则指行为因其结果而被增强或消弱。本节即在分别介绍这二派别的理论基础及其辅导上的应用，首先介绍的是第一种称之为"反应性制约取向的行为治疗"。本小节主要重点，乃在叙述其理论基础，以阐明本行为治疗的心理学依据，并介绍本行为治疗的方法。

（一）揖驴的故事

明朝有位徐文长，他的叔叔每次来到他家里，都会指责他行为放荡不羁，多次后，他心里非常不舒服。于是他溜到屋后，对着叔叔骑来的驴子作一个揖，然后重重地鞭打它一顿，如此连续几次，驴子一见作揖，就惊跳起来。待他叔叔临走，骑上驴子，徐文长很恭敬地对他叔叔深深一揖，那只笨驴以为又要挨打，忽然暴跳起来，把叔叔摔了下来，跌得鼻青眼肿，到死都还不知道被侄儿摆了一道。

在这个例子中，鞠躬和鞭打是两个不同的刺激，前者是引起趋近喜爱反应（纵然不是喜爱，至少是中性），后者引起恐惧暴跳。这两个刺激同时出现，产生了取代作用，鞠躬取代了鞭打，引起行为改变，从喜欢（或中性）变为恐惧暴跳。所谓"刺激反应联结"，正是这个意思，像这类刺激代替性的学习历程，在学习心理学上称为古典制约学习（classical conditioning），或称反应性制约学习。那么古典制约又是什么？这是下面所要讨论的主题。

（二）理论基础

古典制约学习是如何产生？又如何与行为治疗涉上关系？从下列 3 位学者的实验就可以获得了解。

1. 巴甫洛夫（Pavlov）的学习实验

反应性制约取向行为治疗系依古典制约学习理论而来，所谓古典制约学习，系指俄国生理学家巴甫洛夫在本世纪初，用狗从事消化实验时发现的一种唾液反应现象。他将一只饿狗系于架上（如图 1-1）。

以少许牛肉（S）呈现；狗即流出口涎（R），由此可知牛肉为有效刺激。另外铃声（S）本为无效刺激。在呈现牛肉时，同时也按铃，如此连续几次后，虽然单独按铃，狗亦流出口涎，然则铃

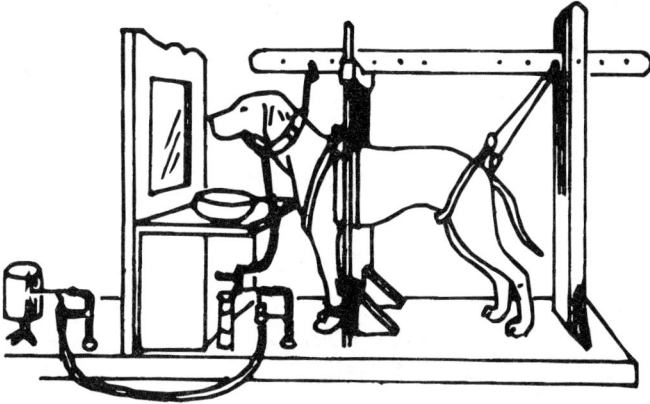

图 1-1　巴甫洛夫的实验装置

（采自 Engle，1964，50）

声已代替牛肉之效用，而引起狗的口涎反应，也可以说：狗的口
涎已被铃声所制约，铃声可以单独引起狗的口涎反应，称之为制
约反应。此种反应可以归纳为下列模式：

表 1-1　反应性制约学习历程

（A）学习之前

　　食物（UCS）→分泌唾液（UCR）

　　铃声（中性刺激）→漠然反应

（B）学习过程（继续配对呈现铃声与食物 5～6 次）

　　铃声（CS）＋食物（UCS）→分泌唾液（UCR）

（C）学习后铃声（CS）→分泌唾液（CR）

（注）：UCS＝unconditioned stimulus（非制约刺激）

UCR＝unconditioned response（非制约反应）

CS＝conditioned stimulus（制约刺激）

CR＝conditioned response（制约反应）

根据上述行为学习模式，我们尝试把揖驴故事拿来套套看：

表 1-2　揖驴学习历程

（A）学习之前

　　鞭打（UCS）→暴跳反应（UCR）

　　鞠躬（中性刺激）→漠然反应

（B）学习过程

　　鞠躬（CS）＋鞭打（UCS）→暴跳反应（UCR）

（C）学习之后

　　鞠躬（CS）→暴跳反应（CR）

上述历程的阐明将有助于说明人类行为的形成与改变，也是以后行为治疗者据以矫治各类恐惧症或焦虑症的主要原理。

2. 华生的恐惧制约实验

1920 年华生和雷纳（Rayner）从事一项"制约情绪反应"（conditioned emotional reaction）实验研究，这项研究使我们明了惧怕情绪的制约历程。实验对象是一位 11 个月大的男孩子艾伯特（Albert），他原先不怕小动物，喜玩白鼠，多次在他玩鼠时，用铁锤敲击钢棒所发出的尖锐噪音，使他表现强烈的情绪反应，如哭叫、发抖等，这就是形成所谓恐惧性情绪的制约历程。到了实验后期，Albert 甚至看到白兔、白狗、棉花……也都会表现惧怕情绪，其历程我们也可以套上上述行为模式看看，显然也很合适。

钢棒尖锐声（UCS）→惧怕（UCR）

白鼠→喜欢

白鼠（CS）＋钢棒尖锐声（UCS）→惧怕（UCR）

白鼠（CS）→惧怕（CR）

在日常生活中类似这样的例证极多，如一个幼童觉察母亲面带怒容时，往往乖巧得多，这是由于母亲每当责罚他的时候总是满面怒容，怒容形成责罚的信号，所以他学会了看脸色行事。

3. 琼斯的反制约实验

到了 1924 年琼斯（Jones）即利用上述制约原理，从事一项反制约实验，奠定了行为治疗的基础。这一项实验报告；系以一位 34 个月大的男孩子彼得（Peter）为实验对象，彼得惧怕许多动物，诸如兔子、白鼠等，在治疗过程中特选兔子为刺激，让 Peter 每次看到就能吃到他所最喜欢的食物，经此反制约历程（deconditioning procedure），终于使 Peter 逐渐喜欢白兔。此历程再套上上述行为模式也如出一辙。

食物（UCS）→喜欢（UCR）

白兔→惧怕

白兔（CS）＋食物（UCS）→喜欢（UCR）

白兔（CS）→喜欢（CR）

综观上述，行为主义学者把由先前刺激所引起的反应称为反应性行为（respondent behavior）。情绪的反应如恐惧、焦虑、愤怒、爱、恨……都属之。而这些反应有许多是反射行为，但也有许多是由制约所形成。同时也可利用此种原理——透过制约的历程，来从事行为的改变或治疗，我们称之为反应性制约取向的行为治疗。

（三）类别

反应性制约行为治疗的发展，其基本理论未曾改变，但由于变项殊异，着眼不同，在形式上产生几种类别。以制约效果观点而言，让个体偏差行为与积极情绪配合方式来唤醒愉快行为的养成，称之积极制约，我们也可以使刺激成为制约的惩罚物，来消除某种不良行为，形成所谓消极（厌恶）制约法。另外反应性制约中，制约反应与非制约反应是一种相互抑制的不两立行为，因此有所谓相互抑制法。但我们明白并非"制约反应"的力量都大于"非制约反应"，若相反的话，岂不是有问题了？行为治疗者于是提出系统减敏感法来解决。唯此种方法，坊间已有专书详细介绍，无须本书专章介绍。本书仅就与刺激改变有关的几种改变技术，包括刺激控制、渐隐、类化列入此范围，分别叙述，以飨读者。

二 操作性制约学习

在上节介绍过反应性制约取向的行为治疗后，本节介绍另一不同的行为辅导方法——操作性制约取向，其基本观点，二者不尽相同，它是强调行为因其结果被增强或消弱而形成。

（一）临江之麋

在柳宗元所撰之《临江之麋》一文中，曾说到一个故事。有一位临江人，打猎时获得一只小麋鹿，带回家畜养它。一进家门，所养一群家犬都翘着尾巴跑来望着小麋鹿垂涎欲滴；主人见状就拿起鞭子怒挞之。从此每日抱着麋鹿来到群犬中，慢慢地，小麋鹿可以跟家犬游戏，久而久之，家犬都如主人的意思，跟小麋鹿和平相处……。

在这个例子里，临江猎人带回小麋鹿面对一群家犬，对这些家犬而言，的确会引起它们的垂涎，为防止家犬此种念头，猎人可能采行许多方法，但我们可以断言的，多数无效，只有一个反应——鞭打，较易成功。因为最后这个反应会带来了不满意的效果，其垂涎欲滴的反应逐渐消失，跟小麋鹿和平相处的反应被保留下来，学习心理学上把行为的出现在于后果的满意与否者称为操作制约学习。另外《上略》所谓"香饵之下，必有死鱼；重赏之下，必有勇夫"，也都是类似的典型例子。

（二）理论基础

斯金纳的白鼠实验

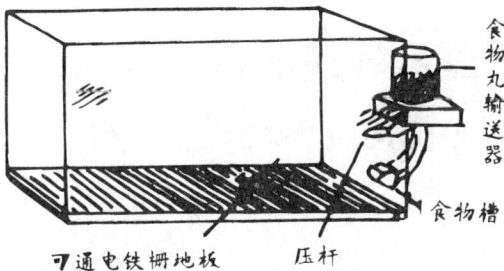

图 1-2　斯金纳箱（Skinner box）
（采自 Ralph Gerbands Co.，Arlington，Mass）

　　操作性取向的辅导方法即依据操作制约学习理论而来，所谓操作制约系指斯金纳的白鼠实验所发现之学习理论。他设计一个自动控制的斯金纳箱，如图 1-2，斯金纳箱之一端壁上有横杆，杆下有食盘水管各一，按动杠杆时，可在食盘中出现一片食物，或由水管落下水滴。实验对象以白鼠为主。经过多次实验，每当白鼠按下杠杆，即可得到食物，久之，这种按压杠杆的反应被按后获得食物而满足的后果所控制。此种反应可以归纳为下列模式，如表 1-3：

表 1-3　操作制约学习历程图表

此关系经学习而建立　　　　　已有的因果关系

$$S^D \longrightarrow R \quad : \quad S^{R+} \longrightarrow R^D$$

（垂杆）　　　（食物）

（操作性反应）（增强刺激）

　　根据上述行为学习模式，我们尝试把临江之麋的故事套套看：

$$S^D \longrightarrow R \quad : \quad S^{R+} \longrightarrow R^D$$

险境　　勇往赴前　重赏　　显现勇夫

　　此种历程也可以说明上述两个典故的模式：

$$S^D \longrightarrow R \quad : \quad S^{R+} \longrightarrow R^D$$

鱼儿水中游　来上钩　　香饵　　必有死鱼

　　上述历程的阐明，对人类行为的形成与改变，具有下列几种特征：

1. 一只动物在一个学习情境里所要学习的行为,是这只动物的生理条件所允许的。亦即它具有此行为的潜能。
2. 它必须亲自表现这种行为,才能得到酬赏 (reward)。
3. 由于它做这种行为经常地得到酬赏,因此,这种行为终于学会,而长久地保留下来。
4. 行为显现来自个体的自愿。
5. 不仅是不良行为的改善,而且也包括良好行为的塑造,二者均与行为后果有关。

(三) 辅导技巧的类型

操作性制约取向的辅导技巧,主要强调行为的改变,是依据行为的后果如何而定,后果若是愉快的、正价的,则其行为的出现频率就会增加;反之,其出现率即会减少。行为的愉快与否,则在于增强物。增强物有正负两类,而实施策略则有给予、取消(或拿掉)2种,其结果形成操作性制约取向的 4 种不同策略,如下表:

表 1-4　操作性取向的辅导策略

种类　　策略	增　强　物	
	正增强物	负增强物
给　　予	积极增强:正增强、逐步养成	惩　　罚
拿　　掉	消　弱　　隔　离	消极增强:躲避　逃脱

上表中第 2 象限的积极增强与第 4 象限的消极增强,其目的

均在激励良好行为的形成，前者以给予正增强物为手段，是增强原理的应用，包括正增强、逐步养成等；后者则以拿掉厌恶刺激为策略，包含躲避制约、逃脱制约等。

另外第 1 象限的惩罚及第 3 象限的消弱、隔离等，其目的则在设法消除不良行为。

上述策略，不管是激励良好行为的形成——行为塑造，或是消除不良行为——行为改变，其关键乃在于操作行为发生的后果来改变行为的程序，故称为操作性制约取向的辅导技巧。

三　两种制约学习的分合

多年来研究制约学习者，一直把古典制约与操作制约看作是截然不同的两件事。认为古典制约学习是一类学习，而古典制约则研究该类学习历程的一种实验方法；操作制约学习是另一种学习，而操作制约则是研究另类学习历程的一种实验方法。此种区分方法，在学理讨论上固然方便，但对人类或动物学习行为的推论、解释是否符合事实？实在不尽然。

大家都有这样的经验，忙了一天，满身大汗，回了家，准备冲个舒服的温水澡，打开水龙头，温水由莲蓬头淋下，身体舒畅无比。突然间，冷水压力下降，莲蓬头淋下的温水，变成热水；因而被烫得肌肉紧拉、肩膀猛缩、哇哇大叫……不久，水压又正常，水温又恢复正常，于是继续洗下去。但是，好景不常，水压又变低了，接着热水又冲下来，反应又如同前面一样。就这样，一而再，再而三，结果，学知了当"水压变低"，"热水就来"二者（刺激）之间的联结。所以，当水压变低的讯号发出，个体的反应就被引发了，而这个反应非常类似被热水烫时的反应。在这时候，个体能学到当水压降低时，痛苦的尖叫、缩肩和跳脚等反应都于事无补，而最好的反应动作，就是赶快逃避到不被热水淋到的角落。现在又学会了另一种联结，那就是一个反应和它所造成后果的关系。这个反应就是迅速移到角落，而这行为的后果就是躲避被热水烫到时的痛苦。

从上面的例子来看，我们发现心理学家研究的两种基本学习现象。一个就是两个刺激事件——水压降低和热水淋下之间的联结，这就是所谓反应性制约学习。另一个就是反应和反应所产生的联结——学会了移位到角落躲避被热水烫到，这就是所谓操作性制约学习。

反应性行为是由已知的刺激所引发出来的，而操作性行为则不是由已知的刺激所引出来的，它只是由有机体自己表现出来。非制约反应是反应性行为的样例，因为它们是由非制约刺激所引发出来的。反应性行为的样例包括所有的反射动作，例如：用针刺手，手马上抽回；眼睛的瞳孔暴露在强光中，眼睛马上紧闭起来；看到食物，会流口水。因为操作性行为开始出现时，与已知的刺激"无"关联，因此它看起来像是自发出现。这些样例包括：开始吹口哨，站起来以及到处走动，儿童为了玩另一个玩具而丢掉手中的玩具，任意地移动自己的手、手臂和脚。我们的日常活动大部分都是操作性行为。但是，请注意斯金纳并不是说操作性行为不需要刺激就可独自产生。相反的，他宁愿说引起这种行为的刺激是未知的，而且知道它产生的原因并不重要。不像反应性行为是依赖着它出现之前的刺激而定，操作性行为是由其结果控制。由此观察二者虽有差距，却有相当关连。

第三节 特 征

一 应用实验心理学的研究成果

行为改变技术是一门应用行为科学的分支，着重在应用学习心理学的原理原则，以促进个体的良好反应、消除个体不良行为。因此，行为改变的先驱学者在开始寻求有效辅导技术及策略时，常常借用实验心理学的步骤。因为他们认为唯有借由实验的方法，最可以了解问题行为产生的原因，而唯有透过实验的结果，我们也可应用来改变某种行为。经过近30年来，从事人类和动物研究的实验心理学家，已经能精确有效测量行为，且企图建立行为原则与理论。目前行为改变技术中的增强原理、消弱原理、行为塑造、区别增强、类化原理、惩罚原理等等均由行为主义者从事多年动物实验或临床实验所得。因此，我们说行为改变技术大部分源自实验心理学实验室中的研究。

二 强调客观系统的处理方法

行为主义学派的兴起，乃是针对当时精神分析学派过分重视主观内省法的一种反动，而着手学习心理学的实验研究，终于发展成一套客观而系统的处理人类适应不良行为的有效方法。所谓系统是指行动前后连续、左右衔接，换言之，这种方法必须遵循一定程序，或按时间先后或依空间次序进行，使每一个步骤、每一个环节，都密切配合。所谓客观就是不受主观因素的影响，在解决过程中，无论使用工具、资料分析、甚至结果呈现等各方面也都按一定准则处理。因此，行为改变技术人员，若能了解其他同事所从事行为改变技术的步骤，将它模仿复制，亦可获得相同的结果。同时也使教导行为改变技术比教导其他心理治疗的例子更为容易。

三 重视后天环境的学习历程

许多心理学强调人类行为是个体遗传因子与环境因素互动的产物，唯独行为学者相信个体的一切行为均为后天学习的结果，与遗传无关。举凡日常生活中，语言能力、课业知识、社交技巧、工作技能等，均需透过学习历程，方能习得，至于人类适应不良行为如脾气暴躁、反抗权威、过度恐惧、独自游戏、不做作业、破坏公物、满口秽言等等亦是个体在教室、家里、社会情境学习而来。

行为即由学习而来，而学习有关的因素均为环境造成，因此，皆可加以操控或改善。儿童若未具备某种良好行为，我们可以塑造良好环境供他学习，如此可促进学习效果；父母老师若发现儿童行为有困扰，则可从环境着手，营造有利情境，如此可改变不良习性。

四 注重具体量化的特殊行为

由于行为主义学者重视科学的研究方法，基此背景而产生的行为改变技术也不例外具有科学特质，这种特质表现在目标行为上其最重要特征是：以具体可测量的特殊行为作为处理的对象。所谓具体是指处理的行为是以现实知觉可以观察描述者而言。所谓可测量是指欲处理的行为特质可以数字描述其特征者。二者合起来，更通俗地讲：这种行为应具有下列 3 特征：

1. 可以量化：

处理的行为可以数量来描述，如能计算出该行为发生多少次，或维续多久。

2. 可以观察：

处理的行为可以用感官观察得到，如上课中没有经允许而自动开口。

3. 可以细分为若干片段：

俾使每一行为片段比原来的行为更鲜明易见。

五　注意客观环境的适当配合

行为改变技术的另一种重要特征是：它的处理程序和技术是采各种方法，重新安排个案有关的生活环境和日常活动，以帮助他们在社会环境更能发挥良好的适应。

环境一词指的是一个人当时周围具体的实际变量。例如：一个学生在教室里，那么，在他所处教室内的桌椅、黑板、教师及其他学生就是他的环境。这位学生的一举一动也是环境的一部分，不仅他会影响环境，而且环境也会影响他。

在某些案例中，行为改变技术者可以帮助人们在一项自我控制计划中安排自己的环境。唯有关行为改变技术的程序不包括精神科学、电疗或使用药物等。

六 显现明确方法的理论基础

行为改变技术第 6 个特征是：它的方法和理论基础可以明确加以描述。这样，行为改变技术者可以阅读其他同行所使用的程序说明，重复这些程序，并取得基本一致的结果。而且教授行为改变技术程序，也比教授其他心理疗法更容易些。

由于行为改变技术者能够准确详细说明他们的方法，并根据实际改进的情况，来测量行为改变策略的有效性。这方面的情况不断发生变化，使有效的方法得以发展，效果较差者逐渐被忽视。在这方面或许学者间有不同的看法，但对任何行为改变技术的各种方法，其最终检验，主要看其能否证明它是有效地按照所希望的方向来改变行为，则为一致的看法。本书中各章主要介绍的是那些经证明有极好效果的方法。

第四节 功 用

从制约学习理论发展出来的行为改变技术迄今已有 30 年的历史，用来改进各种各样的偏差行为，已为上千份以上的研究报告所肯定。文献中普遍记载了成功的实例，包括：有智力严重迟钝者，也有特别聪明者；有儿童、也有老人；有在高度控制情境中应用，也有在未经控制的社交情境中应用；有简单的驾驶行为，也有复杂的智力问题。应用的领域不断增加，如教育、社会工作、护理、临床心理学、精神病学、社区心理学、医学、商业和工业，本节概述了主要应用范围，在这些范围内行为改变技术有着坚实

基础和光辉的前景。(本节主要参考马丁和皮尔,1992,13～26)

一　应用在教学方面

(一)激励学习动机

学童从事各项学习是否能获得较高绩效,与个人的学习动机有密切的关系。一个认真的学生,享受读书之乐的人,都是具有强烈的学习动机;假若学童缺乏学习动机,势必事倍功半,效率不彰,而心灰意冷,逐渐失去信心与毅力,甚至导致挫折与失败。

斯金纳(1968,154)强调:个体刚刚开始从事各种学习活动,立即予以增强,然后增强密度逐渐降低,直到活动本身拥有次级增强力量为止,在这种情形下,斯金纳认为发展出沉迷式的学习行为。

教师在教室中若能掌握此种原理,随时增强学生良好正确反应时,必能使学生获得满意后果,如此可以刺激学童采取行动,促进学习动力,必可令学童努力学习,达成目标。

策略之一是利用已经建立好的关系去引发正向反应。例如:持续性阅读对学习欣赏文学是件重要的事。在房间的一角铺上地毯,配以大而舒适的沙发,以此创造出一个持续性阅读的天地,一段时日后,这样的安排能诱发对闲暇阅读的正向反应,使之成为日常例行的事。

当情境中某些事件或活动可能引发负面反应时,埃默(Emmer)(1980)等认为这项策略尤其重要。例如,学童第一天上学的焦虑可能与某些学科相联结,尤其是第一天便接触困难活动则更形严重,在许多小学中实施的正向策略是以画图或着色等活动,温馨欢迎孩童们上学的第一天（吴幸宜译）其着眼点在此。

（二）革新教学方法

在操作制约的实验中，动物都要利用某些工具以完成学习，所以斯金纳主张人类的学习也可以利用机器来辅助教学。斯金纳曾设计一种教学机（teaching machines），使学习者能在这种机器上学习各种课程，如算术、拼音、阅读等等。

此种观念后来引起教学上的一个重要革新是"个性化教学系统"（Personalized System of Instruction 即 PSI）。这个系统是由凯勒（Keller）和他的同事于 60 年代在美国和巴西提出的，正式应用于大学的教学。从那时起，逐渐推广到各类专业和各级教学机构。这个方法使教师有效地应用行为改变技术原理，改进课堂教学。

其他如教育界一直很盛行的若干教育设施，如开放教室（open classroom）、编序教学（programmed instruction）、以及电脑教学（computerized instruction）、合作作业教学（contract performance instruction）等也都是应用增强原理，以激励学生自动学习。

有关这方面的专著中，涉及如何应用行为改变技术的文章可参见阿尔伯特（Alberto）和杜鲁门（Troutman）（1990），和贝兑尔（Becker）（1986）发表的教师《如何应用》。对行为改变技术和教育几个领域的研究评论，可参见：维特（Witt）等（1988）和威尔克威茨（Wielkiewicz）（1986），对 PSI 的描述和研究根据可参见谢尔曼（Sherman），罗斯金（Ruskin）和塞姆伯（Semb）（1982）以及凯勒和谢尔曼（1982）的文章。

（三）促进语言学习

儿童为何及如何学习语言，学者说法不尽相同，由行为学习论的立场而言，语言行为原则上和一切其他行为所受的机制是一样的。换言之，儿童学习语言主要是由于外界的增强作用所引发。行为学家［斯金纳，1957；施太茨（Staats），1971］一般皆认为婴儿的双亲或照顾他的人，会刻意的引发婴儿发出声音，若婴儿发音接近，双亲会给他奖励(reward)。由此一步步透过训练，儿童才能学会语言。譬如：婴儿最初的发音都没有意义，一般来说"m""ma"等唇音，在出生后 40 天就能发出了，但当小孩子发出"ma ma"的语音时，妈妈就会走近他的身旁，随声附和着说："妈妈来了"，以后儿童渐渐发觉"ma ma"的声音一出，就有妈妈在他身旁出现，正如白鼠压动杠杆，就会发现食物丸一样地高兴。以后"ma ma"和"妈妈"发生了关联，他懂得"ma ma"的意义，而喜欢叫妈妈了，也由于妈妈的行动，给 ma ma 赋予意义。

（四）增进特教发展

在 19 世纪下半叶，人类就开始为弱智儿童建立大规模的慈善机构，但直到 20 世纪 50 年代左右，对不同程度智力迟钝者的治疗和训练计划寥寥无几。到了 60 年代，行为改变技术者进入了慈善机构，由于他们的努力，发展了一种技术，这种技术可以证明智力严重和深度迟钝者的行为是可能改变的，而这一点是这一领域的专家们在数年前认为不可能的。在过去 30 年间，许多研究已成功地说明行为改变技术适用于教会心理障碍者一些行为：如上厕所、自助技能（吃东西、穿衣和个人卫生）、社会技能、交往技能、职业技能、自由活动以及各种社会生存行为的辅导。

关于这方面的评论，可参见西帕尼（Cipani）（1989），马特森（Matson）（1990），惠特曼（Whitman），辛贝克（Scibik）和里德（Reid）（1983）写的文章及期刊《心理迟钝的应用研究》。

二　应用在儿童行为方面

（一）塑造良好行为

儿童许多良好行为的形成，往往可以透过制约学习的历程来建立。在古典制约中，牛肉与铃声形成制约关系后，铃声单独出现也会引起狗的唾液反应。一个人受到人赞赏时，自然会高兴，这项高兴反应不论是天生或学来的，一旦赞赏和上课形成制约关系后，如果每次上课，某人都会受到同学、老师的赞赏，必然会高兴愉快，久而久之就喜欢上课了。

在操作制约实验中，老鼠要发生压杠杆的活动以后，才能获得奖励。老鼠在压杠杆时，并不知道有食物丸的来到，虽然食物丸的给予，足以增强老鼠压杠杆的活动，但每次的活动，总是出于自发的。在儿童的许多活动中，如同老鼠初次压杠杆活动一样，出于自发，我们若能把握机会，针对我们认为良好可欲的行为予以增强，则这种良好行为会加强。基于上述制约学习原理，我们可以应用：

1. 采用正增强、行为塑造、逃避与躲避制约等策略来建立学童的良好行为。
2. 训练智能不足儿童的"自立技能"（如饮食、穿衣、大小便、整理仪容……）、社会行为、语言能力。
3. 激励青少年罪犯，在感化院里能遵守规范、自动努力学业，及一般作业。

（二）改善不良行为

儿童行为固然可以透过制约学习历程建立良好行为，但我们不可忽略，并非每位儿童都如此，假使一个儿童已经学到某些不良行为时，又如何？事实上，我们还可以利用制约学习精神来消除。

策略1：安排某些条件，使其在表现不良行为之后不能获得增强。参见第4章消弱原理。

策略2：当不良行为出现时，可以采区别增强原理，奖励在我们可以接受范围内的不良行为次数，依次递减，直至消失为止。

策略3：当不良行为显现时，采行隔离方式，使其无与他人共处的机会。

策略4：为个体安排终止轻微嫌恶情境，以改进其行为。参见第12章惩罚。

由于小孩行为是学习而来，这些不良行为亦是学来的，假如轻微简单行为则采消弱原理来消除；假若是复杂的行为，可采区别增强原理来逐步改进；假若仍是无效，则可采隔离策略来改善；假若还是无效，则可采厌恶刺激改善，或可见其效果。正如，怕出天花，必须接种牛痘；怕发生车祸，必须遵守交通规则，但要谨慎行为。唯特别要强调的是：任何不良的活动，与其消极制止，不如积极预防，这是我们宜予掌握的原则。

三 应用在医学方面

（一）治疗精神病患

从文献可以知悉，早在1953年林斯利（Lindsley），斯金纳和索罗门（Soloman）发表的文章，描述利用操作性制约原理来治疗精神病患。强调行为的后果，如惩罚或奖励，是行为持续与否的重要决定因素。接着英国的艾森克（Eysenck）与南非的拉扎鲁斯（Lazarus）则致力于应用古典制约原理对精神官能症的消除，这是强调与特定刺激重复连结后的反射反应。

60年代和70年代初，行为改变技术者把主要注意力集中在精神分裂症上［卡茨丁（Kazdin），1978］，到了70年代及80年代初，人们对这一领域的兴趣已经减少，只有少量文章发表［贝拉克（Bellack），1986］。尽管应用研究者对精神分裂症的行为治疗不太感兴趣，但用行为改变技术来辅导这类患者所获得的成功是显而易见的。由于精神分裂症患者，单调的生活主要应归于不适当的社会关系，这一点正是行为改变技术计划要改变的行为之一。现有的研究显示：在教育精神分裂症者学习社会技能、了解有效的交往和保持自信的重要性方面已取得相当大的成功［贝拉克，特纳（Turner），赫森（Hersen），鲁勃尔（Luber），1984；凯利（Kelly）和拉姆帕斯基（Lamparski），1985；莫里森（Morrison）和贝拉克（Bellack），1984］。其他研究已证明：用行为疗法使精神分裂症者学会社会技能和求职技能是有效的［贝拉克与其合作者，1984；贝拉克和赫森，1978；雅各布（Jacobs），卡达森（Kardasn），克伦布伦（Kreinbring），庞德（Ponder）和辛普森

(Simpson)，1984]。这些发现使得贝拉克坚决认为行为疗法对精神分裂症患者的治疗、管理和康复有着重大贡献（贝拉克，1986，1989）。

（二）用于门诊病人

马丁（Martin）和皮尔（1992，17）认为临床和咨商心理学家对门诊病人进行行为治疗的时机已经成熟，并列专章针对临床问题的治疗进行讨论，这类问题包括：焦虑障碍、强迫观念－强迫行为障碍、与压力有关的问题、抑郁症、肥胖症、婚姻问题、性机能失调和人格障碍。关于这类问题和临床治疗之其他领域的文献，更详细讨论者请见：赫森和贝拉克（1985），卡普兰（Kaplan）（1986），拉斯特（Last）和赫森（1988），沃尔普（Wolpe）（1990）。

行为疗法促进协会会长 O'Leary 明确指出：行为疗法已成为心理学家治疗儿童和成年人的主要理论之一。那么其疗效有多大，卡斯丁（Kazdin）和威尔逊（Wilson）（1978）曾作下列评论：

1. 与其他治疗方法相比，没有一项研究可以证明行为疗法不如其他疗法。

2. 多数研究证明：行为疗法的疗效比其他方法的疗效稍大或大得多。

3. 在明显的病例范围内（如恐惧症、强迫观念－强迫行为障碍），已经证明：具体的行为疗法优于现在的其他心理疗法。

这些在1978年就得出的结论在今天依然正确[参见特纳和阿谢尔（Ascher），1985；贾卡斯（Giles），1990]。

(三) 用在医学保健

过去纯属于医学范围的长期头痛、呼吸疾病、过度紧张神经系统、慢性疾病，和睡眠问题等等，在 1960 年后，开始应用行为改变技术来治疗 [多凯斯 (Dokeys)，梅雷迪斯 (Meredith) 和西梅尼罗 (Ciminero)，1982]，形成众所熟知的行为医学，其宗旨乃在考虑心理因素如何影响或引起疾病，和如何练习健康行为以预防疾病产生 [费斯特 (Feist) 和布兰农 (Brannon)，1988；泰勒 (Taylor)，1990]，其主要领域包括：

1. 直接治疗疾病

因考试而引发的生理疾病如头痛、背痛或胃痛之心因症，在 1960 年后，健康心理学家直接应用行为改变技术来治疗这类生理症状（费斯特和布兰农，1988）。

2. 建立治疗承诺

一般病患，有 50%未能遵照医生处方服药 [塞凯特 (Sackett) 和斯诺 (Snow)，1979]，降低疗效甚巨，因此，健康心理学家乃协助病患承诺，遵照医生处方及时间用药，这种协助有赖于行为改变技术。

3. 提升健康生活

一个人的健康与运动、饮食有密切关系，行为改变技术即在帮助人们获得均衡的饮食和足够的运动，以帮助人们保持健康。

4. 处理老年或慢性疾病

当人口逐渐老化时，愈来愈多的个人，必会因老化和慢性疾病造成技巧和能力的丧失，导致无法独立处理日常事物，行为改变技术正可以协助克服这些问题。

5. 激励医疗人员

行为改变技术不仅可以关心病患的行为，而且亦可以激励医疗人员包括护士、治疗人员及医药人员，以增进他们对病人的服务［里德，帕森斯（Parsons）和格林（Green），1989］。就发展观点来看，行为医学或健康心理学是非常年轻，但它对现代医学和健康照顾的效率和效能有深远的贡献，且极具潜能（泰勒，1990），进一步阅读可参见 The Journal of Behavioral Medicine 期刊，以及下列诸作者的书：布莱克曼（Blachman）和布朗尼尔（Brownell）（1989）；卡太杜（Cataldo）、考茨（Coats）（1986）和里德（Reed）（1990）。

四　应用在管理组织行为

马丁和皮尔（1992，23）以为：行为改变技术还可以应用于改进人们在各种组织机构中的行为表现。这就是所谓组织的行为管理（OBM），其定义是应用行为原则和方法研究并控制组织机构内的个体或群体的行为［弗雷德·里克森（Frederiksen）和洛夫特（Lovett），1980］。这些组织是：从小商店到大公司，从小社区中心到大的州立医院。这样，组织的行为管理涉及到大、小型组织、私立和公立组织。组织行为管理期刊（Journal of Organizational Behavior Management）的前任编辑霍尔（Hall），（1980，145）指出：组织行为管理（OBM）的范围，包括发展和评估行为的改进程序。这些程序以行为分析学发现的行为原则为基础。

一项后来属于 OBM 范围的研究，最早在 Emery 空运公司进行的结果显示：由于监督人采用正增强方法，使满意行为——把包裹放入集装箱内，结果绩效从 45％增加到 95％。

自那时起，还用行为改变技术进行了其他研究，例如：提高生产力，减少迟到和旷职现象，增加销售量，建立新业务，改善工人的安全条件，减少雇员的偷窃现象，减少商店被盗现象，以及改善雇主和雇员的关系。关于这一领域可以参阅组织行为管理期刊文章和弗雷德·里克森（1982）；卢森斯（Luthans）和克伦特纳（Kreitner）　（1985）；奥布莱恩（O'Brien）、戴金森（Deckenson）和罗色欧（Rosow）（1982）等人的论著。

五　应用在提升运动绩效

在体育运动方面也应用行为改变技术，大致包括：

（一）行为的教学技巧

体育教学中竟然也应用了行为改变技术，在这方面已经取得的进展包括：采用可靠的观察手段监测教师和学生的行为，从而提供体育馆内的活动情况、正在发生什么事情等等有用的信息。越来越多的人承认"行为的教学技巧"是教师教学计划的重要内容，还承认行为的策略有助于体育教学者处理学生的各种行为难题［西登特（Siedentop）和塔盖尔特（Taggart），1984］。

（二）运动科学实验

自70年代初，运动员和教练越来越强烈地希望进行更多的实用运动科学实验，特别是在运动心理学领域［古万（Gowan），鲍特瑞尔（Botterill）和布里姆克（Blimke），1979］。所谓运动心理学是指运用心理学的知识，增进运动技能的发展，使运动员及与运动员有关系的人们更满意［布里姆克，古万，帕特森（Patterson）和伍德（Wood），1984］。行为改变技术正对这一快速发展的领域作出了许多贡献。

（三）提高运动技术

若想帮助运动员学习新技能，并使他们摒弃坏习惯，把简单的技术组合成复杂的技术，最有效的方法是应用行为改变技术的实际策略［唐纳休（Donahue），吉利斯（Gillis）和金（King），1980；马丁和赫利凯罗（Hrycaiko），1983；马丁和鲁姆斯登（Lumsden），1987］。

（四）激发训练意识和耐力训练的策略

在体育运动方面，教练如何有效提高训练时的出勤率，激励运动员在训练中收益最大，同时在训练时尽量减少运动员的停练时间，解决这类问题的技术包括确定目标策略、有效应用增强方法，运动员的自我记录……（马丁和鲁姆斯登，1987），这些增强技术均基于行为改变技术的原则，教练容易掌握。

（五）改变教练行为

教练工作难度很大，从行为改变技术角度说，教练必须有效地发展出：确定目标，奖罚分明及采取其他行动。总之，像行为改变技术者一样，所有这些可确定教练指导的有效性，在这领域已经进行了大量的研究工作（马丁和赫利凯罗，1983）。

（六）健全心理准备

在比赛场合中，我们听过：如果你们想在比赛时表现水准，就要振作精神。我们能够大致了解这些话的意思，但如何教导运动员从心理上学会应付技巧，实在是一件困难的事。最近这几年，行为改变技术也被运用到这方面，帮助运动员为重大体育比赛做好准备的行为策略已有大量报导［哈里斯（Harris）和哈里斯（Harris），1984；奥利克（Orlick），1986a，1986b］。

六　结　语

能够成功处理人类问题的方法中，行为改变技术的发展迅速，成效显著。在这方面的成就从抚养孩子［诺顿（Norton），1977］到处理老人问题［斯金纳和沃恩（Vaughan），1983］；从工作（奥布莱恩等，1982）到娱乐［威廉斯（Williams）和朗（Long），1982］等许多内容。它既适用于有严重心理障碍的人［西尔帕尼（Ciapani），1985］，也适用于有天分的学生［贝尔卡斯特罗（Belcastro），1985］；既可用于自我改进［马丁和奥施尔恩（Oshorne），1989］，也可用来保护我们的生活环境（凯勒等，1982）。已经出版了大约850多本著作，涉及到行为改变技术的基础，应用和理论问题［卢瑟福（Rutherford），1984］，总计23种杂志以行为为主要内容［怀亚特（Wyatt）、霍金斯（Hawkins）和（戴维斯（Davis），1986］，凡此，将在后面各章领域见其端倪了。

第五节　发展简史

行为改变技术的研究，始于本世纪之初，由行为主义创始人华生（1920）指导雷纳运用古典制约原理对儿童进行"恐惧"的著名情绪实验，及指导琼斯（1924）的反制约原理实验研究后，引发其他行为主义学者及精神科医学专家的研究应用。不过在初期发展相当缓慢，论其原因：

(一) 因本世纪 30 年代以后，精神分析疗法正处于鼎盛时期，而这些刚刚产生的行为改变技术理论与精神分析法正好对立，因而不能引起人们的重视。

(二) 由于许多古典制约原理开始都来自动物实验，故不易为人们所接受。

(三) 那些已在应用的行为改变技术原理，没有足够的临床资料支持，其疗效也不显著。

虽然如此，但早期拓荒工作对行为改变技术的发展产生很大影响。到了 30 年代后，由于斯金纳的投入，其发展逐渐迅速，唯由于理念不同，观念差异，形成不同派别的发展。斯金纳将行为区分为两种：操作性行为和反应性行为，前者是由有机体自己表现出来，后者是由已知的刺激所引发。于是形成两种不同取向的行为改变技术，兹分别就其发展简述如下。(本小节主要参考马丁和皮尔斯，1992，380~392)。

一　操作性制约取向行为改变技术的发展

(一) 行为改变技术一词的出现

行为改变技术 (behavior modification) 一词最先出现在华生 1962 年所发表的一篇文章上，并于 1965 年始见于乌尔曼 (Ull-mann) 和克拉斯纳 (Krasner) 合编《行为改变技术的个案研究》(Case Studies in Behavior Modification) 专书。这本专书除收集其他作者的若干病例和研究外，他们二人把行为改变技术和行为模式，与更加传统的心理治疗和医学模式进行比较。其所持观点是应用学习理论去矫治不良适应的行为。结果形成一股新时潮，后来由于热衷此类行为改变技术的学者：举凡教育、医疗、临床心理等各界实际工作者逐年增加，应用的原理原则也愈为复杂。

（二）30 年代后行为改变技术的萌芽

检视心理学发展事实，行为改变技术虽然在 1962 年才出现，但其萌芽发展及理论依据早在本世纪初。1938 年斯金纳出版了他的著作《有机体行为》，在此著作中，描述了白鼠为得食物和水的增强物，强化白鼠压杆行为的实验结果，归纳出操作性行为的基本原则，这项创始性工作，逐渐影响实验心理学家开始研究动物增强效果。

自从 30 年代末期斯金纳研究获得结论，提出增强与消弱观念后，许多学者研究报告证明，正增强与消弱可以预见的方式，影响着人类的行为，同时也由个案可以证明，使行为朝满意方向改变。富勒（Fuller）（1949）报告说：一位住在医院的重度智力不足的成年人，以一杯加糖的温牛奶作为增强物，用来塑造他手臂动作时，他可以把右臂抬高到垂直位置。

（三）50 年代扩展到国际研究——南非与英国

到了 50 年代，行为改变技术的重要历史性发展，同时在 3 个国家出现：在南非沃尔普（Wolpe）进行系统减敏感法的开创工作；在英国艾森克由于对传统心理疗法不满，从而推动行为改变技术运动；在美国 Skinner 和他的同事从事操作性制约研究。

1950 年凯勒和舍恩费尔德（Schoenfeld）写了一本心理学原理的导言性教材，对行为分析方面的发展做出了重要贡献，也产生巨大影响。

1953年斯金纳出版了《科学与人类行为》(Science and Human Behavior)，在这本书里，对基本行为原则如何影响人们在各种日常生活情境中的行为，提出解释。尽管斯金纳这种对人类的推论，支持数据很少，但这项解释，却影响其他学者——开始在许多实验和应用环境中，思考增强变量对人类行为的应用。

1955年格林斯潘(Greenspuon)证明：一个简单的社交语言(如唔！唔！)能够影响大学生说某种类型的言词。

1956年斯金纳和他的两个研究生阿斯林(Azrin)和林斯利(Lindsley)研究发现：用豆形胶质软糖作为增强物，能够使小孩合作玩简单的游戏。其中每个实验都证明以可预见的方式，影响人类行为的结果。

1959年艾伦(Ayllon)和迈克尔(Michael)出版第一篇涉及实际应用报告，说明工作人员如何能够应用增强、消弱、逃脱或躲避制约等程序改变行为。

(四) 60年代后的迅速发展和扩展应用

60年代后期，操作性制约研究方向在整个北美洲开始迅速发展起来，一些大学建立了训练中心，许多大学对研究生和本科生开设至少1～2门行为改变技术课程，并且把应用推广到正规的学校环境、大学教学工作、家庭和其他人类环境中。

1961年凯勒到巴西旅行，在那里首次开设操作性制约课程，并对那里的行为改变技术发展作了无法估计的贡献，同时也和巴西同事布拉兹林(Brazilian)首创PSI (Personalized System of Instruction 个性的教育系统)，这是一种改革大学教育，用于大学教学的行为改变技术。

到了70年代，操作性制约取向的行为改变技术更是迅速发展，这种方法很快被称为应用行为分析。

二 反应性制约取向行为治疗的发展

(一) 萌芽阶段

检视行为改变技术的发展历史，其萌芽最早的是反应性制约取向。这要回溯到本世纪初巴甫洛夫进行古典制约实验，1913 年华生发表一篇论文，强调人类大部分活动能够以学到的习惯来解释，嗣后在 1920 年，指导雷纳从事一项"恐惧制约实验"研究，1924 年指导琼斯进行反制约实验，来帮助儿童解除对动物的惧怕反应，可以说是行为改变技术的滥觞。

可惜在此后的 20 年间，虽然文献上出现了一些反应性制约取向的行为改变技术，应用于不良行为的辅导，但相当零散〔耶茨 (Yates)，1970〕，且对行为改变技术的发展，并未产生持久性的影响。

(二) 行为治疗发展上的里程碑

到了 40 年代赫尔出版《行为原理》(Principles of Behavior)，认为学习就是满足个体需要的各种活动历程，因个体皆具各种驱力，促使个体感到紧张不安，必须借助外界的各种线索而采取各项活动，以求解除紧张。活动结果若能满足需求，即能消除紧张状态。因此，驱力的解除结果，更是增强该反应与刺激间的联结，终于形成习惯。虽然赫尔并未进一步使用此种理论来从事行为改变工作，但他所倡导的却对行为提供具体的预测可能。后来道拉德 (Dollard) 和米勒 (1950) 使用他的观念来解释精神分析疗法的各种现象，并出版《人格与心理治疗法》（Personality & Psychotherapy）专书，被认为系行为治疗发展史上的一个重要里程碑。

（三）新纪元的来临

就在巴甫洛夫—赫尔学说中，有两项重大发展，这两项发展在一定程度上，无疑受到道拉德和米勒的著作及格斯里（Guthrie）（1935）学习理论的影响。一种发展产生于南非：沃尔普（Wolpe）在南非开始进行研究，其工作的进行，主要借助于巴甫洛夫的制约反射，赫尔的理论，华生和琼斯（1924）及英国生理学家谢灵顿（Sherrington）的早期研究结果——相互抑制，沃尔普把相互抑制的原理加以扩展，并指出：如果能使一种与害怕或焦虑不能共存的反应，在产生害怕或焦虑的刺激面前出现，则此种刺激会停止引起害怕的反应。于1958年沃尔普发表相互抑制的第一本论著。这本著作成为开辟当代行为疗法反应性学说新纪元的主要力量。

（四）行为治疗的提出

行为治疗一词较行为改变技术一词出现为早，根据雷德（Redd）（1979）的介绍，1953年林斯利、斯金纳和索罗门等3人曾经在一所医院里，应用操作性制约原理去治疗精神病患，故采行为治疗（behavior therapy）一词，并将其意义界定为："应用制约学习原理去处理心理问题的方法"。他们强调行为治疗一词颇能表达此一新方法的两项主要特征：一是以可以观察的客观行为为焦点，二是以治疗为目标。后来南非的拉扎鲁斯，英国的艾森克也在1958年不约而同使用行为治疗一词。嗣后，这术语在巴甫洛夫—赫尔—沃尔普学派中也越来越普遍了。

在前面提到第一次使用行为改变技术的是华生（1962），从那以后，许多作者已把操作性制约取向为根源的行为改变技术，和以巴甫洛夫的反应制约取向和赫尔理论为根源的行为疗法区别开来。

然而，另一些人并不作如此区别。例如：乌尔曼和夸斯纳（Kuasner）（1965）经常交替使用，评论家也往往把操作心理学与其他学习理论混为一谈［乔姆斯基（Chomsky），1959］，把行为改变技术与巴甫洛夫的制约反射、行为疗法、制约作用的疗法混为一谈［布莱格（Breger）和麦克考夫（McGaugh），1965］。

（五）60 年代的发展

1960 年艾森克出版一本著作《行为疗法和神经机能病》(Behaviour Therapy and the Neurosis)。在此书中提出许多病例，都是在临床治疗中，使用相互抑制和反应性制约原理的方式。行为疗法的反应性制约作用研究方向，有时被认为是沃尔普—艾森克学派。

后来在 60 年代，沃尔普移居美国，在 Temple 大学开始一项计划，按他自己对行为治疗的特有观点训练治疗者。

1963 年艾森克创办了《行为研究和治疗》(Behavior Research and Therapy) 期刊，这期刊不但发表操作性取向的研究成果，而且也刊登反应性制约取向的研究成果。

以反应性制约取向为指导的行为治疗，在 60 年代和 70 年代十分迅速地发展起来，并推广到多种多样的恐惧和神经机能失调症。

三　两种取向的融合和分支

自 60 年代后，许多行为改变技术或行为疗法，或明显属于操作性制约取向，或属于反应性制约取向。其他大部分疗法趋向于这二大派的分支，或介于二者之间。

60 年代操作性制约取向的分支，包括霍梅（Homme）的内隐控制法、契约合同法、代币制度。而反应性制约取向的分支，包括内隐减敏感法、内瀑法与洪水法。

到了 70 年代出现了另外两种理论模式，即认知行为治疗与社会学习理论。罗特（Rotter）于 1954 年在其《社会学习和临床心理学》(Social Learning and Clinical Psychology) 著作中叙述了社会学习理念的特征。然而，最有影响的要算是班杜拉（Bandura）(1969，1977)，他强调观察学习的重要性。观察他人的动作及其后果，就可以模仿他们的行为，甚至他认为，即使没有外在的增强，这类的学习亦会出现。

另外一种社会学习理论不同的就是认知行为治疗，其代表人物如：艾利斯（Allis）、贝克（Beck）和梅臣鲍(Meichenbaum)，大部分学者都不把认知行为治疗视为两大派的一种融合或分支。唯它代表当今行为疗法的四大理论之一。

虽然行为改变技术在发展史上有了 4 种不同理论，大批临床行为疗法的医生宁可采用折衷方法，拉扎鲁斯（1971）被认为是这种看法的代表，他在 1971、1976 年提出多种模式的主张，认为临床治疗者不该把自己局限在某一种理论的范畴内，必须应用多种方法，甚至包括心理分析和其他传统的临床经验。

四 行为改变技术的未来

近 30 年来，行为改变技术已被应用于各种人类社会的问题。况且，除不断改进现有问题外，它愈来愈多地被用来预防和管理社会问题。愈来愈多的服务性行业都应用行为改变技术程序。这些职业包括：社会工作、医学、临床和社区心理学。在下列行业中的应用也日渐增加：商业、工业、体育活动、娱乐及促进健康的生活方式。行为改变技术的前景非常看好，总有一天，它的完善知能将成为文化中不可缺少的一部分，并与卫生保健一起教给学生。也许这些孩子长大后会看到这么一个世界——正确应用行为原则会成为每个人的第二天性。使这个世界没有战争、贫穷、偏见，而充满了愉快、幸福、超技术和丰富多彩的文化。

《杯 茶 禅 理》

南隐是日本明治时代（1868～1912）的一位禅师，有一位学富五车的大学教授，对于什么是"禅"，百思不得其解，为此特地向他请教。南隐以茶相待，他将茶水倒入杯中，茶满了，还是继续倒，茶溢出来……

* 哎呀！师父，茶已经满出来了，不能再倒了。
* 你就像这只茶杯一样，里面装满了你自己的看法、想法，叫我如何对你说禅。

是的，心中有了自己的看法，就不容易再听进去另外的声音。当你要了解另外不同管教学童的方法时，心中若能把自己的聪明想法和念头，暂搁一边，来了解下述老祖母方法后，说不定对你很管用，尤其是身为父母、家长及幼教、小学老师……

基本原则篇

《一 条 腿》

有位餐厅师傅，烤得一手好吃的北京烤鸭，但他出炉的鸭只有一条腿。偏偏老板又是个闷葫芦，一忍就忍了 3 年。

有一天心情实在不好，又看到这位师傅烤出的鸭子仍旧少了一条腿，终于火上心头，忍不住问道：

* 　这只鸭子怎么只有一条腿？
* 　本来就只有一条腿嘛！
* 　是吗？
* 　你看！窗外池塘边的鸭子不都只有一条腿？

老板抬头一看，正在午睡的鸭子都是缩起一只腿地金鸡独立着。于是老板重拍了两下手掌，鸭子受惊，立刻探头伸腿，呱！呱！呱！地跑掉了。老板这下真格地发怒了，便说：

* 　你看！不是两条腿吗？
* 　我的烤鸭也是一样，只要你拍手（鼓励）两下，鸭子就变成两条腿了。

各位父母、老师，管教学童的方法，没有别的法子，只要能够及时拍手就好了。

第二章 正增强

20世纪初，功能主义认为心理学旨在论述有机体对环境的适应，这种主张由于失之于广泛庞杂和缺乏体系，使行为主义在华生的护卫下，成为主流学派。到1930年后斯金纳开启了一个新方向，开始于分析反射和其他行为之间的差异，嗣后便着手于他的操作制约原理（斯金纳，1938）的探讨，于是提出"增强"概念来取代酬赏一词。那么增强是什么？这就是本章所要讨论的主题。

第一节 楔 子

说起子女及儿童的管教，若想处理得好，的确是件不轻松的事情，可是若能掌握到要领，事实上也不困难。

日常生活中，每个孩子都会做出得体、令父母肯定，使师长欣慰的事。就连那些平常被视为表现最差、最坏的孩子，也不是完全一无可取。身为父母或师长者，若能随时注意，当儿童表现良好时，及时予以激励，那么你就抓到要领了。

《色 纸》

由于我们夫妻都在教书，秉持工欲善其事，必先利其器的观念，对子女在学习条件上所需要的书籍都给予购置，而文具用品应有尽有，数量也很多。

有一天，二女儿从附小放学返家，两只手指夹着一张色纸，很宝贝似地走进家门，我心里想：这种色纸家里多的是，平凡无奇的东西，干嘛还这样正经八百地拿回来。

* 你手里拿着那张色纸做什么？

* 带回家。

* 为什么带回那张小东西，家里多的是呀！

* 因为是老师给我的。

* 为什么会给你？

* 因为帮老师擦桌子。

《真 的 吗？》

读小学四年级的女儿多多，拿着数学作业来找我。

* 爸爸，第5题我不懂，请告诉我好吗？

* 好的。

的确这道数学题有点困难，看完题目后，就说明给女儿听，然后女儿尝试解题。

* 不对，重来。

* 还是错了，重来。

......

* 爸爸，您已经告诉我3次，怎么还不会呢？

* 唉呀！这个题目的确太难了。

于是我站起来走走，一方面摸摸头，做个假动作，一

方面装着在思考怎么讲,她才能懂。在客厅绕了两圈后,
我说了:

　　＊"啊!想起来了,记得小学四年级时,这题目老师
　　　教了8次,我才懂。来!我再讲一次……
　　结果还是一样,只好讲第5次,总算她会了。
　　＊太好了,你第5次就会了,爸爸第8次才会,你
　　　比爸爸聪明3次。
　　＊真的吗?
　　口头虽然这样问,但欢喜之情,溢于言表。

《干净的校园》

　　威恩台风昨夜来袭,吉祥今朝到校后不久,自动地
将清洁区打扫得干干净净,把落叶扫积在一起,垃圾倒
掉了,工具也排整齐,他这么努力令老师很感动。

　　＊那么脏的清洁区怎么一下子就变得这么干净呢?
　　＊我扫的呀!
　　＊可是清洁区掉满了落叶和乱七八糟的东西?
　　＊我都扫掉了!
　　＊多不容易的工作呀!
　　＊真不容易?
　　＊现在干干净净的,看起来真舒服,老师好高兴!
　　＊真好看?
　　＊大家都感谢你!
　　＊哪里!哪里!(许淑兰译)

第二节　内　容

行为主义学者强调人类一切行为都由学习而来，举凡日常生活中的语言文字、课业知识、社交技巧、习惯态度……均需透过学习历程，方能习得。至于不良行为如脾气暴躁、反抗权威、恐惧害怕、不做作业、破坏公物……亦是个体在学校、家庭或社会情境学习而来。

学习是一种历程，在这历程，何以个体愿意避逸趋劳？甚至去恶从善？涉及因素很多，但行为主义把它化约于增强原理，虽然无法百分之百来解释人类上述行为，但在说明大部分行为的形成上，虽不中亦不远矣。

一　理论依据：斯金纳的白鼠实验

研究动物行为最常用的装置是"斯金纳箱"。这一装置的广为普及是由于它的实验操作很容易地自动化，从而使实验者摆脱了繁重的实验室劳动，来建立理论，这对于各项行为改变技术策略的理解将有莫大的帮助。

斯金纳在 1938 年设计斯金纳箱（参阅 p.19）从事多项实验，该箱中设有一个装置，当白鼠推动杠杆时，可以从中落下一粒食物（或一滴水），有一个记录仪与箱相连，能记录每一推动杠杆的动作和时间。

当将准备实验之白鼠，放进箱中时，因 24 小时未获食物，非常饥饿。在放进箱中之初，经过一段恐惧时期后，开始对箱子加以搜索，偶然碰及杠杆，并有食物一粒落下，但该老鼠并未注意到该落下的食物，所以仍继续不断搜索，偶尔亦暂停下来刮刷身体。然后，第2次又碰及杠杆，仍有同样情形发生，而老鼠也还未注意到。第3次又同样发生，白鼠依然未看到食物。但第4次时，白鼠立即抓住掉出的一粒食物吃下。此后白鼠即尽其所能很快地吃下食物后，立即再回去推杠杆。

全部程序均由记录仪记下，从记录可以看到，第1次记录是在老鼠放进箱中15分钟后发生，此后又经过一段很长的时间没有反应。第2次可以从记录上看出约在50分钟时发生，当白鼠学得食物与推杠杆关系后，跳动记录即紧密相连，因此反应率在图上看来，呈一条斜度很陡之直线。

二　模　式

上项白鼠在斯金纳箱的实验，旨在学习以酬赏的方式来养成某种行为。这是属于操作性制约学习，正如古典的制约历程一样，酬赏学习也必须经由多次的尝试与错误（trial and error）之后才可学会，此种学习方式可用 B→R 表示，此处 B 表示某一特定行为，R 表示酬赏。当然，酬赏出现与否，完全决定于白鼠是否表现行为 B，因为，酬赏学习与以食物为 UCS 的古典制约历程有两点不相同的地方：

（一）前者的行为能否产生并加以维持，完全依赖行为的后果满意与否，而后者的行为则依赖行为之前的刺激情况的安排。

（二）在前者，酬赏的出现与否，受学习者本身的控制。而在后者，学习者本身不能决定食物的出现与否，它完全决定于实验者的安排。

检视本实验，其整个学习历程大致包括下列 4 项：

1. **情境**：指斯金纳箱整个环境，包括了许多的刺激，如地板、墙、杠杆、水槽等，其中杠杆是 S^D，也就是唯一反应可以获得满意结果的刺激。

2. **反应**：指白鼠在斯金纳箱的各种反应，也就是"行为"。其产生与第 3 项立即效果发生密切关系时，则反应出现机率增高。在心理学上"增强"的观念因之而生。

3. **立即效果**：指白鼠在斯金纳箱的任何反应后所得到的行为后果。若第 2 项反应，觉得不错，希望它再次出现，甚至常出现而成为习惯，则有待第 3 项立即效果——增强的应用。

4. **长期影响**：指反应出现后，立即效果所带来的影响，若个体获得满意结果，则下次出现机率增大，反之则消弱。

了解上述历程，可以知悉，第 3 项立即效果是关系行为再度产生的关键，换言之，"增强"是学习历程中一项重要变数，而我们以增强来塑造良好行为的模式，若单独就某次正增强而言，其模式为：

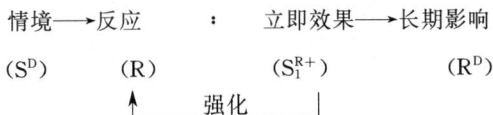

情境──→反应　　　:　　立即效果──→长期影响

(S^D)　　　　(R)　　　　　(S_1^{R+})　　　　　(R^D)

强化

若就整个学习历程而言，是由许许多多行为中，出现上述可欲行为 R_N，其模式以符号表示的话大致如下：

$$S_1^\Delta \longrightarrow R_1^\Delta \quad : \quad S_1^{R-} \longrightarrow R_1^\Delta$$

$$S_2^\Delta \longrightarrow R_2^\Delta \quad : \quad S_2^{R-} \longrightarrow R_2^\Delta$$

$$\vdots \qquad \vdots \qquad \qquad \vdots \qquad \vdots$$

$$S_N^D \longrightarrow R_N^D \quad : \quad S_N^{R+} \longrightarrow R_N^+$$

$$\uparrow \quad 强化 \quad |$$

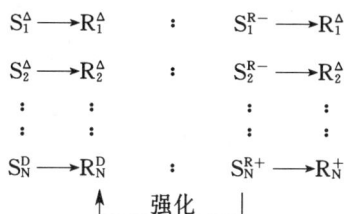

注：S^Δ 是一种信号，表示特定的反应将不会受到增强。

S^D 是一种信号，表示特定的反应将会受到增强。

R^Δ 表示在 S^Δ 情况下的反应将会消弱，甚至消失。

R^D 表示在 S^D 情境下的反应将会受到强化，出现率提高。

R^+ 表示正增强物

R^- 表示负增强物

Δ 读 delta

三　意　义

每一个人都喜欢被戴高帽、说好话，不仅子女在家里这样，就是学生在学校亦如此。身为成人的父母、师长，假如能设身处地为孩子想想，当你整日被人批评指教，何等难堪！何况只是稚嫩孩童。因此一般人，特别是孩子，对于旁人给予肯定的评价和令人鼓舞的重视，都会心中暗喜，表现得更好。就如同餐厅师傅，需要老板拍手，烤鸭才会有两条腿一样。

有些家长或老师或许会说："我天生没有这个嘴巴。"事实不然，当孩子站起来跨出第一步时，你不是拍手叫好，喊着再来一次吗？当女儿开口叫妈时，你不是高兴地招来另一半，鼓掌拍手吗？这些都很正确，只是后来忘掉、忽略了，不知继续使用这方法在小孩身上而已。

心理学家很早就在研究"人类行为"，结果指出：除一些反射动作如随光线的强弱，瞳孔的收缩或扩张；闻到美味，引生涎液；葱汁入眼，引发泪水等等不受个体心愿所控制外，其他行为几乎都受个体心愿所控制，所以称之为操作性行为，如小鸡在地上觅食，小英在客厅游戏等等皆是。

操作性行为即是受个体心愿所控制，且涉及也较复杂，因此，我们所要讨论的行为不在于反射动作，而着重在操作性行为。而此种行为究竟如何引发？心理学家的看法彼此不同。一派采取机械论观点者，认为行为是环境中的各种刺激所引起的；一派采取目的论看法者，认为行为是个体本身的各种需求所引发。这两种说法进一步分析，并非矛盾，甚至是一样的。许多行为，乍看之下，似乎是某种刺激所引起的，但是那种刺激所以能够发生效力，正是因为它适合个体的需要。因此多数心理学家认为：环境中的刺激，和个体本身的需要，都可以引起个体活动。基此，有些心理学家认为个体满足需要，适应环境的活动就是行为。这种说法是否完全正确，值得批判，但若用来解释儿童行为的建立与改变，却能言之成理。

需要的满足有的在于自己，但有的在于他人，家长或老师若能掌握这一重点，善加应用，则对子女或学生行为的塑造或改变将有莫大助益。子女或学生某种行为值得注意或符合期望时，立即给予奖励，以满足他的需要。个体获得奖赏后，就会重复该项行为，以期再次获得更多的奖励。

让我们回头看看上节所述 3 例，就可以印证上述说法。

有些老师以为学生帮老师擦桌子的行为，极为平常，甚至认为是应该的，何必小题大作，因而忽略儿童良好行为的养成。只是女儿的老师能抓住要领，适时予以鼓励，区区一张色纸，就可以使她帮助老师擦桌子的行为继续出现。

多多如同一般小孩一样，学习数学总会碰到困难的时候，无法解题，求助于老爸。许多家长没有耐心指导，往往多教几次，都会依次提高半音，终成雷声，吓坏小孩，笔者在这方面就能稍加注意，不但不提高声音，而且还会幽默地说她比爸爸聪明，女儿当然乐于求问。

老师的一席话，使得吉祥对自己的努力和才干感到非常快乐。他一定巴不得全班同学及其他老师，能看到干净的清洁区，再次觉得自己很骄傲做了一件了不起的工作。

上述 3 例内容不同，但具有共同的精神，那就是利用激励方法，使儿童良好行为继续出现，此种激励就是一般人所谓奖赏，在心理学上给予专有名词叫“增强”（reinforcement），因它属于积极性的所以叫正增强（positive reinforcement），或称积极增强。

正增强与奖赏一词，意义近似，是指个体在某一情境下做某种事情（即行为），如果获得满意结果，下次遇到相同情况时，再做这件事的机率就会提高。这整个历程，心理学上称为增强，此种令个体满意的东西，不管是物质或是精神的，均称为增强物（reinforcer），因此，我们也可把增强定义为“个体行为倾向因获得增强物而增加其强度的过程”。

第三节　正　用

增强原理自从 30 年代被行为主义学者斯金纳提出后，经过 50 年代、60 年代的学者推展、扩充并加以修正，而有行为改变技术的出现，用来作为控制并促进学童行为的一种手段。这种增强原理不仅可以应用在不同年纪、不同背景的学生，而且也可以应用在不同家庭、不同学校、不同行业的对象。问题是，有的家长或者老师认为应用上谈何容易？事实上，这是不难的事，甚至相当容易，只是缺乏认识而已。前面提到：当无助的婴儿，迈向孩童期所踏出的第一步，或第一次开口叫妈时，每个父母也没有人教，但都会抓住机会鼓励他，只是后来父母或老师不再激励其他方面的生长而已。

不幸的是小孩子刚刚萌生些比较不起眼的生活技巧，人们并没有特别注意他，譬如：仁慈、友善、关怀、诚实、体贴别人，所有这些我们认为是一个良好小孩应该具备的特质，教养者却都忽视它们的成长。如果我们都同意小孩子学习走路、说话、穿鞋、吃东西都能够由赞美和注意的鼓励得以助长，为什么其他性质的行为不可以呢？即使如诚实这种行为不像说话或穿鞋等行为发生得频繁，也不似它们这样迫切的需要，但是孩子的这些不起眼的行为，还是会因为得到你的赞美而有所成长。试就家庭及学校两方面的应用，列举实例说明如下：

一　家　庭　方　面

（一）应用在饮食习惯

1. **原则**：善有善报，持之有恒，孩子行为自趋良好。

管教孩子的基本原则，自行为科学的观点言之，如果能遵守"善有善报，恶有恶报"的简单原则，且又能持之有恒，则孩子们的行为自会日趋良好。

2. **示例**：

《规 矩 吃 饭》

　　4岁大的小华第一次把一顿饭规规矩矩地吃完，这是一种好行为，张妈很高兴，立即给予报偿，一方面口说小华好乖，妈妈好高兴；一方面报以微笑，轻轻摸他的头，再赶紧端出他平日最喜欢吃的三色冰淇淋。如此，下顿饭小华将会好好吃了。（丘连煌）

3. **分析**：

想要有效掌握赞扬孩子的时机，父母必须及时注意到孩子的好表现。许多父母求好心切，常常忙着纠正孩子的缺点，而忽略了孩子值得你肯定的一面。最重要的因素乃是由于父母一般所期待的，本来就是良好行为。因此，当孩子真的做到了，父母反而会觉得那是应该的，忽略赞赏，结果反使孩子的良好行为消失了。

表 2-1 使用增强原理强化良好膳食行为的例子

情境	反应	立即效果	长期影响
吃饭	阿毛规矩吃完	好乖，报以微笑并给三色冰淇淋	阿毛以后会更规矩吃饭
妈妈准备晚餐	小迪自动把碗筷摆好	小迪谢谢你帮妈妈一个大忙	小迪再度摆碗筷机会增加
家中用餐中	如蓉难得第一次夹红萝卜	如蓉今天愿意吃红萝卜妈妈好高兴	如蓉以后吃红萝卜的次数可能增多
妈妈外出	姊姊主动下厨	爸爸夸姊姊手艺真了不起	嗣后姊姊再表演手艺机会大增
晚餐后	必奇削水果给家人吃	姊姊当面说他好懂事好能干	弟弟削水果的行为会加强

（二）应用在帮忙家事

1. **原则**：增强之道，勿以善小而不为，勿以恶小而为之。

许多父母埋怨子女不像别家孩子表现许多良好行为可以增强，相反地，不好的行为却很多，不得不批评责骂。事实上父母这样做是忽略了良好行为的形成就像"江河不弃滴水而成其大"，假若能从小行为增强起，不断累积，就可以获得意想不到的适性与能力。

2. **示例**：

《菜屑的清理》

慧珊工作虽然辛苦，但她拥有一位标准先生和一对可爱儿女，使她在辛苦中也蛮愉快的。今天如同平常一样,很早就去市场回来,在厨房忙着整理买回来的东西。当她把鱼肉放进冰箱内,而把冰箱里的鸡蛋取出,放在桌上,5岁的嘉源竟然把厨房地板上的菜屑都放入垃圾桶,这时她高兴地抱起嘉源亲亲,然后说,你会帮妈妈的忙,妈妈太高兴了。

表2-2　使用增强原理强化儿童家事行为的例子

情境	反应	立即效果	长期影响
妈妈在厨房整理青菜鱼肉	嘉源自动清理菜屑	妈妈抱起来亲亲并说太高兴了	嘉源帮忙清理垃圾行为增加
地板脏了	俊杰自动打扫	爸爸夸他扫得很干净很懂事	以后再打扫的机会增多
天气热花需要浇水	慧娟发现自动浇水	妈妈给她可乐并夸奖她,若不是她浇水,花就会干死	自动浇水的行为加强
大白天路灯没关	宝华随手关掉	爸爸称赞她并说:我们可节省好多电费	关灯的行为强化
衣服晒在衣架上	惠芬回家自动收起来	妈妈说:谢谢你帮了大忙,我很高兴	收衣服的行为可能性提高

3. 分析:

在小孩子眼里,妈妈是伟大、能干,而且无所不能,他在旁边看妈妈整理东西,何尝不跃跃欲试?渴望从中学习,如同妈妈一样,能做很多事情。父母若了解这关键,请不要忽略,从最简单的清理菜屑开始,予以鼓励,慢慢地,其他特质也会因之成长、苗壮。

（三）应用在生活起居

1. **原则**：善报恶报，端在帮助孩子建立牢固之因果关系。

善有善报，恶有恶报，并不是指神秘的因果关系，乃依据著名心理学家桑代克的效果律而来。主要精神乃告诉父母或师长在管教孩子时应该帮助他们在行为上建立明显牢固的因果关系。

2. **示例**：

《整 理 床 铺》

刚入小学的雅芬从未整理过自己的床铺，有一天意外地她把床上的毛毯卷好，妈妈看到说："你的床铺整理得好整齐哦！"翌日雅芬又叠好毛毯并且摆好枕头，她妈妈再一次称赞她的进步。此后连续好几天，雅芬都能够把自己的床铺整理得很好。虽然整齐程度尚不能达到军队式的标准，但是已经显示雅芬有十足进步。（叶重新译）

表 2-3 使用增强原理强化良好起居的例子

情境	反应	立即效果	长期影响
雅芬起床	自动整理床铺	妈妈夸奖说：床铺整理得好整齐哦！	整理床铺的行为增强
睡觉时间到了	文君自动刷牙	妈妈偷偷夸他好棒	睡前刷牙习惯强化
时钟已到 9 点	琼文准时上床	妈妈在联络簿记一笔	准时上床的行为加强

（续表）

情境	反应	立即效果	长期影响
丰州平常要妈妈陪才肯睡	今天太累自己上床睡着了	起床后母亲抱起他说：妈妈好高兴他已长大了。	独自睡觉的机会增加
平常慧珊都赖床	今天难得准时起床	母亲抚摸她的头说：太好了！	以后赖床的机会降低

3. **分析**：

雅芬的母亲在女儿的床铺看来较为整齐时就立刻称赞，并非等到她把整个卧室都处理得非常标准才给予赞美。假若雅芬中止整理床铺，妈妈也不指责批评。雅芬由于她自己整理床铺的能力增加，以致对其他未来的任何事情，都受到好的影响。如果她能对整理自己的床铺感到满意，则她可能进一步来收拾她的玩具，保持房间的干净或小心她的衣服以免弄脏等等。

（四）应用在功课作业方面

1. **原则**：肯定自我意识，避免无谓比较，就掌握增强原则。

小孩子均需有成就感，但由于天资能力不同，后天努力差异及客观条件悬殊，导致彼此殊异。身为父母者就要特别注意表现较差子女的感受，避免无谓比较，造成孩子心灵上的伤害，而产生挫折感。

2. **示例**：

《成绩单》

　　陆弟带着成绩单回家，悄悄的走进房里。妈妈知道了状况，耐心等到陆弟独处时才对陆弟说："乖孩子，你的成绩单不要妈妈签名吗？"陆弟才慢吞吞的把成绩单拿出来。妈妈看一看，签完名，然后说："妈妈很高兴你喜欢国语、社会（中等成绩），这些科目很有趣吧！"陆弟觉得很难过地说："姊姊每科都90多分，我却有几科不及格"，"你是否也和姊姊一样优等，这并不重要，有一天你会领悟到学习的乐趣，而且发现自己比现在进步多了。"（张惠卿译）

3.　分析：

　　陆弟成绩不如姊姊，母亲尽可能减少给他比较的打击，这种适时鼓励可以激励陆弟用功，直到陆弟很有把握得到中等成绩后，他会进一步认为："我再努力一点可能会得到更好成绩"，因此母亲的激励便成为导引陆弟更进步的明灯。

表 2-4　使用增强原理强化功课学习行为的例子

情境	反应	立即效果	长期影响
陆弟考不好	发下成绩单	妈妈看了说：很高兴有些科目陆弟有兴趣	以后再努力的力量增强
放学回家	淑芬赶快把功课做完	准许她看6点的电视节目	赶快做功课的行为加强

（续表）

情境	反应	立即效果	长期影响
功课做完	贤瑜自动练习钢琴	爸爸夸奖她越弹越好	以后弹钢琴的机会增加
无聊没有事做	青惠翻阅书本	爸爸说她聪明知道自己读书	读书的行为强化
写完功课	惠玲自动整理书桌	妈妈说：整理得这么干净真了不起！	整理书桌的行为增多

（五）应用在礼貌方面

1. **原则**：春花虽美期于秋实，增强有效亦得耐心等待。

十年树木，百年树人，教育子女要具有上述理念，许多孩子的行为要达到父母的理想，需要漫长时间，耐心等待，可是有少数父母，急功近利，一播种就想开花结果，反而还没有开花结果就枯萎了。

2. **示例**：

《迟来的惊喜》

冬冬是个很胆怯、退缩的小孩，平常总是默默不语，大家都觉得他是一个害羞的孩子。他不喜欢与小朋友往来，几乎没有朋友，他也不会向长辈朋友问候，不是一个讨人喜欢的小孩，父母虽然在意，但也无可奈何。今天父亲的同窗挚友德扬来访，意外地，冬冬竟然开口叫

声伯伯好，德扬也回说：多多好乖。俟挚友走后，父亲
告诉多多说伯伯称赞他好懂事、好乖，爸爸好高兴。

3. 分析：

在教导小孩学习如何与别人建立良好友谊时，必须切记：行
为的改变不会在瞬息间就产生了，一个退缩小孩不会在一夜之间
就变成好客之人，冬冬的害羞不会一下子就能克服，必须经历一
段学习阶段，先从父母师长对他的赞美、鼓励着手，才可能改善、
变好。

表 2-5　使用增强原理强化礼貌行为的例子

情境	反应	立即效果	长期影响
上学途中遇到伯伯	冬冬说：伯伯好！	爸爸说：懂事、乖，爸爸好高兴。	冬冬向客人打招呼的行为增加
上学	妈妈再见	妈妈回说：小萍乖，再见。	小萍说再见的机率增高
放学	妈妈我回来了	妈妈回说：杰中，太好了，冰箱有布丁。	杰中说"我回来了"的行为强化
在路上遇到熟人	晓雯自动打招呼	爸爸夸奖她	晓雯打招呼的行为加强
妈妈给压岁钱	宗儒说请妈妈帮他储蓄起来	妈妈不但照办而且以相对基金奖励	储蓄行为加强

二　学校方面

（一）应用在生活态度

1. **原则**：建设性的增强，从事实描述着手即可。

儿童表现出良好行为时，要给予建设性的赞美是可以理解的，问题是如何表达才合乎理想？事实不难，只要我们真实地赞赏孩子的行为和情感——包括他的工作和成就，则孩子对自己下的结论是积极且具有建设性的。

2. **示例**：

《打　扫　草　坪》

5岁的明珠来到幼儿园后，帮她的老师清扫草坪。老师不时为她打气。

* 我看到你扫了一大堆树叶。

* 你已经扫了两堆树叶。

* 你扫得好干净，太好了，帮老师很大忙。

* 一个钟头扫5堆了。

* ……

* ……

* 我十分感谢你的帮忙，来！洗洗手，这一些色纸给你。（欧申谈译）

3. **分析**：

　　老师采用描述孩子的努力和成就以及对其努力和成就的感受，使明珠听了，精神百倍，活力充沛而又兴致勃勃地工作，不但不觉得累，而且更激起下次再做这样一件好事的动力。

表 2-6　　使用增强原理强化学生生活态度的例子

情境	反应	立即效果	长期影响
草坪脏了	明珠自动清扫	老师不时为她打气	自动清扫行为增加
水龙头没有关紧	幸玲自动关闭	老师夸奖并在联络簿上画一个苹果	关水龙头的行为加强
垃圾桶满了	幸艳见状拿去倒	老师向全班同学宣布并在黑板上打圈	此种行为再度出现的机会增加
地板上有纸屑	梓生捡起来送入垃圾桶	老师公开称赞	捡纸屑的行为会加强
分发作业	胜贤自动帮忙	老师摸摸他的头并说谢谢	自动帮忙做事的行为强化

（二）应用在画画方面

　　1. **原则**：善用建设性赞美，少用评价式赞美，获效更多。

　　赞美是社会性增强物常用的一种，我们应用时要小心，应尽量避免评价式的称赞，因为它会制造焦虑，养成依赖，招致防卫，不能引发自立、自尊和自制，所以必须采用建设性赞美。

　　2. **示例**：

《画 得 好 吗？》

瑞华平常显得很孤独，喜欢画画，不愿跟人聊天，今天意外拿着他的一张作品来见老师。

* 老师！这张图画您觉得怎么样？
* 我看出用了许多颜色：红、黑、绿、黄，还有桔黄。真是颜色丰富的一幅画，我喜欢它，应该给同学看看，欣赏欣赏！

瑞华乐得满脸微笑！

3. 分析：

这位老师避免用评价式的言语，如："喔，画得好美，你真是一个好画家"，而采用建设性的赞许，只是描述她自己的感受以及她的用色。于是瑞华欢喜，兴致勃勃，在老师激励下又会再画了。

表 2-7　使用增强原理强化学生生活习惯的例子

情境	反应	立即效果	长期影响
瑞华画画	询问老师画得怎么样	老师说：颜色丰富很喜欢它	瑞华画画兴趣更浓
健峰天天服装不整	今天难得穿得很整洁	老师夸奖说：很喜欢他这样子	健峰保持服装整洁的机会增大
滢雅很少穿裙子	今天穿来了	老师称赞并拍照	穿裙子的机率提高
吃午餐	汉章特别安静守规矩	老师摸摸他的头称赞他	嗣后安静吃饭的行为增加
放学排队	智友今天意外不闹、不耍花招了	老师在联络簿上写"表现良好"	不闹、守规矩的行为会增加

（三）应用在学习态度

1. **原则**：事实举证远胜于空洞的赞美，将有助认知之调整。

小孩子时时都在观察他周围的事物，将所见所闻理出一套自己的论点，并作为行为的方向。问题是他所见所闻往往只是某一部分事实而已，导致其推理不当，而使其行为产生偏差，这时父母或老师若能具体说明，改变其认知，自然就改善其行为。

2. **示列**：

《我 太 笨 了》

　　文财是我班上学生，在作业练习课上，看起来不对劲，有点沮丧。于是我叫他到我办公室来。

　　＊郑老师，他说，我想我一定会念得很糟的。

　　＊为什么你会有这种想法？

　　＊我只是觉得自己太笨了。

　　我立刻从抽屉中拿出一大叠记录。

　　＊文财，我可以肯定地说：你绝不笨，当你刚进学
　　　校时，老师问你很多问题，你答得非常好，从这
　　　些记录里我知道你不笨的！

　　＊是吗？

　　文财脸色开朗多了。（钟思嘉）

3. **分析**：

老师能立即察觉到学生的主要问题所在，而充分地供给他明显的证据，证明他不笨，通常会收到很好效果。

表 2-8　使用增强原理强化在学校学习行为的例子

情境	反应	立即效果	长期影响
作业练习课	文财觉得自己笨，沮丧、无精打彩	老师拿出纪录肯定他	积极练习的行为将可加强
早自修	岳珍认真写功课	老师夸奖并请她发作业	认真写功课的行为增加
家庭作业	静怡写得很仔细	老师称赞她并给她奖励卡	作业会做得更认真
写字课	育纯向来潦草应付，今天意外认真	老师给甲上，并特别当众鼓励	嗣后认真写字的行为增加
自修课	同学闹得厉害但广升安静写字	老师发现叫他到办公室特别予以鼓励	安静写功课行为强化了

（四）应用在作息习惯

1. **原则**：及时掌握时机予以增强，不良习惯可能消除于瞬间。

许多儿童的不良习惯，或出自本性或来自后天环境。不管如何，具有不良行为的孩子，绝非时时刻刻都表现不佳，总有正常的一刻，假如父母或师长能把握这关键，给予适时适宜的增强，不良习惯可能意外消失了。

2. **示例**：

《准 时 上 课》

育帜有一个坏习惯，每天总是在上课铃声响了好久之后，才急忙冲入教室，因此他经常没有听到老师在前半段所讲的教材内容。有一天，不知道是什么原因，他来得特别早，老师为了强化他准时来上课的行为，于是乎走到他桌前，小声对他说："今天你在铃声响之前到教室，老师很受感动"，并且对他说："凡是上课准时到的同学，将可得到一个很好的东西。"此后，育帜经常准时上课了。（叶重新译）

3. 分析：

假如个体行为表现进步时，立刻给予奖励，则很快学会任何新的行为。无庸置疑，育帜需要其他的强化作用，但是由于老师在他表现良好的行为之后，立即予以称赞，因此，新的行为也就容易与强化物产生联结了。

表 2-9   使用增强原理强化学生礼貌行为的例子

情境	反应	立即效果	长期影响
育帜上课总是晚到	今天意外提前进教室	老师特别给予奖励	准时进教室的行为会增加
拿取物品	慧珊会说声谢谢	老师当面予以鼓励	说谢谢行为增加

（续表）

情境	反应	立即效果	长期影响
进办公室	清益喊报告	老师说请进	喊报告的行为强化
老师交谈中	聪贤有事找他，先说：对不起	老师停止交谈处理其请求	以后说对不起的行为增加
放学	炎辰向老师说再见	老师回应说：再见	嗣后说再见的行为加强

（五）应用在同学相处

1. **原则**：把握扬善隐恶的道理，也就掌握改过迁善的钥匙。

假若不良行为正如前面所说是出自本性，或自小环境养成，不易改善时，我们若能善用增强原理，寻找某些值得赞赏的能力，给予肯定，促进信心，强化其自我概念，必可改善其不良行为。

2. **示例**：

《虫 博 士》

小茜天天上学，但却不跟小朋友玩在一起，一直是独来独往，或在泥土堆里找小虫玩，父母或老师也觉得无可奈何。进一步认识，她是位喜爱小虫的女孩。老师发现她有这项优点后，对着她说："小茜是位虫博士喔！"当时，正好学校要养一些昆虫，于是又问小茜："要给小虫吃些什么才好呢？""怎样给小虫盖房子呢？"小茜很自信地回答了这些问题，由于这件事，她的才能被肯定，从此有了信心，生活层面也扩展了。

3. 分析：

对内向又害羞的小孩子，要培养他们的自信心。小茜在念书、运动或其他方面都不行，甚至也不善交际，但仍然有一项优点，借此优点可以引导她发挥潜能，进而培养自己的信心，而终于改善不良行为。

表 2-10　使用增强原理强化儿童相处的例子

情境	反应	立即效果	长期影响
小茜独来独往	讨论昆虫问题	老师叫小茜虫博士，小茜回答问题	产生自信心，扩大生活圈
同学相处	瑞祥向老师称赞文斌	老师予以肯定	和谐气氛增强
宏彦拿了好多东西	雅慧看到立即帮忙	宏彦连声道谢	帮人行为增进
子勤忘记带书本回家	正德见状帮忙带回	老师公开称赞	帮人行为增强
天洲不会数学	健哲当小老师教他	天洲非常高兴	小老师的行为强化

三 不良行为的改善

增强原理不仅可以应用于强化各种良好行为，而且假若应用适当的话，一样可以改善不良行为。

《生日大战》

永仁生日那天，10个5岁的男孩和女孩们一起吃点心、玩游戏，而且为永仁唱"生日快乐"歌。一切情形良好。幼儿园老师为他们的举止高兴，决定给他们应有的赞美，她说："哎呀！这里的男孩和女孩们多棒啊！你们举止像个真正的天使。"

过了一会儿，打架发生。糖果成了子弹，点心变成水雷，杯形蛋糕像导航飞弹满天飞。整个会场像被炸弹炸过似的乱七八糟。

老师见状说："很高兴我们幼儿园里有这个宴会，谢谢你们把它弄得这么好玩。"

孩子们微笑了。（许丽玉译）

《伟雄的恶作剧》

伟雄是个有小聪明、调皮的学生，平常喜欢恶作剧，是王老师最感头痛的小孩。

今天第2节上课钟响了，当王老师脚步跨进教室就看到在黑板上有自己脸孔的漫画像，画得有力、传神而可笑，全班学生都在等待他的反应。

王老师带着一份兴趣观赏这幅画，然后说："画得太好了，不该擦掉，让这位画家先描到纸上去吧，我向这位画家道贺。"

全班同学默然了……（欧申谈译）

这位教师表现得相当成熟，不为这幅讽刺画动肝火，不被孩子的恶作剧所伤害，不追究"罪魁祸首"是谁，不想羞辱他。他避免无效的说教和训斥……但用一句简单的增强话，终于把冲突化解于无形。

《写字潦草》

嘉郎是一位 10 岁男孩，在张老师指导下学习英文，他写字相当快但是非常潦草。他的主要缺点就是：不能把 d 和 a 字的缺口处连起来，于是 d 字看起来像 cl；a 字看起来则像 u 字，张老师认为有必要帮助他。

有一天，当张老师将批改好的作业给他。在作业上，张老师将他写得最像 a 的字圈出来。并对他说："嘉郎，这个字是你在作业中写得最好的 a 字。你写的 a 字仍然有一点像 u。可是张老师想，你应该知道 a 字的缺口应该合起来才像 a。d 字与 a 字不同，但是这两个字都不可以有缺口的。"每逢张老师看到嘉郎的作业簿上的 a 或 d 字时，只要他写得好一点张老师就把它圈出来，并且在旁边注明"好"。

经过3星期之后,嘉郎的字迹有很显著的进步了。张老师再拿出一张以前他所写的作业,让他比较笔迹,他立即感觉不一样,而且知道自己进步有多少。(叶重新)

《赋予尊严》

12岁的苏姗应征在周末义务帮学校图书馆编图书目录。星期六发现自己有一大堆家庭作业要做。她懊悔自己的应征,为之觉得泄气而且沮丧。当天早晨她到图书馆时,两眼含泪。老师注意地静听了她的讲述,然后说:"你觉得这么难过,却仍然来工作。这显示你是一位守信诺、肯负责的人,老师好高兴有你这样的学生。"苏姗立刻感到自己像个女英雄,一个非凡而负责的人。

如果教师出现以教训式或贬抑式的反应如:

＊你干嘛要把一星期的家庭作业留到最后才来做?

＊你既然知道自己有这么多作业得做,干嘛还应征?

＊下回应征之前要三思。

＊不管怎么样,今天也许你会把时间给白糟蹋了。

＊在图书馆里,你也许会学到些什么。

则其结果可能都较不圆满,幸而教师只是凭着表达尊重和赋予尊严的作法,得以避免不愉快局面的发生。(欧申谈译)

第四节　影响正增强作用效率的因素

一　行为的特殊性

个体的行为包罗万象,是否每项行为都适合增强原理的应用?按理而言,应该是肯定的。但基于效果观点来看,儿童阶段的训练,以寻找具体有效的特殊行为如微笑、坐好、做功课……为宜,不应采用普遍性的行为。

特殊性行为又是什么?若详加分析,具有下列 3 个特征:

1. 可观察。

2. 可测量。

3. 可预期效果。

好比"微笑"行为,我们可以透过观察来了解小英是否微笑?也可以测量在多少时间内微笑几次?我们亦可以预测小英微笑后,若能获得增强时,其结果如何?不予增强时,其结果又如何?所以我们说微笑是一种特殊性行为。坐好、做功课,都具有此种特征,因此,这些行为都属于特殊性行为,是增强的对象。

至于普遍性行为诸如社会化、良好态度、敦品励学等,笼统普遍性行为,无法满足上述 3 项特征,所以不属于我们所要增强的对象。既然如此,利用增强原理来塑造或改变行为,岂非受到很大限制,以致影响儿童良好行为的培养?事实不然,一是学童刚开始所要培养的良好行为相当有限,无法、也不必在短期内,培养所有行为,只要培养一般具体的态度或习惯,足以应付社会生活即可，何况这样已用去大部分时间，行无余力，学习其他非特殊行为。二是许多行为（如普遍性行为）的产生或发展，是属于较成熟阶段，且筑基于具体的特殊行为上，有了良好的特殊性行为，时机一到，自然就可以孕育出良好的普遍性行为。所以若要发挥正增强作用的效率，宜选择特殊性行为来训练。

二　增强物的选择

儿童行为的良好或偏差，主要受到行为后果的支配，此种支配决定于增强物的适合与否。有些增强物对任何人都具有正增强的作用，包括一般人所喜爱的刺激物，如满足口腹之欲的山珍海味，表示亲热的拉手轻抚，促进怡悦心情的鼓掌欢呼等；有些增强物对任何人都具有负面的增强作用，包括一般人所厌恶的，如惹人心烦的叫骂，伤人自尊的讽刺，恼人刺耳的噪音……。这些正负增强物的选择，影响不同的行为后果。

事实上增强物的选择也不一定这么单纯，往往因人而异。一个香喷喷的面包，对肚子饿的孩子而言，其增强效果一定比饱食的孩子为佳；一张笑脸贴纸，可能深受幼儿园生的喜爱，而高中生则不屑一顾；有人嗅了臭豆腐不禁垂涎三尺，口水泉涌，有人闻了臭豆腐，掩鼻而逃，胃部翻腾半天；小英喜欢物质的奖励，小华可能喜欢当众的夸奖，小明或许喜欢身体的触摸。因此，增强物乃是地地道道个别化的事物。

增强物不仅因人而异，就是同一个人，或因主客观条件的不同，其作用也不同。例如，食物对饥饿者而言，皆是正增强物，金钱亦然。但屡有例外，例如食物因为是饥饿者的增强物，但不食嗟来食的事实也是存在；有人见钱眼开虽是事实，但也有人视钱为堵物，也不意外。

人类中个个皆有不同的嗜好，不同兴趣，对于增强物的接受就有差异；而且同一个人，亦会因心情不同，时空转移，对增强物的接受度也不同。若要提高正增强作用的效果，对增强物的选择不可不慎重。

三　缺乏与饱满

个体因需要而有所行为，而增强物正可满足个人的需要，因此，我们依据这个原理，用来控制人类行为的塑造与改变。但我们应该明了，增强物之所以能发挥效果，乃在于个体需要它，个体若没有需要，效果无从产生。

增强物之所以能发挥功效，乃在于符合个人的兴趣与嗜好，同时也在缺乏的条件下，增强物才有意义。换言之，增强物固然要符合个体的兴趣与嗜好，但也须待个体缺乏一段时间后，再加应用，始能发挥功效。假若个体在这种增强物已饱满，不感缺乏，则如何应用，亦无法发挥功效。就像现在肚子饱饱，再美味的菜肴亦无兴趣；若好久未进食，纵然一碗白饭，也甘之若饴，因此，在使用增强物时，也要考虑增强物是否缺乏。

人类需求涉及甚广，并不限于上述所提直接满足生理需求，或避免危险的增强，凡是能满足个体在某时间、某情境为解决某一问题的需求均属之。不管生理需求或其他需求，若要应用这些来强化儿童的行为，则必须在训练之前，个体缺乏该项增强物才有效果。

由上述结果可以知悉，增强物固然可以满足个体需求，而强化个体可欲行为，则必须建立在缺乏的条件下，假若在训练前或训练期间，就给予很多增强物，结果亦会使该增强物在训练时失去增强效果。例如，每次小华表现良好行为都给布丁，以资鼓励，若在短期内，小华获得布丁的数量过多，最后结果布丁就发挥不了功效。因此，在训练期间，避免一次给予太多的增强物，或同一种增强物不要一直给予同样一个人，否则很容易造成饱和现象，而降低其功效。

四　特　　效

就增强物施予的时间而言，大致可分立即增强与延宕增强两种，根据研究指出：当个体出现良好反应以后，采立即增强方式，其效果最好，若拖延太久，其效果就降低，论其原因：

(一) 注意力降低，增强效果愈微弱

个体行为表现，个人关注程度，随事过境迁的时间愈长愈为降低，当个人关注程度降低时，同样增强物所能引发的效果也降低。因此，当个体良好行为出现后，不能立即给予增强，延宕时间愈久，其增强效果愈为微弱。

(二) 延宕时间愈久，愈容易介入不相干的行为

个体行为时时刻刻在产生，当一种行为出现后，可能另外行为紧接又发生。在这种随时发生的任何行为情形下，若是属于良好的行为，宜采行继续增强方式，若忽略未能立即施予，而延宕一段时间，往往在这段时间内会发生另一种（或一种以上的）其他行为后，才给予增强，其结果，个体所感受到或知觉到，可能无法正确知道是何种行为导致增强的，甚至误认其他不相干的行

为，造成错误的认知。

当然有时延宕增强颇为有效，并非每一件行为的奖励，都需要采取立即增强的方式，那么如何实施，才是理想？大体说来，行为主义学者认为：在开始训练时，大多采立即增强方式，待所拟建立行为的出现率增加后，再使用延宕增强方式，而延宕增强方式在开始时，其延宕时距小，然后逐步增加，当增加到无限大时，行为已建立，也是增强物停止使用的时候，这正是行为改变技术的最终目标。

五 配合成就标准而实施

应用增强原理的主要目的，在于鼓励良好行为的继续出现。可是我们应该明了个人行为如何表现，涉及个体的成熟与能力，不同身心发展，行为展现就有很大差异，殊异的心理能力，行为表现亦有很大不同。因此，在家庭中年龄不足，能力不逮的儿童，某种行为标准就不适合他。基此而言，兄弟姊妹，年龄不同，能力有异，其行为要求就应该不同；在教室里，学生个个年龄虽然相近，但彼此间的能力都不同，不宜用相同标准来要求每位儿童。在管教或教学过程中，若忽略儿童或学生间的个别差异，而过分强调一致的标准来要求学童，很难收到预期效果。例如目前学校奖励考试前 3 名增强方式，就是一种不理想的方式。因为学校所用的学业成绩为一种实得分数，但聪明学生其成绩常较愚笨学生为优，有时愚笨学生虽极努力，其成绩反不及懒惰的聪明学生为高，故用实得分数表示个人的成绩实欠公平。若用成就商数报告成绩，即可使愚笨者不致灰心，而聪明者不致养成傲慢或怠惰态度与习惯。因此，除奖励前 3 名外，宜增加进步奖，或许较理想。

考察教学效率向以学生学业成绩为依据，实则学生成绩的优劣，固然与教师教学效率有关，但学生智力高下亦为重要因素之一。甲、乙两组学生智力平均不同，如仅以两组的学业成绩作为评论两个老师教学成效的高低，那就失之毫厘，差之千里了。因此，测验学者，建议用成就商数来考察教学效率较为公平。

第五节　误　用

正增强原理可以提供我们应用，以改变个体不良行为，进而培养良好行为。唯应用不当，反使不良行为获得增强而带来负面结果。

《鼓励发脾气》

玉琳是一个3岁半的小孩，当她母亲去上班时，就把她交给保姆照料，一星期5天。有一天晚上，她母亲来带她时，她正与一只小狗玩得很开心，拒绝跟母亲回家，并且大发脾气。妈妈告诉玉琳，如果她愿意停止哭闹，跟妈妈一起回家，则在回家途中买一件新奇东西给她。玉琳终于接受妈妈的条件，不再哭闹。在回家途中，妈妈买了一本故事书给她。

隔天晚上，当母亲再到保姆住处去接她时，她又大发脾气，而且吵得比昨天更厉害。（叶重新译）

玉琳的强化作用是她母亲答应送给她一件新奇东西，在她放声大哭时立即得到强化物，增强了她倾向于大发脾气的意念。因此，在她大发脾气时，利用奖励物品来促使小孩停止哭闹，反而成为以后大发脾气的根源。

玉琳母亲虽然应用增强的强化方法，但时机用错了，因为在小孩子表现不良行为之后给予强化，结果，强化了发脾气的行为。正确时机是在小孩真的很高兴愿意离开保姆家时，才给予新奇东西，以增强玉琳高高兴兴离开保姆家的力量。类似这种错误用法，在日常生活中是极为常见的事。

一　家　庭　方　面

（一）应用在饮食习惯

1. **原则**：不良行为获得增强物，该行为再度出现的机率增加。

不论儿童在强化物出现之前做什么行为，该行为在未来再度出现的机会将增加。这种行为不管是良好的，或是偏差的，都是如此，许多父母有意或无意都忽略了，促使小孩不良行为的继续出现。

2. **示例**：

《振清的哭闹》

振清的父母喜欢在周末带他去旅行。某一个周六，他们家人来到一家饭店喝咖啡。虽然这时并非振清肚子饿的时候，但是振清却没完没了的哭闹。侍者看到，立即送饼干给他吃。振清停止哭闹，但是他吃完饼干之后又放声大哭，于是侍者又送来另外一份，但吃完了又哭，服务生又送来小甜饼。他的父母把它没收起来，并且将振清带走。当振清和父母又进另外一家餐馆，没有多久，振清又哭闹不停，父母真是拿他没有办法，除非立即送来食物，否则不会停止哭闹。（叶重新译）

3. 分析：

在上述情况下，送来饼干，是一种不智之举，因为服务生成为强化的代理人，振清因不舒服而哭，父母亲只有在某些特定范围之内，满足他的需要之后，才能改变其哭闹行为。

表2-11 使用增强原理强化饮食上不良行为的例子

情境	反应	立即效果	长期影响
在饭店喝咖啡	振清哭闹	侍者给饼干，振清停止哭闹	哭闹行为增多
尚未吃饭	恩华吵着要吃冰淇淋	妈妈没有办法只好同意	吵吃冰淇淋的行为增加
早餐	钰铭吵着给钱到外面吃	妈妈不胜其烦答应了	吵着到外面吃的机会增多
晚餐	大勇吵着吃比萨	母亲拿他没办法只好同意	吵买比萨的行为强化
吃饭中	淑芬边吃边玩	妈妈只好随她	边吃边玩的行为增多

4. 正用：

在振清这个案例，振清可能不饿，但他哭闹行为被饼干的出现而强化了，未来他的父母亲可以在振清进入饭店之前给予食物来矫正其哭闹行为。假如他一开始就哭，不必理会他，甚至可以带回车内。

（二）应用在黏人行为

1. **原则**：许多错误的强化，乃"妇人之仁"的心理促成。

许多父母虽然也明白：小孩子表现良好行为之后，才给予强化；反之，不予增强。但对幼小或有缺陷的儿童，发生状况或行为越轨时，父母会基于"不忍"之心去对待或处理，结果误导孩子的认知，形成不良行为。

《站 起 来!》

兴华在他蹒跚走路的时候，若有跌倒，母亲从不去扶他，只是在一旁给予鼓励："站起来，自己站起来!"可是在 3 岁多时，有一次跌得蛮严重而哭出来，母亲赶紧跑过去扶他起来。自此以后，兴华跌倒，每次都哭且等待母亲去扶起来，否则哭个不停。

表 2-12　黏人行为出现而给予正增强的例子

情境	反应	立即效果	长期影响
跌倒	哭出来	母亲赶紧扶起来	哭的行为被增加
爸爸骑机车要出去	佳倩吵着要跟爸爸去	爸爸拗不过，最后同意她去	吵着跟去的行为加强
妈妈上街买菜	嵘文哭着要跟妈妈去	最后妈妈气得打他一耳光后同意他去	哭吵跟着去的行为增加
客人来访	永志吵着要买零食	母亲只好给钱去买	以后友人来访时吵买零食行为增加
山明睡醒	哭着喊要妈妈抱抱	妈妈赶紧停下工作抱他	嗣后要妈妈抱的行为增强

3. **分析**：

每个孩子都需要旁人的关切和注意，孩子跌倒哭了，父母赶紧扶起来而导致不良后果，这是扶起来的增强结果。假如父母硬着心肠不去扶，让他自己站起来，就不会有这种毛病。话虽然如此说，但必须有分辨能力，否则会惹出问题来。

4. **正用**：

假若不严重时，父母可以不理他，自顾去忙别的事，甚至可以干脆离开现场。但若是严重有创伤时，则应予以处理，以防意外。

（三）应用在不当要求

1. **原则**：客观条件的压力下，父母往往也误用了增强。

在不考虑客观情境时，父母可能有效地掌握增强应用的原则，可是在某些情境，譬如公共场所，客人来访，忙于家事等客观条件下，孩子要求某某事情，父母不胜其烦而终于答应所求。

2. **示例**：

《突破安全区》

玉璇假日跟妈妈逛百货公司，妈妈跟姊姊在服装部选购衣服，玉璇东窜西跑捉弄母亲，当妈妈叫她时，她偏偏躲起来。过了一段时间后，她要妈妈买玩具小熊给她，妈妈说：不行！上次才买的，这次不可再吵！这种斥责不管用，玉璇耍出最后一招，当众号啕大哭，赖在地上不肯走，好吧！只这一次，下次不行哟！

表 2-13   不当要求行为出现而给予正增强的例子

情境	反应	立即效果	长期影响
上百货公司	玉璇哭吵着要买玩具	妈妈终于同意了	哭吵买东西的行为增加
坐上电动玩具车	妈一再叫佳倩下来但她不肯	妈妈只好让她来坐过瘾	乘坐不下来的行为增多
妈妈在厨房	兰萍哭着要妈妈抱她	妈妈实在没有办法只好抱她	哭着要妈抱的行为增强
妈妈忙着工作	智美醒来哭着要妈妈	妈妈赶快停下工作去抱她	醒来哭着要妈抱的行为增多
爸爸正在看报	德民吵着要买零食	爸爸只好给10元去买	吵着要买零食的行为增加

3. **分析：**

妈妈终于让步说："下次不行"，是妈妈平常的口头禅。玉璇知道在这种场合下，妈妈平素的管教和要求并不管用。因此，玉璇在这安全区里就会异于平常，哭着要买。当她任性耍赖达成心愿后，一定食髓知味，永不罢休。

4. **正用：**

正确处理方法是建议在这种哭闹下，不要让玉璇如愿，假若不听，最多花计程车费送她回家，另行跟姊姊再回百货公司继续下去……。

（四）应用在功课学习上

1. **原则：**上学第一，解除困扰，却强化依赖行为。

我们社会升学竞争激烈，孩子从小可以什么事都不做，唯独书本不可不读。生活起居几乎安排好好，儿童机械式地每天过日子。部分儿童是为父母读书，所以动机弱，往往早上都来不及上学，留待父母解决。

2. **示例：**

《开 车 上 学》

16岁的皓明经常每天早上很早去等校车。有一天早晨他睡过头，赶不上校车，他母亲允许他开车上学。因为他最近拿到汽车驾照，所以妈妈很放心。

自从那天早晨开车上学以后，皓明经常睡太迟，要不然就是早餐吃得很慢，以致无法赶上校车。在这种情形下，他妈妈答应他开轿车上学。（叶重新译）

表2-14 不良学习态度出现而给予正增强的例子

情境	反应	立即效果	长期影响
皓明平常乘坐校车上学	有一次睡过头	母亲允许他开车上学	睡过头的行为增加
丽霞开始上学	到校后拉住妈妈不让她回家	妈妈只好留下陪她	拉住妈妈的行为会增强
瑞龙不做作业	哭着要妈妈代做	妈妈无奈只好帮他	要妈妈代做的行为增加
上学时间到	淑华装病不上学	妈妈同意了	装病不上学的行为增多

3. **分析**：

很显然的，对皓明来说，使用自家轿车是一件强化的事情，他妈妈没有了解这件事的后果，于是增强了他经常睡得太迟与怠惰的习惯。

4. **正用**：

睡过头会迟到是一种不良行为，但为解决迟到问题而开轿车上学是一种增强，结果使不良行为——迟到，也就是睡过头的行为机率增加，所以不宜同意开轿车上学，让他一如平常上学，去承担迟到的后果。

（五）应用在不良行为

1. **原则**：因学习重要，而方便要求，却强化不良行为。

部分儿童没有养成每天做完功课后，必须整理书包，把明天上课的书本及用具放入书包的好习惯，导致上学时忘带用品，影响上课，这时大部分的父母都基于学习的重要，就方便孩子要求，替他送去。

2. **示例**：

《忘 带 东 西》

12岁的明靖，星期一早晨到校上课，忘记带走体育服装。他打电话回家，要妈妈把他的衣服在上该门课之前送到学校，如此就可以不必接受任何处分。妈妈照办，把衣服送到学校办公室。办公室人员通过扩音器，叫他去拿衣服。过了几天，他陆续又忘记带午餐的钱，国语笔记簿，以及一本家庭作业簿。后来明靖对妈妈说："这是第4次我的名字出现在扩音器，我以此为荣。"这时妈妈才恍然大悟，她帮忙带东西到校等于帮助明靖以遗忘为快乐。

3. **分析**：

明靖的母亲若真想让小孩记住带东西到学校，最好是让他接受学校处分，为他的行为后果负责。她为了不让小孩被处罚，把东西送到学校，等于是鼓励小孩做出相同错误的事。明靖以为自己的大名被扩音器广播出来是一件很得意的事，于是强化其忘记带东西到校的行为。

4. **正用**：

父母不必为他带去，让孩子接受忘带东西的后果，才能收到警惕之效。所以这情境不必去管小孩，反而比关注更高明。

表 2-15　不良行为出现而给予正增强的例子

情境	反应	立即效果	长期影响
到校上课	明靖忘带衣服，打电话回家	妈妈送到学校	忘记带东西的行为增加
要上床睡觉	智美哭着明天劳作用品未买	妈妈只好起床去买	忘记买东西的行为增多
德民放学回家	脱了鞋袜乱丢	妈妈随后帮他收拾	鞋袜乱丢行为增加
爸爸掉钱，气呼呼地问是谁拿的？	文滨偷了钱，妈妈知悉	妈妈担心文滨被揍，便说钱是她拿的	文滨偷钱的行为增多
妈妈要碧凤去买酱油	碧凤说好，但零钱要给她	妈妈无奈只好同意	买东西讲条件的行为增加

二　学校方面

（一）应用在新生入学

1. **原则**：新生分离焦虑，增强失当，孕育不良行为

由于孩子自出生后，大部分时间均与家人在一起，彼此之间形成共生的依附行为，一旦分离就产生分离焦虑，进一步会有哭泣行为的出现。这种情境最常出现在新生入学的时候，假若老师或父母应付错误，偏差行为很容易就出现了。

2. **示例**：

《怡桦的哭闹》

怡桦的妈妈觉得女儿2岁多，较成熟了，不必亲自照顾，可以出去赚钱，贴补家计，于是跟先生商量的结果，把她送去幼儿园。

每次妈妈送她去幼儿园的时候，怡桦总是依依不舍，希望妈妈留下来陪她，而妈妈总会在一旁陪伴她，然后趁机躲到后门一段时间后溜回家。

今天又像过去情况，妈妈正躲在后门观察怡桦行动，不知道什么原因，突然怡桦哭起来……哭得蛮起劲。妈妈舍不得，觉得好可怜，于是前去抱抱她，安慰她，怡桦哭声也停了。

自此以后，妈妈送她到幼儿园后，看不到妈妈时，就

哭起来，妈妈出现才会停止……

3. **分析：**

怡桦在妈妈离开幼儿园时，立即产生分离焦虑，而有哭闹行为出现，母亲因心感可怜而跑来抱她安慰她，使怡桦哭闹的不良行为获得增强，哭闹行为继续出现的机会就增多了。

4. **正用：**

正确处理方法：假若分离焦虑不严重时，可采第四章消弱原理处理，假若严重时，可采第十四章渐隐原理处理。

表 2-16 入学出现不良行为给予正增强的例子

情境	反应	立即效果	长期影响
怡桦上幼儿园	妈妈离开时就哭泣	妈妈回来抱她安慰她	哭泣行为增加
哭泣行为增加	永明上学去,临走向妈妈要不到钱而哭	爸爸见状给了他	要钱的行为强化
泳升看到小朋友在玩玩具	帝凯的玩具被泳升抢走,向老师告状	老师告诉帝凯拿别的玩具玩	泳升抢玩具的行为出现机会增加
放学后	克颖不把椅子收好就走了	老师顺手收好	克颖不收桌椅的行为增强

（二）应用在班级秩序

1. **原则：**增强不限于老师,同学一起注意可能发挥更大效果。

师生间的互动关系，往往被误解认为：增强物的提供来自老师，不管是物质的或精神的，假若老师不提供，学生行为就无增强的可能。事实不然，在班级学习过程中，同学的注意或任何反应都具备有增强效果。

2. **示例：**

《又 扰 乱 了!》

雄飞在班上是一个吵闹且不受重视的学生，虽然他的老师跟他谈过好多次，可是他仍旧继续扰乱秩序，于是老师叫他：

　　＊雄飞到前面来。

　　＊是。(可是雄飞身体似乎没有动，只是嘴巴说着。)

　　＊过来，坐在前面这个座位，你上课吵闹，怎么可以……

老师愤怒地教训他一顿。这时全班的上课情绪中断下来，大家不敢吭声，静静地听着老师的责骂。雄飞就在责骂声中挪到前面的位子坐……。

过了一会儿，上课恢复了正常。没有多久，老师用手轻拍雄飞的肩膀，然后告诉他，可以回到原位。

可是不久，雄飞又开始扰乱上课秩序。

3. **分析：**

老师的做法与其原来的意思适得其反，因为他这么做，反而使雄飞得到老师以及全班同学注意的机会，班上每一个同学也能对雄飞的行为看得很清楚。老师希望把手放在他的肩膀上，也许可代表对雄飞的一种诚挚的爱，而不是一种控制的姿态。

4. **正用：**

雄飞吵闹行为影响上课，老师把他叫到前排座位，就近控制做法是对的，但不久又允许他回原位，假若是初犯或轻微时还是可行，但必须在叫他回原位时，询明并告之惩罚的原因。假若是较严重的吵闹行为时，可采第七章区别增强，再严重点可采第十章隔离策略，请参阅。

表 2-17　班级不良行为而给予正增强的例子

情境	反应	立即效果	长期影响
上课中	雄飞扰乱秩序以引起同学注意	老师叫他坐前面	扰乱秩序以引起注意的行为加强了
上课中	明通扮鬼脸要宝	同学大笑，老师也忍不住笑了	扮鬼脸要宝的行为增加了
上课中	文源与老师唱反调	同学拍手，老师没有办法	唱反调的行为增多
第 4 节课	耀德吵着老师下课	老师最后同意	吵要下课的行为强化

（三）应用在上课方面

1. **原则**：老师的疏忽，学生的配合，不当增强于焉产生。

班级教学是一种师生互动的过程，在这过程，教室情境中的任何刺激，都会引起学生的反应。有时这些刺激令人难以预料和控制，老师假若缺乏经验或注意不周，区区小事都足以使学生产生不当反应。

2. **示例**：

《乱　念》

启清上课睡着了，老师发现，叫他起来念课文。他一时不留意将课文中的字念错，这时全班同学大笑，老师也忍不住跟着笑了。启清原本觉得没有什么，但看到全班同学及老师都如此大笑，心里顿然觉得很好笑，于是跟着笑起来。

自此以后，启清被点名起来念课文时，就故意念错来引发同学的笑声。

3. **分析：**

启清由于一时不留意而念错字，引起了同学及老师的注意，这种注意不论是正向或负向的，都会强化启清当时所表现出来的行为。若启清一时疏忽——念错都能得到同学甚至老师的注意，自然就提高他再度念错的可能性，所以同学的笑声是错误的增强，尤其是老师跟着笑，更是不当。

4. **正用：**

老师不应有大笑的反应，且应适时阻止同学大笑的举动。事实上老师只要显现较严肃的态度，此种闹剧自然不会出现。

表 2-18 上课不良行为而给予正增强的例子

情境	反应	立即效果	长期影响
上课中	启清念错课文	师生笑起来	启清故意念错
恺翔不乖被罚站到后面去	看到老师转身写黑板就往前捉弄小朋友	老师没有发现,恺翔觉得有趣	被罚站的行为增加
美劳课折蝴蝶	冠均哭着不会做	老师帮他做了	哭叫不会做的行为增加
体育课跑运动场	俊洋谎称肚子痛	老师准予不跑	借口行为增多

（四）应用在同学纠纷

1. **原则**：破坏同学东西，家长理性赔偿，却强化子女不良行为。

同学相处难免产生冲突,甚至意外造成破坏东西的事情发生,往往迫使老师联系家长解决。明理的家长大都会依情理给予赔偿,但若处理技巧不当,势必产生不良行为。

2. **示例**：

《赔偿了事》

永靖出生在一个环境不错的家庭,由于是独生子,在家养成任性的个性,家人都迁就他,这种个性也表现在学校生活里。

今天立明从家里带来一个小玩意,小朋友好奇地围观。永靖从教室外进来,好奇探个究竟。

＊来，让我看看。

＊不要。

当立明不要声还没有结束，玩具已被永靖抢走，立明立即抓住永靖的手，于是两人吵起来……最后永靖一气将玩具扔到窗外，玩具摔坏了，立明大哭起来。

罗老师知悉这玩意蛮值钱，于是要求永靖赔偿，并把这件事写在联络簿上告知家长。

永靖回家担心爸爸看了联络簿后必发雷霆，痛骂一顿。奇怪的是爸爸并没有数落他的不是，口气还好地说：这100元给你，明天拿给老师，告诉他是赔偿用……

永靖意外地松口气，嗣后类似行为又发生了。

3. 分析：

永靖任性摔坏同学的东西，是一项具体不良行为，父母知悉这个讯息，脑海想的是如何在情理法上去处理对立明小朋友的责任问题，是一项明智、相当理性的作为，可是却忽略永靖不良行为的导正，未免是一缺憾。

4. 正用：

若能再加上对永靖不当行为的辅导，如剥夺各种权利或禁止某项活动一段时期，赔偿金也由他负担……均可，或许更容易见到效果。

表2-19　纠纷不良行为而给予正增强的例子

情境	反应	立即效果	长期影响
同学围观立明的新玩意	永靖要求观赏未逮，任性地将玩具丢出窗外	爸爸拿钱赔款了事	任性行为的出现率增多
帝凯又欺负怡民了	怡民向老师哭诉	老师告诉他以后不要跟帝凯玩	帝凯欺人行为强化
炯郁来到球场	当老师面抢同学正在玩的球	老师没有处理	抢球行为被强化
俊廷作业还没有写	强要奇陵的作业借他抄	奇陵告状，老师回声说不要借他就是	俊廷强借作业的行为增强

（五）应用在书写作业

1. **原则**：增强可以应用于团体，但应用不当亦会产生弊端。

增强原理不仅能够有效应用于个人，若能善加应用的话，对于团体也有极大帮助。但在应用时，也该了解应用于团体除有个人应用时的弊端外，可能增加一些团体性的弊端，值得注意。

2. **示例**：

《互助合作》

笔者刚自师范学校毕业，被分发到渔村的一个小学校任教。该校家长均以打渔为生，并不重视教育，学生成绩差固不用说，就连基本的家庭作业能全部做完的，也不过三五人。笔者初出茅庐，雄心热血，多方思索行为改变策略，终于想出了一个措施方法。就是以故事为措施物，只要全班同学都把家庭作业做好，就可以欣赏一个很长又很精彩的故事。实施以来，果然有效，不仅全班同学作业都做了，而且上学也提早了，想不到讲故事真的这么有效。吾心窃自欢喜。但一星期、二星期……日子一天一天的过去，搜集到的故事却愈来愈少，正在心焦之际，却发现一件令我震惊的事。有一天，我提早到校，当走进教室时，发现几个好学生立即把作业收到抽屉，而且脸色惊慌，原来他们手上拿的都是成绩较差的同学的作业。他们为了听故事，全班很早到校，相互帮忙，合作完成个人的家庭作业。（欧用生）

3. **分析**：

班级中有几十个孩子，因为他们没有经过选择，天资聪明，后天努力，及客观环境差异很大，因此对同样的教材和习题，在反应上有很大的不同存在。部分可以轻而易举完成作业，少数儿童不见得能如此，于是无法达到老师的要求，导致彼此之间的互助合作，影响所及不仅对同学的学习没有帮助，反而增加依赖心理，而降低绩效。

4. **正用**：

假若可以设法使同学自动自发写作业，则此法可用，否则宁可不用。

表 2-20 不良作业行为而给予增强的例子

情境	反应	立即效果	长期影响
作业写不完	同学互助合作完成	老师讲故事	互助合作写作业的行为强化
作业无法交出	谎称忘记带来	老师接受	谎话出现机率增加
作业指派	学生一再要求减少	老师终于同意	以后要求减少的声音会增加
作文	学生要求带回家写	老师不胜其烦答应	要求作文带回家写强化

第六节　有效应用正增强的要点

正增强是行为改变技术中最基本的方法，使用起来虽然较为简单，但要真正能掌握并得心应手地运用，则非一件易事。若想正确使用，必须把握下列各项原则。

一　在选择适当行为方面

确定目标：使计划顺利进行

1. 所拟予增强的行为是特殊性行为而非普遍性行为。

　　(1) 观察。

　　(2) 可测量。

（3）可预期。

2. 所拟予增强的行为是在行为养成后，能改用自然增强物。

3. 当学童表现适当行为时，应予以回馈，使学童了解行为和结果之间的关系。

二　选择增强物方面

把握关键：使训练发挥效力。

1. 增强物宜符合下述原则。

（1）强力有效。

（2）容易获得。

（3）良好行为出现后，可以立即呈现。

（4）可以反复使用，而不致于产生饱和现象。

（5）短时间可以食尽或用完。

2. 尽可能准备多种增强物，考虑多样化的增强物。

3. 在尝试某一事物对行为的效力之前，不可轻言此一事物对此一行为而言是增强物。

4. 善用家庭联络簿。

5. 多用肢体语言。

三　实施正增强过程

重视时效——使训练不要错过时机

1. 增强物须紧随着良好反应之后，间隔越大，效果愈差。

2. 呈现增强物宜顺便指出受训练者所表现的良好反应。

3. 呈现增强物宜尽量适当的运用赞美及抚摸，且所使用的词句最好富有变化。

4. 必须表现我们所要求的期待行为始可获得增强。未表现目标行为前先得到增强物则此方法不易奏效。

5. 训练初期采用继续增强，行为稳固后采用间歇增强。

6. 要想奖赏能收实效，使受惠者愉快，必须是因为进步。

7. 不可与惩罚混淆不清，或在增强之后，提出批评或要求。

8. 增强必须一视同仁，公平而适度的但不是标准。

9. 行为养成后，有形的增强物宜逐渐减少，社会性增强物宜渐次增加。

10. 注意社会性增强物的应用。

四　结束训练计划

达成目标：使个体逐渐脱离程序

1. 行为养成后，仍继续维持下去，每间隔一段时间后，宜评估该行为。

2. 上项间隔采逐步加长间距，当间距无限大时就结束计划。

3. 假若实施失败，其可能原因：

　(1) 增强物选择错误。

　(2) 训练计划设计不当。

　(3) 实施过程误差。

第三章　增强物

　　小朋友在学校里见到老师时，说声早安，老师随即摸摸他的头，并称赞他一番。以后见到老师，会再向老师问候、打招呼。这是小学校园中常见的现象，可是在大学里就不是这样了。何以小朋友会显现社会性的良好行为，而大学生反而不如，其关键乃在于小朋友表现此种行为时，能够获得老师的回馈——摸头、称赞。摸头、称赞是行为表现的动力，斯金纳称之为增强物。那么，增强物又是什么？这是本章要讨论的主题。

第一节　楔　子

　　增强物是一种可以增进儿童行为反应的事物，当孩子表现行为后，给予或收回这种事物，就可以改变行为表现方式。基此，我们可以了解行为的增强是在增强物出现之后产生的。

《吸吮拇指》

　　家禾是一个 4 岁大的小男孩，他有一个坏习惯是吸吮拇指，在睡前 1 小时中，平均大约有 35 分钟，拇指是放在口中的。后来请教专家，设计了一项训练计划。

*家禾，从现在到你上床入睡前，如果每过 5 分钟，你没有把拇指放入口中，爸爸就在这张卡片上打个星号，这张卡片就放在你的床头。等你有 10 个星时，我就带你到公园去玩。

*这里有个定时钟，每隔 5 分钟会响一次。现在就看你的表现了。记住哟！在每个 5 分钟之内，你若没有把手指放入口中，便可以得一个"星"，10 个星之后，你就可以去公园玩哟！

*家禾！你已通过第 1 个 5 分钟了，太好了，现在你已经得到 1 个"星"。

当家禾已能稳定连续通过几个 5 分钟后，便把时间延长为 7 或 8 分钟为一时段。

经过几天以后，逐渐把训练的时间拉长，直到 1 小时为一时段，没有吸吮拇指，才得到奖励。到了这一步骤完全成功后，再依序分别把时段延长为 2 小时、3 小时，而一直到每隔一天、2 天或 3 天为一时段。

最后家禾不再需要用星星来增强，因为他已能完全控制自己的行为了。

《数 学 作 业》

丽丽常常没办法按时交作业，也因此，她对数学功课总是心不在焉，不够认真。但是后来，吴老师到班上来教数学以后，一切都改变了。丽丽发现，吴老师很有办法地和班上的所有同学订立了一个默契，就是如果班上的每一位同学都能按时交出规定 4/5 以上的作业，那么全班同学可以在周末的最后一堂课，自由选听最喜欢的唱片，同时乱聊一通。从那时起，包括丽丽在内，班上每一位同学都很努力地按时交上至少 4/5 的作业。丽丽的数学成绩也因此进步了。包括吴老师在内，全班同学无一不渴望周末最后一节课的到来。（陈满桦译）

《赚钱买车》

文朗是一位被诊断为传导性障碍的特殊男孩，并具有攻击性。他拒绝上学，极端仇视学校，诅咒并强烈地抵抗学校。他顽固地认为学校没有价值，宁可去工作赚钱，好买一辆车。但是他缺乏技能和学历。他整天看电视和幻想着工作与汽车。母亲的叱责、学校人员的恐吓，也没有带来改变。于是学校的心理学家告诉文朗可由上学获得津贴。他每天由级任导师领到一张联络报告，他的母亲即给他津贴。第一次进教室而获得津贴之后，出席率开始增加。他的母亲也停止了责备，并高兴付钱。文朗为了汽车而赚钱，并学习作为一个成人所需要的职业技能。（邱绍春译）

第二节　内　容

凡为人父母者或在意儿童行为的人都会有一些共同经验，如果一个孩子做了某些使得在场师长大笑、拍手的动作，或事后师长会摸摸他的头，或说他好乖、好聪明的话，他重复这个动作的机率便会增加。这种现象不仅显现在人类行为中,动物界亦复如此。

一 理论基础:斯金纳的白鼠实验

斯金纳曾经从事一项白鼠实验,他将若干只白鼠饿了 24 小时后,放进一个通到一只箱子的通道中。白鼠因饥饿,必须求食,遂进入箱中。斯金纳依此程序做数次重复实验,在半数实验中,箱内漆成白色,并置放食物;另半数实验中,箱内漆成黑色,不置食物。如此重复几次之后,白色箱与食物发生关联,黑色箱则与食物不发生关系。

斯金纳后来再进行测验以了解此项程序之效果,他特别希望知道的是:白色是否已变成白鼠学习而得的目标。

后来将白鼠放置在一简单的迷阵中,白鼠向右转即进入白箱,向左转则进入黑箱。在此种情形下白鼠从未在任何一个箱中获得食物,其唯一的酬劳或目标,乃是箱的颜色。

二 意 义

在第一章中我们已理解行为的意义,进一步要问的是:人类为什么会有行为产生?这一直是心理学家讨论的重要主题,它涉及动机。那"动机"又是什么?学者说法纷纭,有关这方面的描述真是数以万计,常用者如:需求、渴望、需要、动机、目标、欲望、愿望、目的、雄心、饥饿、渴、爱等等。每一个词都有其不同的涵义,而用之于一定范围,其中动机被使用的频率最高。

动机一词,一般系指由个体需求所发出之刺激而产生的行为,与为满足此种需要而指向其目标的行为。通常可区分为 3 方面：

需要、追求或动机 3 个名词中之任何一个，均可称为动机行为循环中的第 1 阶段。需要系指个体内的一种缺乏或短少，例如缺乏食物、短少水分，所以成为促进个体行为的一种动力。饥饿中的动物被驱动去找食物，这就是一般所谓的动机。因此，动机一词之用法，与需要、追求二词似乎没有多大差别。

动机行为循环中之第 2 阶段，可通称为手段的行为（instrumental behavior），亦即是满足需要、追求或动机的任一种行为。手段的行为，可能是一般的活动或孜孜不倦的工作，例如一个婴儿因饥饿而急躁与哭闹，亦可能是某种反射或本能的活动，但亦可能是一种高度复杂从学习中得来的行为。

动机行为循环中的第 3 阶段，称为目标或刺激物，手段的行为即指向此一目标，当达此目标时，需要、追求或动机即被满足。如属饥饿，此目标即在吃。

现在让我们回头看斯金纳的白鼠实验，实验最后结果乃是白鼠进入白箱而避免跑进黑箱，很明显的是：白箱已经变成了学习而来的目标。因为在此之前的经验中，白鼠已经学到白箱与食物的关系。

孩子到校读书，基本目标乃在于读书求学、增进知识、增加技能、促进情意等等。我们正可以利用上述动力，促使儿童努力求学，这些动力如高分、奖状、奖品、奖金等表示鼓励的刺激物。

在众多刺激物中，有些是人们所喜好的，有些是人们所厌恶的。不管是喜欢的或厌恶的，都影响到行为的出现率，故行为制约论者称之为增强物。

所谓增强物是指足以改变行为或反应频率的刺激。例如微笑、别人所给的快乐字眼、每月或每周的报酬、成功和成就本身等等

均是。

三 类 别

人类欲望无穷，人性好逸恶劳、喜乐厌苦，所以人类行为的增强物名目繁多。

（一）依功用分

1. 正增强物

如果一种增强物是某一特定个体所喜爱的就称为正增强物，如满足口腹之欲的糖果、表示亲热的拥抱、怡悦心情的称赞、象征成功的奖状等，一般人在正常的情况下，都会积极的去追求。

2. 负增强物

如果一种增强物是某特定个体所不喜欢或厌恶的，就称为负增强物，如惹人心烦的唠叨、冷言冷语的嘲笑、令人讨厌的叫骂、痛苦的拷打等，一般人在正常情况下，会尽力去逃避、敬鬼神而远之。

（二）依本质分

1. 基本增强物

如果一种增强物本质上就具有增强个体行为的力量（包括正负），如饮食男女。这些事物是人类满足生理需求的必要对象，与个人的健康、种族的存亡有密不可分的关系。这类增强物在人类学习过程中，直接使用者极少。

2. 从属增强物

有些东西本质上原来是中性的，不具任何增强行为的力量，但因其接二连三地与增强物同时出现多次，无形中便获得与基本增强物同样价值，因而也有增强行为的力量，这就是从属增强物。例如：母亲喂奶时，必把宝宝抱紧，脸上流露微笑……多次以后，母亲的脸、母亲的微笑、母亲的声音……就成为从属增强物。

3. 概括性增强物（generalized reinforce）

任何一种从属增强物与一种以上的基本增强物一起出现几次，便成为概括性增强物，或超境增强物（trans-situational rein-force），其增强行为常较从属增强物为大，使用范围也较广。

（三）依内容分

马丁和皮尔（1992）依内容分，把增强物分为下列 5 大类：

1. 消耗性增强物

如果一种增强物使用后会逐渐减少或消耗掉的，称为消耗性增强物。如：食物、食品；饮料、牛乳。

2. 活动性增强物

如果一种增强物是属于休闲活动的，称为活动性增强物。如家中烹饪、家事；室外的公园活动、野餐烤肉、野外的滑雪旅行、露营划船。

3. 操弄性增强物

如果一种增强物可供受训练者玩弄的，叫操弄性增强物。如洋娃娃、电动玩具、图画、捉迷藏。

4. 拥有性增强物

如果一种增强物可供受训练者拥有的，叫拥有性增强物。如香水、手表。

5. 社会性增强物

如果一种增强物是属于精神层面奖励者，叫社会性增强物，如口头鼓励（聪明、能干、好孩子）、抚摸、拥抱等。

（四）依主体分

依增强物可分为下列 2 类：

1. 外在增强物

凡来自个体以外的增强物，称为外在增强物。它常和奖赏混淆使用，事实上略有差异，增强物是实际行为的代价，会继续鼓舞该行为。换言之，增强物被用来增加或维持其出现前的某些特定行为。而奖赏则是揣测对某些学生可能发挥增强作用的事物，除非确认这些奖赏能真正增加或维持学童的某些行为，否则不能称之为增强物。

2. 内在增强物

凡出自个体本身内在的增强物，称为内在增强物。任何年龄的学生，当他完成某种行为时，即被行为本身的结果所增强，因为成功地完成那些行为会带给学生愉快和满足的感受，这也正是教育工作者所期盼的，希望学童能因为喜爱学业的本身、认定学业的价值而能由学业中获得满足和进步。

四 选 择

当我们了解增强物的意义及类别后，接着来讨论如何选择合适而有用的增强物。增强物的价值并非固定恒一，常因人、因时、因地、因事而异。某种增强物适合张三，并不一定能有效用于李四；某时候可以用来做为王五非常有力的增强，不一定能保证对沈六无往不利。因此在研究一套行为改变方案时，务必先考虑到增强物的选择。

（一）考虑拟改变的对象

个体不同、嗜好相异，对于增强物的需求显然会有很大的差异，为使增强物发挥效果，在应用时应考虑增强对象的年龄、性别、兴趣及背景等等。

在学生表现良好行为时，老师可以对小学中、低年级的小明说："你做得好棒哦！老师好高兴。"但是，如果这句话是说给中学生听，可能就没有效果。

考试成绩优良的学生，在较大城镇之社经背景高的学生，颁发100元奖金的效果可能不如一张奖状，但若是家庭经济很差的学童，100元的奖金可能就相当有效。

许多事对某人而言是增强物，对其他人则不见得如此。例如：张三作业成绩平常都是乙等，如果这次得甲下，可能是一种强化；然而李四平常都是甲以上，这次他得甲下，可能就是惩罚。有的学生喜欢被公开赞赏，有的却喜欢私下夸奖，彼此都不一样。秀英作文写得相当好，当她被老师指明上台念给大家欣赏时，雀跃不已；小华对这种方法，则死都不接受。

（二）考虑拟增强的行为

在拟定改变对象后，必须考虑所欲改变或养成的增强行为。就一般而言，我们所要拟定的增强行为，必须要很具体。所谓具体就是可以清楚地看见这项要增强的行为，而这种行为是可观察出来，同时可以测量，而且可以预期的。举个例来说，李老师班上一位叫永明的小朋友，令他非常头痛，李老师认为永明的态度太差，这的确是一种行为问题，问题是"态度太差"的用词太过广泛而缺乏具体，可能每个人都无法了解李老师的意思，当然无从

改善永明的态度。既然如此,李老师描述永明好动、不听话的说法不具体,经过一番讨论后,将好动、不听话界定如下:

1. 永明上课时,没有经过老师同意,随意离座,平均一上午多则 12 次,少则 5 次。

2. 还未吃完饭就溜开饭桌,未经允许就开口讲话。

行为目标愈具体,训练愈着手,训练结果愈易测量,为达此目标,在叙述增强行为时,宜少用意义空洞的字眼,如知道、了解、欣赏、相信……而多用意义确定的字眼,如写出、说出、列出、比较……

(三) 列出可能的增强物

虽然某些概括性的增强物乃是大家共同的宠物,但是也屡有为数不少的例外,姑且以金钱而论,真是人人皆见钱眼开吗?有人愿为财奴,但也有人视钱为阿堵物,吾人诚不可以大多数人之喜爱而概称之为全体人的嗜好。某人的补品,也许正是另一个人的毒物。增强物乃是地地道道的个别化事物,其增强作用有赖个别地发掘、个别地确定。为行为改变方案确定增强物,乃是实验者经过确定该方案之目标行为以后的另一件重要措施。为了了解每一位儿童之若干可用的增强物,以便及时调配使用,通常可建立个别儿童适用增强物的清单。像马丁和皮尔(1978)介绍使用一份增强物问卷,逐项记载个别儿童的增强物,为了资料整理上的方便,他们先把增强物分为 5 类:

1. 消耗性增强物:受训练者喜欢吃什么?喝什么?

(1) 受训练者最喜欢吃下列哪一项食物?

  a. 正餐＿＿＿＿＿＿＿＿＿

  b. 健康食品(水果、饼干、坚果、麦片粥)

　　c. 油 炸 食 物 （爆 玉 米 花、炸 马 铃 薯）

（2）受训练者喜欢喝下列哪一项饮料？

　　a. 牛奶＿＿＿＿＿＿＿＿＿＿＿＿＿

　　b. 淡饮料＿＿＿＿＿＿＿＿＿＿＿＿

　　c. 果汁＿＿＿＿＿＿＿＿＿＿＿＿＿

　　d. 其他＿＿＿＿＿＿＿＿＿＿＿＿＿

2. 活动性增强物：受训练者喜欢做什么？

（1）室内或住家附近的活动

　　a. 嗜好（hobbies）＿＿＿＿＿＿＿＿＿＿＿

　　b. 工艺＿＿＿＿＿＿＿＿＿＿＿＿＿

　　c. 装饰（decorating）＿＿＿＿＿＿＿＿＿＿

　　d. 烹饪＿＿＿＿＿＿＿＿＿＿＿＿＿

　　e. 做家事＿＿＿＿＿＿＿＿＿＿＿＿

　　f. 业余工作＿＿＿＿＿＿＿＿＿＿＿

　　g. 其他＿＿＿＿＿＿＿＿＿＿＿＿＿

（2）院子或运动场的活动

　　a. 体育活动＿＿＿＿＿＿＿＿＿＿＿

　　b. 公园活动＿＿＿＿＿＿＿＿＿＿＿

　　c. 野餐烤肉＿＿＿＿＿＿＿＿＿＿＿

　　d. 整理院子＿＿＿＿＿＿＿＿＿＿＿

　　e. 其他＿＿＿＿＿＿＿＿＿＿＿＿＿

（3）居家附近的自由活动（散步、慢跑、骑单车、驾车兜风）

（4）野外的自由活动（滑雪、徒步旅行、游泳、露营、海

水浴）

   （5）消费性活动（Activities you pay to do）（摄影、夜间俱乐部、体育竞赛、观赏戏剧）

   （6）被动性活动（Passive activities）（看电影、听收音机、欣赏音乐、谈天、日光浴）

3. 操弄性增强物：受训练者喜欢哪种游戏或玩具？

   （1）玩具汽车或卡车＿＿＿＿＿＿＿＿＿＿

   （2）洋娃娃＿＿＿＿＿＿＿＿＿＿＿＿＿

   （3）吹气球＿＿＿＿＿＿＿＿＿＿＿＿

   （4）吹口哨＿＿＿＿＿＿＿＿＿＿＿＿

   （5）跳绳＿＿＿＿＿＿＿＿＿＿＿＿

   （6）着色或画图＿＿＿＿＿＿＿＿＿＿＿

   （7）画动物＿＿＿＿＿＿＿＿＿＿＿

   （8）捉迷藏＿＿＿＿＿＿＿＿＿＿＿

   （9）其他＿＿＿＿＿＿＿＿＿＿＿

4. 拥有性增强物：受训练者喜欢哪种东西？

   （1）刷子＿＿＿＿＿＿＿＿＿＿＿

   （2）指甲剪＿＿＿＿＿＿＿＿＿＿＿

   （3）头发剪＿＿＿＿＿＿＿＿＿＿＿＿

   （4）梳子＿＿＿＿＿＿＿＿＿＿＿＿

   （5）香水＿＿＿＿＿＿＿＿＿＿＿＿

   （6）皮带＿＿＿＿＿＿＿＿＿＿＿

   （7）手套＿＿＿＿＿＿＿＿＿＿＿

   （8）鞋带＿＿＿＿＿＿＿＿＿＿＿

   （9）其他＿＿＿＿＿＿＿＿＿＿＿

5. 社会性增强物：受训练者喜欢获得哪些鼓励？

（1）口头鼓励_____

    a．"好孩子"_____

    b．"工作努力"_____

    c．"负责尽职"_____

    d．"很好"_____

    e．"继续努力"_____

    f．其他_____

（2）身体接触_____

    a．抚摸_____

    b．拥吻_____

    c．逗他开心_____

    d．抱到膝上_____

    e．摔跤_____

（四）选定增强物

增强策略实施的成功与否，端视提供的增强物是否适当。因此如何选择正确的增强物，乃是实施增强法的重要课题。选择增强物的方法有二：（李咏吟）

1. 观察法

透过平日的观察，了解个体的兴趣与喜好，作为选择增强物的依据。例如在日常活动中，包括用餐、学习、运动、休闲以及游戏时，对所接触的事物表现出来的好恶行为或反应，宜详细观察与记录，以作为选择增强物的参考。有些儿童可能喜欢糖果而不爱喝饮料，有些女孩可能特别爱打电动玩具而厌恶洋娃娃。根据笔者的观察，有位自闭症儿童唯一的嗜好便是倒垃圾。这些发现唯有透过日常观察，才能获得正确的资料。

2. 调查法

调查法分为问卷调查表与增强物清单 2 种。设计一份简单的问卷调查表，直截了当地问个人：在下列各项物件中，你最感兴趣是什么？问卷调查可以在最经济的时间内，搜集大量的资料，了解学生之嗜好。其次，增强物清单（reinforcer menu），系以图文并茂的方式，分类列出各类物品、活动以及事件，供个人选择，这对口语能力较差者，尤为有效。在每次行为训练之前查问儿童在这期间，希望以何种事物作增强物，并在清单上选出。

选择增强物时，需避免错误的推理并留意观念的陷阱：

（1）理所当然

例如一般小男生对玩具汽车感兴趣，而小女生则喜欢芭比娃娃，若不喜欢一定有大问题。此乃传统错误的观念，事实上，有此"问题"的孩子多得是。他们不只欣赏中性的玩具，也对异性的玩具趋之若鹜。

（2）以此类推

此乃错误的演绎方法，根据有限的资料，作不实的推理。例如观察学生的日常言行，发现他个性沉静，以此推断他的喜好与兴趣，相信他必定喜欢听音乐、绘画或下象棋。相反的，另一位学生生性活泼，则必然是运动的爱好者，对球类活动有偏好等等。

（3）第一印象

学生给老师的第一印象总是特别深刻，第一次遇到某生是在图书馆看书，便以此判定该生性善阅读，书籍是必然的增强物。

五　各阶段儿童的可能增强物

当我们了解增强物的意义、类别及选择后，进一步想知道的是：各阶段儿童的可能增强物是什么？这或许有助于行为改变技术的实施。

　　以下各项一览表，列出了适合幼儿园至小学阶段孩子所喜欢的增强物，它们是笔者根据马丁和皮尔所编"有效增强物"问卷，对南部地区 6 000 多名儿童实证调查结果，其目的系提供我们了解：台湾地区各阶段儿童对增强物喜欢的现状，并分析在性别、年龄间的差异性情形，以供参考。受试者取自嘉义县、台南县市、高雄县市及屏东县等 6 县市，共计 6 685 人，其中幼儿园 1 506 人（男：761；女：745）、低年级 1 443 人（男：743；女：700）、中年级 2 143 人（男：1 104；女：1 039）、高年级 1 593 人（男：773；女：820）。

　　这些增强物一览表并未涵盖全部儿童喜欢的项目，谨供参考，希望它可以让有意透过增强物的应用来培养孩子良好行为的家长、老师，跨出重要的第一步。

（一）消耗性增强物

年级	小学总计5179						高年级1593				中年级2143				低年级1443				幼儿园1506			
性别	男2620			女2559			男773		女820		男1104		女1039		男743		女700		男761		女745	
量数 项目	人数	百分比	名次	人数	百分比	名次	百分比	名次	百分比	名次	百分比	名次	百分比	名次	百分比	名次	百分比	名次	百分比	名次	百分比	名次
冰淇淋	1799	68.7	1	1682	65.7	2	63.4	2	57	2	67.1	1	66.7	2	76.6	1	74.6	1	71.8	1	67.8	1
饮料	1163	63.5	2	1395	54.5	4	64	1	54.3	3	64.8	2	56.6	4	54	4	51.7	7	60.8	4	56.8	3
汽水	1060	63.4	3	1258	49.2	6	56.3	4	43.4	6	61.4	3	48	5	73.8	2	57.1	5	62.1	2	47.7	8
水果	1578	60.2	4	1793	70.1	1	54.5	5	66.6	1	60.2	4	71.6	1	66.4	3	71.9	2	52.4	6	59.3	2
果汁	1158	59.5	5	1517	59.4	3	56.7	3	52.7	4	57.9	5	61.6	3	64.7	4	63.9	3	50.2	7	47.2	9
牛乳	1372	52.4	6	1333	52.1	5	43.1	6	48.5	5	52.2	6	50.2	5	62.3	5	59	4	41.9	9	52.8	7

（续表）

项目	人数	百分比	名次	人数	百分比	名次	百分比	名次	百分比	名次	百分比	名次	百分比	名次	百分比	名次	百分比	名次	百分比	名次	百分比	名次
点心	1098	41.9	7	1085	42.4	8	35.2	7	33.3	7	41.8	7	45	7	49.1	10	49.1	8	46.7	8	44.7	10
蛋糕	1076	41.1	8	1116	43.6	7	31	8	32.7	8	40.4	8	43.5	8	52.5	7	56.6	6	58.6	5	54.8	4
面包	970	37	9	849	33.2	10	27.8	9	24.8	10	36.4	9	29.7	10	47.5	8	19.1	8	29.5	11	44.7	10
饼干	940	36	10	944	36.9	9	27.8	9	27.1	9	30	10	36.5	9	45.9	9	49	10	41.9	9	53.3	6
糖果	793	30.3	11	666	26	11	23.2	11	17.1	11	28	11	25.1	11	40.1	11	37.9	11	61.7	3	53.8	5

（二）活动性增强物

年级	小学总计5179						高年级1593				中年级2143				低年级1443				幼儿园1506			
性别	男2620			女2559			男773		女820		男1104		女1039		男743		女700		男761		女745	
量数 项目	人数	百分比	名次	人数	百分比	名次	百分比	名次	百分比	名次	百分比	名次	百分比	名次	百分比	名次	百分比	名次	百分比	名次	百分比	名次
游泳	1501	57.3	1	1420	55.5	1	52.7	3	40.9	7	56.7	2	52.7	2	63.1	1	76.9	1	42.3	10	45.7	11
打球	1499	57.2	2	820	32	12	57.1	2	29.9	12	58.6	1	29.7	12	54.8	4	38	14	50.2	6	31.7	18
看电影	1448	55.3	3	1073	41.9	8	53.9	2	44.5	3	54	4	35.4	10	58.5	2	48.6	6	36.2	14	41.2	14
骑车	1358	51.8	6	1279	50	3	50.5	4	57.6	1	54.3	3	46.7	4	49.7	9	46	8	43	3	45.2	12
逛百货公司	1319	50.3	5	1391	54.4	2	47.6	5	57	2	51.3	5	55.2	1	51.8	7	50	5	42.7	9	57.3	2
溜冰	1274	48.6	6	814	31.8	13	27.4	14	21	18	37.6	13	31	13	46.7	10	45.7	9	26.4	17	23.6	23
旅行	1218	46.5	7	1169	45.7	6	47	6	42.8	4	42.5	10	46.6	5	52	6	50.9	4	33.5	12	41.7	13
养小动物	1209	46.1	8	1220	47.7	4	36.1	13	38.7	8	26.6		48.6	3	56.5	3	56.9	2	48	7	51.8	4
郊游	1185	45.2	9	1201	46.9	5	42.4	9	42.6	5	41.2	11	46.7	4	54.5	5	52.4	3	51.5	5	51.3	5
玩棋	1162	44.4	10	662	25.9	18	44.1	8	23.9	15	43.5	9	29.6	15	45.9	12	22.6	25	25.1	18	19.1	26
爬山	1159	44.3	11	974	38.8	10	38.2	12	31.5	11	43.9	8	38.7	9	51.1	8	47.7	7	33.9	11	29.1	19
露营	1153	44	12	1077	42.1	7	46.4	7	41.8	6	44	7	43.1	7	41.6	11	40.9	11	23.3	20	29.1	19
看电视	1065	40.6	13	906	35.4	11	39.6	10	32.6	10	40.3	12	33.3	11	42.1	13	41	10	66.1	1	50.3	6
找朋友玩	1037	40	14	995	38.9	9	38.6	11	37.1	9	36	14	39	8	46	11	40.7	10	62.1	2	68.8	1

（续表）

项目	人数	百分比	名次	人数	百分比	名次	百分比	名次	百分比	名次	百分比	名次	百分比	名次	百分比	名次	百分比	名次	百分比	名次	百分比	名次
海水浴	740	28.2	15	545	21.3	21	27	15	17.1	20	26.1	15	17.7	21	32.7	16	31.6	18	22	22	27.8	21
逛公园	611	23.3	16	704	27.5	16	14	18	20.1	19	22.2	17	29.1	16	35	15	33.9	16	43.2	8	47.2	8
玩健身器	606	23.1	17	361	14.1	25	18.1	16	8.3	25	23.7	16	14.9	25	27.6	20	19.7	21	14.1	28	12.1	28
晚睡	566	21.6	18	437	17.1	24	15.8	17	11	23	18.5	19	16.1	24	32.3	17	25.7	24	23.3	20	20.6	25
散步	524	20	19	680	26.6	17	10.7	21	21.5	17	19.2	18	25	18	30.8	19	34.9	15	33.5	12	46.7	10
荡秋千	487	18.6	20	618	24.2	20	9.2	23	12.7	22	16	20	23.5	19	32.3	17	38.6	13	55.9	4	53.3	3
聊天	471	18	21	628	24.5	19	13.8	19	22.7	16	15.6	21	23.2	20	25.8	21	28.7	19	31.7	15	35.2	17
唱歌	396	15.1	22	740	28.9	15	10.5	22	26.1	14	12.3	28	28.4	17	24.1	22	33	17	27.3	16	47.1	8
欣赏音乐	376	14.4	23	757	29.6	14	12.9	20	28.3	13	11.2	31	31.2	20	5.2	8	28.7	19	18.5	25	40.7	15
停做家事	350	13.4	24	358	14	26	6.9	24	6.8	26	12.1	24	12.2	22	12.1	24	17.9	26	16.3	27	14.1	27
上才艺班	332	12.7	25	454	17.7	23	6.4	26	10.2	24	12.5	22	17.4	23	20.5	25	27	22	21.1	23	35.7	16
摄影	312	11.9	26	336	13.1	27	6.5	25	6.6	27	8.3	26	9.6	27	23	23	26	23	20.7	24	25.6	22
使用电脑	283	10.8	27	246	9.6	28	5.3	27	6.1	28	8.3	27	7.7	28	20.3	27	16.6	28	18.1	26	21.1	24
跳舞	206	7.9	28	500	19.5	22	4.7	28	14.9	21	5.8	28	17.6	22	14.3	28	27.9	21	24.2	19	49.7	7

（三）操弄性增强物

年级	小学总计5179						高年级1593		中年级2143		低年级1443		幼儿园1506	
性别	男2620			女2559			男773	女820	男1104	女1039	男743	女700	男761	女745
量数／项目	人数	百分比	名次	人数	百分比	名次	百分比 名次	百分比 名次	百分比 名次	百分比 名次	百分比 名次	百分比 名次	百分比 名次	百分比 名次
电视游乐器	1878	71.7	1	919	35.9	6	76.1　1	35.1　3	71.9　1	34.2　7	66.9　1	39.4　11	53.7　6	20.1　14
球	1520	58	2	809	31.6	9	58.1　2	30.9　5	58.1　2	25.2　11	57.9　3	41.6　9	58.1　3	37.2　10
玩扑克牌	1424	54.4	3	944	37	4	54.3　3	38.2　1	53.9　3	37.2　4	55　4	34.9　13	35.2　11	27.6　11
玩具	1309	50	4	766	30	11	40.6　4	13.8　12	48.6　4	24.8　12	61.8　2	56.4　3	73.1　1	61.3　3
贴纸	891	34	5	1242	48.5	1	16.3　7	37.7　2	35.5　5	49　1	51　5	60.6　2	68.3　2	71.4　1

（续表）

项目	男2620人数	百分比	名次	女2559人数	百分比	名次	高男773百分比	名次	高女820百分比	名次	中男1104百分比	名次	中女1039百分比	名次	低男743百分比	名次	低女700百分比	名次	幼男761百分比	名次	幼女745百分比	名次
拼图	822	31.4	6	881	34.4	7	25.1	5	27.3	7	29.3	7	34.2	7	41	9	43.1	8	45.4	8	47.7	5
画画	784	30	7	923	36.1	5	16.6	6	23.5	8	32.3	6	35.6	6	40.4	10	51.4	5	54.6	5	55.3	6
卡片	715	27.3	8	1078	42.1	2	15.5	8	33.2	4	24.8	8	41.3	2	43.2	7	53.9	4	37.4	9	46.2	7
气球	586	22.4	9	516	20.2	13	9.4	10	9.5	13	18.8	11	17	13	41.3	8	37	12	56	4	45.2	8
色笔	584	22.4	10	790	30.9	10	7.5	13	17.2	10	18	12	29.1	9	44.1	6	49.6	6	52.4	7	60.8	4
笔	583	22.3	11	692	27	12	11.7	9	15.9	11	19.9	9	27.2	10	36.6	11	39.6	10	36.1	10	39.7	9
跳绳	538	20.2	12	862	33.7	8	9.4	10	21.2	9	19.2	10	35.9	5	32.8	12	45	7	30	12	27.1	12
口哨	424	16.2	13	303	11.8	14	8.7	12	3.9	14	14.2	13	8.7	14	26.9	13	25.9	14	22.5	13	23.1	13
洋娃娃	178	6.8	14	1046	40.9	3	1.8	14	27.6	6	5	14	38	3	14.7	14	60.7	1	13.2	14	68.3	2

（四）拥有性增强物

年级	小学总计 5179						高年级 1593				中年级 2143				低年级 1443				幼儿园 1506			
性别	男2620			女2559			男773		女820		男1104		女1039		男743		女700		男761		女745	
项目＼量数	人数	百分比	名次	人数	百分比	名次	百分比	名次	百分比	名次	百分比	名次	百分比	名次	百分比	名次	百分比	名次	百分比	名次	百分比	名次
手表	1448	55.3	1	1306	51	1	48.8	2	43.5	2	55.3	1	51.4	1	62	1	59.3	1	62.1	2	56.8	6
电脑	1283	49	2	1047	40.9	5	49.8	1	45.2	1	50	2	35.4	7	49.4	6	44	9	33.4	11	30.2	20
钱	1205	46	3	867	33.9	9	40.6	3	32.9	4	44.2	4	26.5	13	55.7	2	46	8	37.4	9	32.7	17
文具	1135	43.3	4	1168	45.6	3	39.1	4	41.6	3	42.8	3	48.4	2	46.6	5	46.3	7	65.2	1	67.8	7
邮票	1032	39.4	5	900	35.2	8	38.2	5	32.7	9	40.2	5	36	6	39.6	11	36.9	15	22.5	16	17.1	22
奖状	1028	39.2	6	1001	39.1	7	33.9	7	34		37.7	8	34.3	8	50.1	4	50.1	5	54.6	4	53.8	11
车子	1007	38.4	7	558	21.8	18	35.3	6	18	14	37.2	7	19.7	18	43.6	7	29.3	19	54.6	4	21.6	21
故事书	1005	38.3	8	1131	44.2	4	27.9	8	36.6	5	35.7	6	43.5	3	50.2	3	54.1	4	49.8	6	63.3	4
书桌	875	33.4	9	1016	39.7	6	23.3	10	33.8	9	37.1	5	43.3	8	51.4	3			27.8	13	31.7	19
书本	869	33.2	10	830	32.4	10	23.4	9	22.4	12	33.5	10	32.7	12	42.9	10	43.7	10	39.2	8	45.7	13
衣服	781	29.8	11	1173	42.8	2	22	11	39.5	4	26.3	13	43.4	4	43.2	9	56.9	2	39.6	7	60.8	5

（续表）

项目	男 人数	百分比	名次	女 人数	百分比	名次	百分比	名次	百分比	名次	百分比	名次	百分比	名次	百分比	名次	百分比	名次	百分比	名次	百分比	名次
图书	763	29.1	12	812	31.7	12	18.5	12	23.3	11	30.1	11	33	9	38.8	12	39.7	12	57.3	3	55.3	8
积木	675	25.8	13	631	24.7	16	15.8	14	17.9	15	26.4	12	23.4	16	35.3	14	35.6	16	25.6	14	32.7	15
手套	597	22.8	14	329	12.9	21	16.6	13	8.2	21	22.2	14	8.9	21	30.1	15	24.3	21	37.4	9	33.7	15
皮带	489	18.7	15	262	10.2	22	10.4	15	4	23	16.1	15	6.3	22	31.1	13	23.4	22	30.8	12	46.7	12
香水	364	12.9	16	824	32.2	11	4.7	18	17.6	16	9.5	18	28.2	12	30	16	55.4	3	22.7	15	65.8	3
围巾	314	12	17	443	17.3	20	4.5	19	10.2	20	11.2	16	16.7	20	21	17	26.4	20	13.2	18	33.2	16
彩带	287	11	18	647	25.3	15	5.4	17	15.6	19	9.8	17	25	14	18.4	18	37	14	11.9	20	45.7	13
项链	286	10.9	19	798	31.2	13	9.4	16	23.5	10	9.2	19	29.3	11	14.9	21	43	11	12.3	19	55.8	7
指甲刀	218	8.3	20	186	7.3	23	3.4	22	4.4	22	5.8	20	4.7	23	17.2	19	14.4	23	10.1	21	14.1	24
梳子	206	7.9	21	656	25.6	14	3.1	23	17	17	5.4	21	24.5	15	16	20	37.4	13	16.3	17	55.3	8
头发剪	127	4.8	22	136	5.3	24	1.3	24	2.2	24	2.8	22	3.7	24	11.6	22	11.4	24	8.4	23	16.1	23
发带	83	3.2	23	542	21.2	19	3.5	20	16.3	18	2.1	23	17.7	19	9.4	24	32	18	5.7	24	55.3	8
发夹	82	3.1	24	628	24.5	17	2.7	21	21.7	13	2.1	24	20.6	17	5.1	23	33.7	17	7.5	22	67.3	2

（五）社会性增强物

1. 口头鼓励

年级	小学总计 5179						高年级 1593				中年级 2143				低年级 1443				幼儿园 1506			
性别	男 2620			女 2559			男 773		女 820		男 1104		女 1039		男 743		女 700		男 761		女 745	
量数 / 项目	人数	百分比	名次	人数	百分比	名次	百分比	名次	百分比	名次	百分比	名次	百分比	名次	百分比	名次	百分比	名次	百分比	名次	百分比	名次
好聪明	1212	46.3	1	1146	44.9	2	35.1	1	32	5	43.1	1	42.7	2	67.6	1	62.9	2	68.3	2	70.4	2
好孩子	1146	43.7	2	1353	52.9	1	33.4	3	41.6	1	41.6	2	52.3	1	57.7	2	66.6	1	58.6	6	64.8	4
好用功	976	37.3	3	994	38.8	5	25.2	9	26	9	35.1	4	38.1	6	53	7	55.1	4	28.6	15	38.7	16
很有礼貌	924	35.3	4	1049	41	3	27.7	5	32.8	4	33.5	7	39.6	3	45.8	6	52.7	5	45.8	7	63.8	5
不错	901	34.5	5	925	36.1	6	34.8	2	33	3	33.9	6	38.4	5	34.7	12	36.4	12	25.1	18	35.7	19
真厉害	900	34.4	6	638	24.9	13	29	4	18.9	11	34.7	5	22.4	13	39.6	10	35.7	13	59	5	61.3	7

（续表）

项目	人数	百分比	名次	人数	百分比	名次	百分比	名次	百分比	名次	百分比	名次	百分比	名次	百分比	名次	百分比	名次	百分比	名次	百分比	名次
好宝宝	875	33.4	7	891	34.8	8	11.4	20	18.5	12	38.4	3	30.9	9	48.9	4	59.4	3	79.3	1	87.4	1
好棒	852	32.5	8	791	30.9	11	17.7	14	18.3	13	30.9	8	29.6	11	48.3	5	47.6	7	62.6	4	66.8	3
好懂事	839	32	9	1047	40.9	4	25.9	8	37.3	2	28.5	13	38.5	4	43.7	7	48.7	6	38.3	9	51.3	9
很有规矩	830	31.7	10	910	35.6	7	26.1	6	29.3	6	29.1	11	33.6	7	41.6	8	45.9	8	29.1	14	37.7	17
好能干	814	31.1	11	837	32.7	9	23.5	11	28.9	7	29.6	10	31.7	8	41.2	9	38.7	10	40.5	8	50.3	12
很棒	791	30.2	12	658	25.7	12	24.2	10	20	10	29.7	9	25.8	12	37.1	11	32.3	15	65.6	3	55.3	8
很好	751	27.8	13	807	31.5	10	26	7	27.9	8	27.1	14	29.7	10	33.8	13	38.6	11	36.6	10	50.8	10
棒极了	672	25.6	14	449	17.5	19	20.3	13	13.2	18	28.6	12	17.3	16	26.8	17	27	20	32.2	12	43.7	14
太好了	632	24.1	15	534	20.9	16	18.8	15	15	14	23.7	15	19.4	13	30.4	15	29.7	17	31.3	13	40.7	15
OK	595	22.7	16	469	18.3	18	22	12	14.4	15	22.8	16	15.2	18	23.4	19	27.6	18	12.3	24	31.7	20
好高兴	524	20	17	543	21.2	15	13.2	16	13.3	17	17.2	17	18.8	15	31.2	14	34.1	14	22	20	36.7	18
我很喜欢	470	17.9	18	486	19	17	12.9	17	12.1	19	15	19	16.3	17	27.5	16	31.1	16	32.6	11	49.2	13
再做一次给我看看	423	16.1	19	330	12.9	21	10.9	21	7	22	16.8	18	12.5	20	20.7	20	20.4	21	39.8	23	29.6	22
好的	401	15.3	20	358	14	20	11.9	18	10.1	20	11.5	20	12.2	21	24.5	18	21.1	25	25.6	17	30.7	21
对的	368	14	21	317	12.4	22	11.5	19	9.1	21	10.1	21	9.2	22	22.6	20	20.9	22	16.3	21	23.1	23
是的	233	11.2	22	203	7.9	24	7.2	22	6.1	23	7.3	22	6.9	24	12	24	11.6	24	13.7	22	19.6	24
很漂亮	209	8	23	547	21.4	14	5.3	23	13.3	16	4.5	24	15.1	19	15.9	22	40.1	9	23.3	19	61.8	6
乖娃娃	208	7.9	24	304	11.9	23	4.3	24	5.5	24	5.3	23	9	23	15.6	23	23.7	19	26.4	16	50.8	10

2. 身体接触

年级	小学总计 5179						高年级 1593				中年级 2143				低年级 1443				幼儿园 1506			
性别	男 2620			女 2559			男 773		女 820		男 1104		女 1039		男 743		女 700		男 761		女 745	
项目／量数	人数	百分比	名次	人数	百分比	名次	百分比	名次	百分比	名次	百分比	名次	百分比	名次	百分比	名次	百分比	名次	百分比	名次	百分比	名次
微笑	1510	57.6	1	1842	72	1	56	1	72	1	57.8	1	73.4	1	59.2	1	69.9	1	68.7	1	83.4	1

（续表）

竖大拇指	1053	40.2	2	997	39	2	34.4	2	28.5	3	38.4	2	41.2	2	48.9	3	47.6	3	70.9	1	74.4	2
点头	915	34.9	3	908	35.5	3	32.6	3	36	2	34.3	3	30.8	4	38.4	4	41.6	4	48.9	4	50.3	4
握手	910	34.7	4	886	34.6	4	27.7	5	23.4	4	29.7	4	32.1	3	49.5	2	51.6	2	48.5	5	49.7	5
拍肩	745	28.4	5	539	21.1	5	31.2	4	21.1	5	27.2	5	21.8	6	27.5	5	22.7	7	32.6	7	31.2	9
抚摸	476	18.2	6	505	20.5	6	10.2	6	13.4	6	18.2	6	23.6	5	26.4	6	24.3	6	41.9	6	49.2	6
视线接触	345	13.2	7	293	11.4	7	8.9	7	6.1	7	13.8	7	13.6	7	15.3	9	14.6	9	31.3	8	39.7	8
拥抱	291	11.1	8	346	13.5	8	2.6	8	4	8	7.3	8	10.7	8	25.7	7	28.9	5	52.9	3	67.8	3
亲吻	194	7.4	9	185	7.2	9	1.8	9	1.7	9	5.1	9	5.1	9	16.7	8	16.9	8	29.1	9	44.7	7

第三节　正　用

一　家　庭　方　面

（一）应用在上床睡觉

1. **原则**：赞美关切是最方便又最有效的增强物。

每一个孩子都需要旁人——尤其是父母的关切。所谓关切，意思就是父母要随时注意孩子的行为表现，了解孩子的感受和想法，当孩子做出你喜欢的行为，及时予以赞美，如此孩子的这种行为将趋牢固。

2. **示例**：

《上床睡觉》

欣惠是郁芬的第一个小孩，自出生后就成为家中的宝贝。她虽然聪明可爱，但一到睡觉时间，父母就伤脑筋。每次叫她上床的时候，总要闹一阵子别扭。

有一回，居然一喊上床，就去睡了。又惊又喜的父母，立即抓住机会称赞她。两人连袂到欣惠卧房道晚安并告诉她说："欣惠，你真乖！我们今天一叫你上床睡觉，你就来了，真棒！好聪明！好懂事！妈妈好喜欢你！晚安。"

结果第2天又如此，妈妈又及时给予鼓励，如此增强下，欣惠终于时间一到就上床睡觉了。

3. **分析：**

许多父母求好心切，常常忙着纠正孩子的缺点，而忽略了孩子值得肯定的一面，导致小孩子的良好行为，无法生根、成长、茁壮。欣惠的父母能够改变做法，一发现她表现良好时，立即给予赞美、鼓励，终于改变了睡觉的不良习惯。

（二）应用在要求他人

1. **原则：** 增强孩子做出正确合宜的行为，即可发挥最大效果。

儿童的不良行为不是一下子就形成的，往往是长期孕育而成，父母若能从细微的事情加以注意改善，做出正确合宜的行为，即可发挥最大效果。

2. **示例：**

《给 我 水 果》

　　5 岁的泰德，在乡下外婆家长大，生活常规根本谈不上。父母发现情况不好，带回自行养育。首先从生活起居要求开始，规定吃完饭，才可以吃水果或零食。

　　＊妈，我吃完饭，给我水果。(泰德带着命令的口气。)

　　＊泰德，我们应该如何向别人提出要求？(爸爸以认真的口气问他，这个问题唤回了泰德的记忆。)

　　＊请你帮我拿一些水果好吗？

　　＊是的 (爸爸说)，这才是向别人提出要求的正确方法，好，我拿给你。

　　3. **分析**：

　　泰德以命令的口气要求别人帮忙，是一种不良反应，结果从爸爸那里获得迅速、简单又有效方式的教训，于是立即改善反应的态度，而获得了增强，慢慢可以养成以正确方式：如何有礼貌地向人提出要求的习惯。

(三) 应用在生活起居

　　1. **原则**：把规则委诸增强物，更可发挥增强的力量。

　　现代的父母常常都在扮演煞风景的角色，不得不禁止大部分的孩童最感兴趣的事。当然这些禁令是不可免的，但是无论如何，父母也不必把文明警察的角色扮演得太过热心，适当增强物的应用往往会达成这项任务。

　　2. **示例**：

《闹　钟》

　　8 岁的琪芬,每天都要赖在床上,享受那永无休止的最后 5 分钟,不论母亲软硬兼施,依然故我,慢吞吞地起床,嘟着嘴吃早饭,到学校迟到。这种千篇一律的争执,令母亲疲累、愤怒。

　　后来母亲送她一份意想不到的礼物时,这个难题迎刃而解了。母亲送她一个闹钟,并留下一张条子:"给琪芬:一个不喜欢别人在大清早叫她起床的孩子,从今以后你是自己的主人了……妈妈。"

　　琪芬惊奇万分,她说:"你怎么知道我不喜欢别人叫醒我呢?"妈妈笑着说:"我看出来的。"

　　翌晨,闹钟一响,妈妈对琪芬说:"还早得很呢!小乖乖,怎么不再多睡一会儿呢?"琪芬从床上一跃而起:"不!我会迟到的。"

3. **分析:**

　　对无法早起或起床无精打采的孩子,我们不要冷言冷语地讽刺。与其跟他们做无谓的争论,还不如再给他们宝贵的 10 分钟去睡觉或做白日梦。把闹钟拨早,此问题或许就解决了。

(四) 应用在同胞相处

　　1. **原则:**若能善用制约增强物,也可以发挥意想不到的效果。

　　在增强方面为使每次良好行为出现时,都能获得增强物的原则下,必须考虑到:儿童人数众多,或一个小孩子每天良好行为不少，在这种情形下，为达成此项目标，代币制的应用是最佳的策略。

2. **示例**：

《和 平 相 处》

孝先和梅英兄妹俩似乎是一对冤家,每天吵个不停,母亲烦透了。后来有一次机会，碰见从事辅导工作的林老师，传授一招。

当孝先早晨起床后，给他 2 个扑克筹码，同时告诉他，若能做到：（一）与妹妹共享电视；（二）不打扰妹妹游戏；（三）不抢走妹妹的玩具等 3 项时，每小时就可获得 1 个筹码。等到 1 天终了时，欺负妹妹 1 次，妈妈就从他的筹码中拿走 1 个，结果这个计划很成功。

3. **分析**：

采用代币做为增强物,不仅可以提供更多良好行为的产生,而且又容易给予和撤除，实施上相当方便，同时也因为代币可以换取金钱——后援增强物，不易形成饱满厌倦的毛病而降低增强效果。

（五）应用在离开父母

1. **原则**：负增强的适时应用，亦有助于不良行为的防制。

儿童在日常生活中，不可能保证时时都中规中矩，处处都守法守纪，总会有疏忽的地方。家长若能见微知著，从细微地方加以注意，很多孩子的不良行为就不会发生，而达到防微杜渐的目的。

2. **示例：**

《哦，我忘了》

有一个周末，大女儿离家去拜访一个 30 公里外的同学。我惦念着她，不知她是否已经平安到达，所以就打了一个电话。

* 嗨，爸爸。（总算女儿还记得我是谁。）
* 乖女儿，我只是想知道，你是否平安到达而已。
* 当然平安到了。
* 但是我却不知道呀！
* 哦！我忘了。
* 下次我要拜托警察帮我办这件事了，我相信他们对于一位提心吊胆的爸爸，一定能提供这种服务的。
* 嗳！爸爸，你这样讲就不公平了。
* 当然，我告诉你不止 10 次，要你打电话回家，你还是忘了……等等，你不要插嘴，哦！我明白怎么回事了，你把家里电话号码忘了……可是我记得，前天你打电话回家要钱，也是用这个电话号码……
* 对不起，爸爸。我以后记着就是了。

3. **分析：**
出远门要让父母知道去处和到达状况，以让父母安心，这是一项很基本的道理，可是孩子很容易忽略，往往到达目的地后，连拨个电话告诉父母都不在意。这时父母若能及时提醒孩子，很容易导入正规而养成习惯。

二　学校方面

（一）应用在情绪反应

1. **原则**：老师若能有效运用注意和赞赏，即可激发儿童的杰出表现。

每一个人都渴望别人的注意、喜欢，尤其是儿童，无不希望在别人激励下，发挥个人最大能力去做好一件事。为人师表者若能掌握这项原则，当可激发孩子的杰出表现。

2. **示例**：

《爱 哭 鬼》

小瑞和小兰是幼儿园里的 4 岁小孩。园里的老师非常关心他们，因为他们两人虽然长得既健康又高大，但每天早上在园里总是又哭又闹，同学们送他们两位一个外号叫爱哭鬼。老师千方百计地哄他们、安抚他们，都没有用。

后来，有一次当他们哭闹的时候，老师尝试着不去和他们接触，当他们不哭闹的时候，老师就注意与赞赏他们。就这样，仅几天的工夫，小瑞与小兰两人再也不哭了。从此以后，同学们不再叫他们的外号，而小瑞和小兰两人在幼儿园里的生活也跟其他小朋友一样快乐。
（蔡崇建译）

3.**分析：**

小瑞小兰的哭闹行为，由于同学的注意、老师的安抚，不但无法改善它，反而使哭闹行为强化。后来改变做法，当他们二人不哭闹时，合乎期望的行为表现时，适时给予注意和赞赏，终于改善哭闹的不良行为。

（二）应用在班级常规

1.**原则：**适当应用负增强，可以阻止儿童不良行为的发展。

众多的儿童彼此间存在着个别差异，因此在团体中，免不了会出现少数儿童表现不良行为。假若在儿童不良行为产生之初，老师能够适时予以处理——应用负增强，可以使不良行为消弭于无形。

2.**示例：**

《打　人》

张老师在幼儿园中工作，班上有一个男孩叫大伟，经常打其他小朋友，老师决定要用叱责策略来纠正大伟的行为。

当下一次大伟再打人时，张老师抓住大伟的肩膀，看着他说："大伟！你不可以打小凯，如果你再打别的小朋友，就没有人喜欢你了，你也交不到朋友。"

不论何时，张老师只要看到大伟要开始打人时，就会持续地用此方式来叱责大伟。此外，只要张老师看到大伟和其他小朋友玩得很好，她总是笑着告诉他们，很高兴看到他们和睦相处。有时候，她会拍拍大伟，或给每位小朋友一些饼干。经过了几个星期后，大伟打人的行为已逐渐减少。

3. 分析：

本例老师使用叱责之负增强来消除大伟打人的行为。它是一种既快又容易使用的技巧，旨在表示不赞同大伟打人的行为。这种叱责方式，通常采口说为多，但用摇头、指着对方等手势，或用瞪眼、皱眉等来表达。唯不可单独使用，最好和正增强一并使用，才正确有效。（卢台华译）

（三）应用在上课迟到

1. **原则**：若能针对个体掌握增强物，确能改善不良行为。

增强物涉及范围很广，除了常用的物质、活动……外，让孩子觉得有地位，使得他在其所缺乏的地方，有发挥能力的机会，也是一种具有很大效力的增强物。若应用适当，所发挥的力量绝不逊于物质或其他的增强物。

2. **示例**：

《服 务 股 长》

建乔上课总是迟到，一个学期以来，检视班级出席记录显示：一个星期至少会迟到 3 次。为此，导师还曾跟他个别谈话，结果依然如故。

新学期开始，选举班级干部，当班上选服务股长时，建乔竟然举手，想要担任这个职务。这项工作主要是在每天第 1 节上课时，要把日志簿从办公室带到教室交给老师。既然他举手，导师就把这个工作交给他。

很意外地，建乔不再迟到了。

3. **分析**：

上述老师的做法就是一种增强，他的增强物就是选建乔为服务股长。很明显这种做法，可以使建乔觉得有地位，使他有发挥能力的机会，当他有一个责任时，对他的准时到校是有帮助的。从老师的报告中，我们无法知道建乔迟到的心理因素，但老师能抓住机会去对抗那些使学生不愿准时到校的因素，确实可以有效地改善学生不良行为。

（四）应用在活动参与

1. **原则**：适时点出个人优点，即掌握了最佳的增强物。

孩子个人的技能与家庭背景都关系到他的人格表现，有突出的技能，优越的家庭背景，处处使孩子充满信心。反之，使他信心缺乏，而影响到学校的各种活动。

2. **示例**：

《姊姊教书》

永华来自一个环境很差的家庭背景，到过他家的人都知道，破旧的窗户、杂草丛生的院子、脏乱不整的房间……环境的确令人不敢领教，再加上不甚好的名誉，他

的哥哥被送到少年辅育院管训中，使他在同学中抬不起
头来，无法与同学打成一片，因此从来不参加班上的任
何活动。

　　导师尝试如何改变此种偏差，并且也希望班上同学
不要用异样的眼光来看他。意外地，导师想到一个法子，
有一天上课时，老师借机会问永华："你的姊姊在哪里教
书？"许多同学注视他，他的脸上显出光彩的样子……

　　从那天起，情况改变了，他开始积极参与班上活动，
有时同学会跟他聊天。这一年下来，表现日渐进步。

　3. **分析**：

　　一个生长在不良背景——恶劣的家庭环境及犯罪的同胞兄弟
下的孩子，每天在学校同侪的相互比较，纵然同学没有另眼看待，
自己也会自惭形秽。老师能在大众面前凸显其姊姊教书的良好事
实，使永华获得一项从未有的尊敬，这是莫大鼓励。

（五）应用在技能学习

　1. **原则**：若能善用增强物，则对特殊儿童的学习更易显现效
果。

　　特殊儿童由于先天学习条件的不足，不仅对于学科知识影响
颇巨，而且对技能科的学习亦复如此。但是假若老师能善用增强
物，则其学习效果虽然不一定能够发挥到最高，但多少提升效果
是不容怀疑的。

　2. **示例**：

《奖 品》

碧贞首次担任特殊班老师，她和她的助教已经成功地使8位学生中的7位，达到她为他们所拟订的社会能力及学科技能的目标。未达目标的是小凯。小凯不像其他同班同学，容易被引起动机，拥抱、微笑、赞美对他似乎都无效。

碧贞因此改变方式，当小凯表现适当反应时，就给他一小块点心或喝一小口果汁，同时给予一个拥抱和赞美。不久，小凯就有了显著的进步，他甚至对拥抱、赞美也有了反应。在学期末时，小凯仅有一项未达预期目标。

3. 分析：

在第二章各例如同大多数人一样，都知道在提高儿童学习动机及成就水准上，使用各种奖赏的重要性，但许多人却忽视了选择与提供有效增强物所扮演的角色。本例之所以成功、有效，端在老师能掌握到学生所喜欢的增强物。

第四节 误 用

了解正增强原则的人，都能善于利用适当的增强物，使儿童行为朝满意方向改变，但是我们应该也要理解，水可以载舟，也可以覆舟，增强物应用不当也会带来不良后果。

《袜子呢?》

　　早上通常是母亲最忙的时刻，先生要上班，小孩要上学，所以一大早就在厨房里忙得团团转。

　　这时，一年级的儿子开口了:

　　＊妈！找不到袜子了，我穿什么?

　　＊哎呀！你这个孩子真是的，每次都在我最忙的时候，又是这个，又是那个的，你不会自己找吗?

　　＊我找不到啦！

　　＊再找看看。

　　＊真的，我快来不及了。

　　＊真烦！(妈妈嘴里唠唠叨叨的，但还是把工作放下来。)来来来，到这里来。

　　＊来，穿这个去吧！

　　＊不！我要穿那双白色的。(不料孩子却这样回答。)

　　＊不要啰嗦，今天就穿这个吧！听妈妈的话。

　　于是，母亲把自己选的袜子交给了儿子，儿子很不情愿地开始穿。但是因为他年纪小，还是动作缓慢的年纪，虽然他并不是故意磨蹭，但还是让母亲情绪按捺不住。

　　＊不要拖延时间，赶快把袜子穿好。

　　听到母亲的大嗓子，小孩显得慌张，愈慌张愈穿不好，竟然穿反了，母亲见状:

　　＊唉！真是的，来来来，袜子给我。

　　然后很凶地把袜子抢过去，自己替儿子穿上了。

一 家庭方面

（一）应用在生活习惯

1. **原则**：应用增强物必须对症下药，否则发挥不了效果。

儿童行为的好坏，必须要配合正负增强物，才能建立因果关系，才能发挥其效能。如果应用适当，一次就可见效，假若一再实施，未见其效果，那就有问题。

2. **示例**：

《错误的惩罚》

妈妈觉得安静得有点不妥，于是停止工作，决定去看看。结果发现2岁半的美君又把卫生纸一张一张丢进马桶里。妈妈已经为了同样行为打过她好几次了。这次还是很生气地打她："我已经说过多少次了，你还不听？"

风暴才过，晚上爸爸又发现马桶里塞满了卫生纸。

3. **分析**：

挨这么多顿打，美君为什么还继续同样的行为呢？她是不是太小了，所以不懂得妈妈的警告？当然不是。美君非常清楚自己所做的事。她是故意的，当然她也说不出原因，但是我们可以从她的行为找出原因。她的父母告诉她："不行，你不能这样做。"而她的行为却明显地说："你看，我能吧！"

4. **正用：**

必须了解她行为背后的原因，而后撤除影响因素，另外可采行几种后面相关策略——消弱或区别增强（请参阅第四章、第七章），会有意想不到的效果。

（二）应用在零食方面

1. **原则：**部分增强物可以用来建立某些良好行为，但却会引发生理疾病。

增强物是决定增强效果的关键，它关系到个体的年龄、兴趣与嗜好，儿童阶段对消耗性增强物特别感到兴趣，像糖果、饼干……都是孩子喜欢的，可是长期使用它，会造成生理上的毛病。

2. **示例：**

《蛀　牙》

子亭今年 3 岁多，是祖父最疼爱的长孙，每天与他寸步不离，尤其是每周日早上是他俩最愉快的时段，因祖父会骑车载他到田里去兜风。

有一天返家的时候，路过一家杂货店，子亭要求祖父买养乐多、糖果，本来祖父不同意，但敌不过子亭的哀求，只好顺其意。自此以后，每天子亭几乎都要祖父买糖果，不同意就哭闹，最后总是祖父投降了。

经过半年之后，发现子亭的牙齿蛀坏了……

3. **分析：**

子亭用哭闹逼着祖父买糖果，糖果是子亭喜欢的东西，买给他就成为一种强化物，但结果是强化子亭哭闹的行为，影响所及，子亭哭闹的行为增多，这是第一项错误。其次吃糖果因其牙垢不易清除，很容易使儿童蛀牙，也是一大错误。

4. **正用：**

增强物不宜采用糖果和饼干，若偶尔使用，无可厚非，但宜要求勤于刷牙。

（三）应用在清洁工作

1. **原则：** 无微不至的照顾，反而会剥夺孩子的责任感。

孩子从出生开始就不断在向我们表达：他们喜欢自己动手做，如伸手抓汤匙是为了想尝试自己吃东西，可是父母却经常因他小或怕麻烦而阻止他做各种尝试，导致小孩不动，等到父母认为他应该做时，已经养成懒惰习惯。

2. **示例：**

《牛顿外的定律》

8岁的女儿怡如喜欢游荡，个性真怪，因为我告诉过她不要往外跑，她偏要出去。叫她不要做的，她偏偏要做，像这次就打翻了一大桶的爆米花。

＊你要把它捡干净。

＊爸爸，我怎么能做得了这么重的工作。

＊不行，你一定要捡干净，我们不能让它引来蚂蚁。

她动手去捡，头五六秒钟蛮好的，然后她转身向我说：

＊爸爸，我累了。（说完就转身走开）

　　＊ 回来！这样子看起来干净了吗？

　　＊ 我已经尽力做了，但是这工作太重，我的手好酸，
　　　我想去睡觉，等一下还要写功课……（古正平
　　　译）

　　3.分析：

　　一个可以连续蹦蹦跳跳半点钟的小孩，居然说得出家事对她太繁重；一个可以登山的小孩却没有体力把随手脱在地板上的毛衣捡起来。何故？非不能也，不为也，非不为也，父母无微不至的照顾，剥夺糟蹋了孩子做事的能力，使之然也。

　　4.正用：

　　爱他，就是关心他、照顾他，但不是过分关心、过分照顾，而是鼓励孩子自小就去做自己能做的事，就不会有这种现象出现。

（四）应用在管教方式

　　1.原则：增强物的提供必须符合事实，否则就会失去意义。

　　由于一个家庭里的成人长辈对小孩都有提供增强物的机会，而父母长辈中每一个人的观念、做法、工作时间，都有相当的差异，导致对孩子的要求和增强物的提供，就有很大的出入，而引发一些弊端。

　　2.示例：

《妈妈怎样说》

　　其昌在事业上可说一帆风顺，相当得意，唯一遗憾的是宝贝儿子旻恩的事，学业成绩不佳，还没有多大关

系，倒是行为不良，始终令他非常在意。

今天下班回家，意外地发现旻恩在整理庭院草皮上的花草，回应旻恩的招呼后，直接进客厅。

＊爸爸，我可以不可以出去玩？（旻恩跑进来问。）

＊当然可以。（其昌回答，他看不出什么不可以。）

这时，他的太太智娟走进来。

＊你让孩子出去啦？是不？

＊是啊。刚回来看他在草皮上工作，该给他鼓励……

＊下次要问一问我，他被我处罚，不准出去的。

自从这次后，其昌知道该怎样做。每次孩子开口说："爸爸，我可以不可以……"时，总是回答说："你妈妈怎么说……"（古正平译）

3. **分析**：

由于父母处理孩子的方法没有协调好，致使母亲的惩罚，父亲不清楚，旻恩就利用这个缺失，在父亲返家时努力整理花草，误导父亲以为他在努力工作，而给予增强——允许他出去玩，破坏母亲的惩罚。

4. **正用**：

父母管教孩子的方法要一致，并取得协调，能一致协调就不会发生本例事故。

（五）应用在聘请家教

1. **原则**：用增强物促进作业的写作，忽略功课的温习。

儿童读书涉及繁多，不仅要勤写作业，而且也要熟记课程内容，更需要知能的理解和熟练，若仅侧重某部分的学习，未免是一大缺失。

2. **示例：**

《鬼故事》

　　升龙刚应聘到黄家担任家教，当他第一天踏进黄家的时候，就发现大维这个孩子很皮，上课坐不好，老是东跑西跑；讲课时心不在焉，根本不听；指定的作业也不做，犹当耳边风。升龙感到十分棘手。后来升龙想至少作业要做才行。

　　有一天升龙告诉大维，如果能把老师指定的作业写完，老师就说一个鬼故事给他听。可是大维一直坚持要先说故事才写作业，升龙拗不过他只好先说了。想不到以后竟变成惯例——升龙先说故事，大维才肯写作业，要是不说，一切免谈了。

　　日子就在这情况下过去，第1次月考成绩没有改善，第2次月考也是一样……最后家长发现升龙都在讲故事，就另请高明了。

3. **分析：**

　　家教时间固定，孩子功课繁多，在每周2次，每次2小时的时光中，单独温习功课都感到不足，升龙牵就事实，答应大维讲鬼故事，固然改善大维写功课的行为，但无形中占用了宝贵时间，影响到功课的温习，月考成绩势必不佳。

4. **正用：**

　　说故事作为增强物，并非错误，错的是在于他把正常补习时间用来讲故事，使正课受影响而妨碍学业成绩。正确用法应该控制时间，以不减少正课时间为准。

二　学校方面

（一）应用在上学哭闹

1. 原则：

儿童初次到学校就读，不管是幼儿园或小学一年级，或多或少都会发生上学哭叫的情况。父母亲面临此种尴尬的场面，往往不知所措。面对孩子的哭闹，即使有铁石心肠，也真被泪水软化了。

2. 示例：

《孩子的泪水》

志光今年 5 岁，幼儿园刚入学，就使父母伤透脑筋。有一天他自己一个人站在教室的角落哭，妈妈又哄又骗地叫他停止哭泣。

＊如果你再哭，我就把你一个人留在这里。

结果志光不但没有停止哭泣，反而愈哭愈大声。

＊再哭，我真的走了。

志光一面尖叫，一面跟着妈妈走向门口。妈妈很快地溜到门后，但一听到志光尖锐的哭声后又推门进来。

＊好，志光不准再哭了。

这时老师进来，并且开口。

＊王太太，你何妨真的离开，志光就不会哭了。

＊我担心他会一个人离开教室。

＊我保证过一会儿他就会加入我们的活动。

后来妈妈真的离开，志光也不哭了，但还是站在角落。老师又接着上课。不久之后，这个小男生就跟大伙儿打成一片了。

3. 分析：

面对着哭闹、别扭的志光，妈妈总是不知所措，只会口头叱责孩子，制止他的哭闹，最后甚至变成恐吓的语气。她的目的似乎只是想使志光停止哭闹，而不想真正摆脱他的困扰。其实孩子哭通常只是一种运用"泪水的权力"。

4. 正用：

依情绪反应程度不同，可分别采行消弱、区别增强、渐隐原理来处理这类相关的行为。（可参阅后面相关章节）。

（二）应用在画画方面

1. **原则**：金钱增强物固然容易解决孩子不良行为，但也容易伴随不良后遗症。

一般而言，每人皆有不同嗜好，对增强物的兴趣，当然也就有很大的差异。可是就整体而言，大多数的孩子，对金钱这种增强物都具有强大的力量，但在这项强化的背后也隐藏着不好的后遗症。

2. **示例**：

《乖！给你钱》

就读幼儿园大班的小强,是个脾气很倔强的孩子,在家里总是不听父母的话,使父母很伤脑筋,而在学校亦复如此,真是本性难移。

今天妈妈到了学校发现他又在发脾气,原来他想在画板上画画,但是不巧的是两块画板都有小朋友在使用。

＊小强,你必须学习忍耐,等两位小朋友用完了,就轮到你。你先在桌子上画好吗?

＊不要,我要用画板。

＊小强,你很想现在就用画板,是吗?

＊是的,我现在就要用。

＊可惜,她们两位都正在用。

＊不行,我要用。

这时在窗外的妈妈见状就开口。

＊小强乖,听老师的话,妈妈给你钱去买你所喜欢的。

小强终于静下来了。

3. **分析**:

是的,小强是静下来了,不再吵着要画板,妈妈给钱的增强物的确发挥效果,但这项效果的背后,却埋下错误的增强,下次小强想要钱或其他目的物时,又可能重现倔强的个性。

4. **正用**:

班级的事,妈妈最好不要介入,由老师自行解决,其结果都要比妈妈的介入好得多，尤其在他表现倔强的个性，来达到其目的时，更不宜使他获得满意的结果，否则更强化倔强的个性。

（三）应用在考试成绩

1. **原则**：为促进用功施予负增强物，反而养成自暴自弃的心理。

孩子考试成绩低落，老师要谨慎应付，千万不可羞辱他们、刺激他们，以为这是激将法。事实上，孩子被老师瞧不起后，反而会自暴自弃和养成自卑的心理。

2. **示例**：

《别　做　梦》

邦泰是个活泼好动却不怎么用功的孩子，学业成绩一向不佳。虽然父母想尽办法加以改善，可是效果不彰，因此一直都很为他担忧，可是又不知道该怎么办。为了这件事，父母与导师多次联系，导师也注意，可是依然如故。

这一天，月考试卷发下，导师看到他数学成绩只有55分，不禁大发雷霆：

＊邦泰，你怎么搞的，怎么考这么差。

＊我不知道。

＊怎么不知道？

＊……

＊你在作文中还说想将来做科学家，别做梦了吧！我看你呀！将来绝对考不上高中，更别想考大学，不

如等暑假小学毕业，去擦皮鞋或者去送报吧，你
根本不是读书的材料呀！

邦泰回到家里后，跟妈妈说他不想读书了……

3. **分析**：

老师对邦泰这样批评——施予厌恶刺激（负增强物）有什么
用，这除了使邦泰兴起不想到校读书的念头外，还能给他什么？他
心里真的有点想去擦皮鞋、送报纸，因为可以不读书，也不必考
试，更不会被羞辱，何况还有薪水领。

4. **正用**：

孩子功课不好，应该找出原因，对症下药才对，不宜羞辱他。

（四）应用在同学争吵

1. **原则**：

儿童相处固然多数均能和善相待，但免不了会发生彼此争吵、
殴打的现象，这是老师很感头痛的事，他们既不容易理喻，责打
他们又不是办法，所以碰到这种情形，老师得动点脑筋才行。

2. **示例**：

《罚跑运动场》

圣洁和明哲是五甲班级里时常有问题的学生，也是
导师感到头痛的对象，今天又争吵，而且闹得明哲前来
告状。

* 明哲，你说圣洁打你。

* 是明哲先打我的。

* 明哲，圣洁说是你先打他的。
* 他骂我。
* 圣洁，明哲说你骂他。
* 他没有问过我，就玩我的小火车。
* 你怎么没问过他，就玩他的小火车。
* 他不在座位上，假若在的话我一定会问他。
* 我告诉过他好多次，没有我的同意不要玩我的玩具。
* 好了，明哲你没有经过圣洁的同意就玩他的玩具是错的。但圣洁打人也是错，两人去跑运动场2圈。

3. **分析**：

判定两个孩子都有错的地方是对的，但彼此错误的地方不同、程度也异，老师却采相同负增强物的处理方法，则非理想之策，因为它无法有效地制止孩子再犯错的可能，相反可能增强其中某一个的不良行为。

4. **正用**：

明哲和圣洁所犯的错误不同，其处理的方法不应一样。

（五）应用在午睡习惯

1. **原则**：增强物应用在特殊儿童上宜谨慎，否则利弊并存。

特殊儿童与一般孩子不同，在增强物的应用上宜谨慎处理，不宜如同一般小孩子的增强，否则极易带来弊端。

2. **示例**：

《抱他上床》

于超今年已7岁，就读小学一年级，是一个自闭症儿童。他容易发脾气，有饮食及睡眠方面的问题，一直困扰着老师。尤其是午睡的时间，都不肯按时上床睡觉，每次都想尽办法拖延，往往弄得老师筋疲力尽，深以为苦，有时还忍不住要生气。

今天如同往日一样，又闹别扭不睡，但经过一段时间后，可能吵累了，竟然坐在地板上睡着了，老师见状，走进并弯身抱他起来，刹那间于超两眼张开。

＊老师抱你上床睡觉。（老师心惊地说出这句话。）

奇怪，于超有点默认接受，不像平常那样难缠，当老师抱到床铺放下后，于超安然睡了。午睡过后老师立即夸奖他。

可是自此以后，每天中午于超非要老师抱他上床睡觉不可，否则又要磨一个中午。

3. **分析：**

自闭症儿童会呈现自律功能及生理发展异常的现象，睡眠习惯不规律是其中之一，同时他又期待别的关注，却又缺乏被人关照的条件，一旦发觉老师抱他睡觉，无疑获得增强，导致期待老师抱他睡觉行为的强化。

4. **正用：**

不宜抱他上床睡觉，如此反而误导为增强物，一旦增强物建立行为后，要更改就困难。本案在他醒来时，宜配合正增强方法来改善。

第五节　有效应用增强物的要点

一　选择强有力的增强物

（一）在尝试或观察某一事物对行为的效力前，不可轻言为增强物。

（二）可能的话，完成各类增强物的调查。

（三）选定增强物的指标。

　　1. 最具效用的。

　　2. 可以反复使用而不会产生饱满现象。

　　3. 不需要消耗大量时间。

　　4. 很容易获得的。

（四）判断是否为增强物的方法是：观察是否增强了行为。

二　实施因时、因地、因人而制宜

（一）把握良好行为

　　1. 增强可欲行为，使之常常发生。

　　2. 不良行为除采用负增强物外，不可使用正增强物。

（二）掌握适当时机

　　1. 一件增强物在某时候可具强化效力，在另外时间可能不具备。

2. 良好行为出现后立即实施。

3. 避免长期使用，必须适当变动，否则降低功效。

（三）注意个别差异

1. 各项增强物的应用，必须考虑个别差异。

2. 把握个人兴趣与嗜好。

（四）为了发挥增强物的效能，需要在系统中使用。

（五）最初阶段采继续增强方式，中期后采间歇增强。

三 结束解除增强物

（一）最后要从系统中解除增强物。

（二）配合社会增强物的应用，使行为继续出现，终至习惯成
自然。

第四章 消 弱

儿童在芸芸众生中，彼此存在着个别差异。因此在家庭里或班级内，我们无法期待儿童个个表现良好，其中免不了会有少数偏差行为出现，此种成因：或许由于儿童内外经验使然，或许在试探父母（或师长）的容忍限度，或许是无意偶发……不管如何，这些偏差行为都带给父母或师长莫大困扰，有待设法消除。所以，理想的管教方式，不但在期待学童良好行为的建立和维持，同时也要致力于学童不良行为的消除和改善。

第一节 楔 子

儿童行为一旦有偏差，必须谋求解决，以免影响个体，也妨碍别人，这是父母师长所该有的共识。问题在于我们的社会，面对这类儿童往往都等到偏差行为严重时，才紧张地东求西问，谋求改善，但为时已晚。最有效且最简单的处理方式莫过于防微杜渐，凡刚形成或出现不久的偏差行为，可采取忽视、不直接作反应的方法来消弱（除）。

《午睡的烦恼》

2 岁的小玲，最近每天午睡时都要妈妈陪她、哄她、安抚她，才肯乖乖上床，直到她睡着为止。中途不得擅离一步，否则立刻放声大哭，在床上翻滚，把床缘当鼓踢，敲得乒乒乓乓，闹得全家鸡犬不宁。当她大哭大闹之际，只要妈妈一出现，哭声立止，脸现微笑，两颗泪珠兀自在眼角徘徊，不及滴下哩（她的哭大半是假哭干嚎，眼泪不多）。很显然的，小玲把哭当武器，治得妈妈服服帖帖"没法度"。其哭叫行为的增强物当然是妈妈的注意和关怀。后来经专家的指导，处理办法是：在她午睡时，硬起心肠，把门关了，任她哭去（断其增强物）。

第 1 天，她必然照常哭叫，心里蛮有把握母亲必来陪她。结果不然，妈妈没来，法宝似乎失灵了。

她以为妈妈没听见，非加倍努力不可，于是气灌丹田，把音调提高 3 个音阶，把音量放大 2 倍，呜呜哇哇，声震屋瓦，直到声嘶力竭，才疲倦睡着。

第 2 天午睡，她照哭不误，但哭声显然没有那么高亢、哭的时间也没那么长久。

第 3 天午睡，她只是唔唔干叫两声了事，意思意思而已。

第 4 天午睡，她不再哭了，连象征性的干叫也没发出，不声不响、安安静静地睡着。

至此，小玲午睡时的哭闹恶习完全消失，大功告成。

（邱连煌）

《吉米改变了》

有位 11 岁的小学男孩吉米，在他所读的特殊班里，常爱打岔，说"婴儿话"（baby-talk），或尽问些无关痛痒的问题。不仅如此，脾气来时，每每在教室门前翻滚，大哭狂嚎，引来教职员围观，指指点点，你一言我一语地评论。

一位心理学家观察了几次后，告诉吉米的老师说：教职员的围观、注视和评论，无意间构成吉米哭叫行为的增强物，要根除此恶习，必先杜绝他们的围观。于下次吉米哭叫时把门关起来，令他坐在老师附近，随他去哭、去叫、去踢，不要理他，待他哭止后，才立刻给他充分的关怀和注意……

老师完全照那套"锦囊妙计"而行。

起初，吉米如同以往一样，又哭、又踢。老师自顾自的在忙，无动于衷，连正眼也没瞧他一下，故意装出一副蛮不在乎、完全把他忘了的样子。

两三分钟后，吉米把哭声放低、放轻下来，抬头望老师，老师即说："只要你愿意，老师随时可以来教你。"吉米的哭声更轻、更低了。

再过四五分钟左右，他的低泣变成无声的啜泣。最后他终于说："老师，我现在愿意了。"老师马上抬眼望他，面现微笑，走到吉米的书桌旁说："很好！我们开始吧！"（这时老师的注视、微笑、称赞成为吉米好行为——表示愿意工作的增强物。）

如此这般，老师在吉米表现良好行为如看书、做作业时，给予充分赞扬、关注。在表现不良行为如哭叫、说婴儿语时，则给他相应不理。几星期后，吉米的行为大致改善，不哭、不闹、不说无聊话了。（邱连煌）

《替我解开鞋带》

一个正接受辅导的 8 岁男孩来发，有一次在治疗中要求辅导师陶博士替他解开鞋带上的死结。

＊你一定解得开。

＊不行啦！我不会！你一定要替我解开。

＊我知道不好解，可是我更知道你一定解得开。

这下，他打开门跑到接待室找妈妈去了。

＊妈妈，陶博士不替我解结，他好坏喔！你替我解嘛！

妈妈起先立场很坚定，按着我给她的指示教他独立。

＊不行，你自己解得开！

＊不行啦，你一定要替我解啦！

孩子继续撒娇，最后他跌坐在地上，尖叫着，两脚乱踢地要起赖来。这当儿，妈妈投降了，心不甘情不愿地说：

＊好吧！我替你解。

我想这是插手的时候。

＊你这样做对他不好。（她想了一会儿，对孩子说：）

＊不行！你乖。

最后这个小孩只好自己解了。（陈竹华译）

第二节 内 容

一般而言，人类行为因得到增强会持续下去。这种道理固然可以应用于可欲行为，同样也适用于不可欲的行为。为了消除令人困扰的偏差行为，若能利用此种原理来改善，将是可行方法。此种理论根据，可以从古典制约学习中，见其端倪。当制约反应建立后，如两刺激不再配对出现，则学习效果降低，亦即制约刺激不能再引起制约反应。此种现象在工具制约学习亦然。

一 理论依据：斯金纳的白鼠实验

在第二章提到斯金纳曾从事的白鼠实验研究，他把白鼠放在斯金纳箱来做实验，箱内有杠杆和一个用来盛食物的杯子。一般而言，开始时，白鼠在箱子内随意活动，当它偶然压到杠杆时，食物会掉下来，白鼠得到食物，几次后了解压杠杆和食物的关系，会不断反复这个动作，并且速度愈来愈快。

可是当白鼠压了杠杆，却得不到食物时，它压杠杆的次数和频率会大为降低。若始终都不给食物，则压杠杆的反应将消失。斯金纳另外用鸽子做实验，也获得相同的结果。

二 模 式

与古典制约一样，当我们从操作性制约的情境中拿走增强物，我们就制造了消弱作用。从上述实验知悉；消弱发生前，任何时间只要动物压杠杆就会得到食物。在这种情况下，动物学会了压杠杆，并且持续如此做，直到它吃足了为止。如果喂食机突然故障，破坏了压杠杆就会掉出食物的功能，我们会发现累积次数记录表越变越短，最后甚至与 X 轴平行，也就是动物不再有压杠杆的反应。这样子，我们就可以知道消弱作用已经产生了。

检视本实验，其整个学习历程大致包括下列 4 项：

1. **情境**：是斯金纳箱整个环境，包括许多刺激如：地板、墙壁、杠杆、水槽等等。

2. **反应**：指白鼠在斯金纳箱中的各种反应，也就是一般所说的行为。

3. **立即效果**：指白鼠在斯金纳箱的任何反应后所得的行为后果。

4. **长期影响**：指反应后，立即效果所带来的影响，若个体不能获得满意的后果，则下次出现机率降低称之为消弱。

了解上述历程，可以知悉，第 3 项立即效果是关系行为再度产生的关键，换言之，"消弱"是学习历程中一项重要变数，而我们以消弱来消除不良行为的模式，大致可以归纳如下：

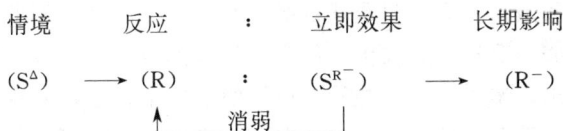

$$情境 \qquad 反应 \qquad : \qquad 立即效果 \qquad 长期影响$$

$$(S^{\Delta}) \longrightarrow (R) \qquad : \qquad (S^{R^-}) \longrightarrow (R^-)$$

$$\uparrow \underline{\qquad 消弱 \qquad}$$

若就整个学习历程而言，是个体表现许许多多行为中，某项特殊反应被增强；而形式固定行为后，再予以消弱。使 S^D 变成 S^{Δ}，

结果 R^D 变成 R^Δ，以符号表示，其模式如下：

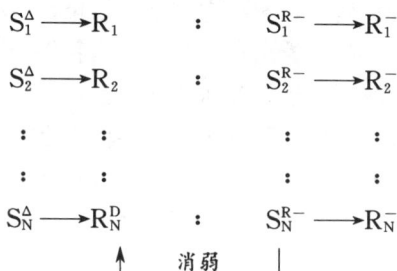

$$S_1^\Delta \longrightarrow R_1 \quad : \quad S_1^{R-} \longrightarrow R_1^-$$

$$S_2^\Delta \longrightarrow R_2 \quad : \quad S_2^{R-} \longrightarrow R_2^-$$

$$\vdots \qquad \vdots \qquad \qquad \vdots \qquad \vdots$$

$$\vdots \qquad \vdots \qquad \qquad \vdots \qquad \vdots$$

$$S_N^\Delta \longrightarrow R_N^D \quad : \quad S_N^{R-} \longrightarrow R_N^-$$

消弱

综观上述可知：

制约产生的任何反应，由于没有给予增强物，会使此行为反应渐渐消弱，甚至消失。

三　意　义

在第 2 章正增强是强调人类行为的发生（或再发生），往往带来某种后果。若此种后果适合我心、正中下怀，则这种行为倾向，因之加强，下次遇有相同情况，其发生率也就提高。行为主义学者认为利用这原理来塑造儿童的良好行为，再适合不过。

例如阿毛早上起来头一件事，就是到厨房找妈妈，见了妈妈脱口而出，喊了一声："妈妈早!"妈妈听了，甜在心头，喜上眉梢，马上笑着回答："宝宝早!"还加上一句："阿毛好乖。"说罢意犹未尽，将锡铲往水槽一丢，顾不得吱吱作响的热油锅，抱起阿毛喷喷喷，连亲 3 下，阿毛心里乐不可支，受用极了。

第 2 天，天一亮，阿毛两眼半睁，便一骨碌爬起来，三步并做两步，直奔厨房，热切高呼："妈妈早"，声音甚至比昨天还响亮、清脆。阿毛之所以如此，其理甚明。

假如第2天、第3天、第4天……阿毛的"妈妈早"仍获同样甜头，这种礼貌行为便日益坚牢，终成一种根深蒂固的好习惯，纵使以后不再为他带来同样后果，也会奉行不渝、历久不衰。

反之，第2天阿毛的"妈妈早"没有获得预期的后果。可能是妈妈和爸爸还在闹脾气，闷闷不乐，因此，爱理不理的；也可能是昨天遭隔壁张太太一顿抢白，余怒未息，结果，连正眼也没瞧阿毛一下。阿毛傻愣愣地站在那儿，心里大惑不解。不过，第3天早上，他还是照说一声："妈妈早"，结果仍如"石沉大海"，没有回响。如此一来，阿毛的"妈妈早"，自然日渐减弱。一连串重复多次，都未获得所欲的增强物，以后阿毛再也不说"妈妈早!"了。（同上）

前述3个例子虽然不尽相同，但都具备消弱精神。第1例，小玲的午睡一定要妈妈陪她，后来妈妈硬起心来，任她去哭不管她，结果哭的法宝失灵，小玲也就慢慢不哭。

第2例，吉米在教室门口大哭狂嚎，教职员的围观、注视成为一种增强物。后来大家不理，几星期后，他再也不哭、不闹、不说无聊的话。

第3例的来发赖着不解鞋带，妈妈不帮就尖叫、乱踢，当辅导师及妈妈都不理，最后不但不叫、不踢，而且也自己解开鞋带。

这种采行不理他的方法，在心理学上称为"消弱"。**所谓消弱是指个体任何一件行为，一连发生多次，都未能带来满意后果，无法获得所欲的增强物，其强度渐趋衰弱，最后等于零、不再发生，而自个人的行为领域消失。简言之，有意地忽视不当行为，对之不直接作反应称为消弱。**

根据上面所述，消弱原理与增强相似，是一物之两面，归纳起来大致有两要点：

1. 用增强原理建立的行为，以后该行为再出现，若不继续予以增强，则该行为出现机率将逐渐降低，换句话说：增强行为可加强行为反应，若停止正增强则该行为强度会逐渐减弱。大家不理会该行为，则该行为自然消弱，甚至消失。

2. 一般而言，情况轻微，不严重时，大致用消弱原理来处理，相当有效。但若是情况严重时，可能无效，那就要应用后面章节如：区别增强、隔离、惩罚。

总之，行为的减弱是由于行为出现时未得到增强的结果。（斯金纳，1953）

第三节　正　用

正增强作用可以加强人类行为反应。若停止正增强，则该行为强度会逐渐减弱，换句话说，假若我们不理儿童的某种行为，则该行为自然会慢慢消失，这就是本章所讨论的主题——消弱。消弱若能与增强原理配合应用，可以有效地用来改善儿童的偏差行为。它不仅可应用于人类，而且亦可应用于动物；不但能使用于天真的儿童，对老于世故的成人也一样管用。

一　家　庭　方　面

（一）应用在不当要求

1. **原则**：不给予注意是纠正孩子不良行为最理想的一种方法。

心理学者强调注意力是给孩子最有力的增强之一，尤其是年龄愈小的孩子为然。因此，父母对幼小孩子的不良行为，就可以利用对此行为的忽视不理来减弱或消失它，反之就会强化此种不良行为。

2. **示例**：

《不　哭　了》

史太太有一个 4 岁的女儿（贞莉），每天晚上把她放在小床上，妈妈一离开就大声号哭，迫得妈妈再回房中叫她停止号哭，可是贞莉哭得更厉害。史太太为她的号哭大伤脑筋，后来她请教当教师的朋友，得知处理之道：不管多大声或拖延多久，都不要理睬贞莉的哭。史太太使用这种办法，第 1 晚贞莉哭了 15 分钟。过了 3 晚不理睬之后，放在床上只哭 8 分钟。过了一星期后，贞莉初睡时，只啜泣一会儿就没有声音了。不理贞莉号哭就能终止号哭，真使史太太高兴极了。（罗鸿翔）

3. **分析**：

不管积极或消极的注意力，对孩子是一种有力的增强物，把贞莉放进小床上，最好的处理方式是：母亲能对她自行就寝的行为给予增强，上床睡觉行为会强化。妈妈离开就哭的不良行为，若不予理会，则哭闹行为就可渐渐减少了。唯严重时不宜使用消弱原理，或可采用区别增强、消失等，请参考后面的有关章节。

表 4-1　使用消弱原理消除不当要求的例子

情　境	反　应	立即效果	长　期　影　响
贞莉晚上上床	看不到妈妈就大哭	妈妈不管她	大哭的行为会慢慢消失
妈妈忙着炒菜	冠宁吵着要妈妈跟他玩	妈妈继续做自己的事	吵的行为会降低
零食叫卖声	瑞龙哭着要买	爸爸装着没有听到	要买零食的哭声慢慢降低
爸爸开车要出去	明通叫着要跟着去	爸爸不理会	吵声会慢慢小了
逛百货公司	莉令叫要上儿童乐园	妈妈不反应	叫吵声会减少

（二）应用在吃饭习惯

1. **原则**：消弱原理应用于不良吃饭习惯，绩效也相当显著。

身为父母者都会碰到孩子的吃饭问题，在某一时期会显现令人烦心的行为。叫他来吃饭时，他不来吃，或是不肯吃饭，或是偏要吃某种菜肴，甚至演变成亲子战争，真令父母一筹莫展。在这种情况下，不理睬就可以有效应用。

2. **示例**：

《按 时 吃 饭》

晓玲吃饭总是给父母带来头痛的时刻，因为不管父母怎么样讲，晓玲就是不肯吃，说饭菜不好，统统不爱吃，结果她常常在下午或晚上上床睡觉时偷吃零食……经过多次观察结果，发现其关键在于"她不吃饭，就可以得到父母的注意。"为引起父母注意，导致不吃饭，于是父母决定：一、不必特地为她准备爱吃的东西；二、不强要或乞求她吃。

第 1 天，晓玲吃了 30 分钟，没有吃完饭，妈妈不等她，自顾自地收拾饭桌东西，把她吃剩的饭菜也收进冰箱。

第 1 晚对晓玲来说是一个饥饿的夜晚，又没有得到任何人的注意。

第 2 天晚上和第 1 天晚上情形一样。不过这天晚上，晚饭吃过不久，她要妈妈再把剩的饭菜拿给她吃。一直连续几天，晓玲明白爸妈的用意后，开始按时吃饭。

3. **分析：**

晓玲每次吃饭时表现的行为是学来的，了解到如果不吃饭，就可以获得饭桌上每一个人的注意。实际上，晓玲并不是要惩罚她的母亲，而是期待妈妈的注意力能够移到她身上，而这个方法就是不吃东西。有了这一层认识，父母或老师就能知道事情发生的来龙去脉，以及如何去辅导改变她。

民以食为天，吃饱肚子是人类最基本的需求，孩子不吃饭怎么可以！使得父母用错方法，说尽好话、答应要求，虽然解决眼前问题，却养成以后不良的饮食习惯。要解决小孩初期的饮食问题，光靠分析，了解儿童脑子里到底想些什么，无济于事。增强良好饮食行为，消弱不良习惯，才是解决之道。所以除非是小孩生理上有问题，否则不必多花精神去理解他不肯吃饭的原因。

表 4-2　使用消弱原理消除不良吃饭习惯的例子

情　境	反　应	立　即　效　果	长　期　影　响
晚餐	安安不爱吃，动作慢吞吞	妈妈不管他，时间一到就收拾餐桌不给他吃	吃饭的动作会改善
正在准备午餐	山明一直在叫着我饿死了	妈妈不理会	叫饿声会减少
早餐已准备好	兰萍不吃，吵着要买汉堡	妈妈始终没有反应	买汉堡的吵声会减少
晚餐	德明没吃饭就叫着要吃冰淇淋	妈妈装着没听到	叫食冰淇淋的声音会降低
吃饭中	碧凤没有吃完饭就要吃水果	妈妈不理	没有吃完饭就要吃水果的行为降低

（三）应用在不良习惯

1. **原则**：其他不良习惯一样可以用消弱来消除。

在前例晓玲吃饭为什么会如此？事实上是她学来的，因为很可能从父母无心的几句话，学到了如她不吃饭，她就可以得到父母的注意，当然亦有其他小孩也会用类似饮食习惯，来引起父母的注意。

2. **示例**：

《不再剥蛋糕》

明智夫妇对他们学龄前孩子的许多坏习惯深觉头痛。其中特别令他们困扰的是：这孩子吃蛋糕的方法极不寻常，每次都是将蛋糕外层的奶油剥下来，搓成圆球，再吃下去，其他部分则弃如敝屣，留置盘中。他们用尽了方法——打、骂、利诱，可是都无法改正孩子的不良习惯。后来专家建议换一套方法，来个不闻不问随他去。这次孩子仍用旧法吃蛋糕，母亲什么也没有说。孩子诧异地说："妈妈！我在剥奶油喔！"妈妈克制内心的激动说："我知道。"孩子又问："你不骂我啊？"妈妈回道："不骂你。"为了和往常保持一致，这个小孩还是那样吃法。后来连续4次都一如往昔，妈妈什么都不说。第5天，他改变了，妈妈惊异，孩子竟然和两个兄弟用一样的方式吃蛋糕了。（同上）

表 4-3　使用消弱原理消除不良习惯的例子

情　境	反　应	立即效果	长　期　影　响
吃蛋糕	剥下奶油搓成圆球吃，其他部分弃如敝屣	妈妈不闻不问	仅吃奶油的行为减少
田明回家	向妈妈抱怨老师不公	妈妈不答腔	抱怨老师的行为会减少
妈妈要智胜叫哥哥	在楼下大叫小猪（属猪）	哥哥不理会	叫小猪的行为会减少
父亲在跟客人谈话	文源趁机吵着要钱	爸爸没有反应	趁机要钱的行为会减少
小明不明白功课	语气不好地问姊姊	姊姊不管他	不好的语气会减少

3. 分析：

明智夫妇的孩子是期望借着剥蛋糕来引起母亲的注意，使母亲注意他后，可以亲近他。因此我们需要了解的只是在行为的本身及外界给它的反应，别无其他，有了这一层的认识，我们就能知道事情发生的来龙去脉，以及如何去改变它的方法。

（四）应用于兄弟争吵

1. **原则：**同胞纷争背后在于争取父母的注意，消弱则是克制的策略。

家庭兄弟姊妹纷争是不可避免的事，其中部分纷争可能是孩子想控制父母的手段之一，用它来争取大人的注意力。因此，解决之道是父母必须让肇事的双方都讨不到好处，也就是得不到父母注意，纷争自然消失了。

2. **示例：**

《不管我们啦！》

张先生很高兴连生两个宝贝儿子小华与小明，可是曾几何时，高兴之余，换来的是烦恼，那就是两个已就读小学的儿子，争吵几乎不断。请教专家的结果，必须改变战略，以期改善。

现在又开始争执，且以拳头相向。父亲坐在一旁，视而不见，任其发展，大异于往昔。一阵激战过后，小华转头看看无动于衷的父亲，然后说："难道你不管我们，要任凭我们受伤？"父亲还是视而不见，听而不闻。没有多久，他们自然而然停手了。

表 4-4　使用消弱原理消除兄弟争吵的例子

情　　境	反　　应	立即效果	长　期　影　响
客厅里	兄弟争执以引起父亲注意	父亲视而不见	争吵的行为会减少
姊姊正在做功课	妹妹吵着要姊姊跟她玩	姊姊置之不理	吵的行为会减少
哥哥正在玩积木	弟弟吵着也要玩	妈妈不理会	吵的行为会减少
晚餐时，	兄弟互相告状	父亲听而不闻	告状的行为会减少
小明功课有问题	语气不好地要姊姊教他	姊姊不理	语气不好的行为会降低

3. **分析**：

你瞧！这两个兄弟一点也不想打架，他们的激战完全是为父亲大人，希望以这样的方式吸引大人的注意和干涉。父亲不理的结果，吵架争执自然停止。

（五）应用在读书

1. **原则**：一般争吵如此，功课学习亦然，均有待消弱的应用。

在升学竞争厉害的社会里，许多问题显现在功课读书上，纷争一样也会绵延到这上面。使得小孩在书房做功课不免纷争时起，归根究底，部分也是在引发父母的注意。

2. 示例：

《书房里的争吵》

书房里扬起了高昂的争吵声。

* 把铅笔还我啦！

* 这是我的铅笔。

* 你撒谎！你偷人家东西，你知道这是我的。

* 闭上你的嘴，你别想从我这里把铅笔拿走。

* 好了！你们俩的话，我都听见了，我不喜欢听到这些话。把你们争执的东西给我，在这个时候，用自己的铅笔去做功课。至于这一支，等做完功课，再来决定是谁的。现在继续做功课。（欧申谈译）

3. 分析：

两个兄弟争吵是件平凡的事，当他们在做功课的时候，发生了争吵，最好的方式是不要在这个时候去理他。像本个案，母亲在 30 秒钟就解决，她有意避免了无益的盘询，她不卷入这场兄弟间财物究竟谁属的争论，让兄弟各自做完功课后再处理。在气消后处理问题，不仅容易解决纠纷，而且也不影响其功课。

表 4-5 使用消弱原理消除不良读书习惯的例子

情　　　境	反　　　应	立即效果	长　期　影　响
兄弟写功课	为铅笔谁属而争吵	母亲没收，俟功课做完再处理	争吵的行为会减少
哥哥在看书	弟弟跑来和他讲话	哥哥继续看书	弟弟讲话的行为会减少
小华写作业	哭着写不完	妈妈不理	哭着不写的行为会减少
放学回来	不写作业而要求看电视	妈妈听而不闻	说要看电视的行为会减少
小菁上学校	打电话说忘了带课本	妈妈要她自己处理	忘记带东西的行为会减少

二　学校方面

（一）应用在生活习惯

1. **原则**：消弱应用适当，可以改善不良习惯。

在前小节均强调注意能用来增强良好行为，同样，注意也可用来增强不良行为。换言之，假若父母或老师，能不要注意孩子的不良行为就会渐渐减少那种不良行为，譬如应用在小孩说脏话的改善。

2. **示例**：

《不再说脏话》

君汉就读幼大班，跟同学往来，常会说脏话，这是他从邻居一些年长小朋友学来的。今天意外地，竟然在课堂上，老师第一次听到他使用这种语言，大为震惊。立即思考对策，为免打草惊蛇，假装没有听到君汉说什么，一直等待君汉不再讲这些污秽的语言，然后才予以回馈。同时同学也都不去理睬他。由于君汉讲这些话不能获取师生的注意，所以大约在一星期之后，就不再听到他讲脏话了。

3. **分析：**

我们无法知道君汉在教室以外是否还讲脏话，但他在教室内讲脏话已无法获得师生的注意与回馈，在没有强化的情况下，就会逐渐减少这种不良行为。

表 4-6　**使用消弱原理消除不良生活习惯的例子**

情　　境	反　　应	立　即　效　果	长　期　影　响
教室里	君汉说脏话	师生不理会	说脏话行为会减少
瑞君在写作业	坤典跑过去跟他聊天	瑞君继续写作业	聊天行为会消失
秋兰和秀英正在谈话	明道插嘴	秋兰和秀英都不理会	插嘴行为会减少
自修课	宗儒演布袋戏给大家看	大家都不看	演戏行为自然消失
同学相处	明益喜欢告状	老师没有反应	告状行为会逐渐减少

（二）应用在要求规定

1. **原则**：不仅应用在说脏话，也可应用于儿童打架行为的处理。

有些儿童由于精力充沛，稍微情绪冲动，就容易产生暴力攻击行为。假若在这个时候能冷静下来，动一点脑筋去思考，就可以抑制情绪而不发生暴力行为。基此，一个有经验的老师，在孩子做情绪反应时若能适当处理，就有不同效果出现。

2. **示例**：

《又 打 架 了》

5岁的朱安跟每一位老师、同学都搞得不愉快。既富侵略性又好动粗，对很微小的刺激也会作过度反应。打架往往有他的份，在班上形成一个威胁。今天又打架了，老师召见他。

　　＊看来你很生气,我可以从你脸上看出你非常生气。

　　＊我的确生气。

　　＊当你生气的时候,就来告诉我吧。

　　朱安很意外老师的处理,内心愉快,口说谢谢,自此以后竟然改掉了打架的行为。(欧申谈译)

3. **分析**：

朱安因为自己没受到谴责而感到意外。如今他每隔一段时间就要到他老师处，诉说他生气的情形，激动的情绪因之缓和，而不再动粗了。

表4-7　使用消弱原理消除不良规矩的例子

情　　境	反　　应	立　即　效　果	长　期　影　响
同学相处	朱安打架生气了	老师没有谴责而要他诉说生气的情形	朱安不再动粗
指派家庭作业	同学讨价还价	老师不理	讨价还价的行为减少
老师宣布周一平时考试	同学要求延期	老师不理	要求延期的行为会减少
老师告诉月考范围	同学要求减少	老师听而不闻	要求减少范围的行为减少
春假旅游老师要求写报告	同学要求不要写	老师听而不闻	要求不写报告的行为减少

（三）应用在上课方面

1. **原则**：消弱原理不仅应用于消极性行为的禁止，也可应用于积极性行为的塑造。

辅导观念一般都以禁止或改变不良行为为主，期望透过行为原理来改变一些儿童的偏差行为。事实上，较重要的更积极的应是塑造或建立良好行为，消弱应用适当也可以发挥这种效果。

2. **示例**：

《白 日 梦》

当班上规定努力完成工作时，黎莎仍然在做白日梦，盯着指甲发呆。老师赞美同组同学说："席梦，好极了！你很努力，很快就会完成工作！"黎莎仍然继续做白日梦。老师继续夸奖其他的同学，"柯罗，做得很整洁，继续保持下去！"这时黎莎开始工作。过一会儿，老师赞美她说："好极了！黎莎！你做得不错！"后来所剩的时间内，老师花三四次的机会去赞美她。结果，黎莎改变了。(许慧玲译)

3. 分析：

将注意焦点放在儿童做白日梦的事上，会产生一种不良的效果，那就是弄坏班级气氛。当老师赞美其他同学时，事实上这也在提醒黎莎别做白日梦。但老师表面对待黎莎的不良行为是漠视她，如此，可以保留师生良好关系，又可改善不良行为。可是在此我们特别要强调的是：老师在漠视不良行为的同时，必须伴随着把注意力放在正向行为上。

表 4-8　使用消弱原理消除上课不良行为的例子

情　境	反　应	立　即　效　果	长　期　影　响
上课工作中	黎莎做白日梦	师生不理，夸奖认真同学	白日梦行为会减少
上课中	湘琳没有举手就回答	老师不理会	不举手而回答的行为会减少
老师发问	正安举手大叫"我、我"	老师不叫他	叫"我"的行为会减少
上课	小芳做鬼脸	老师视而不见	做鬼脸的行为减少
数学课	昭安发言拖延时间	老师不管而继续上课	发言拖延时间行为减少

（四）应用在行政方面

1.**原则**：暴力破坏行为若能采用消弱原理辅导，效果彰显。

人类暴力破坏行为是生活中的一部分，在学校生活中，也是无可避免的事实，但由于它扰乱团体秩序和影响个人权益，所以在处理上都会采行较严厉的措施，这时假若能配合消弱原理的应用，会有意想不到的效果。

2.**示例**：

《弄 翻 茶 杯》

同学在下课时清扫老师办公室，10岁的马丁财不小心把老师的茶杯弄翻了，满桌茶水。

＊老师对不起……

＊我知道了，丁财再给我倒一杯水，这是一块抹布。

老师平静地说着并站起来拿一块抹布给马丁财。他抬起头来，不能置信地望着老师，颇有获救之感。于是他喃喃地说"好的，谢谢老师……"

3.**分析**：

马丁财无意中所翻倒的茶，最多不值几块钱，但一般情况都会招来老师的生气，甚至辱骂。这种意外失误所引来的嘲笑，可能使他对老师的信任相对减少。老师的处置，使丁财相当意外，故他抬起头来，不能置信地望着老师，颇有获救之感。

表 4-9 使用消弱原理消除行政上不良的例子

情　境	反　应	立 即 效 果	长 期 影 响
打扫办公室	马丁财弄翻茶杯	老师拿一块抹布给他	因获救之感使行为更加谨慎
校门口	摊贩卖东西	师生不买	摊贩自然消失
校园里	野狗满园跑	同学不给食	野狗自然会消失
教室内	明益用方言跟老师说话	老师不理	说方言的行为会减少
同事中	李老师喜欢批评东批评西	同事不理他	批评的行为会减少

（五）应用在休闲生活

1. **原则**：减少挑毛病、避免小报告，消弱是最适合应用的策略。

在我们的社会，孩子自小生长在被挑毛病的环境，自然地养成喜欢打小报告的个性，影响所及，形成一种争、恨心理的社会，对和谐社会的建立，愈来愈不可及。欲有和谐的家庭、社会甚至国家，这种小毛病首先应消除。

2. **示例**：

《又玩在一起了》

7岁的月美在课间休息的时候跑来老师办公室哭着说："玉珮不肯跟我玩，她是个坏蛋，你知道她干了什么事？她打我，我要你叫来处罚她！"老师听若未闻，一言不发，瞄都不瞄她一眼。虽然如此，老师还是利用眼角余光注意月美的反应。只见她得不到预期的回响后，自觉无趣地耸耸肩，走离办公处。几分钟后，老师从教室窗子看出去，月美和玉珮又玩在一起。老师控制自己，保持不予理会的态度，最能有助于根绝孩子做出令人烦不胜烦的行为。任凭孩子数度试探，始终徒劳无功，他们通常选择放弃一途。如果老师无法持之以恒，偶尔心软满足孩子的需求时，有可能造成变本加厉，让老师更是疲于应付。（林明秀译）

表 4-10　使用消弱原理消除休闲问题的例子

情　　境	反　　应	立即效果	长　期　影　响
月美和玉珮相处游戏	月美向老师告状，说玉珮的不是	老师不予理会	告状行为减弱
午睡时间	志贤不睡，主动做壁报	老师没有反应	不睡做壁报的行为减弱
下课时间	嘉弘整理老师书桌	老师视若无睹	主动整理的行为减弱
放学了	家瑜帮晏羽复习功课	老师视而不见	帮助复习的行为减弱
同学游戏受伤	全成协助送保健室	导师无动于衷	协助送医行为减弱

3. 分析：

将注意焦点放在小孩打小报告上，会产生一种不良效果，那就是不管在家庭或学校，小孩会利用别人打小报告，来使自己看起来比较好，或来达成报复的目的。打小报告的小孩，常利用父母或老师做他们达成目的的最终武器，当对手被父母或老师处罚的时候，他就得逞了。如果父母或老师允许自己被打小报告的小孩所利用，无形中他们诱导了那个"受害者"，下回也会如法炮制。

（六）应用在学校与家庭间

1. **原则**：消弱原理应用得法是一种有力的无言讯息。

不吭声、沉默有时表示一声、不注意，没有反应，但有时这种聆听却表示接纳，若应用得当，不仅不是消弱，反而是一种有力的无言讯息。假若在这方面多加应用，无疑更具积极意义。

2. **示例**：

《无 动 于 衷》

* 我今天被训导处叫去了。
* 哦！
* 王老师怪我在课堂里话太多。
* 嗯！
* 我受不了那个老顽固。一上课，他就坐在那儿，不厌其烦地讲述他自己的难题，或是谈论他的孙儿们又如何如何了，还要我们提起兴致去听课，你不知道多无聊。
* 噢！
* 我遇上好老师就可以念得好，碰上王老师这种，我实在没有兴致学东西，为什么会找这样的一个老师来教我们呢？（父母耸耸肩，不作声。）

＊我想只有我去想办法适应他喽，要碰上一位好老
师本来就不容易。像这种唠叨的老师，一定要比
好老师多，如果我轻易就意气消沉的话，我恐怕
就糟了。（陈龙安）

3. **分析：**

从这段对话可知，父母沉默确是金，使得孩子能够超越浮面
事实的抱怨，自省他受罚的原因，纾解了他对老师不满的情绪。最
后，他终于明白这种行为，受害的将是他自己。在这段短短的时
间里，他知道被接纳了，也成长了。可以顺利地表达他的情感，并
且借由父母的这种帮助，学会如何化解问题，尽管这种能力并不
显明，但总能朝着建设性的方向走，这就是一种成熟。

第四节　影响消弱作用效率的因素

一　必须与正增强作用配合使用

通常在动物实验或人类一般行为里，良好行为的建立，固然
可以透过增强来达成，可是较少透过增强来改善不良行为。对不
良行为消除的最常用方法则是消弱。但消弱可以用来消除不良行
为，却不易积极让个案表现良好行为。为要发挥消弱作用之效果，
就在个案偏差行为消失后，最后配合正增强作用的使用，一则可
以加速消弱作用的进行，二则才能发挥消弱的最大效果。

4 岁的正安哭了，他用哭来要求别人替他捡起洋娃娃。妈妈并

不替他捡起来，这是消弱的应用，但这种效果十分缓慢，为使消弱加快速度，妈妈可以同时问："正安你要我抱你下来吗？"然后增强正安伸手要人抱的行为。这个过程一方面训练正安伸手的行为，而正安试着要伸手时可能会部分地减弱了哭的行为；另一方面则以去除增强物（不替他捡起洋娃娃）的方式消除哭泣行为。

行为改变的积极意义面乃在于个案能自动表现良好行为，因此，在消弱不良行为后，个案若主动表现其他良好行为时，必须及时增强它，使良好行为能展现出来。不过要特别指出的是：消弱之后的增强，必须使个体知悉其增强的关键何在？不要使个案误把消弱重点视为增强的对象，否则消弱训练计划就功亏一篑了。为弥补上述缺失，可以采取2项措施。

1. 延缓增强出现的时间，使消弱与增强两者差异明显化。

2. 直接点明增强所在。

总之，消弱与增强作用必须紧密配合使用，才可使不良行为迅速消弱，甚至消失，而使良好行为尽早建立，否则仅落入消极的改善行为。

二 必须应用于不良行为

在前面已强调，增强作用乃在使获得增强物的行为渐趋牢固，相反地，消弱作用则在使未获得增强物的行为日益减弱。因此，靠增强作用来养成良好行为，使良好习惯巩固；赖消弱过程来根除坏行为，使不良习惯减弱。这种说法导致一部分概念不清楚者的怀疑，甚至批评说：儿童许多行为正需要我们予以关怀、注意，我们若不理他们，是否适当，值得考虑。譬如儿童在身体受伤、内心痛苦、情绪受威胁、欲望不能满足等情况下哭泣，正急需成人给予注意、关怀与协助，而我们却不予以理会，是十分愚蠢残忍的事。

上述说法，就某种角度而言，颇能言之成理，但若进一步分析，却不尽然。我们应该了解有关上述哭泣行为，是一种结果，这种行为后果的前导条件不同，彼此有很大差异存在。至少造成这种哭泣行为的前导条件是不良行为或非不良行为，应该予以考虑。我们要消弱的行为必须是儿童不良行为所导致的哭泣行为，而不是良好行为下的哭泣反应。具体举例来说，如系因生理有病痛或情感受威胁的哭泣，我们应予以理会，绝对正确，不会有疑问。但若是想引起父母或师长注意的哭泣行为，还强调给予注意、关怀，那才是错误的看法。

上述所谓不良行为，必须建立在下列 2 个条件下：

1. 已建立有牢固的增强情境。

2. 个案想引起主事者的注意。

否则不宜用消弱原理，宜另采隔离、惩罚，或代币制上的扣分等，始能见效。

总之，儿童若有不良行为的存在而想消除它，首先应采不予理会，以消弱此种行为的继续发生，俟个案有良好行为出现时，即予以增强，如此，才能消除不良行为，甚至建立良好行为。

三　能够客观保持一致

当我们运用消弱原理来消除不良行为，并配合增强原理以建立良好行为的过程中，较困难的一关，那就是能否客观保持一致，这包括两方面：

1. 上下一致

在家里或学校中的成员，因年龄与地位不同，就有上下关系存在。上下因地位、年龄差异，就有权力的不同，影响到管教一致原则，极为平常。当父母、师长在执行奖惩时候，上面的如父母、主任、校长，若有不同做法，结果就被破坏无遗，而无法彰显效果。例如，翠芬唯一的儿子小远，近来吃饭慢吞吞，请教专家后，拟应用消弱原理来改善，于是家中规定饭后才能吃水果或零食，限量的饭没有吃完就表示不饿，则水果、零食不得吃，而正餐供应很丰富，孩子吃饭随其所愿绝不逼食。今天小远在大家用完餐后，还剩下半碗饭，妈妈告诉他，时间到了，不能再吃，便收拾餐桌。由于没有吃完饭，水果零食当然依规定禁止。可是当翠芬不在（或没有注意），奶奶或爷爷就给他吃了，像这样上下不一致，就无法改善小远不良的吃饭习惯。

2. 左右一致

在家里有兄弟或邻居，在教室有同学。当我们对某位个案实施消弱原理时，这些周遭相关的人，都要一起配合、同心协力，不破坏实施的原则，否则无法发挥功效。

例如，李老师正运用消弱原理，以消除文奕在上课后常出怪声的行为。可是即使老师故意不去注意他，班上其他同学仍然忍不住笑声，同时转头去看他。此种增强，让这位同学发怪声的行为，一直仍然持续下来。小明没有写完作业，关掉电视，可是他却到隔壁观赏，像这类的消弱，就没有多大意义。

四 不可采用间歇消弱

一件行为的发生，若能带来正增强物，该行为便会因之加强，其发生的可能率也因之提高。但我们应该更要了解的是：一种行为倾向的生根成长，光是具备适当的增强物是不够的，同时还要懂得有效的去安排这些增强物才行。增强物的给予方式一般可分继续增强与间歇增强，前者是指每次行为的发生都给予适当的增强物，假如行为的发生，不是每次都能获得增强物，时有时无、时断时续，就成间歇增强。根据事实证明，间歇增强对行为的维持，较具正面意义。

可是当我们应用消弱原理时，间歇增强不可使用，其理由乃是由于消弱原理的目的乃在根除坏习惯，使恶劣习惯减弱。因为维持坏行为的原动力是增强物，故有意把那增强物扣住不给，把整个行为过程的尾巴去掉，断其后果，以收釜底抽薪之效。一连数次都未能获得预期的后果，无法如愿以偿，有求"无"应，消减现象随之产生，久而久之，坏行为也就根除了。

假若在我们从事不良行为的消除过程中，给予任何增强，造成有时不理，有时增强时，反而增加它的抵抗力，本来想消弱它的强度，如今无意间反过来在它上面加上一层铁衣，弄巧成拙，不良行为就难以消除。

五 考虑行为之形成、牢固及对增强物渴求程度

消弱作用是否能如愿地获得效果，甚至获效的时间早晚乃受多种因素的影响，其中较重要的是要看行为如何形成？是否稳固？及对增强物渴求的强烈程度等而定。

一般而言，行为若由间歇增强而建立的，在消除上要比由连续增强建立的行为较为困难。论其原因主要乃是因为在行为建立的过程中，继续增强情况下，若有消弱——即消去增强，就影响

个体的认知——增强已有不同，行为就受影响。但若在间歇增强情况下，就不是如此，实施消弱——即不予增强，行为者的认知不受影响，跟平常一样，还在等待增强的出现，因此必须经过多次消弱后，个体才能了解情境不同，行为者可能还全力以赴，于是在消弱的处理中就表现得较为顽强。

其次，个体习惯稳定性的行为要比刚习成的新动作不易产生消弱现象，这种道理容易明了，因为刚习成的新动作，刺激与反应间的联结不甚牢固，所以改变容易。相对地，假若行为已稳定或习惯一经养成，就由原先是满足某些动机的持续活动，变成一种固定活动，改变就不容易了。

另外个体对增强物的渴求程度也关系着消弱作用的效果，对增强物渴求较强烈时，消弱之产生会较慢。因为渴求强烈时，会呈现紧张状态，致使有机体感到烦扰和不安，进而引起反应，做有效的活动，此种紧张状态始能恢复平衡，活动才会停止。

第五节　误　用

正如正增强作用一样，应用消弱原理必须对消弱内涵有深切认识，进而掌握其精神，正确应用，才能发挥功效。否则不但得不到效果，反而带来了弊端。不幸的，在我们社会里有许多家长、老师或主管在管教方法上都落入了这个陷阱。

《女儿的杰作》

笔者有位同事挚友，非常关心子女教育，不仅学校课程方面，提供良好的学习条件，文具、参考书……样样具备，而且课外技艺方面，也投入不少心血，练琴、学画，不用说都找名师指导。一天中午我下班回家途中，顺便拜访他，这时挚友的另一半正忙着厨房工作，我们在客厅聊天。不久，他的大女儿从外面学画回来，直奔厨房，似乎无视我这位叔叔的存在。

＊妈，你看！

＊我忙啦，没空！

＊今天画得很好，你看看！

＊你没有看到我正忙着煮菜吗？

＊没有关系，看一下啦！

＊告诉你，没有空！

＊真的，画得很好！

＊好个屁！

＊我不要屁！我不要屁！

我看到这小女孩掉头往楼上跑，一面哭着，一面叫着："我不要屁！我不要屁！"真是感触良多，她学画能否有所得，不难想象，在这样的亲子沟通下，其画画幼苗，怎么不被糟蹋无存。假若改用下列方式，确信局面改观。不仅会节省时间，而且更有显著效果。

＊妈，你看！

＊好，（转个头，看一下，随着又转回来，继续煮菜）太好了，把它放在客厅，等妈妈煮完后，还要慢慢欣赏。

一 家 庭 方 面

（一）应用在睡觉方面

1. **原则**：儿童良好行为重复多次皆未获所欲增强物时，则此
　　　　行为必然消弱。

大凡一件行为一连发生多次，都未能带来满意后果，无法获得所欲的增强物，其强度便渐趋减弱，最后等于零（或返归原来的强度），不再发生，而自个人行为领域消失。

2. **示例**：

《不再说妈妈晚安》

阿毛晚上睡觉的时间到了，便到厨房找妈妈，见了妈妈脱口而出喊了一声："妈妈晚安！"结果妈妈没有反应，可能是妈妈和爸爸在闹脾气，闷闷不乐；也可能是昨天向隔壁张太太借钱，遭一顿冷言，余怒未息。因此就爱理不理的，连正眼也没瞧阿毛一下。阿毛傻愣愣地站在那儿，心里自是大惑不解。不过，第 2 天晚上，他还是照说一声："妈妈晚安！"结果仍如"石沉大海"，没有回音。如此一来，阿毛的"妈妈晚安"就不再出现了。
（邱连煌）

3. **分析**：

许多儿童良好的行为养成是经长期熏陶累积而成的。假若孩

子跟父母说早安、晚安是一种良好行为，就应该在孩子表现出良好行为时，给予满意结果。但本例的妈妈却忽略它，对阿毛说晚安没有反应，长期影响阿毛就不再说了。

4. **正用：**

每当阿毛说晚安时，妈妈都能反应，给他甜头，假以时日，会使这种礼貌行为日益牢固，终成一种根深蒂固的好习惯，纵使以后不再为他带来同样的后果，他也会奉行不渝。

表 4-11　使用消弱原理影响睡觉行为的例子

情　　境		反　　应	立即效果	长　期　影　响
良好行为消失	睡觉时间到	阿毛向妈妈道晚安	妈妈没有反应	道晚安的行为会逐渐消失
	起床后	祥铭自动整理寝具	妈妈视若无睹	整理寝具的行为会减少
不良行为恶化	早上 6 时	南英赖床不起来	妈妈不管	赖床的行为强化
	晚归	小菁偷偷溜进来	父母装不知	晚归行为强化

（二）应用在帮忙家事

1. **原则：**或因孩子年纪小，或因功课要紧，使孩子丧失成长的机会。

许多父母并非让其子女从小养尊处优、不做工作，而是认为孩子还小，不宜做家事，就算做了也徒增麻烦，何况升学竞争厉害，不想占用孩子的时间，希望他们专心于书本，结果使小孩工作的机会消失。

2. **示例：**

《揠苗"阻"长》

五岁的乃伟正蹲跪在厨房的工作台上看妈妈整理从超级市场买回来的东西。他尝试帮忙清理，妈妈赶紧抢先了；他又帮拿凳子给妈妈坐，妈妈没有反应；妈妈从冰箱拿出蛋夹放在桌上，准备将蛋排好，乃伟这个时候帮忙把菜屑清理干净，放进垃圾桶，妈妈也都不吭声……最后妈妈突然叫着："乃伟，走！走！我自己来，等你大一点再帮妈妈。"

3. **分析：**

父母经常会不自觉的在行动上或谈话的语气上，显现对孩子能力及技巧的不肯定和不信任。像乃伟很高兴帮妈妈清理菜屑、拿凳子给妈妈坐……都是良好行为，应予以夸奖鼓励，妈妈却没有反应。而最后又赶走乃伟，说等他大一点再帮妈妈，这就会使孩子心中刚萌芽的信心受到打击，也阻碍孩子尝试发掘自我能力的意愿。等到真正长大，已经没有养成做家事的习惯，妈妈又开始骂："养这么大，什么都不会帮。"除受挫折、伤感情外，效果又多大？

4. **正用：**

父母应该了解罗马不是一朝一夕建成，行为习惯也不是一朝一夕养成的，它须一点一滴长期累积起来。因此乃伟自动从事的任何家事都应予以增强，给予甜头，这些好行为自然养成。

表 4-12　使用消弱原理影响家事行为的例子

情　　境		反　　应	立即效果	长　期　影　响
良好行为消失	妈妈买菜回来	乃伟帮忙处理	妈妈没有反应	协助帮忙的行为减少
	饭后	效文自动清理菜屑	妈妈视而不见	清理菜屑的行为减少
不良行为恶化	天阴快下雨	爱玲不知收衣服	妈妈视若无睹	不收衣服的行为强化
	小弟哭了	秀兰懒得去照顾	妈妈吝于启齿	不照顾弟弟的行为强化

（三）应用在生活习惯

1. **原则**：不能抓住机会给予增强，失去改善的机会。

许多儿童的偏差行为，经过长期时间塑造，已经牢固不移。可是有的小孩可能因碰到某位老师，或某一刺激，或某一机遇……而改变做法，这时父母若能把握时机予以增强，就可以促进改善的机会。

2. **示例**：

《故 态 复 萌》

纯青平常不喜欢准时把作业做完,总是拖拖拉拉,而且不与父母合作。到了三年级上学期，她仍旧用各种方法拖延。可是自从新来的导师给她留下深刻印象，本周一有机会跟她当面谈谈，导师对她鼓励有加，令她心里非常高兴，就遵照老师的劝告，返家后尽早做完作业后再玩，结果连续 3 天都遵照老师的话，可是母亲都忽略，没有反应。没有多久，纯青又故态复萌。

表 4-13 使用消弱原理影响生活习惯的例子

情　境		反　应	立即效果	长　期　影　响
良好行为消失	纯青做作业经常拖拖拉拉	本周连续3天都认真写作业	父母无动于衷	认真写作业的行为减少
	逛百货公司	俊雄安静地跟妈妈走了一点多钟	妈妈似乎忘掉他的存在	以后安静地跟着妈妈的行为减少
不良行为恶化	放学回来	恩民乱丢鞋子	妈妈不在意	乱放鞋子的行为增加
	嵩茂卧房	脏乱不整	妈妈视而不见	整理卧房的行为减少

3. **分析**：

一个孩子在家庭中已养成拖拉的习惯后，并不是表示没有改善的机会，事实上若能稍加注意一下，往往有许多机会可以把握。像纯青这个孩子一样，当她碰到一位良好导师，听他一席之言，顿生改善念头，这时父母若能利用机会多加配合，当她表现良好时，予以增强的话，可能在短期内见其效果。可是纯青的父母忽略了，改善的幼苗自然夭折。

4. **正用**：

父母应把握这个千载难逢的机会，予以增强，不可疏忽它而失掉改善的良机。

（四）应用在礼貌方面

1. **原则**：万事起头难，若忽略了开头，良好行为只有再等待。

很多父母都不能耐心等待，尚未播种，就想收获，孩子刚开始一项行为，就希望表现多成熟，不能随时注意孩子成熟前的那些行为，予以注意、多给甜头，导致丧失发展契机。

2. **示例：**

《忘掉爱玲的存在》

爱玲的妈妈常常抱怨她：已经读一年级了，怎么一点礼貌都没有，别说社交公共场合，就是家中客人来访，连应对寒暄，叫声伯伯、叔叔都不会。意外地，今天李小姐来访，她开了门，叫了声阿姨好！说妈妈在。妈妈出来见李小姐，接着大谈特谈，似乎不知有爱玲的存在。自此，再也看不到爱玲的反应了。（陈龙安）

3. **分析：**

就发展观点而言，6岁的小孩还不大会应对，所以看到生人就张口结舌，更何况要他寒暄问好，谈何容易。今天爱玲对较不陌生的阿姨先道候问好，若母亲能把握机会予以鼓励，就可强化问候行为，以后社交礼貌便能慢慢孕育而成。何况若能再借机会多带孩子去拜访熟悉的朋友，或邀请朋友来玩，增加小孩社交机会，如此，寒暄问候的礼节，自然可以形成。但是爱玲的母亲忽略这些原则，看样子爱玲又要跟以前一样，像个哑巴，不会使人奇怪。

4. **正用：**

在爱玲能够表现问候阿姨好的行为后，立即给予满意的结果，确信爱玲会继（续表）现这种良好行为。

表 4-14 使用消弱原理影响礼貌行为的例子

情　境		反　应	立即效果	长期影响
良好行为消失	爱玲向来不会问候客人	李小姐来访开口叫阿姨好	母亲忽略只顾与李小姐说话	问候行为会降低
	要上学	旭圣向父母说再见	父母没有反应	说再见的行为会降低
不良行为恶化	在家里	婉君讲粗话	父母不理会	讲粗话增加
	夜晚了	苑莹大声唱歌影响邻居	父母无动于衷	大声唱歌强化

（五）应用在功课方面

1. **原则**：管教子女，必须控制情绪，始能掌握消弱精神。

管教子女的方法适当与否关系子女表现至深且巨，乃是多数父母所知悉，而且非常注意的事。但人是情绪的动物，在日常生活中，难免有闹情绪的时候，往往就在这个节骨眼，正好孩子表现良好行为，父母却因情绪化而忽略，未能给予增强。

2. **示例**：

《别 烦 我》

博尧是陈先生的幺子，小学四年级，能力平凡又不用功，当然功课不好。陈家夫妇几年来一直想尽办法改善，但总是没有效果，所以对他不抱希望。今天博尧画画意外突出，老师夸奖一番，满怀愉快。在父亲返家的刹那，立即要呈现得意作品给父亲瞧瞧。可是话还没讲完，父亲以掌心朝向孩子，挥动他的右手说："走开！别烦我！"博尧心冷大半，只好把画收起来。

3. 分析：

做父母的常常以大人的眼光来看小孩子，认为他们所想、所做都不如大人来得重要。而小孩能做的又是那么平凡，于是孩子似乎没有期望，一无是处。事实上，若以孩子的角度来看，随时会有优点出现，只是做父母的很少会去注意这些，就像博尧图画画得很好，父母若能加以注意，予以奖励增强，就可强化他的学习行为了。

4. 正用：

当博尧拿出他的"杰作"时，父亲应即时予以增强，使他获得满意的后果，自然可以强化画图的行为。再由画画的肯定，就可以类化到其他科目。

表 4-15　使用消弱原理影响读书行为的例子

情　　境		反　　应	立即效果	长　期　影　响
良好行为消失	博尧功课一向不好	今天图画画得突出	父母不做以理会	画画兴趣降低
	志哲放学	立即拿功课来做	父母视为应该，不予注意	立即做功课的行为会减少
不良行为恶化	放学回家	小玲不做功课	父母不理	不写作业强化
	家庭作业	朋助潦草做完	父母视若无睹	潦草写功课的动力强化

二 学校方面

（一）应用在人际关系

1. **原则**：专心事务，忽略学生反应，往往失去改善的先机。

每一个老师都会希望教好他的学生，也会把握改善学生的不良行为，可是由于某些原因如忙于某事务、专心于某问题……使老师无法一心两用，忽略儿童某种亟待增强的行为，而丧失改善的先机。

2. **示例**：

《老 师！》

钦峰是幼大班的小男生，在校园里他是个沉默、被动、漫不经心的学生。他经常忘掉了要携带的东西，看起来似乎总是很忙，经常一个人独自玩玩具，也不会跟老师打招呼。今天下课老师正急着走回办公室，他走过来叫着"老师，老师，我……"由于老师忙着赶去办一件事，钦峰难得的叫喊似乎没有被听到……

3. **分析**：

钦峰本身没有什么毛病，只是由于后天环境的影响，造成一种孤立的性格，沉默寡言；又因能力平庸、功课不好，所以在班级人际关系上，并不是一位受欢迎的人，恶性循环的结果，造成自限的情况。当他自动找老师谈问题的时候，老师若把握机会，或许可以打开他自闭的心扉，可是老师却不能把握这个机缘，结果失去改善的良机。

4. **正用：**

当钦峰喊老师时，老师应机智地反应。在学生需要求助，但自己又忙着赶办一件事的情况下，可用简短时间告诉这位学生说："很好，现在我去赶办一件事，半点钟后回来，随时欢迎你，老师很高兴跟你讨论问题。"确信可两全其美。

表 4-16　使用消弱原理影响人际关系的例子

情　境		反　应	立即效果	长　期　影　响
良好行为消失	钦峰向来沉默寡言	今天自动开口找老师讨论	老师不加理会	钦峰更加沉默寡言
	早上到校	英欣向老师说早安	老师没有反应	说早安的行为会减少
不良行为恶化	自修课	培丽乱弄同学的东西	老师视若无睹	乱弄的行为增加
	升旗时	耀文一直说不停	老师听而不闻	说话行为强化

（二）应用在休闲游戏

1. **原则：** 学生动手冲突，还让其自行解决，只有等待问题出现。

孩子为要得大人的注意，或满足自己的口欲等不同情况下表现出某种行为，父母或老师不予注意，或许可以消除不良行为，但也可能助长不良行为的发展，当我们面临它时，须要慎重处理。

2. **示例：**

《流 血》

杰美和莉亚课闲时间在教室里玩大富翁游戏。当她们正忙着分出胜负时，英明从外开门进来。风一吹，两人大叫，可是已经来不及，游戏用的纸钞和房子都被风吹乱了。当她们收拾残局时，爆发了一场争执。

* 那叠纸钞是我的,你手中拿的那些房子也是我的。
* 不是，这些不是，它们是我的。（杰美坚定地说，并把那些东西抱在胸前。）
* 你骗人！（莉亚说，并伸手去抢那些东西，可是杰美还是不肯松手。）

这场争执，惊动了在办公桌旁的陈老师，他本想要一探究竟，不过念头一转后，告诉自己："不，给她们一个机会，让她们自己解决吧！"但争吵声越来越大，最后传来一声尖叫，杰美被咬，手臂流血了。

表 4-17　使用消弱原理影响休闲游戏的例子

情　　境		反　　应	立即效果	长　期　影　响
良好行为消失	下课中	小明独自在做壁报	老师没有反应	做壁报的行为会渐弱
	休闲时	淑华请教老师作业问题	老师视而不见	发问行为减少
不良行为恶化	杰美和莉亚玩大富翁游戏	被风吹乱发生争执	陈老师视而不见	争吵严重——咬出血
	下课游戏中	明华一再出言不逊	老师不加阻止	脏话出现增多

3. 分析：

假若杰美两人的冲突是在取得父母或老师的注意，当然注意的主体给以忽视的反应，必然可以获得效果。但她们两人的冲突是由于个人间抢东西的结果，使用消弱原理，无法解决问题。

4. 正用：

老师应出面处理，尤其是已出现情绪化的冲突时为然。处理方法，若在冲突开始时，禁止她们继续玩下去，冲突自然可能避免；若在冲突严重时，除禁止外，宜予排解。

（三）应用在生活习惯

1. 原则： 提供表现机会、加重孩子责任，是改善不良行为的极佳策略。

在一个班级的数十位学生中，不能期望个个良好正常。对于少数行为偏差儿童，若老师能抓住适当时机，提供表现机会，尤其赋予职务，加重孩子责任，确信对其不良行为的改善助益很大；若忽略了，就丧失改进机会。

2. 示例：

《失掉机会》

春田是四年乙班的同学，一般表现不错，唯一的缺点是经常迟到，通常大概一个礼拜至少有 3 次。今天班上要选新的干部，老师采行愿者自行举手方式，然后老师挑选适当人选，结果发现要选服务股长时，春田竟然举手，想担任这个职位。老师因为他常迟到，所以假装

没有看到而挑选政章担任，春田失望地放下了手。（钟思
嘉）

3. **分析**：

老师这项决定若从改善春田迟到的角度来看，可能是错了。当
干部是一项荣誉，是一种鼓励，若能提名春田当服务股长，可使
孩子觉得有地位，使春田在他所缺乏的地方，有发挥能耐的机会。
当他负有责任时，对他的准时到校，是有帮助的，有价值的。我
们无法知悉春田迟到的心理因素，但老师若给予责任，就能抓住
机会去对抗那些使他不愿准时到校的因素，自然就可以改善迟到
的行为，可是老师忽略了。

4. **正用**：

既然春田举手想当服务股长，导师应顺水推舟，委予他任务，
为完成任务，迟到的不良行为可能因而改善。

表 4-18　使用消弱原理影响生活习惯的例子

	情 境	反 应	立即效果	长 期 影 响
良好行为消失	春田经常迟到	举手要担任不能迟到的服务股长	老师不予理会	失去改善迟到的机会
	同学相处	明璋热心公益，喜欢帮助他人	老师未加理会	助人的意愿会降低
不良行为恶化	在校中	明华涉及偷窃	老师视而不见	偷窃行为强化
	同学相处	永发喜欢欺侮弱小	老师反应漠然	欺侮行为加剧

（四）应用在班级活动

1. **原则**：突显专长、促进自信，也是改善不良行为的妙方。

　　班上有些问题小孩，往往是一些自信力不够的人物。假若老师能把握时机，善于利用小孩的专长，情况可能改变。因为如此可以使小孩肯定自己，使他个人感到自己是有能力、有价值的一分子。

2. **示例**：

《还 是 调 皮》

　　君彦是班上一个有小聪明的孩子，但是奇怪的是不把聪明放在课业上，上课时花样百出，下课生龙活虎，是老师头痛的一个孩子，为此想尽办法也无法改善。但每次做壁报时却表现得很好，拿起笔来，一画一勾，没有多久，生动的素描便跃然纸上，栩栩如生，美丽的风景展现于壁报里，尤其是刻画如神的卡通人物更是令人叫绝……可是这些都无法抵消那些不良行为，所以老师对他的杰作也就没有反应了。

3. **分析**：

　　君彦在功课方面的表现不突出，在今日师生、家庭、社会都致力于学业成就的时刻，的确君彦毫无表现机会，于是就耍小聪明影响秩序，成为令人头痛的孩子。假如老师能增强壁报上的杰作让他自我肯定，使他走出原本的自我，当可改善其偏差行为。

4. **正用**：

老师可以私下肯定他的贡献和称赞他的素描，使他能获得满意的后果。

表 4-19　使用消弱原理影响课外活动的例子

情　境		反　应	立即效果	长　期　影　响
良好行为消失	君彦平常表现不佳	壁报认真做得很好	老师没有反应	认真表现的行为渐渐减少
	下课后	候忠自动整理班上图书	老师视而不见	整理图书的行为渐渐减少
不良行为恶化	教室活动中	旭圣乱丢纸屑	老师无动于衷	乱丢的行为强化
	打扫中	忠仁置之度外	老师不加干涉	不打扫行为增加

（五）应用于上课方面

1. 原则：善用机会给予事实肯定，否则失掉改善的契机。

有许多自卑、害羞儿童，不敢大方地参与社交，也不喜欢表现于团体活动上，影响人际关系甚巨。假若老师在适当机会，给予事实上的肯定，增进他的信心，将可改善内向的不良行为，可是很多老师都忽略了。

2. 示例：

《不　发　言》

黎华是四甲学生，虽然她经常准时交作业，在成绩方面的表现还可以，可是她从来不参加班上的讨论。本学期第一次分组讨论，轮到她报告，那是她第一次在班上说话，没有说几句话就坐下了，以后的讨论根本不发言，老师也没有请她发言。她虽然期待着，但又不敢自告奋勇，仍然安静地坐在那儿，一直到分组讨论完。

3. **分析：**

假若老师要帮助黎华增加发言机会，强化参与班级活动的能力，则上述做法显然毫无助益。黎华难得第一次起来说话，虽然仅说几句就坐下来，这是好的开始，结果没有获得增强，下次再说的机会就降低了。

4. **正用：**

老师应抓住机会给予增强——给予事实的肯定，不必用华美漂亮的词句来夸赞，若可能的话再制造机会让她表现，确信第2次以后会更理想。

表 4-20　使用消弱原理影响上课行为的例子

情　境		反　应	立即效果	长　期　影　响
良好行为消失	黎华平常不敢上台发言	这次分组讨论发言后期待着……	老师没有反应	发言行为会减少
	清竣上课向来多嘴	意外地这一节很安静守规矩	老师视若无睹	安静守规的行为将会减少
不良行为恶化	上课中	铭珠偷看课外书	老师未加阻止	看课外书的行为增加
	上课中	硕松玩弄前面小女生的头发	老师竟然不予理会	玩弄行为增强

第六节 有效应用消弱原理的要点

一 慎重选择拟予消弱的行为

1. 消弱的目标行为必须具特殊性：可观察、可测量、可预期的客观行为。
2. 能被人为控制增强的不良行为。
3. 目标行为具有价值意义的行为。

二 妥善做好方案实施的准备工作

1. 评量目标行为的发生频率，以建立基础行为。
2. 识别造成不良行为的增强物。
3. 确定所拟建立的良好行为。
4. 分析建立良好行为的增强物。
5. 安排适当的情境，以消除儿童的不良行为，并建立良好行为。
6. 让受训练者，清楚欲消除的不良行为及欲建立的良好行为。
7. 确定行为的报应关系。

三　切实实施训练计划

1. 告诉孩子如何去做，不要问他是否愿意做。
2. 做法前后一贯。
3. 大家彼此一致。
4. 掌握变好时机。
5. 存有"开始阶段会变得更糟"的心理。
6. 必须持之以恒，不可摇摆不定。
7. 不可使用间歇消弱法，否则会使辅导更加困难。

四　结束训练计划

1. 不良行为完全消失后，须再观察一段时期，俟不良行为完全消失后，即可结束训练计划。
2. 考虑良好行为的增强。
3. 假若实施失败，可能原因：
   （1）未能及时增强儿童的良好行为。
   （2）实施未能一致。
   （3）做法前后不一贯。
4. 良好行为建立后，如欲停止增强物的给予，请参阅第二章正增强规则实施。

第二篇

复杂行为篇

《御 风 而 行》

尹生想学列子御风而行的绝技，就住在列子家，很认真做各项事情，可是没有耐心，想一步登天。

＊教我嘛，快点教我呀！

＊是呀！你现在不是在学习？

＊不教就算了，没有什么了不起！

于是就走了，可是几个月后尹生又回来了。

＊为何去了又回来？

＊我知道自己太急切，不能一蹴而就。

3 年的磨练，一点一滴学习，终于变成心中不敢有是非念头，口里不敢说利害得失，才赢得老师多看一眼。

5 年以后，尹生又变成另一种心念是非，口言利害的心境，才勉强博得老师会心的一笑。

7 年以后，已经达到从心所念而无是非对错，随口所言而无利害得失，老师才要尹生跟他并席而坐。

9 年之后，任由尹生所想，口中所说都不会涉及是非利害，那时只觉得内外如一，体光通明，心神凝聚，形体消释，骨肉融化。

不知不觉随风飘浮……（列子）

学习是一种渐进的历程，尤其是较复杂行为，不可能一步登天，必须耐心等待，多复杂的技能亦会有学成的日子。教养孩子亦复如此，春花虽美，也要期于秋实。

第五章　行为塑造

　　增强原理应用在简单行为的建立，似乎是很容易理解的，可是人类许多日常行为都十分复杂，这些复杂行为是否可应用正增强（或消弱）所能解决？

　　1. 复杂行为往往是经过一段时间学习而成，如果我们一直期待孩子出现该行为后，再给予增强，也许一辈子也等不到。

　　2. 在很多情况下，个体行为受正增强和消弱影响，其程度如何，要视行为与增强物比较下的强度而定，假若增强物的强度不如复杂行为时，增强物可能发挥不了作用，良好行为的建立，岂非困难了？

　　的确，此种忧虑是件明显的事实，不过假若我们了解复杂行为可以予以细目化的关键，则任何复杂行为皆可化由简单行为所串连而成时，其塑造与改变，则与增强和消弱两章没有什么不同了。

第一节　楔　子

　　当个体要学习某一项较复杂的行为，家长或老师若一开始就要等到个体百分之百完成终点行为后才给予增强，必然难以如愿。可是假若能够在发展一项新的行为过程中，连续分段增强与终点行为的一连串反应，并消弱无关的反应，顺序增强，逐渐推进，复杂行为一样可建立。

《女儿的读书习惯》

在家长大的两个女儿，因上有个姊姊，从小就累积好多玩具，各式各样，应有尽有，要玩什么就玩什么，我们也不限制。为培养她们读书的习惯，我采取一项措施：只要在玩具中，去拿积木（印有注音符号）、或图书、或笔纸，就给她增强。

*多多！怎么知道拿书本，谁告诉你的呀？

*我自己想的。

*好聪明！（摸摸她的头）

如此反复多次，女儿拿书本的行为日渐增多，慢慢成为一种习惯，所以注音符号在不到 3 岁时，不但可以认识，而且还会拼音。

*这是猫。（故意把老虎说成猫）

*不对！那是老虎！

*是吗？

*是的，猫不是这样。（她翻另一页指出正确的）

*哦！你比爸爸聪明。

就在这样情况下，女儿从简单图书（动物、水果……），渐渐阅读到有单字，再到有词的书本，再进步到有句子的故事书。开始时，就在我的增强下，自动去碰书、翻书，最后书中的生动内容，形成自然增强，带给她充分的乐趣，满足她的好奇心，更激起她读书的欲望。

因此，当她们到了幼儿园时，不仅可以用注音符号写信，而且认识好多字，上小学时，已可以读联合报了。

《教授上当了》

邱连煌曾描述一位朋友的有趣经验，当他在研究所求学时，某日上心理学课，教授正要讲增强这个题目，同学们事先约好要在那位教授身上搞鬼，想以增强的力量来使他就范，神不知鬼不觉地把他逼到教室的一隅，身不由主地"现身说法"一番。其步骤是：

每当教授的脚步往右移动时，他们便露齿微笑，频频点头，两眼向他注视，表现一副兴致勃勃的样子。每当教授站在原地不动或往左移动时，他们便双唇紧闭，眉头打结，低头俯视，装出一副扑克长脸。如此这般，教授嘴巴不停地讲，两脚也跟着不停地，一步一步地往右移动。

一堂课未完，他已孤零零地站在教室右角落，兀自滔滔不绝，大发宏论。同学们自然笑逐颜开，而那位被蒙在鼓里的老先生却愈讲愈起劲，不禁手舞足蹈，浑然忘我。

《英文的学习》

晓玲是一位大二学生，到校外兼任家教，发现她的家教学生上课时不专心，注意力无法集中，也不喜欢念书，特别是英语。她的家人希望家教老师加强其英文程度。

老师深信字汇能力是提高英文程度的基础,因此,初期的教学目标之一是多背英文单词,于是着手研拟改善学生读书方案。了解其起点行为后,订定终点行为,并拟定策略,以协助学生达到学习目标。

经过初步的观察与评量,该生平均每 10 分钟只能背 2 个单词,此为起点行为。

再根据该生的学习能力与家长的要求,将终点行为订为每 10 分钟背 8 个单词。

在选择行为改变策略上发现该生的学习问题症结,并不在于学习能力,而是学习态度。若能适时提供增强物,应能提高其学习效率。于是选择行为塑造方法来改善她的读书效果。

实施过程中,起初订定容易达到的行为目标,如每 10 分钟背 3 个单词。

接着逐渐提高目标,以达终点行为(每 10 分钟背会 8 个单词)。增强物为音乐欣赏,因该生酷爱音乐,每次评量结果,若达到各阶段的行为目标,则给予自由时间,供其聆听音乐,以资鼓励。反之,若未达到预定标准,则扣除休息时间。

结果,该生背会的单词,呈显著增加,在一周内即能在 10 分钟背会 8 个词,达到终点行为目标。

上述 3 个例子,"儿童的读书习惯","教授的右移动作","英文的学习"都是被塑造而成,而不是等待自己产生的。那么行为塑造是什么?又是如何形成?这是我们感兴趣的问题。

第二节 内 容

根据第二章介绍斯金纳的设计，只能用于后效强化原理，在个体正确反应后立即予以增强，从而建立其刺激－反应间的联结。像此种只限于单一刺激与单一反应之联结式的学习方式，用于解释由多种反应组合而成的行为来说，自然是不够。因此，斯金纳又进一步设计了连续渐进法（successive approximation），用以实验研究包括一连串反应的学习。

一 理论依据——鸽子按钮实验

斯金纳训练一只鸽子去啄一发亮的反应按钮。开始时，他可以只要鸽子把头转向反应按钮就给予增强，鸽子开始时总是把头转向按钮板。试验人可能要求鸽子朝按钮移动才给予奖赏。当鸽子被训练得会站在反应按钮附近时，试验者在它把头微微移向按钮时，才给它增强。下一步可能只有鸽子真正触及反应按钮时才给予增强。最后，只有当鸽子以足够的力量啄按钮，以拨动一个按住鸽食发放的自动开关时，才得到增强。

二 模 式

上述实验过程类似"你很热，你很冷"（Yor're hot, you're cold）的儿童游戏。在这种游戏中，儿童将某样东西藏起来，其玩伴必须试着找出这样东西。当他们越来越接近被藏起来的物品时，藏者就说："你很热，你越来越热，你要热得冒烟了，你快要热得烧起来了。"

当他离开藏物越来越远时，藏者就会说："你觉得很冷，你觉得更冷，你觉得冻僵了，你觉得自己要结冰了。"

在实验室里，这种游戏就称为"行为塑造"，上面所描述的行为塑造过程中，鸽子按钮反应是被塑造成的，而不是等待它自己产生的，若就整个程序来分析，大致包括下列各步骤：

1. 先把要求个体（鸽子）学习的目标行为列出来（如训练鸽子按钮反应）。
2. 开始有反应动作，而这动作使个体（如鸽子）能把头转向反应按钮（第 1 个反应）就给予增强。
3. 当鸽子被训练会站在反应按钮（第 2 个反应）附近时，才给它增强。
4. 只有鸽子真正能触及反应按钮时，才给予增强。
5. 最后只有当鸽子以足够的力量啄按钮，才给予增强。

像此种类似"分解动作"的方式，逐步渐进，最后将多个反应连贯在一起形成复杂行为的方法。

上述步骤，若以符号来表示，则可获得下列模式。

$$
\begin{array}{cccc}
& \text{情境} \longrightarrow \text{反应} & : & \text{立即效果} \longrightarrow \text{长期影响} \\
& \left\{
\begin{array}{l}
S_1^{\triangle} \longrightarrow R_1 \\
S_2^{\triangle} \longrightarrow R_2 \\
\vdots \quad \vdots \\
S_A^{D} \longrightarrow R_A
\end{array}
\right. &
\begin{array}{c}
: \\
: \\
: \\
:
\end{array}
&
\begin{array}{l}
S_1^{R-} \longrightarrow R_1^{-} \\
S_2^{R-} \longrightarrow R_2^{-} \\
\vdots \quad \vdots \\
S_A^{R+} \longrightarrow R_A^{+}
\end{array} \\
2 & S_B^{D} \longrightarrow R_B & : & S_B^{R+} \longrightarrow R_B^{+} \\
\vdots \quad \vdots \quad \vdots & & : & \vdots \quad \vdots \\
\vdots \quad \vdots \quad \vdots & & : & \vdots \quad \vdots \\
N & S_N^{D} \longrightarrow R_N & : & S_N^{R+} \longrightarrow R_N^{+}
\end{array}
$$

三 意 义

我们如果希望建立的行为比较复杂，则其间包括多个连续的反应，无法单靠在一连串反应之后的增强物发生作用。在这种情况下，只能采分解动作的方式，将构成行为的各个反应，依序各自施以操作制约学习训练。学到第 1 个反应后，再学习第 2 个反应，依序进行，直到最后的反应。然后再从头至尾连贯起来，学到一连串的正确反应。训练动物如此，教人行为也是这样。以上述 3 个示例来分析就具备这种精神，由于 3 个示例所要学成的行为，均属于较复杂的，因此，我们无法单纯用一段目标的完成所能达到，好比读书习惯，或学习英文，或戏弄教授等等，都是好几个细目标串连而成。若就行为形成的策略而言，三者不同；若就行为形成的历程，三者有其相同的地方：

1. 整个训练过程均分为几个小阶段，每一小阶段即为一个步骤，每完成一个步骤就与最后目标愈为接近。

2. 当个体完成每一步骤所要求的活动或反应时，给予即时奖赏，使他产生愉快、满足的感觉。

就第 1 原则而言，它是由易而难，由简而繁，由近而远，由已知到未知等顺序渐进的原理，可以说是一种刺激与反应上的渐变过程。

就第 2 原则而言，固然着重在训练者适时增强（或消弱），但受训练者本身在整个过程中，除训练者的增强外，本身学习的结果（也就是某阶段完成后）也具有增强作用——自然增强存在，更加强行为的表现。

利用上述原则来建立儿童可欲行为者称为行为塑造

(Shaping)或称逐步形成,由于我们所要养成的这种行为是目前所没有的(有的话就不必训练了),而且也由于是简单行为所串连而成的复杂行为,因此,我们没有办法等待这项复杂行为出现时,予以增强,来增加该行为的出现率。但我们却可以增强与这复杂行为有关的较简单行为,依次再逐步增强与终点行为有关的行为,终可养成我们所期待的终点行为,这就是行为塑造的精神所在。基此,我们可以把行为塑造定义如下:

在发展个体之任何新行为过程中,逐步增强与终点行为有关的一连串反应,循序渐进,以养成训练者所期待之终点行为的整个过程。

行为塑造具有 2 个要素:(1)区分增强作用——个别在行为显现上,有些反应会被增强,另一些反应则不会。若就整个历程观察,只有那些越来越接近目标行为的反应,才被区分增强。(2)渐次接近训练法——被增强的那些反应,具有连续渐进的方式,会越来越像训练者所期待的目标行为。

第三节　正　用

由于人类的行为属于简单的不多,大多数行为都属于复杂的,因此在教导孩子养成这些复杂动作时,总是困难的。唯复杂行为是由一些简单行为组合而成,当我们要学习复杂行为时,可以简单行为的增强方式,来塑造复杂行为,即将复杂行为细分成一个个简单的小行为,个别予以教导增强,在每个动作依次学会后,再把它串连起来,整个复杂行为就可习得。马戏团动物特技的训练,就是采取这套模式,用诸人类,许多行为的养成,亦复如此。

一 家庭方面

（一）应用在技能训练

1. **原则**：人们都具有行为塑造的本能，只是不知善加应用。

行为塑造策略虽由行为主义者提出，似乎是高不可攀，应用起来，谈何容易，事实上在人类行为中是老早被应用，而且人人都应用过的方法，只是不知善加应用罢了。

2. **示例**：

《生长的喜悦》

心怡自从怀有兴宝开始，即充满了喜悦和期待，尤其自出生后，随着生命生长而感到愈来愈愉快。这种愉快得自孩子的回馈。一天当她正陶醉于这份愉快时，兴宝突然站起来，虽然是那么短暂，心怡却像中了大奖。

＊兴宝，好棒，来！站起来！站起来！

心怡伸出双手，这样叫着，兴宝在这样激励下，真的站起来。心怡抱其在怀，亲过来亲过去。这种喜悦，心怡不敢独享，赶快告诉另一半。没有多久，兴宝就在谈笑声中会站起来了。

＊兴宝，站起来！踏一步，踏一步……好，太好了。

很快邻居也知道兴宝会走路。

＊兴宝，来！站起来！再走一步，再走一步就到了。

就这样，兴宝没有多久就学会走路了。（请参阅"消失"一章之《小伟学走路》一例，并比较之。）

3. 分析：

本例几乎是每位母亲行为的反映，只要带过小孩，哪个母亲没有这样的经验？可惜每个母亲虽然都知道应用这种行为塑造的方法，但绝大多数也仅止于此，孩子后来的很多行为父母都不善加应用，所以减少很多良好行为的建立。

（二）应用在家事

1. 原则：满足好奇心，边做边学习，良好行为自然学成。

人类具有好奇心，孩子就会为了满足好奇心而做出许多举动，这些举动正是孩子知识欲和学习欲的泉源，假若父母能把握这时机，强化这泉源，就可以培养出许多良好行为。

2. 示例：

《洗 地 板》

4 岁的嘟嘟，每当妈妈在清洗地板的时候，都好奇地看着妈妈在拖地。今天她发现地板脏了，就开口说：

﹡妈妈！洗地板！

﹡好啊！那要拿什么？

妈妈为了满足嘟嘟的好奇，不仅同意，而且提醒嘟嘟去思考，要准备什么东西，于是，嘟嘟去拿拖把，妈妈准备一桶水后，就这样动手洗地。

﹡妈，我把那个脏的地方洗了。

﹡好能干，嘟嘟。

就这样嘟嘟开始了第一次洗地板，嗣后每次嘟嘟都有份。

*　嘟嘟，你拖地拖得很好，若顺着磁砖线拖过去，再换一行拖回来……就会更好了。

嘟嘟很高兴地照做了。

*　嘟嘟，你累了，休息，休息！剩下的妈妈做就好了。

*　不累。

嘟嘟满脸欢喜，又来回拖了一次。

*　嘟嘟，你洗得太棒了，假若水弄少一点，那就非常好。

如此这般，拖地板的范围，愈来愈大，技巧也愈熟练。

3. 分析：

孩子必须不断努力及反复练习，才能彻底学会某些技能，这个学习过程是渐进的，不可能在一夕之间就看到成效。假如家长或老师缺乏耐性或期望过高，难免会觉得沮丧，因此，我们应该将心力集中在"鼓励孩子超越自我，追求进步，孩子努力的过程才是重点，不要只顾着最后的结果"。

（三）应用在读书习惯

1. **原则**：读书习惯不能一蹴而就，有待逐步养成。

在我们升学竞争激烈的环境下，多数家长无不希望读书的孩子能有优良的成绩。想有良好成绩，必须平常就努力用功，因此都要孩子能够多用点时间在书本里，假若能善用行为塑造的方法，这目标不难达成。

2. 示例:

《训练小宝读书》

永清夫妇自从儿子政耀出生后,就开始注意教育的问题,不仅是生活习惯处处注意,就是读书方面也从小就加以训练。政耀过了 2 岁后,永清开始采下列行为塑造的方式培养他读书的习惯,结果 4 岁不到,政耀已认识好多字,并且喜欢看书。

情境	反应	立即效果	长期影响
1. 众多玩具	选拿书本积木 拿其他玩具	增强 不理	拿书本积木行为增多 拿书本积木行为消弱
2. 众多玩具	翻书玩积木 拿其他玩具	增强 不理	翻书行为增多 翻书行为消弱
3. 众多玩具	看书(图)玩积木、读书 拿其他玩具	增强 不理	看书行为增多 看书行为消弱
4. 众多玩具	看书(图＋单字) 拿其他玩具	增强 不理	看书行为增多 看书行为消弱
5. 众多玩具	看书(图＋词) 拿其他玩具	增强 不理	看书行为增多 看书行为消弱
6. 众多玩具	看书(图＋文章) 拿其他玩具	增强 不理	看书行为增多 看书行为消弱

3. 分析：

从大人的眼光来看，读书是一件简单的事；事实上，若从小孩子的角度去思考，读书是一种复杂行为。因此，训练小宝读书，不是等到进入小学才开始，而是从 2 岁多就进行。把读书行为细目化为 6 步骤，从拿书开始，而翻书，看图画书，等等依次训练，凡是符合训练目标的行为予以增强，不符合者予以消弱。如此训练下，不到 4 岁，小宝整天与书为伍了。(若配合"楔子"第 1 个例子思考会更清楚)

(四)应用在生活习惯

1. **原则**：许多不良习惯可以透过行为塑造的有意安排来改善。

由于父母忽略或经验不足，儿童不良行为已经长期孕育而成。面临此种偏差行为，不可能一朝一夕改善，必须采取渐进方式依次改善，才容易达成。

2. **示例**：

《戴 眼 镜》

沃尔夫等 (1964) 从事一位 3 岁自闭症儿童的辅导，这位个案，缺乏正常的言语和社交技巧，经常有自我伤害的行为和无法控制的脾气。他得了白内障，必须戴眼镜来矫正视力。但他拒绝戴上眼镜，摔破了好多副。治疗人员决定使用行为塑造来处理。最先，这位男童被训练当他听到一个玩具发出声音时可以期待将得到一些糖果或水果。然后以空白眼镜框进行训练，首先是以糖果或水果来强化他捡起眼镜框的行为，接着强化他把它放在手上，然后是戴着眼镜框走动，把它靠近眼睛的地方，最后是以任何角度把它放在头上。透过这种连续渐进的方式，这位男童终于学会每天戴上眼镜达 12 小时之久。（游恒山译）

3. **分析**：

由于个案是一个自闭症的儿童，具有特殊的个性，自己无法控制自己的情绪。在他没有戴眼镜的习惯下，一下子要他戴上，实在不易。因此，须要把戴眼镜的目标行为予以细目化：(a) 捡起眼镜；(b) 拿在手上；(c) 戴上……然后依序训练而成。

（五）应用在恐惧辅导上

1. **原则**：行为塑造原理应用适宜，可以改善情绪症。

少数特殊儿童都容易显现不良行为特征，譬如许多自闭症儿童对某些特定的情境有极端的恐惧和憎恶，最常见的是对巨响的反应，行为塑造原理应用，有时可以有效地改善这种不良行为。

2. **示例**：

《鞭炮声》

惟盛是一位自闭症儿童，对鞭炮的劈啪声或游行锣鼓的铿锵声特别惧怕，声音小时，也许仅呆呆地露出惊吓的神色，声音大时，就不可收拾，大哭大叫。

妈妈经过多次求医结果，一位行为改变学者提供她方法，妈妈录好一卷鞭炮锣鼓的录音带，而后实施。首先请一些小朋友来家玩,然后请爸爸在2楼放录音带。刚开始声音不大,惟盛只是稍微变了脸色,其他小孩不在乎。这时妈妈称赞其他小朋友"好勇敢",并给他们一人一张小勇士的贴纸。

＊妈,我也要。

＊不可以,只有不怕鞭炮的人才有!

一会儿鞭炮声又响了,惟盛虽然有点紧张,但告诉自己不要怕,妈妈见状,马上称赞他勇敢,并同对其他小朋友一样给了他贴纸。这样断断续续进行了好多天,好多次,鞭炮声愈来愈大,惟盛也愈来愈能适应。

终于解决了惟盛的恐惧毛病。(曾世杰　胡致芬)

3. 分析:

惟盛之所以对鞭炮声产生恐惧情绪,严格分析起来是妈妈不当处理形成的。平常孩子听到鞭炮声有点害怕是正常的现象,但假使母亲保护过度,每次有鞭炮声出现就赶快抱紧他,于是孩子把鞭炮声和害怕联结起来,以等待母亲的拥抱。改善之道,不能一下子改善,必须采取渐进方式——行为塑造方式来处理,才容易见效。

二　学校方面

(一)应用在语言学习

1. 原则:语言学习困难者,若能善用行为塑造原理则效果显著。

　　语言学习不仅需要认知与思考，而且也需要练习与尝试。但有少数儿童由于自卑或害羞，在团体学习过程中，不敢开口练习，亦无胆量尝试，无法学好语言。这时老师若能善用行为塑造方法，当可迎刃而解。

　　2. 示例：

《学 习 国 语》

　　　张老师今年担任幼大班课程，教导小朋友学习国语。她采用听讲法，要求小朋友跟着她讲国语。班上有一位学生叫淑珍，她从来都不敢讲国语，无论如何总是沉默不语。张老师描述着：我对她的沉默并不采取处罚的手段，我继续给小朋友练习，轮到淑珍时，她不跟我的口语讲出来，我不使她难为情，也不想打断全班学生的练习，于是跳过去请另一位讲。有一天，淑珍以手遮住嘴巴，口中吞吞吐吐地说出几个单字，我立即以笑脸相迎，并微微点头示意，然后继续给学生练习，假装淑珍已经会正确回答问题。其实，我并不懂她说的什么。然而我试图让她讲出国语，并且立刻给予精神上的鼓励。渐渐地她开始讲出更多更正确的国语，而且说话时也不再以手遮住嘴巴。即使在她学习国语过程中，有一些不可避免的错误，她也很少感到尴尬了。（同上）

　　3. 分析：

　　老师以温和方式，在她开始努力讲国语时给予心理上的支持。当轮到淑珍时，老师不难为她，不引起全班同学的注意。如此减少了淑珍的尴尬。淑珍于是开始发现，她讲得再差劲也没有关系，老师和同学都不会嘲笑她。当一个儿童学习语言时如果沉默不语，老师或父母最重要的事，就是鼓励他努力尝试着说出来，而不只是一直来矫正他的错误。

（二）应用在特殊儿童的学习

1. **原则**：特殊儿童良好行为的建立更可以借助行为塑造技术来完成。

特殊儿童由于心智或生理缺陷，在学习绩效上不如一般正常儿童，假若我们在教学时，能针对其缺失，把握行为塑造的原理，当会有效地来提升学习效果。

2. **示例**：

《玩 拼 图》

永源小学附设幼儿园大、小班各两班，林老师是负责小班的导师，她曾以行为塑造方法训练小杰玩拼图。

林老师把小杰带到一副木制拼图前，拿起一块圆形木块，交给小杰，然后引着小杰的手放到拼图的上方，让小杰把木块放下去。这是一组非常简单的拼图，因此只要小杰在引导下稍用手碰一碰，木块就落到正确的位置了。林老师立刻赞美他，并且把他带到旁边较空旷的地方，翻滚1分钟，接着又走回拼图前。这一次小杰放下了木块后，不需要引导，就把木块推入正确的位置，林老师立刻大声赞扬，并带他到旁边玩1分钟。在将近15分钟内，小杰做了十余次拼图，也和林老师翻滚了十来次,每一次林老师给予小杰的帮助都比前一次少一些。最后,小杰学会自己走到拼图前,拾一块,将它拼好。然后走到旁边,躺在地上,伸出双手,等着林老师和他游戏。

接连几天,林老师都要求小杰拼图才和他翻滚玩耍。林老师要求小杰做的拼图愈来愈多,也愈来愈复杂,最后,小杰能先凑合三四个不同的拼图(其中有些比原先的复杂得多),才走去和林老师玩耍。(余德慧)

3. 分析:

特殊儿童由于心智能力的缺陷,对于一些较复杂行为学习将显现困难。由于复杂行为是一点一滴累积起来的,由小小的改变入手,逐步促成较大的改变,这种辅导方法正是学习理论的行为塑造原理。

(三) 应用在技能学习

1. 原则: 不仅语言学习借助行为塑造法,技能学习亦同工异曲。

一般技能科学习,若想绩效良好固然涉及因素繁多,但是练习与尝试是一重要因素。练习若采尝试错误,可能要浪费好多时间;假若善于应用行为塑造原理,当可收事半功倍之效。

2. 示例:

《射 箭》

李老师负责本校课外活动射箭队的指导工作,已经有一个多月的时间，学生反应不甚理想，于是请教前王教练。王教练建议应用行为塑造原理，并把握奖励原则。可以把射箭的复杂技能分为几个细小的部分（单元），从最简单容易达成的奖励开始，逐步进行如下：

一个小孩要发挥他的射箭技术，首先在他射出第一箭时就给他奖励。

其次在他射中箭靶时，给予奖励。

第三在他能射准目标中的任何一部分时，予以奖励。

第四能射中靶心，予以奖励。

依此原则，李老师进行指导。没有多久，发现学生兴趣提高，成绩进步很多。（叶重新译）

3. **分析**：

把一个复杂的技能分为几个细小的部分（单元），有时并不容易，或者没有必要这么做。在这种情况下，只要对小孩正确的行为给予奖励就可以了，如此就足以使他的学习得到进步。这种观念在本例——射箭就是具备这种精神。李老师在教导学生时，并没有分析手、臂及肩膀的正确姿势如何，只是依正确命中的进步划分序阶，而依序奖励完成，是一种典型行为塑造的应用。

虽然对孩子描述适当的姿势，以及手、手臂、肩膀等正确姿态的分析工作是很容易的，但是并不见得需要如此做。只要这个孩子能了解他的射箭技巧有进步就可以了。

（四）应用在书写作业

1. **原则**：采用行为塑造精神，从事补救教学，则成功在望。

在各科学习上，由于个别差异的存在，其绩效有很大的差异。

对一些成绩较差的学生，不管是自己、家长或老师无不想尽办法补救改善，假若能掌握行为塑造的精神，则成功的机率将提高很多。

2. **示例：**

《数 学 作 业》

哈特曼（Hartmann）和霍尔（1976）曾应用行为塑造方法从事提高数学作业的实验。

被试是一位在有行为困扰班级里的学生。在基线阶段，老师给被试一张作业单，上有 9 个除法问题，被试完成的量，从第 1 天的 4 题，降到第 4 天的零题，如图 5-1。在第一个实验处理阶段里，老师把要求标准定为两题。被试如在 45 分钟内正确地完成两题，则可获得休息时间及打篮球活动的即时增强。若在指定时间内不能完成，则必须继续做，直到那两道题正确地完成。以后各实验处理阶段都相同，只是在连续 3 次达到标准后，就把标准提高一题。

在 E 阶段是连续 5 次达到标准才把标准提高一题。

在 J 阶段，标准不但没提高，反降减一题。

在 K 阶段，被试要正确地完成 10 道数学作业题，才能获得增强。

图 5-1 显出被试除在 C 阶段有一次没达标准外，其余皆能随着标准逐步提高，而完成较多的作业题数。（请与第八章同例比较其差异何在？）（马信行）

实验阶段

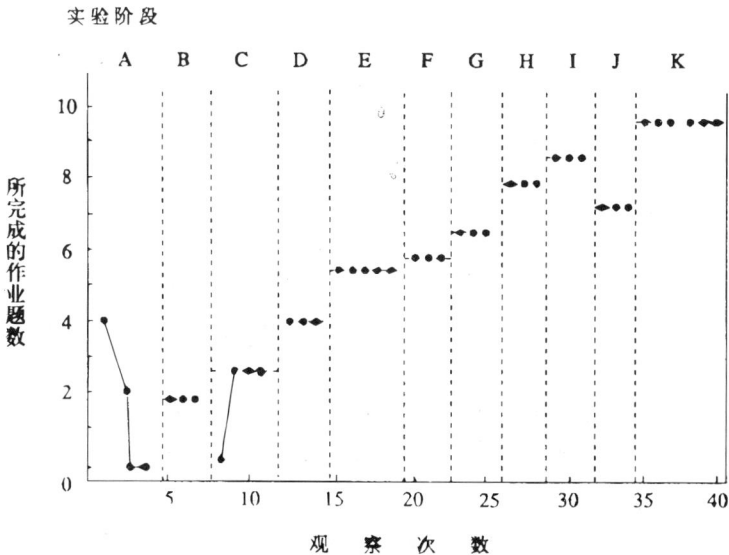

图 5-1　应用行为塑造策略以提高数学成绩
（取自哈特曼和霍尔，1976，528）

（五）应用在社交

1. **原则**：害羞自卑学生可透过逐步养成方式以减低焦虑。

有部分学生或由于害羞，或出于自卑，在人际交往过程中产生焦虑情绪，不敢直接参与活动，尤其是跟异性往来交谈为然，在这种情形下我们可以善用逐步养成的方式来辅导改善。

2. **示例**：

《跟异性说话》

秀娟在班上是一位非常害羞的小女孩，尤其到五年级以后更为明显，每次需要和男生讲话时都会感到很焦虑，不过跟女同学大致还好，否则这种畏缩可能会影响到她的人格特质。

老师设计一真实情境来进行辅导，其方法是：将情境按最不会引发焦虑，到最令她焦虑的情境分别依序排列。

秀娟只要进校园后，能跟班上男生打招呼——点头，就给她贴纸一张，贴在公布栏的表格上。最初，她还感到焦虑，渐渐比较自在。后来她在这步骤可应付自如。

第 2 步是进教室能跟一位男同学问好，虽然开口打招呼有点不自然，但很快也习惯。

第 3 步则要在课余时间加入男女同学的谈话，最初几次她仍然不太敢讲话，渐渐地，也开始习惯了。

第 4 步参与男同学的聊天及第 5 步单独与一位男同学对谈，如此循序渐进的方法，终于改善了秀娟不敢跟男生讲话的毛病。（林正文）

3. **分析：**

秀娟由于是一个害羞的女孩，不敢参与人际交往活动，尤其是与异性交谈，会引起焦虑的情绪感受，本例老师在辅导上把此种焦虑情境按最不会引发焦虑到最令她焦虑的情境，分别依顺序排列，然后依序予以辅导，最后终于解决了她的困扰。

第四节 有效应用行为塑造的因素

行为塑造所拟养成的行为,是一个复杂的历程,在应用时,可归纳下列步骤:

一 确定终点行为

行为塑造是一种目标导向,任何步骤均以此目标为鹄的,脱离此导向的任何步骤,对所要养成的行为,都失去意义。因此,行为塑造的第 1 步骤,即在确定我们预期达成的行为——即具体的终点行为。与终点行为无关的任何行为,应予以消弱去除。此项目标的订定,除在第二章所强调的可观察、可测量及可预期的行为外,也要考虑学童的能力与需求。

二 测定基线

一旦确定需要培养或消除的终点行为后,下一步骤是测定基线。所谓基线是指要与终点行为有关,即个体现行存在的基础行为。若就要培养的良好行为部分而言,则是指跟此行为有关之最初、最基本的行为。如读书习惯,则基线是指拿书的行为。若就要消除的不良行为部分而言,则是指跟此行为之最重要、最后的行为。如上课爱讲话,则基线是平均每节 13 次未经同意而发言的行为。唯此部分留待"区别增强"一章再讨论。

基线与终点行为是第 3 步骤建立的依据,也可作为评估效果的指标，若无基线，结果好或坏，抑止或维持原状，就不得而知。

三　进行细目化

确定前面两步骤后，接着就是将终点行为予以分析。把复杂的终点行为，系统分成许多容易处理的小步骤，好像上高楼楼梯的小阶段一样，这一小阶段称为序目（Frame），许多序目构成一个继续不断的连环——序列（Sequence）。终点行为复杂，不易学习，小序目的行为，简单易学，由这序列的各序目分别学习，逐步进行的结果所累积而成的，自然而然就是我们所期望养成的终点行为。

四　选择增强物

在繁复的行为改变过程中，维系各部分各环节工作的就是增强物，每一步骤所进行的行为是否能有效形成，主要在于因获增强物而增加其强度，或因消弱而减弱其强度。可是我们要了解的是以增强物去鼓励儿童的好行为，必须因人、因时、因地制宜。一般而言，儿童个个有不同的脾气、个性、喜恶以及兴趣，因此，父母或老师要能洞悉先机，在什么情况下，对什么人，用什么方法可以达到奖赏的效果。对小明来说，翻筋斗是有效的奖赏，对小华则地上的洋娃娃是有效的强化物。我们若想找出人人都喜欢的酬报或增强物，简直不可能。选用时不可不慎。故在分析行为，开始实施之前的工作，就是慎选增强物。

五 实 施 塑 造

选定增强物后，从与基线最近的第一序目进行塑造，其方法正如第二、三章一样，当其行为符合序目时，就给予满意的结果——增强，否则消弱。如此，按一定顺序，一步一步，反复增强，以接近所拟终点行为。在这塑造过程，马丁和皮尔（1992）曾经提供几点原则以供参考遵循：

1. 必须每一个步骤训练成功后，才可以进入下一步骤，不可操之过急。否则，会使前一步骤所建立的新行为，由于消弱影响渐次消失，而下一步骤所拟建立的行为却又无法完成。

2. 须一小步一小步循序渐进，使可以更接近所期望的终点行为。

3. 如果无法建立次一步骤的新行为，须即刻退回到前一步骤，然后再继续训练。

4. 进展太缓慢也不适宜，因为某一步骤训练时间太长，新行为过分强化，反而使得下一步骤的行为不易出现。

上述第 1 点及第 2 点要训练者不可操之过急，第 3 点是说明万一操之过急的补救办法。

第五节 误 用

有些父母或老师在管教孩子时，如同上述增强、消弱原理一样，发生原则上的偏差——坏行为带来了好结果，或好行为忘掉了增强。当然，一般说来，鼓励孩子去作恶的父母或师长非常少。但有时父母没有勇气面对现实，不敢挑出孩子的过错，因此对孩子的恶行，睁一只眼，闭一只眼地让它继续下去，最后乃至不可收拾的地步。有的是父母或师长的忽略或无知，未能及时纠正，任由孩子的恶行孕育发展，终至无法挽回的情境。

《强盗临刑，咬断母奶》

中国民间流传这样一个故事。有一个强盗被捕，绑上法场，行刑那天，执刑官问他有何愿望，强盗说要见他母亲。于是母亲在行刑前来到刑场。强盗向他母亲说："娘，在我断头之前，很想再吮一下娘的奶。"老母悲伤欲绝，顾不得围观者千百只好奇的眼睛，剥开胸衣，就将奶头往儿子嘴上送。但闻一声"唉哟"尖叫，强盗儿子一口把母亲的奶头咬断，忿忿地说："娘，我有今天的下场，都是你的缘故。"这位母亲不但悲伤欲绝，且痛不欲生。观众无不摇首叹息，唏嘘不已。

原来那个强盗小时候，偶尔偷一点小东西回来，其母非但不生气，给予他适当的教训，反而显得高兴。他的恶行没有及时予以消弱，却得到增强。

日子一久，变本加厉，从小小偷干到大小偷，再从大小偷变为强盗……如此这般。

所以，当他上了法场以后，才想通原来罪恶之本在于他的母亲，他只是一个不良家教的牺牲者。悲愤之余，狠狠咬断母亲的奶，否则咽不下最后一口气。

一 家 庭 方 面

（二）应用在处理家事

1. **原则**：良好行为由行为塑造而成，不良行为也由它而建立。

一般儿童的良好行为可以透过行为塑造原理来建立，正如上小节各例。但我们也不可忽视，不良行为往往也由于行为塑造的原理误导而成，只是父母或老师不自知而已。

2. **示例**：

《不再排餐具》

黄先生家里的每一个人，都规定必须做一些事，丽芬的工作是排餐具，她以自己都能负责任把餐具排好为光荣。有一天，丽芬忘记在爸爸碟子旁边放一把叉子，爸爸说："丽芬，不要介意，我自己来。"几天之后，丽芬忘记了放好桌巾，爸爸再替她代劳。有时候丽芬回来得较迟，爸爸就替她把整个桌子的餐具都摆好。因此，她就无法以工作为荣。此后，她就懒得负责任地摆餐具，而且事事都需人家的督促或者提醒才去做。即使当她想做好这件事，也经常很草率或者没有做好就离开。（叶重新译）

3. **分析**：

有些父母为小孩收拾玩具或者衣服，虽然可以立刻使家变得很干净、很整洁，但是他们没有教导小孩子负起责任，所以小孩子认为他不必做什么。

4. **正用**:

儿童某些良好行为在父母教养下培养成功,但在日常生活中,会偶然在某些时期,因种种原因如生病、或赶时间、或其他原因,使原来已形成或儿童应负担之工作暂停,在多次类似情形都暂停,导致后来永远暂停。正确处理方法,应该避免暂停措施,非暂停不可时,也要提醒其原因,原因消失后必须恢复。

（二）应用在行为态度

1. **原则**: 特殊儿童自伤行为就是行为塑造误用的结果。

如同上述一样,行为塑造使用不当,不仅养成儿童不良习惯,亦会造成伤害性的行为,其中最典型的例子,就是智能不足儿童的自毁行为 (self-destructive behavior)。

2. **示例**:

《自伤行为》

星辉是一个智能不足儿童, 不知道以正常方法来取得家人注意,而家人也鲜少主动地给予他充分的关怀。可是在一个偶然的机会中,星辉走路跌倒而把头撞破流血,这时家人即刻趋前扶助并加慰抚,结果星辉在这个时候顿感备受关照,受宠若惊。过了数天,他又有类似的事件,也获得相近的后果。如此一而再,再而三,三番五次地因碰伤头部而得到家人相当多的注意,最后养成了有意的自伤动作。动辄以头触地,惹得大家过去大忙一阵,这就是星辉在无意的动作中塑造了自伤行为的历程。

3. 分析:

星辉自伤行为之所以形成，主要是由于以往遭受亲人漠视和他受伤时受到关注增强的结果,使他再三重复做以头碰地的动作。

4. 正用:

这种严重的自毁行为一旦养成即甚难消除，最好的办法是父母不要让他养成，一旦养成可以应用消弱原理来消除。

(三) 应用在物权观念

1. **原则**：在幼儿学习过程中，未能提供财产权观念，易于产生不良行为。

孩子由于年纪太小或不成熟，还不了解私有财产的意义，无法分辨偷和借二者之间的差异，于是会把别人或公有的东西占为己有，假若在年纪稍大，还忽略财产权的观念，就很容易养成不良习惯。

2. **示例**：

《偷 窃》

得财是小班的幼童，家庭小康，父母均从事私人公司的工作，相当关心他的教育，所以选择一所不错的幼儿园就读。

有一次从学校回来，妈妈帮他整理书包时发现好多色纸，于是问他，得悉这些色纸是老师给的。

后来又有一次机会，妈妈看到又多了一支好漂亮的原子笔，他宣称是邻座的小朋友给的。

嗣后妈妈多次发现得财时常有一些小东西，得财不是说这个给的，就是那个给的。反正小东西没有多大关系，妈妈也就随他去了，没有追根究底……

可是有一天，老师亲自登门拜访，告知得财喜欢带走同学的东西，甚至学校的东西也不例外。这时妈妈才知道事情的严重性，几乎气昏了。

3. **分析**：

由于有些儿童不了解"私有财产"的意义，起先或偶然机会捡到东西，不知送还失主或交给老师处理，或无法分辨偷与借的不同，拿了别人东西，占为己有……享受物欲的结果，养成随便占有东西的习惯，而犯下偷窃的行为。

4. **正用**：

为了减少小孩未来的社会行为倾向，当得财出现拥有不属于他所有的东西时，父母宜马上采取行动，"了解"小孩的动机，直接质问其偷窃行为，并纠正之，让小孩了解偷窃不论在家、在外，都是不允许的行为。

（四）应用在生活起居

1. **原则**：日常生活起居的不良习惯，亦是逐步养成的。

每人在日常生活起居的一些态度，经年累积的结果，就形成一种有脉络可寻的模式，构成所谓习惯问题。这种习惯的形成，若从行为观点来看，是一种逐步养成的结果，不管是好的或是坏的。

2. **示例**：

《再不准时睡觉》

成龙的妈妈为建立其良好的生活习惯,从他入小学后就有相当的生活习惯规定,在睡眠方面,能够定时起床,定时睡觉,在饮食方面……已经 2 年,一切都上轨道。暑假又开始了,远房亲戚来玩,要住 3 夜。睡觉时间到了,妈妈提醒成龙去睡觉,成龙说要陪阿姨看电视,等一下才睡……过了 3 晚后,睡觉时间到,成龙又拖延不上床。

* 妈!现在暑假,让我晚一点上床好吗?

* 不行!

* 好啦,没有关系,晚一点点就好,10 点准时上床。

终于同意 10 点睡觉。

* 妈!今天的节目很有意义,好节目,让我看完,11 点睡好吗?

爸爸听到。开口:

* 这个节目不错,就准他看完,反正假期嘛!晚一点睡没有多大关系……

就这样,成龙有时 8 点睡觉,有时 9 点或 10 点睡,有时甚至熬到十一、二点才睡觉。暑假过去,开学了,每天晚上为成龙睡觉的事,妈妈不知生多少气,成龙心里也不高兴。(林家兴)

3. **分析:**

成龙原本有一种良好的生活起居习惯,事实上这种习惯也是长期行为塑造的结果,建立过程的确不容易,可是就因暑期亲戚来访——一种特殊事故，使原有良好习惯破坏了，再加上一连串的例外凑在一起，导致原来早睡的习惯破坏了。

4. 正用：

成龙的父母假若能坚持原则，虽然亲戚来访，也不准因此改变原有习惯，则晚睡将不会形成。

（五）应用在生活态度

1. 原则：重视语言传递落入逐步养成陷阱，养成赖皮个性。

心理学家研究指出，儿童的感官经验决定了他们对生活环境的认知。因此，家长在教导子女时，除透过语言来传达讯息外，重要的要借助于行为，尤其是后者，是孩子具体可见的，才是必须正视的途径，可是许多父母往往忽略它。

2. 示例：

《沙发上画图——赖皮》

珊茹在沙发上，拿着彩色笔在画图，妈妈走进客厅后，察觉到沙发可能被她弄脏。

＊珊茹，你在沙发上画图，会弄脏沙发。

＊我会小心的，妈咪。（珊茹以令人信服的语气回答。）

＊我知道你会小心，可是我真的很希望你能移到桌子上去画，那就不会弄脏任何东西。

＊好。

……

＊怎么还在这里？

　＊让我先画完这个部分。

　＊好，等画完这部分，要到桌子那边画。

　＊好的。

　可是 10 分钟后，珊茹仍然在沙发上画图。

　＊珊茹，你不是说要到那边画吗？如果弄脏沙发我
　　会不高兴。

　＊我会的，妈咪，我只是想先画完这幅画，再移到
　　桌子那边，我就快画完了。

　＊你最好动作快一点，我已经开始生气了。

　但是珊茹还是继续在沙发上画画。

　＊珊茹，我的忍耐已经到了极限！

　妈妈终于大声对她吼叫……

　＊好吧！反正我已经画好了。

　珊茹收拾东西离开沙发时说。（林泽宏译）

　3. **分析**：

　本例珊茹妈妈仅止于语言传递讯息，未能与行动配合，使珊
茹学会母亲言行不一致，可以忽视她的话。虽然妈妈说得如何如
何，但不会对她怎么样，所以嘴巴只要说"好"，予以应付就是，
养成珊茹赖皮的行为。

　4. **正用**：

　假若妈妈能言行一致，告诉她不可以在沙发上画图，不听话
时立即采取行动，替她收起来，或采取隔离、惩罚手段，确信立
即产生效果。

二　学校方面

（一）应用在排队方面

1. **原则**：方便条件不利的儿童，反而导致不良行为的肇因。

在一班儿童个别差异甚大，有些儿童的客观学习条件（包括个人身心或家庭环境）不如人，影响到学习效果。老师为弥补这类儿童往往给予优待，但优待背后却导致不良行为的出现。

2. **示例**：

《排　第　一》

幼大班有位小朋友叫恒如，体弱瘦小，喜欢蹦跳，有过动倾向，易于跌跤，父母关怀备至，常到校关心。老师为顾及安全，又加年纪小，所以排队时，导师总是把他调到第一个，就近注意，以防意外。

过了一些日子，他也都自动跑来排第一。

没有多久，他纵然不是第一个排队，也会自动钻到第一位。最近他仗着特权，拖拖拉拉慢慢地来排队，直接就站到前面来。尤其是前天，在玩球时，摇铃集合，他竟然听而无闻，还是老师叫人去请他来排队。

今天导师意外地看到，当娃娃车来时，恒如竟然大摇大摆插队排第一……

3. **分析**：

学生因身心条件有缺失，给予方便或特别照顾，是必要且应该，但这种优待应有范围或限制，不宜扩大。且也应该让小孩明其原因所在，避免心里存在特权，而显现不良行为。

4. **正用：**

当恒如的行为超出优待范围时，应予以纠正，甚至取消优待。事实上辅导之道，应采积极之途，协助恒如强化身心条件，而不是消极给予优待，才是理想之途。

（二）应用在上课发问

1. **原则**：教室秩序如何，端赖老师上课时的一念之差。

教学是一种师生互动的关系，它是动态的，但动态之中又是不乱有序，始能使教学正常运作。假若秩序一乱，教学就无法进行。一般而言，多数老师都能掌握良好，但有少数经验不够的老师就有问题了。

2. **示例：**

《教室像菜市场》

黄老师是一位刚投入幼教工作的老师，一心一意努力要把这个角色扮演成功。他教学认真，工作努力，尤其是对待学生。不过上课不到一个月，逐渐感觉力不从心，萌生改行的念头。因为上课时教室秩序几乎控制不了，教室像菜市场，"老师，我！我！"的叫声，此起彼落……

当靖仪举手没有点他，叫着"老师，我！"黄老师就叫他回答。接着黄老师在相同情况下，点素真回答。

效均有样学样。

静美也不落后。

…………

就这样子，上课时热闹极了。

3. **分析**：

由于黄老师指定回答的儿童是举手叫声很大的对象，使班上学生领悟出：叫声大与被叫到间的连结关系，如此，喊叫"我！我！"都可能获得满意的后果，于是强化叫喊的声音，教室怎能不变成菜市场？

4. **正用**：

若黄老师希望学生安静举手，则指定举手不喊叫的学生回答，万一这些学生还没有回答时，喊叫学生已经说出正确答案者，可以参考"隔离"、"惩罚"或"逃脱"原理章节处理。

（三）应用在言行举止

1. **原则**：儿童说脏话的不良行为，也是行为塑造的结果。

许多家长听到孩子说脏话，都会感到吃惊、生气，而要求小孩不可讲脏话。可是往往愈骂他，他却讲得愈多，有时候，真拿他一点办法也没有。

2. **示例**：

《说 脏 话》

明智是五丙的学生，在四年级以前任教过的老师，对明智的印象大致还不坏，但奇怪的是升上五年级后，李老师担任他的导师，愈来愈发现明智说脏话似乎是司空见惯的事。起初老师的反应是吃惊、生气和担心，然后要求他不准讲。可是他的反应却令人受不了，老师愈骂他，他愈不听话；老师不准他讲脏话，他却讲得愈多，老师真的拿他一点办法都没有……

为此辅导室特别为他召开一次个案讨论会议。最后的结论是，讲脏话也是行为塑造而成，因为明智是一位不被重视的儿童，他说脏话可以使老师气极败坏，可以搞得同学鸡犬不宁，他品尝到脏话的魅力，而愈讲愈多。这是因为明智说脏话，被老师和周围的同学意外奖励的结果，这也是为什么老师愈骂他，愈禁止他讲脏话，他却愈讲愈多，愈讲愈难听的原因。（林家兴）

3. **分析**：

对于喜欢讲脏话的孩子，在他说脏话的时候，如果我们给予任何的反应，都可能变成对他说脏话的奖励，不论我们的反应是生气或难过，愤怒或大吼大叫，都是对脏话的奖励，使脏话发挥了它的魅力。

4. **正用**：

最适当的管教方法是不予理会。孩子讲脏话的目的无非想引人注意或令人生气，做父母或老师的就不要上当，使孩子讲脏话得逞。所谓不理会，就是在孩子说脏话的时候，假装没有听见，不要用眼睛去看孩子，甚至干脆离开现场。只要没有人有任何反应，不为所动，孩子说了几次之后，发觉既不会使人生气，亦无任何反应，就觉得自讨没趣，慢慢地，说脏话的次数就逐渐减少。

（四）应用在带东西上

1. **原则**：有时候父母不管小孩，反而比关注表现更高明。

语云：不经一事，不长一智。许多行为或是经验累积而成，某一项良好行为之所以未建立，乃是由于父母师长关注太多，造成依赖。缺乏经验，良好行为无法建立，相对养成不良行为。

2. **示例**：

《忘记带东西》

大卫从学校打电话回家，学校离家大约 2 英里。他要妈妈把他的衣服在上该门课之前送到学校，如此就可不必接受任何处分。妈妈照办，把这些衣服送到学校办公室，办公室的秘书人员透过扩音器，叫他来拿衣服。过了几天，他忘记带午餐的钱，笔记簿，以及一本家庭作业簿……大卫对我说："这是我的名字第 4 次出现在扩音器。"他以此为荣，这时我才恍然大悟，我帮忙他送东西到学校，本是为了他免受处分，没有想到这么做，等于帮助他（强化）以遗忘为荣。

3. **分析**：

家人为了不让大卫被处分，于是依要求及时送东西到校，等于是鼓励小孩做出相同错误的事。小孩子以为自己的大名被扩音器广播，是一件得意的事，于是产生强化作用。对大卫来说，他的名字公开出现在扩音器是一件乐事；可是对某些小孩来说，反以之为尴尬的事。

4. 正用：

最好的方法是让大卫接受学校的处分，遗忘东西的行为自然就消失了。

（五）应用在休闲生活

1. **原则**：同侪团体不当引诱，反映臭气相投的不良行为。

学生是一种次级文化团体，这些成员中，若有少数儿童之行为无法跟大众一致，使他们的价值体系与一般社会所能接受之价值体系不仅有异，且不容于所处团体，于是走上偏差行为的道路，来得到同侪团体的认同。

2. **示例**：

《打电动玩具》

政宪是个长得眉目清秀，但资质平凡，不太用功的男孩。在校功课不好，但父母管得严，所以还算是正常的孩子。有一天，在同班同学的邀约下，政宪受不了诱惑，终于平生第一次走进电动玩具店。虽然他都没有花钱，可是心里有点罪恶感。

第一次月考刚考完最后一节，由于时间还早，昭雄又相约去打电动玩具，政宪就在半推半就之下去了，结果今天打得不错，有一点新奇。

政宪告诉晓明说："我爸爸去台北，要到周日才回来。"昭雄听到了，马上告诉政宪："下课后打电玩去，今天我们来比赛……"，结果政宪意外打得不错。

今天昭雄在下课休息时间向政宪说："奇怪前天电玩

你怎么会打赢，我真不相信，来！今天再去，我一定要
赢回来……"就这样，政宪渐渐爱上了电玩。

3. **分析：**

一个在学校没有成就感的人，对学校生活往往提不起兴趣，假
若校内生活发生挫折或校外力量引诱，都很容易吸引他的转向。政
宪就在这种情形下迷上电玩，而在电玩中有赢的机会，满足了他
的成就感，这份迟来的成就感更促进了电玩的魅力。

4. **正用：**

父母对子女学校与家庭生活之动静宜掌握清楚，一旦有变化
就应立即察明改善，不能等待事情严重时才要设法补救，如此为
时晚矣。

第六节　有效应用行为塑造的要点

一　确定终点行为

1. 目标行为陈述要明确：所拟建立的行为是一种特殊性（可
   观察、可测量、可预期）行为，而非普遍化的行为。
2. 应以日后即能在生活中应用者为主。
3. 所选择的行为以在正式塑造计划结束后，仍能持续获得增
   强物者为宜。
4. 能说明该行为在什么条件下发生或不发生。

二 选择适当增强物

1. 增强物因人、时、地而制宜。
2. 增强物必须量少，而够效力，以免个体因享用增强物而停止反应。
3. 最理想而常用的增强物是注意与认同（社会性增强物）。
4. 若使用于班级、团体，则必须确定增强物对每个成员是否适当。
5. 利用代币以交换其他增强物，常被用于行为塑造上。

三 开始计划

1. 选定合适的起点行为。
2. 根据训练者的起点行为，拟定若干序列步骤，以接近所定的终点行为。
3. 根据起点行为，所拟定的序列步骤，仅是训练者构想的步骤，须根据实际训练结果，随时予以修正，以切合需要。
4. 计划的拟定宜采详细多步骤的形式，以减少实施困难。
5. 逐步养成过程中，步骤大小与多寡端赖学习者的学习速率，快者步骤可少，慢者就要随时修正，以增加中间步骤。
6. 步骤与步骤间必须易于转换。

四 实施训练计划

1. 训练之前宜告诉受训练者有关的训练计划。

2. 所希望的行为出现时，宜立刻予以增强。

3. 须待所拟定之新行为完全建立后，才可以进入下一个步骤。

4. 假使无法确定是已经可以进入下步骤时，兹提供一概略标准借供参考：如 10 次练习有 6 次以上正确即可继续下一步骤。

5. 不要给任一步骤过度的练习，但也不宜练习不足。

6. 在执行程序期间，起始步子或连续的相似反应要根据儿童的学习情况不断进行修改。

五　结束计划

1. 行为塑造后，仍继续实施下去，唯增强方式必须采行间歇方式。

2. 上项间歇增强方式应采逐步加间距方法，当间距无限大时就结束计划。

3. 假若实施失败，其可能原因是：操之过急，步骤间距太大，或是不当增强物所致。此时宜根据以下几点来做：

（1）检查所施之增强物是否符合儿童的需要。

（2）如果儿童不注意或厌烦，可能是步骤间距离太近。

（3）儿童不注意或厌烦，也可能是进行过分迅速所致。

（4）如果是操之过急时，宜退回到前一步骤，练习几次，再回头目前的步骤。

（5）假使儿童还继续遭遇困难，须把遭遇困难的步骤再细分为几个小步骤。

第六章 继续增强

　　人类行为的养成与习惯的建立,增强物操作的影响至深且巨。有关增强物与学习的关系,早在桑代克的迷箱实验中就存在了,后来巴甫洛夫制约实验中也出现。当时二者的增强物均是食物,所不同的,前者是在动物（猫）做出一个适当的反应后才呈现;而后者增强物的呈现并不依赖于动物的反应,而是来自实验者。因此,在本世纪初就有心理学者注意到增强物的问题。不过在这阶段讨论到增强物问题大致着重在增强物操作的有无、质量、种类、延迟等等,而对增强物分配方式却很少论及。

第一节 楔 子

　　由于桑代克实验强调增强物是在于动物做出一个适当的反应后才呈现,导致后来许多心理学家从事"增强物安排"的研究,而启发部分增强效果的探讨,嗣后再有继续增强安排方式的提出。那么到底继续增强是什么,又如何应用? 这是本章讨论的主题。

《我家的鞋子》

　　我俩都是上班族,幺女多多,无人照顾,2 岁不到,就开始上托儿所。每天上午7点半左右，穿着完毕，都在门口等待妈妈整妆后，带她上宝宝之家。

有一天她在门口等候妈妈的时候，无聊，忽然心血来潮，把门前的拖鞋排得整整齐齐，正好我出门看到了。

＊多多，拖鞋是老师叫你排的？

＊不是。

＊那谁教你的？

＊我自己要排的。

＊好聪明，拖鞋排这么整齐，爸爸好高兴。

我把她抱起来，转了几圈放下来，看看她的表情，甜在心里，喜上眉梢。第2天，不用说她又如法炮制，而且排得更整齐。于是我摸摸她的头说：好能干，好懂事。第3天、第4天……结果可想而知，拖鞋都排得好好的。

多多排鞋都获得甜头，排鞋行为日益牢固，终成习惯。一直到今年已13岁进了中学，每天排鞋的行为没有中断，变成她份内工作。纵使不再鼓励，她也奉行不渝，历久不止。

《小明的大嗓子》

有一个妈妈向专家求助，抱怨她10岁的儿子小明，讲话声音太大，怎么说也不听。经过仔细观察，专家发现：小明其实也会用适当声量说话，但只有当他大声说话时，爸妈才会注意他说："小明，怎么这样说话？"或"不可以太大声！"重复多次后，小明讲话声音愈来愈大，因为唯有如此，父母才会把注意力转到他身上。

经过说明，小明的爸妈试着在他用普通声量说话的时候称赞他："乖！这样讲话才有礼貌"或"妈妈最喜欢小明这样说话"。而小明如同过去那样大声说话时，全家都没有人理他，才一星期，小明说话就小声了许多。

《一 百 分》

宗凯是一位天资优异，但不太用功的学生，父母或老师都认为只要他稍微努力一点，各科成绩应该可以表现得更好，尤其是数理方面。

最近不知什么原因较能静下来读书，已经有段时间都会主动写课外练习，并拿给老师批改，常获满分。今天他又拿来了。

＊老师，请帮我看看练习题做得对不对？

老师接过来，大略瞧一下，第3、7题错了。于是老师不吭声，还给他，然后说了：

＊检查看看，等老师忙完这件事后，再拿来给我看看。

宗凯接回后，重新看一次，发现第3题有问题，订正后俟老师忙完就送给老师，结果老师发现第7题还是错误。

＊再看一次……

当老师说这句话时，手指头一方面也点着第7题（暗示）。

宗凯再检查一次，终于发现第 7 题错误，赶快动手更正。

当然最后批改，又 100 分。

在导师的继续增强下，做作业的兴趣有增无减。不到一学期，宗凯的数学成绩名列前茅。

第二节　内　容

继续增强方式在心理学者探讨增强物分配方式的过程中，虽然是较晚被提及的问题，但就儿童行为建立的历程而言，却是我们必须最早应用的方式，才能有效牢固地建立儿童良好行为。假若在良好行为建立的初期不能使用继续增强，则这项期待建立的行为很容易夭折。那么继续增强又是什么？其内容及使用方法如何？的确值得管教者关心。

一　理论依据：猫的实验

20 世纪 20 年代，当斯金纳还是哈佛大学研究生时，他从事一项实验：研究猫穿过 8 米长的通道取得食物的行为。

他制作简单装置如下图所示。

图中正矩形通道中间为一横轴，使其呈天平状平衡安置。当动物从一端到另一端跑动时，它就上下来回倾斜。每当通过倾斜回来时，附臂就钓住旁边的一个轮子，使它移动一个缺口，缺口都在轮子的周边，这就使一个缺口内的食物经漏斗落入盘内。这样，猫在迷津来回穿梭运动时就自己对自己进行奖励。结果猫穿

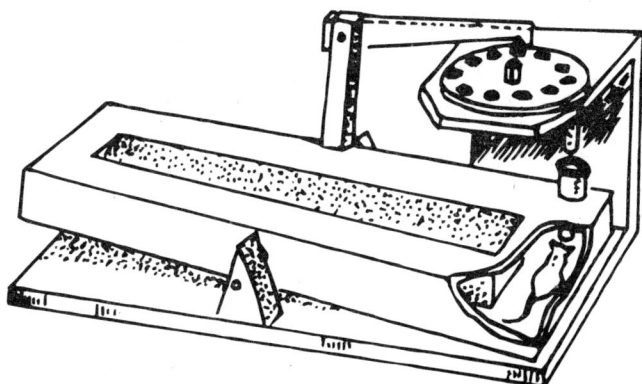

图 6-1 早期的斯金纳箱（根据斯金纳，1956）

过通道取食行为加强了。

二 模 式

研究动物行为最常用的装置是"斯金纳箱"。这一装置之所以广为普及，乃是由于它的实验操作很容易自动化，从而使实验者摆脱了繁重的实验室劳动，去建立理论、设计新实验和写作。

本实验是斯金纳最早的一项实验，原先是每次实验后都把猫从终点箱再拿到起点箱。为了摆脱这种麻烦，他建造了一条使猫自己能够返回的通道，结果形成如图的这样迷津：底板是矩形的，从起点箱至终点箱有一条直线的通道，和一条从终点迂回至起点箱的通道。

斯金纳应用上述设计，从事猫的穿梭运动实验。从这项实验可以知悉：猫每当通过倾斜回来时，都可以获得食物。在这种情况下，猫学会了来回穿梭,并且持续如故,直到吃饱或不愿做为止。

由于本实验设计采自动化原理,可以使猫每次来回穿梭运动都能获得增强。若单独就某次穿梭运动或增强而言,其模式与第二章正增强没有差别:

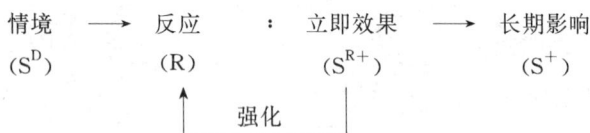

$$\text{情境} \longrightarrow \text{反应} \quad : \quad \text{立即效果} \longrightarrow \text{长期影响}$$
$$(S^D) \qquad\qquad (R) \qquad\qquad (S^{R+}) \qquad\qquad (S^+)$$
$$\underset{\text{强化}}{\underline{\qquad\qquad\qquad\uparrow\qquad\qquad\qquad}}$$

若就整个学习历程而言,是由许许多多的上述模式组成,以符号表示的话大致如下:

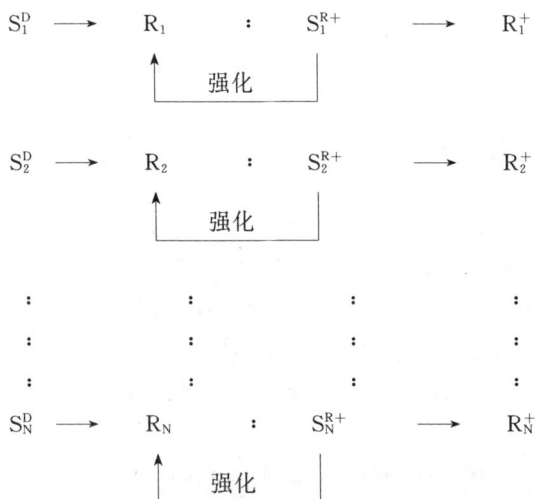

$$S_1^D \longrightarrow R_1 \quad : \quad S_1^{R+} \longrightarrow R_1^+$$
$$\underset{\text{强化}}{\underline{\qquad\uparrow\qquad}}$$

$$S_2^D \longrightarrow R_2 \quad : \quad S_2^{R+} \longrightarrow R_2^+$$
$$\underset{\text{强化}}{\underline{\qquad\uparrow\qquad}}$$

$$\vdots \qquad\qquad \vdots \qquad\qquad \vdots \qquad\qquad \vdots$$

$$S_N^D \longrightarrow R_N \quad : \quad S_N^{R+} \longrightarrow R_N^+$$
$$\underset{\text{强化}}{\underline{\qquad\uparrow\qquad}}$$

三 意 义

在操作性制约学习中，动物逐渐做出被增强的行为，而不做得不到增强的反应。由于增强在这个过程中起了重要作用，所以研究者一直对增强问题感到兴趣。

前面提到学者开始研究这个问题时，大致着重在增强物的有无、质量、种类、延迟等等变项。后来从事操作延迟研究，使得巴甫洛夫（1927，384）进一步使用反应制约从事部分增强的研究，开启更多心理学者的注意。一直到 30 年代末期，斯金纳研究获得结论认为有机体在学习时，如果每一次做了适当的反应，接受一个增强物，然后给予消弱，此种情形与有机体在获得期间，达到正确反应的，仅有若干百分比给予增强的情况，其消弱反而较快。换言之，部分增强比继续（或 100％）增强较不易消弱。到此，使斯金纳彻底去研究这一主题——部分增强的问题。

也因为这项研究，使增强操作出现消弱、部分增强观念后再涉及继续增强方式的讨论，于是在 1957 年斯金纳和费斯特（Ferster）合写了一本著作《增强方式》(Schedules of Reinforcement)，概述几年来研究部分增强的种类，计有 4 种不同类型，再加上继续增强，合计 5 种增强方式。

继续增强概念或许出现较慢，但在有机体操作学习上却使用较早，操作制约学习的早期几乎都应用了继续增强，较易达到正确反应。这项实验结果说明人类行为乃由增强物的安排确定，而在行为养成的初期，行为后果若能每次都获得增强时，其再度出现的机率强化了。

让我们回头检视上述 3 例，并进一步印证上述说法。

　　有些人认为，孩子排鞋行为极其平常，有什么好大惊小怪？一般家长就因为持这种看法而忽视良好行为的建立，只有部分家长及笔者等能稍加注意，适时予以激励，排鞋行为就会继续出现。假若儿童可欲行为开始的这阶段，都能继续予以增强，则排鞋行为就会强化，历久不衰。

　　小明也是一个平凡的孩子，当他心平气和跟父母说话时，得不到他们的反应，只有提高半音，才会引起父母的注意，这种情况因继续出现，导致小明大嗓子的形成。父母了解关键后，反其道而行，终于改善小明的毛病。

　　儿童读书多少需要成就感的鼓励，总期待能表现良好，分数高，得满分，这种成就感会引起孩子读书学习的兴趣。宗凯就是因为每次能获得满分，强化学习动机，终于名列前茅。

　　上面 3 个例子，内容虽然不同，但具有两项相同精神。一是都是利用激励方法，使孩子良好行为再度出现；二是每次出现可欲行为时都获得增强的后果，此种激励方式就是本章所讨论的主题——继续增强。所谓**继续增强是指个体每次行为的发生，都给予适当的增强物而言**。是属于增强方式的一种。在这种增强方式下，行为获得所欲后果的可能率是百分之百。

　　在自然环境中，继续增强的情形不多见。渔翁垂钓，不可能每次放线都有鱼儿上钩；农夫播种不可能年年五谷丰收；年轻男孩约女友出游，不可能每次都获得对方含笑首肯，有邀必应，总有吃闭门羹的时候。事实上在日常生活里，各种行为要获得百分之百的收获，势无可能。（邱连煌）但在可欲行为的建立初期，都能获得增强却是必须的。

第三节 正 用

如何培养儿童的良好行为，学者看法不尽相同，行为主义学者强调从增强的观点着手，认为孩子行为倾向因获"增强物"而增加其强度的现象，而增强物的安排也关系增强效率的高低。在一般行为建立的初期，若能在行为的发生时，每次都能获得增强物，将有助于行为的建立。

一 家 庭 方 面

（一）应用在语言学习

1. 原则："继续增强"已被老祖先应用在呀呀学语上。

由行为学习论的立场而言，语言行为（verbal behavior）原则上和一切其他的行为所受机制是一样的。换言之，儿童会学习语言主要是由于外界的增强作用所引发。

2. 示例：

《妈 妈》

素华结婚 2 年后生下惠婷，由于是家族里的唯一孙子，真是宠幸集一身，成为大家关心的焦点。素华由于在校时期是学习语言的，因此特别注意到惠婷的语言发展。

初生七八星期时，声音极为有限，只有哭泣及生理性的声音。

2个月大开始能发出一些咕咕的声音。

20几个星期后发出介乎咕咕音与真正呀语音之间。

30个星期后，重复音出现，尤其哭的时候就发出 ma 的声。当 ma 声一发出，母亲赶快跑来，不仅嘴中说妈妈来了，而且把她抱起来，不然就是把牛乳往嘴上送。如此反应，到了40几个星期后，mama 的重复音出现。

最后妈妈与母亲联在一起，不知从什么时候开始她会说话，但可以确定的是妈妈的叫声是最早的。

3. **分析**：

当婴儿首先发出"呀呀学语"的声音，是婴儿学习发音的开始，包含了重复的相同声音，例如 ma，ba 的声音最多。当 ma 声出现，母亲就出现，不仅是给牛乳，而且又抱。牛乳及抱都是增强物，强化 ma 声的再度出现，所以在语言中 mama 声变成母亲的制约刺激，也成为最早出现的词。

（二）应用在服务行为

1. **原则**：孩子努力的事实若能被继续增强，良好行为于焉形成。

增强虽然有助于行为的建立与塑造，但必须掌握要诀，才能发挥效果，《学记》所谓"时过而后学，事倍而功半"，一件良好行为的建立，也必须把握时间性，及时予以增强，效果容易显现；若时间一失，事后再要求，则事倍而功半了。

2. **示例**：

《整 理 报 纸》

　　小英排行老二，今年 4 岁。哥哥上学，爸爸上班去了，妈妈正在洗衣服，她独自在客厅里游玩，一下是看电视，一下子玩拼图……正当无聊的时候，她忽然看到沙发上的报纸乱成一堆，于是心血来潮，动手把报纸一张一张整理好，不久妈妈来到客厅。

　　＊妈！你看。

　　＊看什么？

　　＊给你猜。

　　妈妈眼睛扫瞄客厅一周后说：

　　＊谁把报纸整理那么好。

　　＊是我。

　　＊哦！太能干了，你帮妈妈好大忙！

　　自此以后小英一再出现整理报纸的行为，看到这种事实时，妈妈会说："你真是好孩子，"或"太棒了！"或"好懂事！"或"妈妈没有你怎么可以？"……就在这样的激励下，我们家的报纸都会整齐放着。

　　3. **分析：**

　　母亲赞赏的话，使得小英对自己努力的行为表现，觉得非常快乐。在她无聊之际，顺手把报纸整理的事实。是很容易理解也可以做得到的事，最可贵的是：都获得母亲的肯定与赞赏。于是这项行为很快形成，久而久之自然成习惯了。

（三）应用在零食习惯

1. **原则**：适当掌握契机予以继续增强，不良行为自然消失。

由于父母的疏忽或不在自己管教下，孩子往往会养成一些不良习惯如睡觉、饮食、礼貌等等。等到父母发觉，想要改善时已根深蒂固，难以有效处理。

2. **示例**：

《不再吃糖果》

美玲才40岁出头，牙齿都坏掉，受过多少牙痛折磨后，连最后两颗都保不住，只好全部装假牙。有此经验，发誓要子女好好维护牙齿，因此禁止两个子女吃糖果。可是老二怎么说都不听，还是很喜欢吃，好像不在乎牙齿的问题。可是有一天，不知何故，在亲戚家里有人送糖果给她时，她当时没有接受，对此亲戚赞美不已。

＊妈！以后我不吃糖果了。

＊为什么？

＊牙齿会坏。

＊太好了，你很聪明。

后来有几次机会朋友送来糖果，她都不吃，也都获得母亲的增强，使得不吃糖果的行为强化了。

3. **分析**：

美玲的孩子向来喜欢吃糖果，后来一次机会因不吃糖果，获得增强，尤其是亲戚等外人的奖赏，使得这种行为强化。嗣后母亲能掌握此种契机，继续捉住机会，予以增强，终于改善喜欢吃糖果的习惯。

（四）应用在绘画学习

1. **原则**：继续增强是促进孩子学习艺能的最佳策略。

孩子的任何行为，若详细检视，有好的一面，也有不理想的一面。父母或老师往往都以整体来评论孩子的成就，导致被批评的比被鼓励的多，结果失去许多发展良好行为的良机。

2. **示例**：

《小 画 家》

明洁从这个学期开始有绘画课程，第一次上绘画课时，老师发现他画得不错，夸奖一番，返家后就拿给爸爸看。

＊爸爸，你看我画得怎么样？

＊很好。

＊老师也说不错。

＊当然，你很能干……

自此以后明洁一有空就画图，尤其是星期六下午，都会画一张 4 开大的图，画完后爸爸都鼓励他。譬如：

＊画得实在太好了，尤其眼睛画得最像！

＊画得很好，颜色用得很鲜艳。

（类似这些赞美的话，若能适时表达，必可增进明洁的画画兴趣。有时也不一定都给高帽戴，装傻一点，问一些问题也有相同效果。）

* 画得不错，咦！那只鸟大概是从外星来的，否则
怎么会嘴巴长在头的后面。

* 不对呀！那是因为它转过头来的。

* 哦！原来是这样，你好聪明。

…………

就在这种情形下，明洁对绘画产生浓厚的兴趣。

3. **分析：**

明洁第一次绘画就被老师夸奖，回家后爸爸又适时地予以增强，嗣后爸爸知道采行变化的增强方式，使得明洁的绘画兴趣得到强化，变成小画家实在不意外。

（五）应用在学琴方面

1. **原则：** 继续增强应用在各种技能上的学习也很有效果。

技能的学习，一般而言都比学科学习较易被孩子接受，换言之，较不会因其枯燥无味，而失去学习兴趣。可是技能学习往往是一项漫长的过程，一般新奇过后就会产生厌倦现象。

2. **示例：**

《学　琴》

当晓诗向父母提议让她学钢琴时，爸爸询问姊姊及二姊意见没有问题时，立刻购买一部钢琴，并请一位老师定期来家里指导。刚开始 3 个姊妹好高兴去练琴。日子一久，兴趣愈来愈显缺乏。一学期后，时见妈妈在催晓诗练琴，这时候爸爸很技巧地介入了。每当晓诗弹琴

时，爸爸就趁机予以夸奖一番。

　　＊晓诗，你弹琴进步好多。

　　＊晓诗，你弹得越来越好听。

　　＊哦！今天弹得太多，累了就休息！

高帽一戴，她弹得愈有劲。今天下班回家，晓诗一个人在客厅显得很无聊。

　　＊嗳呀，我今天好累，现在我好想听到有人弹琴的
　　　美妙声音。

晓诗听到，立刻冲到琴房去。

　　＊恶心。（姊姊见状说了风凉话。）

　　＊爸爸，你看姊姊！

　　＊没有关系。她跟我们不同国，听不懂，所以会这
　　　样说。只要我听懂就好了。

晓诗愈来愈喜欢弹琴了。

3. 分析：

晓诗起初由于好奇而对钢琴有兴趣，但经过一段时间，每天都要练习弹琴，必然会厌倦。这时爸爸能及时予以继续增强，使练琴行为再度出现的机率增加。

二　学校方面

（一）应用在清洁工作

1. **原则**：适当把握幼儿的良好行为，继续予以增强，就可以
　　　建立良好习惯。

小孩子天生具有好奇及模仿的能力，看到他人工作，都喜欢尝试。假若老师或父母能掌握这一点，当其表现良好行为时，予以继续增强，就很容易建立良好行为。

2. **示例:**

《洗 擦 床 铺》

绍文是育光幼儿园大班儿童,中午都有午睡时间。这所幼儿园不仅设备新颖，而且环境维护相当不错，每天午睡前一定先把床擦干净。

今天绍文看老师在洗擦床铺，觉得好奇，然后笑着说：

* 老师，我也擦地板好吗？
* 好呀，好辛苦哦。
* 没关系啦！

就这样绍文开始洗地板，大约 20 分钟后。

* 绍文，你洗擦得太好了。
* 真的？
* 当然真的。
* 老师，我明天还要擦……
* 那好极了……

从此绍文每天都自动擦床，每天也都获得老师的赞赏，许多小朋友也因为看到绍文的行为而自动加入。

3. **分析:**

幼儿园的环境都由专人负责,小朋友是不动手做清洁工作的。

当老师从事一些工作时，小朋友会好奇模仿。就在儿童出现良好行为时，若能适时予以继续增强，则此种良好行为就强化了。

（二）应用在绘画学习

1. **原则**：若能善用继续增强，将可改善个人学习兴趣。

许多孩子的学习不一定都有兴趣，往往在父母或老师的逼迫下进行的，不仅提升不了学习绩效，而且也会造成情绪行为。这时老师若能善用继续增强，可能会收到意想不到的效果。

2. **示例**：

《贴上公布栏》

王老师在新生幼儿园任教，对幼儿的绘画、劳作有独特的看法和教法，为大家所重视。

永平是王老师本学年刚接的一位幼童，绘画时总是在一幅画还没有完成之前，由于自己觉得不好，就把它撕掉。当王老师发觉这种情况后，开始注意，每当图画课时，王老师都有良好的赞美，然后贴到布告栏让大家欣赏。

＊这只鸟画得太漂亮了。

＊在画纸上画孩子在奔跑，实在不容易，你却画得很传神。

＊老师喜欢图中这幢房子的造型。

＊我很喜欢你这次表现的色彩。

…………

永平脸上的笑容，因为每次老师的夸奖而绽放，于是就在这种情况下，他慢慢喜欢上绘画。

3. 分析：

永平每次绘画都因老师的注意和赞赏而高兴，同时也因每次作品被贴上布告栏，受到激励而乐于展示自己。

长此以往，兴趣提升，作品进步，是意料中的事。

（三）应用在行为改善

1. 原则：若能一再突显孩子的优点，不良行为可消弭于无形。

许多教育的问题都根源于师生间的关系，这种关系不仅显现于良好行为的建立，而且也表现在偏差行为的改善。许多行为不良儿童乃是由于隐善扬恶的结果，假若改变为扬善隐恶的态度，则不良行为将或可消弭于无形。

2. 示例：

《赏识的结果》

岳桦在四乙师生心目中，可以肯定是属于偏差行为学生，他功课不好，喜欢欺负同学，人际关系不良，同学对他都敬鬼神而远之。

刘老师这个学期担任他们的导师，对岳桦行为已略有所闻，多次思考如何改善他的行为，最后决定采行继续增强原理来改善。

＊岳桦，你的字迹工整。

＊岳桦，老师好喜欢你画的这张画。

＊岳桦，我看得出你对数学的喜欢。

＊岳桦，你是个勤劳的人。

．．．．．．．．．．．．

一个学期下来，岳桦行为改善很多，几乎变成另外一个人了。

3. 分析：

适时奖励在孩子的成长过程中，具有非常重要的意义，尤其是对处在不断被批评环境下的儿童为然。岳桦由于平常表现不良，拉远与同侪的距离，刘老师能采行正面积极的奖励方式，给他带来意想不到的激励，而改善了不良行为。

（四）应用在课程学习

1. **原则**：继续增强不仅可以应用在行为的改变，而且也可应用在学业上的改善。

学生的各科学习是否能有良好绩效，除个人的努力外，老师跟孩子的互动关系也具有相当影响力量。老师若能针对孩子学习失败的原因，然后寻找其值得称赞的地方，将有助于学业的改善。

2. **示例**：

《答对！太好了》

欣华是小学四年级学生，脑筋不错，只是不大用功，尤其是数学，不喜欢做作业，经常考不好，父母师长都清楚他的毛病，只是不知如何改进。

黄老师是一位新来的老师，了解欣华的情况后，采行一些跟过去其他老师完全不同的策略，尽可能去寻找他值得称赞的地方，譬如这一两天上台做练习：

　　*欣华，在黑板上演算的这题，完全答对，太好了。

　　*欣华，刚才第3题的解法很特别，很有创见。

当发还作业簿时，老师不忘予以鼓励：

　　*欣华这次作业比以前进步很多，老师好高兴。

今天发考卷时，老师把握了机会：

　　*欣华这次平时考，第3、5、6题做得最棒……

欣华就在黄老师鼓励下，对数学慢慢产生兴趣，成绩也直线上升了。

3. 分析：

欣华的脑筋本来不错，但由于不努力做作业，导致低成就的现象。黄老师能抓住重点，针对做题正确或突出的地方做尝试性的赞许，以强化做作业的动力，培育对数学的兴趣，必然有助于成绩的提升。

（五）应用在生活习惯

1. **原则**：继续赋予孩子责任，亦有助于不良习惯的改善。

马斯洛（Maslow）强调人类需求层次论，当一个孩子由安全感进入了隶属感后，再进入自尊尊人的阶段，总会希望在团体中被看重，有地位，否则就会出现一些非（反）社会行为。

2. **示例**：

《迟　到》

说起振清，导师就烦恼。虽然没有大毛病，但小问题却不断。尤其是迟到的情形，升旗也好，上课也罢，总是出状况，导师真拿他没办法，一个礼拜至少有3次以上，所以同学们都不喜欢他。有一天，当导师拿笔记簿走向教室时，碰见振清。

＊老师要不要我帮忙？（老师惊奇意外地看着他。）

＊是的，老师需要你的帮忙。

于是振清接过这些笔记，到了教室。

＊振清帮忙发给同学。

＊好的。（老师第一次发现振清可爱的脸孔。）

自此以后，导师一有事情，就自动找振清，振清也很高兴接受，同时也都做得很好。一学期下来，振清真是脱胎换骨了。（钟思嘉）

3. 分析：

当一个孩子在团体中已呈现许多缺点时，我们若仅去注意缺点，强调缺点，是无法使缺点减少。一个孩子无法在行为上建立自己的信心，缺点仍存。唯有对自我信心的加强才能改善缺点，振清就在这种情况下，改善迟到的毛病，也表现出许多良好行为。

第四节　影响继续增强效率的因素

一　行为建立的阶段

增强原理应用在良好行为的建立——形成一项特别显著而定

型的行为，较好的方法，莫过于针对所欲建立行为多予增强。

根据实验研究结果得知：增强方式的实务应用，在塑造个体行为的初期，最好采行"继续增强"方式。也就是个体每一次正确反应时，均应立即予以增强。到了中期就不宜了，应采间歇增强。

何以增强方式在行为初期要采行继续增强，这主要是因为在训练初期，个体行为尚未定型，所以需要借每次增强以诱导此一行为。到了训练中期之后，行为慢慢成熟、定型，增强次数可以逐渐减少。换言之，个体行为建立的初期必须应用继续增强，假若在中期、末期的话，效果就降低，必须改采间歇增强，才能发挥增强的效果。

二　增强物的性质

就一般情形而言，增强物性质与个体兴趣有关，假若增强愈接近或愈适合个体兴趣者，愈有效果。

说起增强物的性质，严格说来必须考虑孩子的个别差异问题，和行为建立的不同时期。就增强物性质而言，电视能增强小英的写作业行为，不一定有效增强小明的这种行为。假期时，活动性增强对永佳能发生增强效果，非假期则不然。

就行为建立的不同阶段，增强物性质也会影响继续增强的效果，一般而言，训练初期可能多多使用消耗性增强物如：食物、糖果，或操弄性增强物如：玩具、拼图等，让受训者直接感受到增强的喜悦及满足。唯若要提高更大效果，最好能配合社会性增强物的应用，如口头鼓励或身体接触等等。行为形成，日趋稳定后，宜改为间歇增强，增强物也需要慢慢采用社会性增强物较宜。

三 个体的特质

有关增强的研究结果指出：行为建立或改变能否成功，完全要看是否选对强而有力的增强物。所谓强而有力的增强物，系完全针对个体的特质而定。

这项特质包括下列各方面：

1. 身心条件：

正常儿童与身体异常小孩（如智能不足、情绪困扰、生理缺陷……）都不一样，对一般正常儿童非常见效的增强物，对特殊儿童不一定有效。反之亦然。

2. 年龄：

增强物能否发挥效果，也要看孩子的年龄，年龄不同，增强效果就不一样。例如对小学二年级的小明说："看你做得好棒，我真引以为荣"。可能使小明会做得更好，但对初中的学生就不一定有效果。

3. 性别：

性别不同的孩子，对东西的兴趣不同，因此增强物的应用也就有差异，譬如小学男生对打球兴趣甚浓，女生则否；女生对洋娃娃就比男生有兴趣得多，也有效得多。

除此之外，个人的兴趣与嗜好也有关系。因此，欲使继续增强发挥效能，必须考虑个体对增强物反应的特质，包括身心条件、年龄、性别、兴趣及背景等等。

第五节　误　用

儿童良好行为的建立，增强物的选择，关系其成效甚巨，但是若仅注意适当增强物的选择是不够的，还必须懂得有效地去安排增强物才行。一般而言，在行为建立的初期采行继续增强，使个体每次行为发生，都能获得满意的后果，这种"有求必应"的措施，应用适当，固然不错，但应用不当时，就会带来不良后果。

《变 本 加 厉》

有一天，带女儿到小馆子吃午餐，恰好是小学生放学时间，许多父母带着孩子来用餐，小馆子立刻变得热闹而拥挤。

一对穿着体面，看来都是上班族的夫妻，领着就读小学一年级的儿子，就坐在我们邻桌，母亲问儿子：

＊你要吃什么？

＊我只要喝可乐。

＊不行，要先吃正餐，才能喝可乐。

＊不要，我只要可乐。

＊好啦，好啦，就先给他可乐吧。（爸爸帮儿子说话了。）

母亲无奈，只好依了他们。等到菜肴上桌，儿子尝了一口小菜，五官扭曲，声音也扭曲：

＊妈妈，这菜好难吃，我不要吃！

*好吧，那你吃面好了!

儿子用筷子捞起两根面条，连连吸进口中，嚼了两下，又用那种扭曲的声音说：

*面也好难吃，我只要喝可乐就好了!

*那不行，你会饿死，这家的馄饨不错，我帮你叫一碗馄饨汤好不好?

儿子的眼睛、鼻子全挤在一起，还没有来得及说出"不要"，那位唯恐儿子饿死的母亲已经大声向老板说："加一碗馄饨汤。"

果然如我所料，馄饨汤来了之后，那位儿子仍是尝了一口，就皱着口鼻说："好难吃，我不要吃!"

我想，这幕情景以前一定发生过许多次。看了这对父母的宠溺，我相信，往后必定还会出现，而且愈来愈变本加厉。(孟心)

一　家庭方面

(一) 应用在孩子吵架

1. **原则**：用继续增强解决孩子吵架，反而强化争吵行为。

孩子相处难免有口角争执，甚至动手打架行为出现。若非必要，大人不宜介入，孩子自然会自行解决，和好如初。可是少数父母往往不加思考，不仅介入，甚至干涉，扩大争吵面，有的是关怀不当，反而改善不了争吵行为。

2. **示例**：

《妈 妈 疼》

　　志虹今年 4 岁，是刘家的独生子，在家里受爷爷、奶奶的关照无微不至。年纪稍长，生活圈扩大，近半年来常与邻居小朋友游玩。有一天，志虹与邻居孩子光伦因故吵起来，由于光伦弱小，结果被志虹揍了一顿，还在手臂上咬了一口。光伦的妈妈听见儿子尖叫声，赶快放下工作，跑百米似地冲出，狠狠拉开志虹，还骂了他一顿。志虹哭着回家去。

　　其母见状心疼，马上把他拉在怀里，并且问道：

　　＊志虹，怎么哭了？

　　＊张妈妈骂我，又要打我……（志虹一面说一面哭。）

　　＊不要哭，不要哭。妈妈疼，妈妈疼。

　　刘妈妈眼见自己的宝贝心肝被人欺侮，感到心疼，又抱又哄，给予安慰。另一方面，志虹不说欺侮光伦的事，却强调被张妈妈骂的事，使母亲同情，让妈妈抱在怀里，心满意足，乐极了。

　　结果，后来这种事故一再重演。

　　3. **分析：**

　　刘妈处理志虹这件事，虽然表现母性，关怀受挫的志虹，只有让他心里感受到：真好，原来欺负小朋友，也会带来妈妈疼的甜头，以后该多来几下。在这种情况下，志虹的行为终会善恶不分，是非不明，导致无法无天的行为。

　　4. **正用：**

孩子争吵、打架都属于不良行为，面对此种行为应采消弱策略，不宜过分同情、关怀，误导孩子哭诉行为被增强，反而强化争吵的行为。假若消弱无效，则区别增强、隔离都可应用。

（二）应用在起床方面

1. **原则**：应用继续增强消除孩子哭叫，却使哭叫成为习惯。

孩子为要引起父母的注意或达到他的某种心愿，最常应用的法宝就是哭叫，当父母听到孩子的哭叫时，会想尽办法哄他，期使停止哭叫。这时父母想的只是如何解决眼前的问题，不会考虑到后果如何，可怜父母的用心，却带来负面的影响。

2. **示例**：

《背 他 下 楼》

元璋今年 5 岁，是一个轻度智障的孩子，从小就和爷爷、奶奶住在一起。因有缺陷，所以尽可能顺从他。几年来表现虽然不突出，但大致还可以，没有什么特别毛病。

有一天早上，他睡醒不舒服，哭着叫奶奶。奶奶在楼下叫着："元璋，奶奶在楼下，你下楼吃早餐。"元璋不理会，继续哭，哭声越来越大，这时爷爷觉得不安，就上楼。

"元璋，不要哭。"元璋继续哭，爷爷一再劝没有用，最后只好把他抱起来，背在背上，下楼。他到楼下后就不哭了。

＊对，要像这样，不哭才乖。

*元璋，是的，要听奶奶的话，爷爷才要背你哦。

从此以后，只要元璋睡醒就哭，一直要等到爷爷去背他下楼。

3. **分析**：

元璋因某种原因而哭叫奶奶是极为平常的事，假若不去询明哭叫的原因，而盲目采取背他下楼的反应，虽然解决眼前的问题，却强化了哭叫的行为，这种强化若一再继续就变成习惯。

4. **正用**：

由于元璋在哭泣之后，得到奶奶或爷爷背他下楼的结果，这是一种鼓励，一种增强。因此，哭泣的行为被强化，可以说是增强的错误用法。改善之道，应该增强他不哭的行为，哭的行为可以采用消弱策略，若没有效果，则采后面有关章节如区别增强方式。

（三）应用在人际关系

1. **原则**：继续增强应用不当，塑造不良的孩子个性。

孩子是人生历程中最可塑造的阶段，它就像一块黏土可以塑造许许多多不同的形象，这种塑造乃是亲子或师生互动的结果，而增强正是彼此互动效果的动力所在。

2. **示例**：

《自 我 孤 独》

昱原是余家老幺，上有一兄一姊，表现极为优秀，尤其是功课方面。昱原从出生后，迄今 10 岁间的表现，父母清楚昱原是赶不上他的兄姊，所以特别注意他读书的事，不能让父母没有面子。于是尽量鼓励昱原读书，其他事都不必做。

在小学这几年，昱原的确也都照父母的意思，是个值得称赞的孩子，平常都能专心于书本，成绩也维持在标准之上。重要的是父母也能及时予以增强，几乎不放过任何一次可以增强的机会。

今天教学参观日，昱原的爸爸正好有空，于是专程到校。在座谈后，导师张老师特别跟他谈谈昱原的事情。就功课而言，导师一再称赞，秩序方面也循规蹈矩，但在心理上有严重的逃避倾向，孤独、不喜欢参加各项团体活动。

父亲听后心中颇感担忧。

3. 分析：

昱原在兄弟同胞中，是资质较差的一个，父母能善用继续增强原理来强化昱原读书的行为，导致昱原专注于书本，从家里到学校都表现得乖巧、听话。但相对地，在与同学相处时逃避人际关系，不喜欢参与，而失去尝试和他人建立关系的机会。

4. 正用：

不宜把增强原理窄化用于读书方面，而培养出死读书的孩子。适当的休闲生活和课外活动是必要的，因为那是发展健全人际关系所必需的。昱原的父亲若能注意这方面，当可避免发生上述弊端。

（四）应用在功课方面

1. **原则**：继续增强应用不当，也影响到身心健康。

继续增强对行为建立有莫大帮助，但增强背后所使用的增强物，有时长期间使用会影响到孩子的身心健康，尤其年幼时期，生理条件尚未成熟，其影响尤甚。

2. **示例**：

《近　视》

　　海天与书雯夫妇从外地来此，任职公教，生有一个孩子欣仪。由于工作关系，欣仪很早就进托儿所、幼儿园，现在她就读小学四年级。海天夫妇出身师范系统，从欣仪小时候就注意培养她自动读书的习惯，以电视作为增强物，凡写完作业，读完功课，电视就是她的；9点半就寝。迄今这项家规已成习惯。欣仪也很自动，成绩更为优异。最令海天夫妇安慰的是：欣仪懂事、用功、不让人操心。

＊妈，你看，我的成绩单……

书雯看完成绩单，很高兴地夸奖欣仪，话还没说完——

＊咦，你的眼睛怎么……

＊是的，上周检查视力，今天早上导师拿检查报告单给我，要我注意。

＊我的天呀，400度。

书雯感到好惊讶！……

3. **分析**：

海天夫妇很成功地应用继续增强原理来建立欣仪用功读书行为，策略正确，效果显现，绝对没有错。问题是在这策略下，小孩懂得用功读书，休闲时间则用于看电视，眼睛休息时间少，疲惫过度，导致近视的加重，是他们夫妇事先没料想到的。

4. **正用**：

增强物的选择，不要完全放在看电视，可以增强涉及视力以外的增强物。换言之，一方面减少"视力"专注的有关活动，一方面增加其他不同类别，而小孩喜欢的增强物，如：活动性、社会性……的活动等等。

（五）应用在生活习惯

1. **原则**：太多的关爱，强化孩子的依赖性。

对孩子的关爱、注意也是一种增强。继续增强趋向极端时，就形成无限的关爱，甚至落入无微不至的地步，对孩子的任何芝麻小事都关心。如此，只有缓慢，甚至阻碍孩子的身心成熟。

2. **示例**：

《不行！现在买》

亚男是个独生子，从他一生下来，父母就对他的一切操心个没完。妈妈因之辞掉工作，专心照顾他，照顾到无微不至的地步。

每天要探测孩子呼吸，检查内脏的活动，计算食物的热量，注意睡眠的情形；站着怕他跌跤，跑着又怕他

受伤，一发烧就弄得全家鸡飞狗跳；只要他开口，尽量
满足。

　　* 妈咪，我要买一套新的儿童游泳池。

　　* 怎么了，不是已经有了吗？

　　* 我不喜欢这个旧的了。

　　* 好吧。

　　* 那现在就去买。

　　* 亚男，妈好累了，明天再买。

　　* 不行，现在就要买。

　　* 亚男，拜托，今天我们已经出去好几次了，明天
　　　再去买好吗？

　　* 不，我现在就要。

　　妈妈实在太累，不停向亚男拜托，解释，儿子则败
兴地又哭、又叫、又踢。最后妈妈投降了，只好带他出
去，买个比原来更大的游泳池。

　　3. **分析**：

　　如果孩子使用撒娇方式无法达到受注意的目的，他就会用恼
人的方式：哭、闹等其他方法引人注意。亚男哭、叫、闹就是如
此。母亲最后为迎合这种疲劳轰炸式的要求，而让他得逞，是最
大失策。

　　4. **正用**：

　　小孩子当然需要父母不时的关照、怜爱，这没有错。但是如
果都以哭、叫行为来取得父母的让步，绝对是错误的。父母让他
得逞，更是强化他的不良行为。正确的方法是采用消弱或后面其
他相关策略，不能使用继续增强，否则，哭闹行为更被强化了。

二 学校方面

（一）应用在补救教学

1. **原则**：继续增强若不能均沾，反而导致部分儿童问题的产生。

孩子在一起，容易和别人比较，若让孩子发现老师对儿童有差别待遇的情形，容易造成问题。简单的鼓励对儿童有很大效果，继续增强对行为建立有莫大的帮助，但若忽视上述原则，将产生儿童的行为问题。

2. **示例**：

《学 习 困 难》

振清和振杰是双胞胎，就读幼儿园大班，智能大致差不多，属于中上。但振清有一次生病，请了好几星期假后，再回到学校，显然落后于弟弟，而感到自卑。

当老师发觉上述情况后，特别注意振清，时常给予鼓励。

＊你很聪明，学得又快又好！

＊这工作很难，你却完成了，你做得很好！

＊看你的作品好愉快！

＊你唱的歌，老师好喜欢听。

就在老师多方面鼓励，继续增强下，振清变得很有信心，不但不再自卑，而且敢于表现，慢慢赶上弟弟振

杰，最近几周来，显然超过了。但老师最近却发现弟弟
振杰不理人、忧愁，甚至学习困难了。

3. 分析：

老师能够在适当时机，用简单的鼓励，继续增强振清的良好
行为，使振清变得很有信心，不仅改善学习内容——使学业成就
提高，而且改善学习态度，敢于表现，但弟弟振杰却因老师关怀
哥哥振清的表现，造成他的沮丧，产生学习上的困难。

4. 正用：

老师在应用继续增强于儿童中，尤其是双胞胎间，应注意每
位同学的情绪反应：一个的成功，可能是另一个的挫折。哥哥振
清进步，反而使振杰退步了。最好的方法，老师必须以相同方法
鼓励振杰。

（二）应用在美劳教学

1. **原则**：继续增强某科的学习，导致忽视其他科目的学习。

在儿童中，有部分认为自己能力不如人，缺乏足够信心学习
有关课程。假若老师能够运用继续增强，使这类儿童克服缺乏信
心的诱因，而激发他去学习的动力，必然可以有良好的学习成效。

2. **示例**：

《圣 诞 卡》

志豪是一位智力中上的男孩，就读小学三年级，上
课规矩安静。可是由于成绩不甚理想，不仅普通学科如
此，就是艺能科目也是这样。因此当他上课坐在椅子上

时，总是显得很无助。

黄老师这学期新接这一班导师，多次观察结果，认为志豪成绩可以好一点，只要他肯努力，一定可以做得到。

今天上美劳课，大家都在制作圣诞卡。当黄老师走到志豪处，看到他做得不错。

*志豪，你做得很好，尤其是用色鲜艳。

老师摸了摸他的头，走了……

*志豪，象形的羊，含苞待开的桃花，老师好喜欢哦！

当铃声响，老师又告诉志豪：

*假若能够在图片上写几个字，那会更有意义。

当最后完成时，志豪很高兴地送给导师看。

*太好了，我想把它当作圣诞礼物送给校长。

自此，志豪对美劳逐渐产生兴趣，作品一再被肯定，可是最后忽略其他科目。

3. **分析：**

志豪在班级上的表现不好，却在老师继续增强——鼓励下，弥补他在学习过程中沮丧的经验，使得作品超过他的能力，尤以最后能代表班级送给校长的激励为甚。可是这种努力与兴趣仅专注于美劳，导致其他科目（课程）的忽视，却是问题。

4. **正用：**

老师应把握类化原理（参阅第十六章），使学习美劳的兴趣能推广范围，才具积极意义。

（三）应用在书写作业

1. **原则**：一再增强作业认真书写，却忽略功课温习。

儿童的各种学习，若能把握增强原理，强化学习成效，必然有助于学习效果的提升，但少数孩子矫枉过正的结果，反而忽视实质内容，而只求外表形式。

2. **示例**：

《作　业》

永平是小学二年级的学生，过去作业都难得认真书写，不仅内容马虎，而且字体潦草，仅仅是在应付而已，讲过多少次，始终没有改善。

有一次，国语笔记令人意外地写得非常认真，一笔一画，一点一勾都不马虎，于是导师给他甲，再加上"＊＊"。

＊永平，你的作业写得好认真，老师好高兴。

意外地再度看到他的笔记时，一样认真书写，于是导师在班上，当众拿起永平笔记，告诉全班小朋友说：永平的作业写得很认真，大家拍手鼓励鼓励！

自此永平的作业愈写愈好，当然导师也不忘继续增强。但在家长教学参观日，永平的妈妈告诉导师说：不知怎么搞的，永平最近写作业比以前认真许多，这固然是好现象，但他求好心切，晚上都比以前要费二三倍时间在写作业上，几乎没有剩余时间来温习其他功课了。

3. **分析：**

永平的导师能把握永平一次意外认真的机会，而给予适当的继续增强，使得认真书写的行为再度出现，此种做法是正确，只是这位导师没有扩大到其他课程，或使永平能兼顾其他课程，导致畸形发展，确是一种错误的做法。

4. **正用：**

永平的导师采用继续增强策略来促进永平认真写作业是正确的，唯在维持一段时间后，进一步增强课程内容的学习，再进而推广到其他科目，当可发挥更大效果。

（四）应用在体育方面

1. **原则：** 继续增强发挥团队精神，却成竞赛失败的关键。

在各项团队竞赛中，团队合作的培养是球队致胜的关键所在，假若队员各逞英雄，缺乏团队合作精神，必定走上失败之途。但过分强调这种精神，亦将导致弊端。

2. **示例：**

《输　球》

黄老师是永平小学教员，专任高年级的体育课，而且也是篮球队教练。说到教练不仅校内找不到第二位可比的，而在校际间也相当出名。几年来，在他训练下的队伍，几乎所向无敌。

今年这队是黄老师最不满意的一队，他还像以往一样要求队员重视团队精神，要求每次上场的球员，尽量不要投篮，最好传球给中锋鹤浩。凡是表现良好的，他都不忘鼓励。

今天这场比赛，鹤浩被看牢了，始终被守住，突不了围，而队友又不敢随便出手。虽然黄教练后来改变战术，但队友却发挥不了效果，终于吃了败仗。

3. 分析：

黄老师采用继续增强方式来鼓励球员发挥团队精神，当然可以收到良好效果，但假若这种传球给投篮高手的战术，一旦高手被钉死，无法突破时，就遭受败仗的命运。

4. 正用：

在球队不宜只训练一位或二位投篮高手，尽可能使更多球员都有投篮的能力，唯传球给较好机会的投篮战术是可增强应用的。

（五）应用在优胜奖励

1. **原则**：应用继续增强于考试优胜者，结果只造就了少数明星。

儿童良好行为出现时给予适当增强，将有助行为的强化，这种观念被应用在学校里，最平常的是各种竞赛的优胜奖励，发挥相当效果，但应用不当时，效果就有限了。

2. **示例**：

《多数放弃了》

余老师是今年刚从师院毕业，分配到靠海的玉门小学，由于这里的学童都是渔民子弟，不仅学业程度较差，而且父母关心程度也不高，所以每次考试下来，余老师的心总凉了半截，热忱也降了许多。

当今天空闲下来的时候，脑中一再思考这个问题，最后还是下决心想法改善，于是决定采行奖励制度，凡每次考试前5名者皆分别予以奖励。

开始时的确发挥相当大的效果，班级成绩提升，可是经过几个月后慢慢发现进步有限，终于走上高原期，使得他泄了气，从内心兴起转业的念头。

3. **分析：**

余老师采行继续增强手段来提升班上同学成绩是可以预期，只是重点放在优胜前5名，纵然每次得奖同学或许会变动，但相当有限，就长期来看，最后大致在10个以内的学童中轮换。换言之，一班40多人，有30多人都与奖励无缘，最后这种奖励就没有多大作用。

4. **正用：**

奖励的应用是可以保留，只是要把对象扩大到全班，则奖励将可发挥效果。基此，我们可以把奖励分为两类，一类是优胜奖取5位或3位，另一类是进步奖也取5位，如此成绩不好的同学也有获奖可能，当可发挥效果。

第六节　有效应用继续增强的要点

一　目标行为的选定

1. 具特殊性行为——可观察、可测量、可预期的行为。
2. 可以由增强物增强的行为。
3. 具有教育意义的行为。

二　增强物的选择

1. 易用。
2. 能立即呈现在所需要的行为发生之后。
3. 多次使用不致于产生饱和现象。
4. 不需要花费大量时间。

三　实 施 训 练

1. 训练开始时宜把训练内容告诉被训练者。
2. 增强物须紧随着良好反应之后。
3. 给予增强物时，宜指出所强化的具体行为。
4. 给予增强物时，要多运用赞美及抚摸。
5. 为避免生厌，要经常变换，并善用社会性增强物。

四　结束训练

1. 所拟养成行为的出现率达到标准后，宜将有形的增强物（如糖果、玩具），逐渐改用社会性增强物。

2. 在日常生活中寻找其他自然增强物。

3. 计划结束后，为了确保该行为能偶然受到增强，并维持其满意的出现次数，还要对该行为作出定期评估。

第七章 区别增强

儿童不良行为的处理，若是属于初犯或简单的，我们可以应用第四章消弱策略来改善它。但睽诸事实，真正初犯就被注意到的偏差行为为数甚少，多数是出现好多次以后才被发觉；而真正属于简单的偏差行为也不多，且属于复杂的不良行为。因此，对于这类出现次数较多，大多又属较复杂的行为问题，单靠消弱原理的处理，实在无法克尽其功，有待寻找另外策略，本章区别增强就是其中重要策略之一。

第一节 楔 子

从儿童发展的观点来看，一般较复杂的偏差行为，是从简单不良行为长期塑造而成，这种行为乃由于其持久的增强经验，使他们享有某种主观的愉快后果，于是食髓知味，习以为常，积重难返，此时遽予改正，甚难做到一举成功而令该生幡然悔改。在这种情形下，我们必须采取渐次递减的方法，逐步消减不良的偏差行为，始能见效。

《咬指甲的建华》

建华自小就养成咬指甲的习惯，到底始自何时，父母也不清楚。当他进幼儿园后，很快地被导师李老师发现，且愈来愈严重，指甲咬得几乎光了。

李老师经过一周的观察，了解建华一天在校时间咬指甲的次数至少 10 次，多则 20 几次。

接下来的就是设订改进目标，如果一天不超过 8 次，就给建华奖励。

实施一段时间后，建华连续几天都不超过 8 次，李老师认为时机成熟，就把目标行为，从 8 次降为 5 次，给他的增强物除奖励外，也不忽略口头称赞。实施一段时间后，效果也不错。

如此，次数依次降为 3 次、2 次、1 次，最后终于改善建华咬指甲的习惯。

《爱讲话的信安》

信安 11 岁，是位智能不足儿童，也是一个令人头痛的学生，他在课堂上经常爱讲话，或发出一些怪声，而最令人困扰的是次数出现太多。

为改善信安的不良习惯，第 1 阶段老师观察 10 堂课，结果发现平均每 9 分钟讲一次话。

第 2 阶段告诉他什么是"爱讲话"——是指没有得到老师许可，而私自讲话，或独自发出怪声。然后提醒他，如果他在一堂课中，讲话的次数不超过3次，那么那节下课前，可以让他自由游戏5分钟。实施的结果相当有效，信安平均54分钟才讲一次话，而在15堂课中，有3堂课都没有超过最高的限制。

第3阶段，取消了上述的增强时制，在这阶段的8节课，信安讲话的次数又开始增加，平均每33分钟有一次，虽然这比率比第2阶段稍高一些，但与第1阶段相比，显然已经减少很多，由此可以看出，这计划产生了效果。

第4阶段以后，依次降为2次、1次而0次，最后完成了信安爱讲话的辅导工作。

《改善聊天说闲话的习惯》

戴茨（Deitz）和雷普（Repp）在1973年以高中商科某班的全体学生为对象，企图改善他们上课讨论功课时，常聊天说闲话的行为。

1. 目标行为：讨论功课时的聊天离题行为。

2. 第1基线期：经查核后发现全班每分钟有十数次的讨论离题行为。

3. 处理策略：允许全班同学可在星期五享有50分钟的自由时间，但是获此增强行为标准系依下列阶段（每阶段4天）而有别。

（1）第1处理期（DRL1）：最初4天，每天一节的讨论会中，其全班平均离题行为必须在5次以下始为合格。

　　（2）第 2 处理期（DRL2）：离题行为在 3 次以下者为合格。

　　（3）第 3 处理期（DRL3）：离题行为在 1 次以下者为合格。

　　（4）第 4 处理期（DRL4）：离题行为完全消失才算合格。

　　4. 第 2 基线期：撤除增强作用，全班之离题行为的次数又见回升，但已较第 1 基线期进步了。（许天威）

第二节　内　容

　　在第五章介绍过行为塑造，对于人类复杂行为的养成具有相当重要的关系。而这种良好行为的塑造，若详细去分析，它具有两个要素：

（一）区别增强作用：有些反应会被增强，而其他是不会被增强。

（二）连续渐近训练法：被增强的那些反应，会越来越像实验者所期望的那一种。

　　因此本章所要介绍的区别增强，其理论依据与行为塑造大致一样。

一　理论依据：斯金纳的白鼠实验

　　斯金纳设计了一个类似箱子的装置，在箱子的墙边有个杆子，箱内的白鼠如果压下这杆子，一颗食物粒就会落入离杆子不远的食物盒内。

一只饿鼠在斯金纳箱内停了许久，仍然没有任何压杆反应的迹象。这时，为了让白鼠有动作，而学会压杆的行为，斯金纳把所期待的反应分为若干阶段，使白鼠逐步达成各阶段所设定的标准。假如这只白鼠在箱子里活动，许许多多的动作都不是斯金纳所期望，只有当它的头朝向杆子时，才能符合斯金纳的期望，立即就有颗食物落入食物盒内，这种增强会强化白鼠朝向杆子的反应动作，而其他动作相对逐渐减少。

下一步要酬赏的反应是白鼠更接近杆子，再其次就是碰触到杆子。就这样渐近地，最后只有压杆的行为，才会获得食物的酬赏。

上述实验就是第五章行为塑造的实验，我们若从另一角度——反面来看这项实验，又引导出另外一策略。当这只白鼠在箱子里活动，开始时，许多许多的动作都不是斯金纳所期望，但只要落入朝向杠杆时就可以获得增强，经过数次后，错误行为慢慢减少。

其次降低增强的范围，要白鼠朝向并移动杠杆……

二　模　式

斯金纳的白鼠实验，若就整个实验过程而言，我们可以归纳出下列几项步骤：

（一）确定行为

斯金纳实验的对象饿鼠，在斯金纳箱内停了许久，没有压杆反应。实验确定要（1）消除——静止不动的行为；（2）建立——压杆的反应行为。

（二）测定基线

斯金纳实际观察这只白鼠停了许久，若想消除这次静止状态，而建立压杆反应的话，则要白鼠动起来为重要条件，不过单独动，并非全与压杆目标有关，至少动起头要朝杠杆方向动，才有意义。

（三）行为细目化

确定目标行为和测定基线后，就可以进行第 3 阶段的步骤，即针对这两定点的距离，予以细目化。何以如此？因为无论是行为塑造或区别增强，都明显地含有行为步骤要循序编排的原理，唯有循序编排，而后逐步养成才有效率，才有成果。

（四）选择增强物

决定基线后，要使白鼠反应的动力应该予以考虑，白鼠因它肚子饿了，最大的需求自然是食物，所以把食物当作增强物最适合。

（五）安排后果

选好增强物——食物后，下一个步骤，自然是将这两样事物在时空上联结起来，使白鼠能知如何反应会有增强物——食物，如何反应就没有增强物。

（六）评估效果

实验结论如何？是否真有收获？是否达到目标？须赖评估后才能予以肯定。

评估的方法就是要与基线作比较，不可只凭主观的感觉或臆测而遽下断语。

上述历程，若以符号来表示其模式则为：

情境	→	反应	:	立即效果	→	长期影响
$S_1^{\triangle}$ （刺激）		R_1		S_1^{R-}		R_1^- （反应消弱）
$S_2^{\triangle}$ （刺激）		R_2		S_2^{R-}		R_2^- （反应消弱）
$S_3^{\triangle}$ （刺激）		R_3		S_3^{R-}		R_3^- （反应消弱）
·······················						
·······················						
$S_{N-1}^{\triangle}$		R_{N-1}		S_{N-1}^{R-}		R_{N-1}^- （反应消弱）
S_N^{D}		R_N		S_N^{R+}		R_N^+ （反应加强）

↑　强　化

三　意　义

在前面提到儿童偏差行为，也如同良好行为一样，都是经过长期塑造而成。等到老师或父母发现，求助的时候，已经孕育一段长时间，偏差性质已经相当牢固。可是一般家长或老师往往忽略这项重要关键，恨不得马上改善。因此，会将儿童所要改善之不当行为的标准订得很高、很严格、很硬性，因而嫉恶如仇，半点也不通融，形成双方对立的尖锐态势。

实际上一位称职的父母或老师，在面临此种情境时，如果能发挥一般同理心，权衡儿童该种不良行为是根深蒂固，必须改善，且能够思考到：

（一）有些偏差行为的后果尚可忍受，其遗害亦未伤及同学，也未影响教学。此时宜自动采行妥协原则，对于合格行为标准即可降格以求。

（二）有些偏差行为的后果的确不能忍受，它会遗害同学、影响教学。但这种行为积重难返，不易遽予改正，若能采行渐次改善的方法，将可发挥教育效能。

基于上述观点，不难可以发现，前面3个个案的处理方法——区别增强，降低标准要求。先跟学童约定一个容许该不良行为发生的次数或范围，在该一约定次数或范围内的不当行为，暂且认定是正常者，只要其发生的次数少于或等于此一约定之次数，不但可以接受，而且也给予奖励。

此种策略，事实上是依据斯金纳操作性制约作用的应用，主要包括：

（一）逐渐显隐原则

一般而言，个体活动时，若在瞬息间，突然引进新刺激，通常会打断正在进行的行为。在这种情形下，我们可以利用渐显（或渐隐）原则，把一新刺激逐渐引进，使它慢慢显现，最后可以清晰呈现在活动情境中，而不打断已经正在进行的行为，如此可以使行为者慢慢适应逐渐增强（或消弱）的刺激，例如中明要开着收音机才能坐下来学习，则可以在连续几次学习中，逐渐减低收音机的音量（使刺激渐隐），直到听不见为止，这样没有收音机也能学习了。

（二）有条件的契约

有条件的契约（contingency contracting）一词完全是斯金纳

思想的延伸，斯金纳强调个体行为是后效强化的结果，但这项强化与时间有关。许多行为问题的出现，受立即增强物的左右远胜过受遥远增强物的影响。可是客观事实不容易使每项良好行为都采行立即增强方式，于是行为主义学者，就采有条件契约的策略，透过即时增强连锁的方法，以矫正行为的一种方式。这项契约是一种协定，让某个体与他人达成协定，使得某种行为被增强（某些行为不被增强）。例如，如果小华安静坐 5 分钟，就可以到外面去玩；小明一天不抽烟，可以得到 10 元均是。

　　根据上述原则来考虑儿童偏差行为的处理，相当有弹性，正是许天威所谓：虽是恶，既有起色，亦属可喜。上述 3 例即以此种精神来处理，信安爱讲话、建华咬指甲，及班上同学聊天说闲话的不良行为，都是我们不欢迎的，但改善之道，并非立即要求儿童改掉，不要出现这种行为。辅导方法，是采取渐进方式，分阶段逐步要求学生递减该不当行为之发生次数，最后减到可以接受、甚至完全没有的情境，此种策略是为区别增强（differential reinforcement）。

　　所谓区别增强是指个体在某一特定时间内，目标行为次数减少时，才能获得增强，终至目标行为不出现或出现次数为人所接受范围者是为区别增强。

　　信安个案的处理就是一个例子。我们不管信安上课是否打瞌睡或做什么，只要他不要讲话就可以接受，视为正常。而所谓爱讲话是将每 50 分钟当做一个间隔，如果在这间隔中爱讲话的行为反应次数低于设定的 3 次，那么在该段期间结束后，就给予增强。

　　这种方法的应用与第九章间歇增强的精神相似，不同的是间歇增强乃是在于增加或维持良好行为，而区别增强则在于减少或消除不良行为。

四　类　型

区别增强依不良行为可容忍度来分，则有两种类别：

（一）低次数区别增强

低次数区别增强（differential reinforcement of low rates）简称 DRL。DRL 可以有两种解释：一是经过某一段特定时间后，某种目标行为发生时才给予增强；另一种是在某一特定的时间内，目标行为发生的次数不超过一个特定的数目，才给予增强。这一种类型是应用在某些行为是可以容忍的，如果次数较少会更好。在信安的例子中，教师认为一堂课中讲话的次数不要超过 3 次，就没有多大关系，他希望最好能一次都不讲，不过教师并不希望对信安作太过分的要求。因此信安能够在每一堂，逐渐减少说话的次数，逐次减到可以容忍的次数为止。

此种设计是典型的变动标准设计（changing criterion design），这个设计是先要建立行为的基线，才知道行为发生的真面目，然后据此而酌降行为次数之频率作为给奖的标准，如此逐易标准，越变动则标准越严格，也就是容许不当行为发生的次数也越低。

（二）零反应区别增强

零反应区别增强（differential reinforcement of zero responding）简称 DRO，这种类型是应用在某些行为是不能容忍的，只有在学生不再产生这种行为，或者是产生该行为之外的其他行为时，才算是符合行为改变的标准而可取得增强。

1. 从容忍程度分

DRO 的实验有两种常见的方式。

（1）全时段零反应区别增强

某种不当行为在整段较长时间内未曾发生时即获正增强。例如在为期 50 分钟内未曾有乱说话的行为是符合增强标准者。

（2）短时段零反应区别增强

把一个长时段分为若干短时段，每一短时段结束前未曾发生该一不当行为者即予正增强。例如把 50 分钟分为 10 个 5 分钟的时段，那么每经过 5 分钟而未曾发生不当行为（没有乱说话），即予正增强。

2. 从时间观念分

区别增强除上述从容忍程度区分外，也可以从时间观念来区别，又可分为下列 4 项：

（1）重新计时制

重新计时制是指个体与老师或父母约定时间内，若无偏差行为出现，则可获得增强，假若他在某规定时间内出现目标行为，则增强的时距要重新计时。例如：小明打妹妹是目标行为，妈妈跟他约法三章，每小时算一次帐，假若一小时内小明不打妹妹，妈妈就给予增强。譬如他在下午 2 时 25 分打妹妹一次，则原 3 时正的增强取消，必须等到 3 时 25 分才能得到增强。

（2）固定时间制

固定时间制与重新计时制不同，这种时制是指每一段特定的时间都已固定，假若个体在某一时段内不发生偏差行为——即所谓目标行为，则个体就可以得到增强。如果个体在规定时段内发生目标行为，则增强不重新计时，而是直接取消该时段原预定的增强。例如妈妈跟小明约定的若是固定时间制的话，则小明在与上 8 时、9 时、10 时……5 个小时中，每小时正都有增强的机会，但小明在 2 时 25 分显现目标行为，则 3 时正的增强取消。

（3）延长时间制

延长时间制与上述两种时制又完全不同，其重点乃把握了"随着行为的进步，增强的次数要逐渐减少"。相反的特定时间要逐渐延长。就以小明的例子来说，到 9 时正的这一小时，小明没有打妹妹，他可以得到增强。如此，下一段时间的增强时距就要延长几分钟，譬如，目标行为都没有发生，则下次增强要在 10 时 10 分才可以。其余类推，其增强时间可能是 11 时 20 分、12 时 30 分……若 12 时 58 分出现偏差行为，则下一段时间就不再延长。

（4）累进增强制

累进增强制又是另一种不同的区别增强方式，其重点是着重在增强措施的考虑，这种时制是指每一段时间固定不变，但每次增强的份量逐渐增加。如上例，小明如果一小时之内没有打妹妹，妈妈就给他 1 张贴纸，第 2 个小时他可得 2 张，第 3 个小时以后每小时可以得到 3 张。但是，假若小明打了妹妹，不但这一小时得不到贴纸，下一个小时就是不欺侮妹妹也只能得到 1 张。如此，必须再从 1 张增加到 3 张，重新开始循环。

第三节　正　用

儿童无法避免不良行为的发生，基于此，在第四章曾经介绍过我们可以采用"消弱"原理，有效地改善此项缺失，在某些方面，的确能够有效达成这项目标。万一儿童某些方面的不当行为，一时积重难返，消弱原理可能不管用，在这种情况下，可以运用区别增强原理来逐步引导儿童改过迁善。

一　家　庭　方　面

（一）应用在生活习惯

　　1. **原则**：不良行为仅希望减少、且次数不要太多的话，则可
　　　　采用区别增强策略。

　　儿童不良行为中，有部分行为是父母、师长希望他减少——
只要它的次数不要太多，不仅是可以容忍的，而且可能也是适当
的。在这种情形下，区别增强的策略最适合应用了。

　　2. 示例：

《强　迫　洗　手》

　　　　小英不知从什么时候开始，喜欢洗手，起先父母认
为这是良好的习惯，不在意，等到父母察觉时已经是严
重了。

　　　　小英洗手已经严重到几分钟就要洗手一次，而洗手
的时间越来越长，有时候肥皂要用上好几次，俨然像一
般所谓的强迫行为，只好请教专家。

　　　　对这类比较严重的小孩而言，专家告诉他妈妈说：我
们无法一下完全放弃强迫行为，可以以时间为奖励基准，
采用次数区别增强方式来辅导，以改善小英不断洗手的
行为。

　　　　如小英能够每隔5分钟才去洗手，就给她1张奖卡，

然后再逐渐延长奖励时间基准，从 10 分、20 分、30 分
……到 1 小时。

经过 3 个月的辅导，小英洗手的强迫行为终于改善
了。

3. **分析**：

一般而言，洗手以保持清洁卫生习惯是小朋友必要的，但小英几分钟洗手一次，次数超过标准太多，已经是病态。可是若真正减少到一次都没有，也是不对的。所以本例适合应用 DRL 策略处理。

（二）应用在情绪发泄

1. **原则**：区别增强方法，应用在情绪问题，亦有良好效果。

儿童的情绪——喜、怒、哀、乐、恶、欲是渐进发展的，心理学家指出个体出生时只能表现出未分化的兴奋，3 个月左右分化为积极和消极两类，嗣后再继续扩大，两岁左右已发展成复杂情绪，因此，消极情绪的出现是无可避免的。

2. **示列**：

《生 气》

明发是个聪明、能干的小孩，可是自小身体不好，容易发脾气。父母一直都采取过度保护的管教态度，以及说理式的处理问题方法，但不仅无法改善他的毛病，而且脾气越来越大，几乎无法控制，往往弄得父母束手无策，眼睁睁看他发脾气。

经过和专业人员讨论之后，改变了方法，对明发说："你可以发脾气，不过必须在你自己的房间内。"

于是每当明发在家里发脾气的时候，妈妈就把他带到房间里（他的房间要保证没有可以伤害自己的东西存在）。

如果他开始发脾气的时候，正好不在家里，而是在外面，父母就提醒他要忍耐，回到家里才能发作。假若这些要求都能做到，就允许当天可以玩他最喜欢的电脑。

一段日子后，明发已经能够达到要求，父母再多给他一个限制的条件，不但要在自己房间，而且时间一定要在下午2点到3点之间，发作时间不超过2小时。

经过3周以后，明发乱发脾气的情形很明显下降了，显现愈来愈能控制自己的情绪。

3. **分析：**

明发脾气不好是在主客观条件下，长期孕育而成，若单纯要他改善，谈何容易，因此只好应用区别增强方式，并配合定点范围的限制，有效地逐步减少发脾气的不良行为。

（三）应用书写作业

1. **原则**：牢固的不良行为，可以应用区别增强逐步改善，较易获效。

许多父母不能见微知著，从细小行为着手，更谈不上防微杜渐，预防于事先。往往都等待不良行为严重时，才想到求助改善，徒增解决的困难。唯在这种情形，可以采区别增强方法来改善，较易获效。

2. 示例：

《改善汉强做功课的习惯》

　　汉强是家中的长男，已经上了小学二年级。现在母亲为他的作业写作伤脑筋，明明快则半小时，慢则一小时，绝对可以写完的，可是每天都写了 3 小时以上。其主要原因乃在不能专心写作业，往往写几分钟就起来东走西走，每小时至少五六次以上。

　　为此，张太太经过朋友介绍，求助于南师儿童咨询中心，分发给笔者接案。于是建议母亲跟孩子约法三章，如果汉强在写作业时，每小时若能减到 3 次之内的离座次数，即可允许看电视，否则就禁止观赏 6 点的卡通。结果第一星期有 5 天达到标准，不久以后可以完全做到。于是把标准依次提升为 2 次、1 次……最后终于改善了，前后期间只有两个月不到。（施显烩）

3. 分析：

　　汉强做作业，已经长期养成不能专心的习惯，要他写作业时不要起来走动实在不容易。因此我们可以容忍在某一限度内的次数，如 3 次予以增强，以求改进。然后再逐步降低标准，当可达成目标。

（四）应用在要求协助

　　1. **原则**：采低次数的区别增强，亦可以换采计时方式，其效果一样。

在讨论儿童的有关行为，通常以次数作为评鉴的指标，相当方便，亦广被应用。唯有时基于某些需要，改采时间作为评鉴指标，亦是可行的方法。

2. 示例：

《中明的作业》

说起中明，妈妈就头痛。他的智能发展有点迟缓，父母知悉这项缺失，所以不敢要求过高，可是他又在意老师的要求。单就他写数学作业，就够妈妈烦了。因为每当妈妈下班后，就急着做晚饭，可是这位宝贝儿子却一直要求她帮忙，一小时有 3 到 20 次之多，也就是平均 8 分多就有一次以上的要求。

后来妈妈想到对策，根据上项资料设计一项 DRL 的辅导方法。中明若在写数学作业时，经过 10 分钟不要求妈妈协助的话，下次要求协助时，不但答应照办，而且夸奖他工作的成品。如果在 10 分钟内第 2 次要求协助，妈妈就轻描淡写要中明继续做。

经过一段时间的辅导，中明的要求次数越来越少，约定时间也逐渐增加，15 分、20 分、30 分等，一直到 1 小时要求协助，才算达成目标。(同上)

3. 分析：

由于中明要求妈妈指导作业频繁而影响做晚餐的事情，两者都对的，但却不能并存，如何解决这种两难问题的确需要智慧。妈妈采用 DRL 策略来降低中明的求助，但又兼采增强原理来强化中明自行思考解决，以防中明放弃或偷懒，真是双赢的方法。

（五）应用在生活起居

1. **原则**：儿童好动行为的改善，应用区别增强，效果显著。

从发展心理学观点来看儿童动作发展，大致遵循一项可预知的发展模式，各阶段的儿童活动量大致回归在其平均值上，假若超出这平均值之外，那就异常。对这些异常儿童的辅导，区别增强是值得应用。

2. **示例**：

《好动的永泰》

永泰今年 10 岁，但在智力上却只有三四岁而已，喜欢动来动去，这种行为平常没有多大关系，倒是中午时候，影响到父母午睡，因为他会来往卧室好多次。

由于智力较低，建议他的父母，用具体的事物来协助他了解什么是增强的标准，把定时钟调在半小时，每半小时响一次。

永泰当钟响时，在卧室走动的次数只要3次以下，他可以得到一张贴纸。为了帮助他了解走动3次以下的意义，妈妈在客厅里准备了一个盒子放了4个玻璃珠，永泰每走动1次，自己要从盒子里拿1个玻璃珠出来。如果时钟响时，盒子里还有玻璃珠，永泰可以得到增强。

经过一段时间后，永泰都能做到了。于是妈妈把标准要求依次提高为2次、1次、0次，永泰的走动行为因之改善。（同上）

3. 分析：

这种方式不但可以帮助孩子了解行为的标准，还可以提高他的好奇和行为动机。因此较容易被个案接受，进而改善不良行为。

二　学校方面

（一）应用在人际交往

1. 原则：同侪友伴关系的冲突，亦可以透过区别增强来改善。

根据研究显示，富有攻击性的儿童，遇到挫折，容易乱发脾气，好争辩，以打架来解决冲突，忽视他人的权力和期望〔奎伊（Quay），1972〕，对这类儿童可以用区别增强策略来辅导。

2. 示例：

《骂　人》

翠英被同学讥为长舌妇，人缘极差，因为她经常对同学破口大骂。导师对她无可奈何，于是请教专家。专家告诉她说：骂人已成为翠英的习惯，老师想用某种方法策略，限令即刻戒绝，真的做到"以前种种，譬如昨日死，以后种种，譬如今日生"的地步，对于骂人成癖的翠英确是一大难题，也有点不近情理。

于是专家建议导师：何妨采行区别增强策略。

首先观察翠英一周，了解她平均每天骂人超过10次。其次与翠英说明骂人的行为不良，即日起，凡一天骂人次数未达 6 次时，则给贴纸一张，超过则罚她倒垃圾。

经过一段时日的实施，效果虽有，但进步不大，后来专家建议增加社会性增强物，凡达成目标的翌日早上第一节，全班鼓掌，结果效果非常好。

如此，每天从 10 次的标准，逐渐减为 7 次、5 次、3 次、2 次、1 次而 0 次，最后改善翠英骂人的习惯。

3. **分析**：

对翠英骂人已成习惯的辅导，基本原则并不期望她一下子完全改善，而采用渐进方式，只要减少不良行为出现的频率就给予增强，奖赏她一番，以强化其改善，然后再逐步降低频率标准，终达改善目标。

（二）应用在情绪发泄

1. **原则**：学生负面情绪的辅导，区别增强是可资利用的策略。

儿童情绪表现是本能的事，但负面情绪并不是我们乐于见到的，因为它往往会有冲动、不成熟及偏差行为导向的倾向〔雷斯克（Resick），1976〕，相当自我中心，不仅影响自己的人际关系，而且关系他人及团体秩序，值得我们注意。

2. **示例**：

《发脾气》

崇昕是一位最令人觉得棘手的对象，他很难在学校中控制自己不乱发脾气的毛病。保守估计，他在班级乱发脾气的次数，是以百计算了。李老师本学年刚接任，早闻这号人物，因此面临的第一件难事就是如何辅导，于是找时间拜访其父母并取得默契。

开学的头二三天还好，但接着就故态复萌。今天李老师特别叫他到办公室，告诉他说：以后发脾气，都会被登记在簿子上，倘若一天之内超过5次，他就得到墙角接受“暂停”的处分。虽然他很不甘愿，但只要超过5次，李老师一定强制执行“暂停”。如果一天没有超过5次，当天一定得到赞赏。一周中若有5天得到赞赏，周六早上就颁发奖品（以私下不公开的形式：奖品由父母提供的）。结果乱发脾气的行为很快地符合标准。

经过一段时间后，李老师认为时机成熟了，于是提高标准，由原来5次改为3次，不久后又改为2次、1次，最后乱发脾气的行为便得到改善了。

3. **分析：**

拥有正向情绪（快乐）经验的人，不论是对待自己或别人都比较温和一些，对人际关系及社交必有良好适应。崇玮是容易发脾气的人物，长期塑造而成的个性，不容易马上改变，所以就采行渐近改进方式——区别增强策略，使正向情绪慢慢增加；相反，负向情绪就减少了。

（三）应用在上课习惯

1. **原则：**改善学生不良习惯，应按步就班逐步改善，方能收效。

传统上，管教学生的重点，偏重于行为禁止，可以说是一种外力的压抑，是一种消极束缚，其实不甚理想。根据增强原理，要消除学生的坏行为，老师必须控制环境，务使该行为不再获得好结果。而这种频率标准，要逐步降低，较易收效。

2. **示例：**

《改善大卫的抢答》

大卫是个 9 岁半的四年级学生，聪敏活泼，但长了一个大嘴巴，上课时，他喜欢抢答，每每不待老师指名，他已抢着报出答案。不幸的是，他的答案又往往正确，致使其他同学简直没有插嘴的余地。老师尝试过种种办法，如喝止、告诫、威吓等都未能奏效，有的话也是昙花一现。

李老师建议采 DRO 时制方法来改善，实际观察一周。发现每天抢答，少则 7 次，多则 22 次，平均每天高达 13 次。

老师和大卫讲好，每 5 分钟内若未擅自发言，可获筹码 1 个，每 12 个筹码可拿来交换一次奖品，结果效果不错。

经过一周后，已连续 3 天可达到目标，于是进入第 2 阶段，把 5 分钟延长为 10 分钟。

第 3 阶段、第 4 阶段分别改为 20 分钟、30 分钟，最后改为一节也都达到目标，终于改善大卫抢答的毛病。（参阅邱连煌）

3. **分析：**

天下事很少有一蹴可及的，不良行为是慢慢养成，欲求改善也要有计划且逐步地进行。本例经分析检讨，大卫擅自说话的行为太多，老师乃采区别增强方式，容忍每5分钟若未擅自发言，可获筹码1个，而后采间歇增强方式进行，终于改善大卫的抢答行为。

（四）应用在书写作业

1. **原则**：欲使区别增强发挥效果，则增强物及增强方式宜谨慎采用。

应用区别增强策略来改善儿童不良行为，是否能发挥效果，除策略应用适宜与否外，有关增强物的应用（包括后援增强物）及增强方式的选择都有密切关系。

2. **示例**：

《改善罗莉的作业习惯》

7岁的罗莉就读二年级，她生于一个非常不幸的家庭，上有3个哥哥，下有1个妹妹，5兄妹跟母亲住在一起，他们5人是同母异父的兄妹。

罗莉有一项很不良的习惯——拖欠作业。老师不知道讲她多少次了，结果都没有用，她的作业，还是照拖不误。罗莉不良习惯的症结在于：每当作业发下来后，总是慢吞吞地不肯开始。

老师观察5天，结果发现：在这5天中，从作业发下来至她正式动笔之间，平均历时11分钟，就这样往往时间已过了一大半，还迟迟不肯动手，难怪做不完。

于是老师要罗莉若能在作业规定后 7 分钟内动笔，则给予增强，否则减少休息时间。

经过几天都能达到目标后，从 7 分钟改为 4 分钟，头一二天效果还不错，但第 3 天效果就欠理想。于是老师把增强物增加口头称赞，当面夸奖，结果效果不错，大有改进。

以后从 4 分钟改为 2 分钟，再改为立即着手写的目标都达成。（同上）

3. 分析：

本例与上例采用相同策略，但效果显然不同，其关键乃在于：第一，增强物不适合，老师能及时更换。第二，增强方式改变太早，老师及时改变为继续增强方式，终于能发挥改善效果。

（五）应用在上课发言

1. 原则：低次数区别增强用来压制高频率问题行为，效果显著。

在教学过程中，师生互动的情况会出现问题行为，有些问题行为是不宜出现，有些是可以出现，但不能多。后者这一问题不在行为本身，而是因为发生次数太多的缘故。要改善这类问题，低次数区别增强最适合应用。

2. 示例：

《抢　答》

永清是一位令王老师伤脑筋的儿童，他在课堂上总是不经允许而自愿站起来回答问题。回答不是一件坏事，但抢答却剥夺了其他同学回答的机会。

李老师是一位刚调来本校的老师，对特殊儿童素有研究。王老师特别找时间跟他沟通，强调并不是要消除回答的行为，只是希望能将次数减少到一个适当的程度。李老师建议采行 DRL 时制来改善，凡在先前的目标反应 5 分钟后发生的话，立即给予增强——即 DRL 每 5 分钟一次反应。

实施不到两个月，永清抢答行为改善了。

3. 分析：

孩子上课举手发言本身并无不对，但不管青红皂白都要发言就变成问题。尤其是老师没有叫他也抢答更是问题。遇到这样的问题时，我们不想完全消除，而是把次数降到适当的频率，所以采用 DRL 来处理最适合。(本例与第 3 例内容相同，但处理有异，是否能理解其差异的地方？另外第十章亦出现同例，请比较。)

(六) 应用在饮食习惯

1. **原则**：区别增强被应用在长期烟枪的辅导也有相当效果。

吸烟是一项广为人们喜欢而又为大家熟悉有碍健康的一种嗜好，一旦上瘾后发觉影响健康，再想戒掉，就成为一件颇为困难的事。行为改变技术学者认为区别增强策略是件可行的方法。

2. **示例**：

《戒 烟》

哈特曼和霍尔（1976）曾以区别增强方式从事戒烟的辅导工作，这个个案由于长期抽烟，一下子要戒烟是不可能的，故须逐步减少。在基线阶段，被试每天平均抽 50 支左右的香烟。

在实验处理阶段，主试把标准定为基线阶段的 92%，即每天不得多于 46 支，如果超过 46 支，则每多抽 1 支，罚 1 美元，如少抽，则每少抽 1 支给 0.1 美元奖赏。

自 C 阶段后每 14 次连续达到标准，则把标准再改为前阶段的 94%。一共进行 21 个实验处理阶段，结果指出，被试也能随着标准的改变，而少抽烟。3 个月的时间，使被试每天抽烟数逐步降为 35 支以下。（马信行）

3. 分析：

抽烟已成瘾者，想马上戒掉不抽的确不容易，哈特曼和霍尔采用区别增强方法指导吸烟者慢慢减少抽烟的数量，最后减到完全不抽为止，戒烟就达成。

第四节 影响区别增强效率的因素

一 目标行为的选定

儿童出现某种不良行为不是单一独立的事情，往往是夹杂多种行为在内。譬如：偷窃往往附带有说谎、逃学等行为。当我们想要处理一个儿童的行为问题，最好的办法是把这个人的问题行为列成一个表，然后依其严重性排列出来，然后从中选出最严重或关键的一二个行为，作为区别增强的目标行为。

这种做法自然有一个顾虑，那就是会无意增强其他问题行为。如果有这种现象，我们发现其他问题行为发生时，稍为等候一些时间才给予增强，或技巧地点明被增强的行为，可避免增强目标行为之外的问题行为。例如乔治有打人和骂人的两种问题行为，这两种行为一定会同时发生，老师选定打人为 DRO 的目标行为。

二 特定时间（或次数）的选择

区别增强的应用，不管是 0 次数或低次数方面，均针对偏差行为次数发生已经趋于频繁的状况，而采行解决的方案。其策略成败的关键，乃在于适当特定时间的选择。这种时间若不适当，不管是太长或太短，都会失去对行为的控制力量。

所谓特定时间（次数）的计算是根据基准资料中，个案所显示的行为频率而定。就一般而言，区别增强的实施前，实施者首先应有一段期间记录个案的目标行为，最后算出每两次行为发生之间的时距多少,或在一固定时段内发生的目标行为有多少次。例如,小明喜欢打人,老师经过一周的观察,多则一天有 20 次,少则一天有 7 次,平均每 30 分钟打人一次。那么一个合理的特定时间应该是 30 分钟的一半左右,亦即大约 15 分钟是辅导小明的特定时间。

三 增强物呈现的时间

增强物是否能发挥效果,涉及层面繁多,举凡增强物的类别、性质、数量、儿童嗜好及呈现的时间等等,均有密切关系。

区别增强是用来减少不良行为的一种辅导技巧,其技巧良好与熟练固然是决定实施成功与否的重要因素,但增强物的给予也是辅导能否有效的关键所在。

而增强物的各种变项与辅导效果既然有关,当然也就与区别增强有关了,其中时间变项关系尤为密切。因此,区别增强的实施,若能掌握增强物的适时呈现,力求适合儿童的需要,则容易发挥其效果;反之,势必降低其影响力。

四 类别型式的运用

区别增强若从行为容忍度区分有低次数与 0 次数的区别增强,若从时间来区分则有重新计时制、固定时间制、延长时间制、以及累进增强制。各类间彼此不尽相同,应用效果也不一样。欲求效率的高低,端视是否应用得当,假若类别应用不当,势必影响其效率。例如用来压低原来频率并不高的问题行为,则可采累进增强制。假若在某些个案中,行为之所以成为问题,不在行为本身有问题,而是因为发生次数太多时,可采低次数区别增强。

第五节　误　用

区别增强虽然是一个新名词，平常人或许不了解，但在日常生活里，人们偶然也会用到。检视事实，可以发现一般父母和老师管教子女或学生的方法中，都不知不觉使用它。有的正确应用着，可是也有落入陷阱里而不自觉。

《英英冰冻了》

李老师是刚来担任三丙的导师，是一位善用增强原理的老师，尤其是对一些有问题行为的儿童，在处理或辅导上有独特的表现。

英英是位聪明、爱表现的小朋友，当她在学校有好行为表现，如能正确回答老师的问题时，李老师都会予以增强。

但是当这种行为出现次数增多，李老师或许较注意那些不良行为的儿童，或注意全班同学……的缘故，慢慢地对英英的反应习以为常，"她显然是一个聪明的孩子"，所以期待她表现更多的良好行为。

因此，教师给予的增强就慢慢减少，后来甚至都没有。

在这种情形下，英英就误以为当她反应次数较少时，才能获得增强，因为老师对于不常出现的好行为会比常常出现的好行为，给予较多的嘉许。因此，在学校里，把自己慢慢冰冻起来，也许会偶尔有聪明的一刹那，但是并没有充分发挥其潜力。

一 家庭方面

（一）应用在穿着方面

1. **原则**：应用区别增强方法保持衣服清洁，但却不参与活动。

小朋友上学与同学尽情游戏的结果，而忘记维持衣服的干净，把衣服弄脏是极为平常的事。部分家长不容易接受这种事实，就会要求子女改善，结果却带来另外问题。

2. **示例**：

《家 铭 变 了》

家铭活泼好动，每天上学时穿戴整齐，但放学回家时，总是满身脏兮兮，妈妈屡劝不听，实在令她伤透脑筋。有一天与朋友谈起这件事情，经朋友指点，利用区别增强的方法来减少此种不良行为。

首先妈妈跟家铭约法三章，若家铭能在一星期之内，有一天没把自己衣服弄脏的话，就准他每天骑半小时的自行车，结果效果很好。

渐渐的家铭弄脏衣服的次数由每周5次、4次逐次改善……2个月后家铭每天都一身整齐地上学，也一身干净地回家。

但级任王老师不久之后在联络簿上写着：家铭最近下课时常一人呆坐，不与同学游戏，甚至连上活动课，或班级整洁工作，也因怕弄脏衣服而逃避。

3. **分析：**

家铭上学弄得满身脏兮兮，妈妈以他所喜欢的骑自行车作为增强物，采渐减方式的区别增强策略，来逐步改善弄脏衣服的毛病，是一可行的辅导方法。但她忽略要求过分时，导致家铭为了不弄脏衣服，干脆不参与活动，反而得不偿失。

4. **正用：**

对于一个正常儿童而言，活动是必要的，与其逃避活动，不如让其活动弄脏衣服。何况要求衣服整洁也无需禁止活动，可以采行更换运动服装方式，不就解决了吗？

（二）应用在饮食习惯

1. **原则：** 区别增强应用在饮食习惯的改善，亦同样产生了问题。

经济愈好，生活愈为改善，可是却产生更多的饮食问题，小孩不良饮食习惯愈来愈多，困扰了父母，其中用餐拖延时间是许多母亲面临困扰的问题，区别增强被应用在这方面，也同样产生上例弊端，值得我们注意。

2. **示例：**

《肚 子 痛》

善尧刚入幼儿园就读，聪明伶俐，不仅功课好，而且开朗懂事，实在令人喜欢。但唯一让父母头痛的是吃饭习惯不好，一顿饭要拖好久，导致平常无法赶上上课，时有迟到的现象。老师也告诉他妈妈说：这是他唯一的缺点，否则实在找不到可以挑剔的地方。

为此，妈妈只好叫他早点起床，以便改变上述缺失，但效果不彰。后来导师来访，知悉状况后，建议采用区别增强方式来改善其不良的吃饭习惯。

妈妈规定善尧每天能在 1 小时内把早餐吃完，则周日就带他和妹妹去儿童乐园，第 1 周他做到了。

第 2 周妈妈把一小时缩短为 45 分钟，第 3 周缩短为半小时……

经过 1 个月的训练，善尧已经能在 20 分钟内把饭吃完，而准时去学校上课。

善尧的改变，让妈妈高兴极了，也感谢导师的妙策，从此，妈妈不用再为善尧吃饭、上学而烦恼。可是经过半年后，妈妈却发现善尧吃饭的速度更快了，真可说是狼吞虎咽。不久也发现善尧闹肚子痛，医生告诉说：是消化不良的结果。

3. **分析：**

善尧一顿饭吃好久的确是不好的事，尤其工商社会，小家庭人手不足，职业妇女赶着上班，小孩吃饭慢，困扰母亲。善尧母亲也能善用区别增强方式来改善此种不良习惯，把吃饭速度改善，但吃饭快的结果，却带来肚子痛的毛病。

4. **正用：**

本例应用区别增强策略来改善是对的，但必须使用低次数区别增强（DRL），且必须掌握低次数的订定在不影响生理问题的标准上才适宜。

（三）应用在同胞相处

1. **原则**：应用区别增强策略，若增强物失当，也会带来不良
　　　　后果。

任何偏差行为使用区别增强策略，势必有增强物的配合，增强物的适当与否，也关系着效果的好坏，假若增强物应用不当，可能带来另外的弊端。

2. **示例**：

《姊 姊 笨 蛋》

凤如的父亲是个医生，家境相当富裕，但不幸的是她虽然勤勉可爱，却有轻度重听的毛病，所以平常都要戴上助听器。她的弟弟皇仁是个资优生，不但提早入学，而且是跳级的儿童。不管人前人后，都以笨蛋称呼姊姊，害得姊姊总认为自己不行，因此变得畏缩、自卑。妈妈看在眼里，疼在心里。虽说她不是资优生，但在班上也是个佼佼者。弟弟天天这样叫笨蛋，将来不笨也变笨了。

她想了一个计策，只要皇仁1小时没有说姊姊笨蛋，就给他贴纸1张，累积6张后当天就可以到爸妈的房间睡觉，后来从1小时改为2小时、3小时……

果然皇仁为了能跟爸妈同睡在一起，他不再喊或骂姊姊"笨蛋"，甚至能说"聪明"的称呼。父母对他的改变，甜在心里，喜在眉梢。可是从此以后，皇仁慢慢习

惯于跟父母睡在一个房间，不仅徒增困扰，而且也使皇仁缺乏独立性格了。

3. 分析：

皇仁骂姊姊笨蛋的行为是长期形成，要想改变实在不容易，亏得妈妈能想到与他同睡的条件作为增强物，应用区别增强策略，进行逐步改善计划。目标是有效达成，但与母亲同睡关系也相同建立了。真是改善了一项不良行为而塑造另一项问题行为。

4. 正用：

区别增强策略是应用正确，后援增强物采与母亲同睡则是错误。补救之道，乃改变后援增强物为一种没有弊端的强化物就可以了。

（四）应用在书写作业

1. 原则：应用区别增强方法改善作业速度，却养成潦草习惯。

有少数儿童写作业不是为求工整一笔一画慢慢书写，就是不专心写作，边玩边写浪费时间，使得半小时或一小时的功课，一拖就要两三小时以上，让母亲不知如何处理。

2. 示例：

《不 再 工 整》

承熙近来写字很慢，因为他想把字写漂亮一点，才能得到2个圈圈的大苹果。就因为这样，为了要写漂亮的字，承熙每天要花很多时间才能完成作业。妈妈发觉不对劲，觉得太费时了。

于是妈妈告诉承熙，若能在 2 小时内写完，可以看 6 点的卡通影片，若 6 点到，作业还没有写完，就不准看卡通，必须继续写作业，写到完才可以看电视。后来从 2 小时，改为 1.5 小时，而后再改为 1 小时 20 分钟……

不久承熙可以在 1 小时内做完功课，妈妈觉得承熙的表现愈来愈好，承熙也不让妈妈失望，都很快就把功课做完。

直到有一天，承熙笔记里的苹果都很小，妈妈意外发现，进一步再翻看看，不翻还好，一翻的结果，令妈妈傻了，哇！这写的是什么？

3. **分析：**

承熙的妈妈为要改善他作业书写缓慢的习惯，以卡通片为增强物，采区别增强方法加以改善，效果不错；但由于仅要求速度，忽略工整问题，使承熙选择性完成目标，却牺牲了工整问题，这是他的妈妈所料想不到的。

4. **正用：**

本例区别增强策略的应用，不宜仅以作业书写速度作为指标，宜加上工整为基本条件来要求，就不会产生这样结果。

（五）应用在休闲活动

1. **原则：**应用区别增强消除棒球活动，却沉迷电玩游戏。

适当活动对人类的身体健康和精神舒畅有密切关系，因此是必要且应该的。可是某些活动对身体上有问题者就或多或少需要限制，甚至禁止，这项限制或禁止可以透过区别增强方式来进行，但若处理不当，可能会带来弊端。

2. 示例：

《迷上电玩》

家豪就读小学五年级，是一个活泼机智、品学兼优，且热心服务的学生。平常喜欢跟同学在一起玩球（棒球），几乎每天放学回家后，都和同学去打球。

刚开始父母认为没有什么，何况他的功课很好，所以不加干涉。但是最近发现家豪近视，并配戴近视眼镜。

妈妈开始担心家豪若不小心，会打破眼镜，愈想愈恐怖，愈想愈不对劲。

于是采取了行动，用渐进改善的方法，限制家豪一周最多只能跟同学去打球4次，家豪是个听话的孩子，都能遵守。

不久，妈妈将一周4次的规定，改为3次、2次、1次……直到不能跟同学去打球。

家豪跟同学去打棒球的改变，妈妈相当放心，因为可避免家豪被棒球打伤。可是经过两个多月后，妈妈发现家豪改变了，养成他的另外一种坏习惯——那就是迷于打电动玩具。不久眼睛的度数加深，脾气也变得暴躁。

3. 分析：

家豪近视戴眼镜，母亲在意打棒球发生意外，因此就设法消除这项活动，其想法正确与否，值得争论，其动机却令人同情。可贵的是妈妈的辅导技巧采渐进减少方式，温和正确，且易于达成目标。可是目标虽然达成，却带来沉迷电玩的毛病，反而更为糟糕。

4. 正用：

家豪消除棒球活动的同时，宜考虑另外活动的配合，譬如：打乒乓球，以取代电玩，不仅具有活动性质，而且对近视无碍。

（六）应用在社交生活

1. 原则： 采用区别增强改善某种不良行为，却衍生另外问题行为。

行为的好坏并非绝对，当某种行为出现频率过多时，会觉得不好，需要改善，于是应用区别增强方法，逐步降低出现频率。可是真正频率降低到我们目标，结果又形成另外一种问题。

2. 示例：

《明义变了》

明义就读小学四年级，聪明伶俐，不仅功课良好，而且开朗懂事。他喜欢跟同学在一起，不是他往同学家跑，就是邀他的难兄难弟往家里来，这样的状况，每周至少3次，多的话5～6次。

起先父母认为没有什么，何况他的功课又好，所以向来也不干涉。最近妈妈越想越担心，要是这样下去的话，高年级的功课势必受影响。

于是妈妈采取行动了，用渐进改善的方法，限制明义一周最多只能跟同学课外相处（放学后）4次。明义是个听话的孩子，都能遵守。

不久，妈妈把一周4次的规定改为3次，明义也遵守。

如此不久，又降为 2 次，1 次，0 次。

明义跟同学往来的改变，妈妈高兴，因为可以专心于功课。可是经过半年后，妈妈发现明义变了，郁郁寡欢，容易忧伤，退缩被动，往往表现出无目的闲逛……

3. 分析：

社交往来日趋频繁，不仅大人如此，小孩子也一样。问题是今天升学竞争激烈，父母总希望孩子多用心于书本，少浪费时间于游戏上，所以明义父母很正确地应用区别增强来训练明义降低往外跑的次数。目的虽然达成，失去朋友的明义，却变成郁郁寡欢了，这是他的父母始料未及的。

4. 正用：

明义的母亲采用区别增强策略来辅导他，是无可厚非，但不可使用 0 次数区别增强（DRO）来断绝他社交生活才是上策。

二 学校方面

（一）应用在日常生活

1. **原则：** 应用区别增强减少上厕所次数，却带来生理疾病。

在儿童日常生活中，有一些行为如上厕所、买东西等，若表现在一平均值的上下不多时，算正常，但假若远离平均值那就异常，有待改善。但改善之道，也在求适中，若远离平均值时，也同样不好。

2. **示例：**

《上 厕 所》

刚升上小学一年级的小朋友，许多在幼儿园时已经养成的习惯很难改变，如上课时喜欢上厕所，不但影响上课，也会令老师担心安危的事情。于是林老师决心改善这项缺失。

林老师观察一星期后，了解大致状况，决定采 DRL 时制来改善。规定一天上厕所的次数不能超过 5 次，并在公布栏贴上一张表格，让小朋友去上厕所时打一个"√"。每周结算，达到目标者给一张荣誉卡，结果成效颇佳。

至此以后，经过一段时间，林老师把每天 5 次降为 4 次、3 次，至此次数不再降低，结果改善了小朋友上厕所的次数。可是却使部分小朋友患上膀胱的生理疾病。

3. **分析：**

儿童尿急上厕所是天经地义的。但是假若某个小孩每节下课都去，甚至上课也去，次数太频繁，不一定是必要，这时老师可以要求改善。但改善要求必须考虑小孩生理上可承受的范围，否则会产生生理问题。

4. **正用：**

正确考虑小孩生理承受状况，以决定要求准绳，同时也避免部分小孩矫枉过正，为求荣誉或讨好老师，采行超生理要求的状况出现。

（二）应用在同学相处

1. **原则**：应用区别增强消除告状行为，却引来报复弊端。

同学相处要和气要相亲相爱，避免批评打骂，以营造班级和谐气氛，不仅有助课业学习，也帮助良好人格的塑造。所以凡是告状事件，老师应设法避免，不要告状，结果却带来泄愤的后果。

2. **示例**：

《爱告状的小华》

小华刚读幼大班，在家里排行最小，是妈妈心中的宝贝，和哥哥姊姊相处甚至和邻居的小朋友相处只要稍有不顺，即向妈妈告状。妈妈因疼他，也每次护着他，指责对方。

来到学校，小华依旧稍有芝麻绿豆大的事都向老师告状。刚开始老师尚有耐性地一一处理，然而一段时间下来，老师亦不堪其烦，对于小华来告状的事不再每事都理他。

开始时，每2次理他1次，一段时间后4次才理1次，老师逐渐依次增加为5次、6次，再拉长至7次、10次始注意处理一下。

渐渐地，小华不再告状，老师心里暗自高兴。但没想到小华却学会了将不满情绪用拳头来报复发泄，或将学校的事带回家里向妈妈告状，引来老师更多的麻烦与困扰。

3. 分析：

小华告状的行为不是起于学校，早在家庭中就孕育而成一种牢固的坏习惯，老师设法改善，当然没有问题，只是仅止于改善不告状，并不必然就解决问题，像小华的例子，就引伸出报复发泄的不良行为。

4. 正用：

在刚开始时，老师可以应用消弱原理处理，若后来呈现严重时，可采用本策略，但最好配合增强可欲行为的策略来应用。

（三）应用在上课方面

1. **原则**：应用区别增强降低发问次数，却造成不再发问的后果。

学生上课发问是个蛮正常的现象，但为求平均发问，避免集中少数，若某一个学生发问次数过多时，就成为一般老师不乐于见到的事，于是有改善的必要，而方法应用失宜，问题就发生了。

2. **示例**：

《不再发问》

圣智是个音乐班的资优生，聪明伶俐，非常喜欢发问，只要一遇到问题就会打破砂锅问到底。但是每次一提问题，接二连三，欲罢不能，影响上课进度，老师觉得情况不好，于是和圣智沟通，但始终无效。

后来请教专家，提供妙策，只要圣智每星期发问不超过10次，老师就给他增强，而且在星期六时，老师必会留10分钟给同学发问。

嗣后慢慢减少，第 2 阶段由每星期的 10 次标准，依次改为 8 次、6 次、4 次、3 次、2 次、1 次，最后达到目标 0 次。

圣智不再发问，固然不影响老师的上课，可是长此以往，圣智变得沉默，不再发问了。

3. 分析：

老师对圣智打破砂锅问到底的习惯认为次数太多，不仅影响别人，也影响进度，所以设法改善，尤其能采用区别增强策略是适当的，可是造成圣智最后不发问，则未免矫枉过正了。

4. 正用：

本例应采用低次数区别增强（DRL），不可采用 0 次数区别增强（DRO）。

（四）应用在说话习惯

1. 原则：应用区别增强改善大声说话习惯，却使他不再开怀唱歌。

说话是人与人之间，沟通思想、表达情感等等的一种重要媒介，在班级中，每个儿童都无可避免使用这项工具。问题是这项工具使用适当与否，就关系着一个人的人际关系。因此少数说话习惯不良者，老师总是要设法改善。

2. 示例：

《歌 声 变 小》

黄翔是个活泼开朗的孩子，尤其喜欢动态的活动，如打球、唱歌、跳舞……可是他有个最大的缺点，就是习惯大声说话，即使无恶意，却令人听起来相当刺耳，因此有时为此而和同学发生冲突。

黄翔的导师李老师，为了改正黄翔这些无意的错误，开始应用渐进方式，在观察之下，统计出黄翔每天无故大声说话的次数，多则 12 次，少则 6 次。

于是李老师限制黄翔一天之内，大声说话的次数不可超过 8 次，若达到标准则准许午睡时间可自由活动，黄翔几天下来均达到标准了。

不久，李老师将一天 8 次的规定改为 6 次，黄翔也乖乖遵守了。

接下来，又降为 4 次、2 次、1 次、0 次。

黄翔以往大声说话的习惯，在这种策略辅导下，已有显著的改善，但渐渐地老师发现黄翔在最喜欢的音乐课时，不再如以往一样开怀大唱，而变得小心翼翼，不敢开朗地唱出歌声。

3. **分析**：

黄翔说话声音大，令人刺耳，同时也不雅，所以导师设法改善，采区别增强方式予以限制。结果，固然使黄翔不再大声，但也导致上音乐课不再开怀大唱。

4. **正用**：

限制黄翔说话声音大的毛病，其所采辅导标准无须建立在"静"的指标上。应在音乐课保持开朗的歌声为宜。

（五）应用在课外阅读

1. **原则**：应用区别增强禁止课外阅读，却降低语文能力。

适当的课外阅读对语文能力的增长帮助甚钜，可是利用上课时间从事跟课程无关的课外阅读，就不为老师所允许，老师一旦发现有这种现象，势必加以干涉，结果又会引起另外问题。

2. **示例**：

《降低语文能力》

玉珍是三甲的同学，她有个很严重的学习问题，那就是在学校只喜欢上国语课，其他学科，尤其是数学课，她完全不听老师讲解，每节都以偷看课外书籍来度过。日子一久，玉珍的国语程度超越其他人，可是其他学科成绩却是一蹶不振。

林老师为了要改善玉珍的毛病，想到了利用"区别增强"方法——DRO 制。

林老师规定玉珍在一节课 45 分钟内，若有 10 分钟没有偷看课外读物，则可以得到 1 张小贴纸。每逢 30 张贴纸，就可以换取她喜欢的作品，结果效果良好。

后来林老师将一节课 10 分钟的规定改为 20 分钟，玉珍也达到标准了。

嗣后又把 20 分钟改为 30 分钟、40 分钟，终至……

玉珍依照老师的规定完成了，不再有偷看课外书籍的情形。但是很明显的是玉珍很少带课外读物来校与同学共享，语文能力也不再有惊人的表现。

3. **分析：**

玉珍喜欢课外阅读，对其语文能力的增强是正面的，但是在上数学课时，阅读课外书籍，显然属于不良行为，林老师为此设法改善，绝对正确。由于采用0次数区别增强，彻底改变课外阅读，相对语文能力受到影响也是必然的。

4. **正用：**

正确改善之道应采DRL，而不是DRO。如何保持课外阅读兴趣，又不妨碍数学课的学习，才是正确之途。

（六）应用在书写作业

1. **原则：**区别增强借用于团体压力，却带来不当之互助合作。

各种策略大体都用于个别儿童，事实上也可以应用于团体。如此应用除策略本身的功效外，再加上团体压力，效果更大。不过我们也应该明白，增加效果，也同样埋下弊端。

2. **示例：**

《上当了》

林老师这学期新接四丙这班，发觉学生学习态度不好，每天不写作业的通常多达10位以上。他也发现这班儿童喜欢听他说故事。

于是灵机一动，宣布只要当天没有完成作业的同学不超过6位，他就讲故事给同学们听。结果发现，这项措施，对改善不写作业的毛病，有很好的效果。

经过2周后，林老师决定提高标准，宣布作业没有写的不超过 4 个才能说故事，同学们也都能达到标准。

　　嗣后第 4 周后每 2 周各依序降为 3、2、1 人为准，最后林老师满腔欢喜，向同事宣布改善成功。

　　一天，林老师较平日提早到校，同学们看到老师踏入教室，大为惊慌，班长、副班长……仓皇地收拾桌上作业。林老师纳闷，驱前一看，原来他们正在替懒惰的同学写作业。林老师大呼："上当了！"

　　3. 分析：

　　本例与第二章正增强互助合作一例相同，请参阅比较其差异。林老师采区别增强方法与欧老师应用增强原理，精神大致一样，但技巧略有差异。欧老师仅强调增强的应用，所以列在第二章与本例略有不同。

　　4. 正用：

　　若不考虑团体成效时，可改个人增强方式。但想发挥团体成效，则本策略可应用。应用时若有违规，可单独配合隔离、惩罚策略来预防。

第六节　有效应用区别增强的要点

一　选择适宜时制，始能发挥效果

　　区别增强首先要选择适合我们所要减少的行为时制，才能显现最佳效果。例如，如果我们不希望孩子的某种行为存在，必须完全消除，那么就采行 0 次数区别增强。

二 善用辅导工具，确定何时增强

由于区别增强的使用，必须随时记录儿童目标行为的反应。但我们应该明了任何偏差行为的辅导，都要历经相当时日，事务繁忙的老师或父母无法随时记录。若能适当利用计时工具，当可提升效果。

三 增强来源专一，才能维持效果

从事偏差行为的辅导，增强的来源最好只有一处，否则辅导容易无效。例如，观赏电视是张太太用来改善罗莉书写作业的增强物。假若罗莉可以在其他地方取得增强物的话，则效果尽消了。

四 耐心等待，始能期于秋实

区别增强所欲改善的行为都是属于已经成为习惯，且次数出现较多者，因此在辅导时应采取渐进方式，逐步要求学生递减不当行为之发生次数，需要有耐心等待，不宜想立刻改善个案的偏差行为。

五 根据观察记录，订定约定时间（次数）

区别增强之约定时间（次数），系来自确实考察与记录，而不是凭空揣测幻想得来的。一般而言，大致先要仔细观察个案不当行为所发生的频率，而求得单位时段内平均发生的次数，以订定约定时间（次数）的标准。

第三篇

扩大应用篇

《举隅类推》

孔子与弟子讨论到有关学习时，孔子说了：

＊一个人不是发愤钻研，想求通达而未能的人，我是不去启发他的。

＊一个人不是自己心有疑惑，想要表达意见而不能表达的人，我是不去启发他的。

＊又譬如有个四方形的东西，我已经提示了一个角，他却不能类推其余的三个角，我就不必再重复地告诉他了。

孔子这一段话，告诉我们一个人学习任何事情，必须自动去探求，不能囫囵吞枣，要能融会贯通，而后能扩大应用，类推到同样的事情上去。

教养学童也是这样，在前面两篇分别介绍简单行为的基本理论，进而介绍复杂行为的渐进塑造法。本篇乃把握前两章的精神，进而扩大应用于一般行为。

第八章　后向连锁反应

人类复杂行为的学习，可以利用第五章行为塑造技术，把它分析为有序阶的简单序目，然后应用增强原理，逐步养成最后我们所欲塑造的行为。只要了解前面几章，则有关这方面的成效，应可理解的。问题是有些复杂行为，当其行为愈复杂，序目就愈多，这种序目分化繁多的行为，假若应用于年龄较小，智能较差或意愿较低而被动的个体时，其成效将成问题。对于这个问题，行为改变技术的学者，又提供另一种技巧——后向连锁反应来补救。

第一节　楔　子

学习心理学者强调：若能重复练习，则学习结果遗忘会降低；没有失败的学习，则学习动机会增强（挫折降低的缘故），亦有助学习效果的提升。一种学习若兼具上述两种特质，无疑地必有良好学习绩效。本章所要讨论的后向连锁反应正好具备这两项特质，因此对儿童有关行为的养成，助益极大，尤其是对年龄较小，能力较差，或意愿较低等个体的学习为甚。

《穿衣训练》

美国印第安那的 C. B. 费斯特曾经从事一个自闭儿

童的穿衣训练，他把穿汗衫的动作细分为：

1. 走到衣柜前面。　　2. 打开衣柜。

3. 取出汗衫。　　　　4. 关上衣柜。

5. 分辨前后。　　　　6. 抓住汗衫的下方。

7. 将左手伸入衫袖内。8. 将右手伸入衫袖内。

9. 将头套入衫内。　　10. 将汗衫拉下，盖住腹部。

训练方法是从最后一项做起，训练者可先将衣服套在小孩头上，鼓励小孩做最后一步，即把衣服拉下来盖住腹部。

等小孩自己会做好第 10 项后，训练者开始只协助做前 8 项，要小孩自己做第 9 项、第 10 项。

接着只帮到第 7 项，要求小孩自己做 8、9、10 项。

如此，依序训练，把所有行为一项一项串连起来，最后，小孩将能够自己独立从头做到尾，不需别人帮忙。

《床铺整理训练》

吉斯利（Giselle）是个重度智能不足儿童，IQ 只有 32，因此他仅能遵从简单的指示。床铺整理是一项较为复杂的反应程序，我们不易使用一般正常小孩的行为塑造方法，而采用下列方法来训练：

整理床铺的过程可以细分为下列 20 个步骤：

1. 将底床单覆盖在床上。　　2. 将底床单塞入床头。

3. 将底床单塞入床尾。　　　4. 将底床单塞入床的两边。

5. 将表床单放在床上。　　　6. 将表床单拉到床头。

7. 将表床单弄直。　　8. 将表床单塞入。

9. 将毛毯放在左角上。　　10. 拉开毛毯。

11. 将毛毯覆盖全床。　　12. 将毛毯塞入。

13. 将床罩放在床上。　　14. 找寻床罩的角。

15. 将正确的床罩角放　　16. 拉开床罩。
在床尾。

17. 使床罩覆盖全床。　　18. 拉回床罩以放置枕
头。

19. 将枕头放在床头。　　20. 将床罩盖住枕头。

　　训练程序先教最后一个步骤,由护士将床铺整理好,只留最后一步骤,然后对吉斯利说:"将床罩盖住枕头",且亲手指导他操作,并给予口头的奖励。重复教导这个动作数次后,吉斯利慢慢熟练了,则进行第19步骤的训练。

　　护士将床铺整理得只剩下最后2个步骤,如同上述方法训练。

　　等到学会了第19步骤后,再依次训练第18、17……如此直到他熟练全部的20个步骤。(黄瑞焕译)

《驯夫记》

　　蔡美智女士曾在联合报副刊发表一篇征文,我的秘密——驯夫记。

　　有一天,在下班回家的公车上,听到两位年轻女士的对话。

　　*先生回家,帮不帮忙做家事?

＊哪有那么好！从来不帮忙。

＊嗯，这需要调教调教。

我的先生，以前十足是个大男人主义的奉行者，什么"男主外，女主内""君子远庖厨"的观念，根深蒂固。举凡家务事一概不动手。因此，任凭我下班后，忙进忙出，既忙着淘米下锅，准备晚餐，又要趁着空档去做一些非做不可的琐碎事。而他，视若无睹，老太爷似的待在沙发里，看报、打盹，好不逍遥！偶然还会扯着喉咙叫你动作快点，他饿坏了……这种情景，看在眼里，肚子里一股怒气直往上冒，后来我想了一个对策。

一天早上，他要出门上班时，我告诉他："晚上你都比较早回家，麻烦你帮我把电锅的开关按下，好不好？刚才我已经把米洗好放在电锅里了，只要你回来，按一下开关就好。"

不知道他到底听进去了没有，但是那天下班后，果真电锅的饭已煮好。嗯！好的开始是成功的一半。于是信心大增，急忙趋前向他道谢一番。这样连续了几天，每天回到家里，总是看到电锅已冒着热气。每次，我总向他说些感激的话。诸如："要不是你早些煮，我们恐怕很晚才有饭吃！""要不是你肯帮忙，我又要忙得一点胃口也没有了。"或是"谢谢你帮我忙，所以我今天准备了一道特别好吃的菜。"……

后来有一天，我故意把米淘洗好，放在电锅旁。下班后，刚进门，先生劈头就说："你怎么忘了把米放进电锅里？"我偷瞄了一下电锅，只见电锅已滴滴嘟嘟地冒水气了，暗中高兴一番，然后转头向他认错道谢。此后我索性把米量好了，放在水槽，等他回来洗米下锅，倒也没有听他提出抗议。这样实行了一段时日，我放胆进行下一步动作。

一天，我又像犯了遗忘症似的，匆匆出门，忘了把该做的量米工作做妥。结果，下班后，只见先生特地提醒我："你今天一定忘了量米吧！我已经帮你把饭煮好了！"言下之意，好像帮了天大的忙，我又是忸怩，又是惊喜的（装的）说了一些感激的话。说也奇怪，从此以后，洗米下锅的工作，自动落在他身上了。

此一大功告成之后，我又如法炮制，进行其他项目。

总算运气好，没让他瞧出破绽。如此，不但自动洗米下锅，有时连一些家常菜，他都会做好，等我回家共同品尝呢！昨晚，李太太来我家，看见先生正忙着拖地板，羡慕说："你真有福气，先生还肯帮你做家事，好体贴"！我顺水推舟地说："是啊！当时要不是看上这点，才不肯嫁他呢！"转眼瞧见丈夫一脸陶然的模样，叫我又好笑又爱怜，其实，他哪里知道我的秘密。（马信行）

第二节 内 容

在本书第五章，介绍斯金纳使用行为塑造技术来使学习者产生训练者所期待的行为。行为塑造强调在动物（或个体）的初期反应，可以通过连续的增强作用，使反应情形变得愈来愈接近他所希望的反应（行为）。比如说：训练狗打滚，可先奖励狗的坐式反应，然后再奖励它躺下，再奖励它侧卧……如果所要的行为变化幅度很小，那么在训练的每一阶段，期望的奖励反应，就直接按前一阶段奖励反应的变量而产生。通过这种方式，一种反应能使有机体与刺激接触，而后此反应就可当做另一个反应的刺激，如此另一种特殊形式的行为塑造，也就这样被提出了。

一　理论依据：斯金纳的老鼠实验

在第二章正增强介绍斯金纳的白鼠实验，若从另一角度来分析，斯金纳箱中白鼠压杠杆不是一种孤立的反应。在斯金纳箱中的某些刺激——杠杆呈 S^D，使得动物转向杠杆；在依次接近、再接近……触摸，最后养成压杠杆的行为。在行为养成过程中，喂食机的开启是一种额外的 S^D，使第一阶段可欲行为显现后，引出动物走向食物盘的反应。吃下食物丸又是另一个 S^D，最后使动物又回到杠杆这边再压它。这个事件的顺序（连锁）就由食物丸总结起来。

按此方式建立起来的反应连锁可能十分复杂，斯金纳曾记述过这样一个实验，在实验中教白鼠拉一根细绳而饵架上放出一个弹子，把这个弹子拾起来，并用前爪把这个弹子搬到管口，再把弹子放入管中，这样连锁反应常用于马戏团或庙会上训练师训练动物，进行表演。

二　模　式

为了能从斯金纳的观点来解释反应连锁作用的产生方式，我们一定要利用次级增强作用和联结转换（associative shifting）的概念来说明。在食物丸输送出来之前的事件，因为与原级增强物

的联结,也使得它们获得了次级增强作用的属性。因此看到杠杆,
这个反应就成为一种次级增强物而注视杠杆的反应,就是被看到
杠杆的反应增强。现在,经由类似联结转换的过程(或是高层次
制约),其他更远离杠杆的刺激,也会发展出增强的属性。因此当
动物在大量的训练之后,再一次被放进斯金纳箱中时,它所碰到
第一个刺激将被当做 S^D,使得动物朝向杠杆。这时候,看到杠杆
就当做增强物和 S^D,引出这个反应连锁作用中的次一个反应。这
种情况,以下图表示:

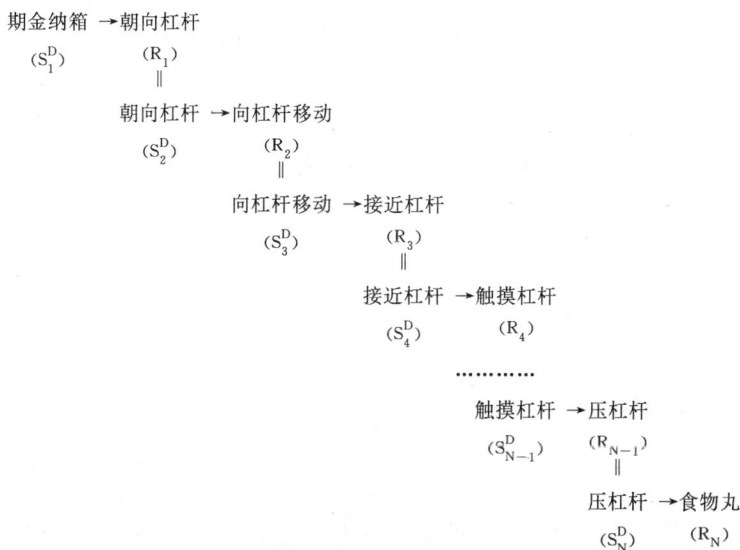

期金纳箱 →朝向杠杆
(S_1^D) (R_1)
                    ‖
        朝向杠杆 →向杠杆移动
        (S_2^D) (R_2)
                            ‖
                向杠杆移动 →接近杠杆
                (S_3^D) (R_3)
                                    ‖
                        接近杠杆 →触摸杠杆
                        (S_4^D) (R_4)
                        ·············
                                触摸杠杆 →压杠杆
                                (S_{N-1}^D) (R_{N-1})
                                                ‖
                                        压杠杆 →食物丸
                                        (S_N^D) (R_N)

图 8-1 连锁作用的行为示例

注意(反应)连锁作用的发展,总是由原级奖赏开始往后面

的反应发生作用,乃是重要的。当越来越多的相关刺激获得了增强的属性之后,(反应)连锁作用就扩展延长了。例如:(反应)连锁作用可能渐渐地扩展至动物原先居住的笼子里。有时候,老鼠也会被训练做复杂的连锁反应,例如:爬梯、骑车、过桥、在玩具钢琴上弹奏一个音阶、进入小电梯、拉下链子、把电梯"按"下来,以及获得一小粒食物丸。这个连锁也是往后发展的。因此在原级奖赏之前的事件,渐渐地就成为次级增强物。当它们成为次级增强物时,就奖赏了在它们之前的反应。在整个行为连锁里,增强作用都是依据这个模式发展。

连锁反应也可以在两个人之间发生。例如:看到某个认识的人,你就当做一种 S^D,而说"哈罗",哈罗就成为你的朋友说"嗨"的 S^D;"嗨"的反应,可以当做你说"哈罗"的奖赏以及说"你好吗"的 S^D。这两个人的连锁可以用下面的图表说明:

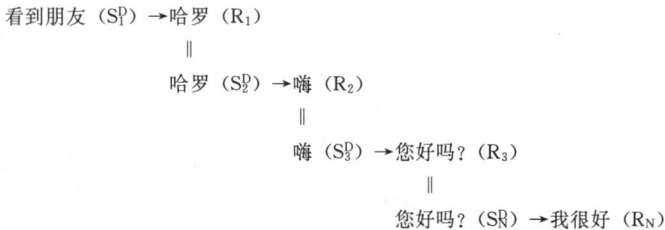

看到朋友(S_1^D)→哈罗(R_1)
$$\parallel$$
哈罗(S_2^D)→嗨(R_2)
$$\parallel$$
嗨(S_3^D)→您好吗?(R_3)
$$\parallel$$
您好吗?(S_N^R)→我很好(R_N)

除了某些反应的结果可以当做其他反应的线索之外,有一些想法也可当做其他想法的 S^D。斯金纳(1953)说:

一种反应会产生或改变一些变项,进而控制其他的反应。这种结果就是一种"连锁";这种连锁可能只有一点点组织,也可能完全没有组织。当我们在乡间散步、博物馆参观或在商店游逛时,

我们行为中的偶发插入事件会带出另一个事件。例如：我们正在
商店或博物馆的一边浏览时，突然被另一样物品吸引住，使我们
往它的方向走去，在行走的过程里，我们收到一种嫌恶的反应，使
得我们踌躇不前，这样子就产生了一种餍足或疲弱的情况，只要
这种嫌恶刺激一解除，我们就坐下来休息。因此我们可以知道，连
锁反应并不一定只是空间移动的结果。日常生活中的随意交谈，或
是自由联想地"谈论我们的思想"时，我们的语言就会天马行空、
行云流水。（王文科译）

三　意　义

在教导或训练某些特殊对象（如前述智能不足、意愿低者）时，
常听到的泄气话就是：我们实在没有办法教他了，同样的事都教
几百遍了，还是不会，明明是这样简单的事，却好像比登天还难。
这种说法，有时候真有点道理存在，尤其是对常人而言。可是若
对那些特殊对象如智能不足者，还是用常人的方法来要求他，则
未免要求过高了。

上面3个例子分别属于智能不足、自闭症儿童及意愿低的先
生，对这类对象，我们不能以常人的观念来塑造他的行为，否则
效果必然不彰。虽然3例训练日标不同，但都有 ·共同性——那
就是训练目标都不能一蹴而及。如吉斯利整理床铺有20个步骤，
穿衣训练亦有10个步骤，大男人的厨房工作都不可能一下可以训
练做到的，故要一步一步地来。

训练者首先分析工作，把复杂的行为予以细目化，而设计顺
次有序的序目，然后留下最后一步由学习者做，其余各部分由训
练者做好，当被训练者做完最后一步时，立即予以增强。

依此方法，再训练最后第 2 步骤，如此学会最后第 2 步骤；再训练最后第 3 步，依序一步一步训练到第一步后，全部就学会了，训练也完成，这种学习是从最后一步而往前逐步学习的历程，是一种向后倒退的反应过程，所以叫后向连锁反应（back ward chaining）。

要了解后向连锁反应，让我们先分析连锁反应这个观念。所谓连锁反应，事实上就是指刺激—反应的连锁（stimulus-response chaining），刺激——反应的连结就是行为，因此，所谓刺激——反应的连锁，事实上就是指行为的连锁而言。

人类复杂行为因系由许多相关的小行为依序串连而成，连锁反应就是把一些较复杂的行为，先分解为若干有顺序的动作，然后把握行为塑造原理，逐步增强各依序动作之间的环节（links），使之连成一个熟练的复杂行为。此种刺激——反应连锁可由下图看得出来。

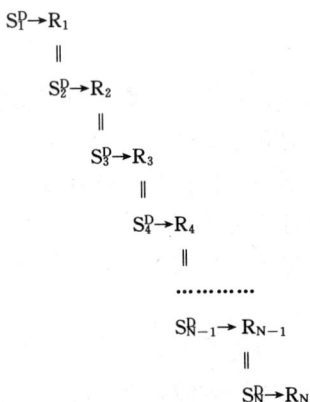

$$S_1^D \rightarrow R_1$$
$$\parallel$$
$$S_2^D \rightarrow R_2$$
$$\parallel$$
$$S_3^D \rightarrow R_3$$
$$\parallel$$
$$S_4^D \rightarrow R_4$$
$$\parallel$$
$$\cdots\cdots\cdots$$
$$S_{N-1}^D \rightarrow R_{N-1}$$
$$\parallel$$
$$S_N^D \rightarrow R_N$$

　　若依上图来看，刺激——反应的连锁就是有辨别的刺激 S_1^D 和反应 R_1 的连续，每一个反应为次一个反应的辨别刺激如 R_1 是 S_1^D 辨别刺激的反应，但也是次一个反应 R_2 的辨别刺激 S_2^D，整个顺序完成后，则给予增强物。

　　刺激——反应的连接是结合每个连锁的环节，而且只有每一个环节都强固时，连锁反应才会坚牢。如果前一刺激引起的反应很微弱，则不能产生次一个刺激，其余的连锁就不会发生，也就是说连锁反应在最微弱的环节中断了。

　　由上述内容看来，连锁反应跟行为塑造密不可分，有时颇难划分，几乎可说一样，只是在讨论有关问题时，若从正面，依序往后学习者属于行为塑造技术（第五章部分）；若从后面，依序往前学习者，也就是说，由连锁后面向前倒退学习者，则为本章所讨论的后向连锁反应。

第三节　正　用

　　后向连锁反应的程序与事情的自然次序相反，因此在行为改变的环境以外很少应用，多数都以第五章行为塑造的顺向连锁反应（forward chaining）为主。唯在教育上对于一些幼小儿童的提早学习，智能不足儿童的正常学习或意愿不高（如大男人主义者、爱面子的人……）者的补救学习，却提供了一种有效可循的方法，若能适当正确的应用，必可收到意想不到的效果，兹就日常生活中有关的例子，分述如下：

一　家　庭　方　面

（一）应用在训练吃饭

1. **原则**：幼小儿童的学习采用后向连锁反应策略，最易见效。

人类许多习惯或态度，须要尽早建立，但由于父母爱子心切或学习困难，不愿儿童自小学习动手做事，丧失机会，实在可惜。幼小儿童学习起来虽然较为不易，但若方法应用适当，照样可以获得成效的。

2. **示例**：

《训练小明用汤匙吃东西》

小明今年已经 2 岁多了，很多事都由母亲代劳，而妈妈又是一位职业妇女，每天早上起床后，忙着家事外，又要处理小明的饮食，实在忙不过来，往往影响上班时间。再三考虑结果，决定训练小明拿汤匙吃饭，首先她把吃饭过程分析为下列 5 步骤：

1. 伸手去拿汤匙。

2. 握好汤匙。

3. 拿汤匙靠近碗。

4. 用汤匙舀东西。

5. 将装有菜饭的汤匙移至嘴巴，吃下去。

配合上述步骤，开始下列方法训练：

一、妈妈握着小明的手一起由 1 做到 5，等到小明熟练且不抗拒时，进行下一步骤。

二、妈妈握着小明的手一起由1做到4，然后妈妈放
　　手，改由小明自行将装有菜饭的汤匙送到嘴巴。

三、当小明可以自行做好到第5步骤后，妈妈帮忙
　　做到3。然后妈妈放手，小明自行做4、5两步
　　骤，若熟练了，则依次进行。

其余类推，终至最后训练完成，小明可以自行用餐，妈妈从旁观看，必要时才动手协助，最后终于可以自行吃饭。（张正芬）

3. 分析：

2岁多的小孩，动作发展还是相当有限，但对于使用汤匙喝汤，不见得做不到，只是母亲代劳太多，小孩始终没有经验过，当然就不会。小明的妈妈把此动作予以细目化，采后向连锁反应的方法，有效地教会小明用汤匙吃东西。

（二）应用在如厕训练

1. **原则**：智能不足儿童若能善用后向连锁反应策略，很容易
　　　　 培养许多生活习惯。

小孩如厕行为是一种极其平常的事，幼儿园小学生都应具备此种能力，可是对一些智能不足，尤其重度者，就成为一种困难。那么身为这类孩子的父母或老师，若能善用后向连锁反应方法，不难训练他们自行如厕。

2. **示例**：

《自 行 如 厕》

重度智能不足儿童可以采行下列如厕自立技能训练：

第一步是：当发现儿童尿湿了内裤时，要立刻很平静地带他上厕所。在此情况下，若他尚能在厕所内完成剩余的大小便，仍可给予奖励。

第一项训练要诀是使小孩愿意安静地待在厕所，所以要保持情境的愉快气氛。父母就站在厕所前，并说："到我这儿来。"借此诱导他到厕所前，他如果进入厕所就叫他坐在马桶上。若他依照指示采取有效的反应，训练者就说："乖!"并给奖励。

倘若他已学会留在马桶上一段时间，便可让他在马桶上多坐一会儿。最初几次要陪着他相对坐在厕所里，注意查看他是如何完成大小便，以免替他弄干净后，又立刻弄脏了内裤。

当他完成全部动作之后，要说他乖，而且立刻给予奖励。

逐渐地延长小孩和训练者的距离，训练者先站在厕所门口，其次是站在门外，到最后要小孩自行上厕所而不需要别人的指引与帮忙。

等他自己上厕所时，部分动作的完成不必再分别给予奖励。训练大小便时，所采用的增强物，可改用操弄性增强物，如玩具、故事书或是利用一套标志物、或积分卡等。(陈荣华)

3. **分析**：

智能不足儿童由于智能的低下，对各种技能学习多少也受到影响，如厕行为就是其中一种。但若能把如厕行为予以细目化，依序排列，从最简单学起，而后逐步完成，最后当可学会这项行为。

（三）应用在技能学习

1. **原则**：电器化等科技设备的使用，采行后向连锁反应学习，效果彰显。

由于经济的发展，我们社会已经普遍应用各种电器化设备，这类设备均有一定使用方法和程序，若使用不当，会有安全问题的产生。因此在家长或小孩个人，对使用的学习就有顾忌。假若能够应用后向连锁反应方法就不难学会。

2. **示例**：

《使用微波炉》

老幺多多从小喜欢动手，二三岁时，电视机、录影机就学会自己操作，后来妈妈有一次到美国旅游带回一部微波炉，她也好奇要使用，妈妈同意教她使用方法。

首先把开机过程细分为下列6步骤：

1. 插电
2. 按 COOK1
3. 设定时间
4. 错时按 CANCEL
5. 设定时间

6. START.

一、多多首先看妈妈由 1 做到 5，由她操作第 6 步。
等到多多熟练清楚，再进行下一步骤。

二、多多看妈妈由 1 做到 4，然后她操作第 5、6 步，
若熟练了，再依次进行下一步骤。

三、其余类推，多多很快就学会各步骤，可以自行
操作。

3. 分析：

由于老幺当年年纪小，又有兴趣学如何使用微波炉，同时又
因为有英文号志，于是妈妈采用后向连锁反应的逆倒式逐步学习
法来教多多，年纪虽小，却很快就学会使用方法。

（四）应用在洗澡训练

1. 原则：依赖性较重的孩子，采用后向连锁反应学习，更易
达成。

有少部分依赖性较重，或学习动机较弱的小孩，对某些行为
不想做，甚至不愿思考，迫着母亲代劳，徒增困扰。假若父母能
够掌握后向连锁反应的精神，善加应用，则这类小孩的行为不难
改善。

2. 示例：

《洗 澡 训 练》

永铎从小依赖性重，每次洗澡时，总要妈妈帮他洗
头发。后来请教专家，承其介绍行为改变技术之后向连

锁反应后，就试着应用，希望让永锋能够自己洗头发，不再麻烦妈妈。

首先，妈妈把洗发分析成下列 6 个步骤：

1. 打开洗发精盖子。

2. 压出洗发精。

3. 把洗发精抹在头上。

4. 抓洗头部之头发。

5. 冲水清洗。

6. 用毛巾擦干。

第 1 天，先让妈妈帮他从 1 做到 5，由他自己操作第 6 步，即是自己用毛巾擦干头发。

过了几次以后，改为帮他做到第 4 步，第 5、第 6 由他自己来做，以此类推，永锋很快就学会了各个步骤，现在洗澡时，不用麻烦妈妈了。

3. **分析**：

懒惰的永锋，自小养成不动的习性，连洗澡都依赖母亲，为改善此种不良行为，母亲以洗头为行为目标，予以细目化，然后倒向逐步完成，终于改善此种不良习性。

（五）应用在食物制作

1. **原则**：后向连锁反应方法应用到食物制作亦很有效果。

许多事的完成对小孩子而言，要经过一个繁杂的历程，在大人眼中或许简单无比，但对一位孩子，可能相当复杂，做起来就困难了。为解决这项困难，后向连锁反应，就可派上用场。

2. **示例**：

《蛋 糕 制 作》

家里 3 个小姐都喜欢吃蛋糕，妈妈闲来无事，就表演她的绝招——做蛋糕，给女儿吃起来个个甜在心里，喜在眉梢。后来女儿就要求母亲传下招式，母亲心感何乐不为，于是借机教她们了。

1. 准备鸡蛋 5 个、面粉 1.5 杯、水 1/4 杯、香料一茶匙、糖 2/3 杯。

2. 将鸡蛋打松，把糖分 3 次加进去。

3. 打匀后将水分 2 次倒入。

4. 再加入面粉及香料，轻松拌匀。

5. 全部倾入烤盘里。

6. 用 350 度 F 的火力，烤 25～30 分钟。

7. 取出，待冷却后，在上面再做各种花式。

妈妈先做完前 6 步骤，然后要孩子做第 7 步骤。当孩子能做会第 7 步骤，再教烤的方法（即第 6 步骤）。这时，妈妈只做到第 5 步骤，这步骤熟练后，再留第 5 步骤让她们练习。

其余类推，女儿很快就学会，现在只要放假，她们就表演绝招了。

3. 分析：

对于一位没有制作蛋糕经验的小孩，尤其甚至没有做过家事的儿童，一下子要制作蛋糕，的确不容易。女儿就在母亲指导——后向连锁反应下，很快学会了。

二　学校方面

（一）应用在到校上学

1. **原则**：后向连锁反应技巧可以有效应用在拒学症儿童的辅导。

由于小孩自出生后与父母家人一起生活，彼此形成共生的依附行为，一旦分离就产生分离焦虑。到校读书，身处一个陌生的环境，很容易产生焦虑，而影响上学。在这种情形下，可以采用后向连锁反应策略来辅导。

2. **示例**：

《小英上学》

小英每天都需要妈妈送她到校上学，但由于妈妈是个职业妇女，每天早上忙于家事外，再陪小英去上学，实在是一项负担。于是跟导师请教后，采取下列步骤，逐步训练小英，终于使她能够独自上学。

1. 妈妈如同往常一样，陪小英从家里到学校，但妈妈只送到教室门口，不陪她进教室，让她自己进去。

2. 妈妈仍旧陪小英上学，但只送到2楼楼梯口，小英独自走到教室。

3. 妈妈陪小英上学，但只送到1楼，小英自行上楼到教室。

4. 妈妈陪小英到校门口，让小英走过穿堂，上楼到教室。

5. 妈妈陪小英从家里出来，一直到走过天桥，便让她跟着其他小朋友，走到学校穿过穿堂，上楼进教室。

6. 妈妈陪小英从家里出来，一直走到马路口，并提醒注意车辆往来等交通安全，然后，让其自己和路队过天桥走路到学校，穿过穿堂，上楼进教室。

7. 妈妈送小英到家门口，便和她说再见，让她自己走出巷子到马路，和路队过天桥，到学校穿过穿堂，上楼进教室。

8. 小英自己上学。

3. **分析**：

拒学症儿童因分离焦虑，而把他送到一个陌生的环境，更使焦虑强化，产生恐惧情绪。小英妈妈于是针对此种情境，把上学的动作予以细目化，开始时全程参与，而后依次逐步减少细目，终至能改善小英拒学症的心理。

（二）应用在美劳教学

1. **原则**：后向连锁反应策略应用在美劳教学上，也有良好效果。

美劳科内容繁多，其中有许多课程涉及繁复的步骤。儿童在学习过程中，因步骤繁琐，学习就感困难。这种情形，老师可以采用后向连锁反应的方法来教学。

2. **示例**：

《折纸鸟》

今天美劳课，李老师教学课程是折凤凰鸟。这种纸鸟的折法是一个复杂的反应程序，全部过程共计16个步骤。这项学习程序由李老师亲自教导，首先教最后一个步骤，其他步骤由李老师自行做好，并指导同学，凡做好者都给予口头奖励。重复几次后，儿童都会了。再进行第2步，由老师做完前14步骤，留下15、16步骤让儿童做，如此重复几次。熟了再进行第3步，其方法相同……如此，直到儿童熟练了全部的16个步骤，整个折纸鸟的学习终告完成。

3. **分析**：

折纸鸟的学习，看来似乎简单，事实不然。前后过程共计16个步骤，每个学习必须依照正确的次序，一次一个反应，同时进入次一反应之前，每一个步骤都要加以特殊化。因此，在学习上采用后向连锁反应的方法，最易显现效果。

（三）应用在课外活动

1. **原则**：学校各种仪器设备，同样可以用后向连锁反应来教会儿童。

在学校各科学习上，好多科目都会涉及仪器的使用，如自然科目，或课外活动科目都是。这些仪器的操作都有一定的程序和限制，万一操作不当，不仅不会展现功能，而且容易发生意外。因此，老师可以采后向连锁反应来教会儿童正确操作方法。

2. 示例：

《卡 拉 OK》

多多三年级的时候，有一次课外活动导师带他们去唱卡拉 OK，结果同学非常高兴。自此以后只要有空，小朋友就要求老师再去唱卡拉 OK。次数一多，小朋友就要求自行操作，减少老师麻烦。在这种情形下，老师就教小朋友操作步骤。

多多当然也不例外，又要学会操作，大展歌喉了，老师如法炮制，采用后向连锁反应方式来教她。

1. 开总电源

2. 按主机的 POWER

3. 按碟影机的 POWER

4. 按碟影机的 OPEN

5. 放进碟影片

6. 按碟影机的 CLOSE

7. 按影视机 POWER

8. 按摇控器的 TV VIDEO

9. 按碟影机的 PLAY

10. 按碟影机遥控器的号码（即第几首歌曲）

11. 按碟影机遥控器）O/A/CX

按从最后第 11 步，按碟影机遥控器 O/A/CX 做起，其余 10 项由老师做，只有最后一项要求多多做。等到她会做后，老师只做前 9 项，让多多做第 10、11 两项；接着老师只做前 8 项，多多做后 3 项……如此，依次渐进。

最后，多多能够独自从头做到尾，不需老师帮忙了。

3. 分析：

卡拉 OK 的开关使用有一定的程序，并非每位儿童可以轻易操作，尤其许多英文字母，更非小朋友所知悉。因此，要想会操作，必须刻意学习，本例导师采用后向连锁反应的教法，是容易获致效果的。

（四）应用在课业学习

1. **原则**：学生补救教学若能应用后向连锁反应策略，效果更佳。

在学科学习上，低成就学生的辅导，不仅是家长所寄望，也是教育所期待。可是在实际教学中，补救教学收效不易，若能善用后向连锁反应技巧，将有意想不到的效果。

2. **示例**：

《数 学 成 绩》

明贤是一位有行为困扰班级里的学生。

在基线阶段（A 阶段），老师给明贤一张作业单，上有 9 个除法问题。明贤完成的量从第 1 天的 4 题降到第 4 天的 0 题。（见图 5-1）

在第一个实验处理阶段（B 阶段）里，老师把要求标准定为 2 题（它是基线阶段的第二高标准），如在 45 分钟正确地完成 2 题，则可获得休息时间及打篮球活动性即时增强。如在指定时间内不能完成那 2 道题，则必须继续做，直到那 2 道题正确的完成。

以后各实验处理阶段都与 B 阶段相同，只是在连续 3 次达到标准后，便把标准提高一题。

在 E 阶段是连续 5 次达到标准才把标准提高一题。

在 J 阶段，标准不但没提高，反而降减一题，有点倒返的意味。

在 K 阶段，被试要正确地完成 10 道数学作业题，才能获得增强。图 5-1 显现被试除在 C 阶段有一次没达标准外，其余皆能随着标准的逐步提高，而完成较多的作业题数。

注意：每题依难易程度排列。（马信行）

3. 分析：

在学科低成就的辅导方面的确不易，尤其具有连贯性基础学科如：数、英……各科为然。如今哈特曼采后向连锁反应方式，即只要完成 2 题（另 8 题不予考虑），就算达到目标，标准不高，学生容易做到，等到稳定后，再往前增一题……如此类推，终可达到全部都会的目标。（请与第五章同例比较，是否能指出不同的地方？如何思考使本例属于行为塑造，又如何思考才属于后向连锁反应的例子？）

第四节 影响后向连锁反应效果的因素

一 确定最后步骤的构成因素

后向连锁反应如同行为塑造一样，是把一项复杂行为予以细目化，使每一步骤都很简单，容易学习，然后从最后一步骤开始学习，步骤熟练后采逆向后退，逐步学习。论其精神主要乃在于步骤的细目化。

要细目化，先决条件要确定目标行为和起点行为。俟这两端行为确立，就可视个案能力及行为性质，发展行为顺序分析为多项细目，每细目就自然成为刺激。一方面使这些刺激发展成为前一反应的制约增强物，另一方面又为次一反应 $S^\triangle$，如此，细目就建立了。

为使后向连锁反应能够顺利进行，必先使复杂行为细目化为更多、更细、更简单容易学习的步骤，也就是确定最后训练的组成因素，才能逐步学习。

二 步骤熟练以后才可进行下一步骤

后向连锁反应技术是应用刺激反应连锁原理，而刺激反应的连接是结合每个连锁的环节 (links)。就整体而言，每个环节彼此都有密切关系，只有每一个环节都很强固时，整个连锁反应才会牢固。如果其中任何一个环节不强固的话，则立即发生问题。

后向连锁反应，每次都留最后一步骤，即最简单的一步让学习者很容易学会，使他没有挫折感。但我们应该知悉：学会不一定熟练，若不熟练则由刺激引起的反应就很微弱，反应微弱则不能产生次一个刺激，如此其余的连锁就不会发生，连锁反应就在最微弱的环节中断了。

为预防环节中断，每一环节就必须牢固，因此在后向连锁反应的学习中，每一步骤都必须熟练以后，才可以学习新的环节。

三　每次要重复以前教过的构成因素

学童学习东西，不管是知识或技能，皆不能一直保持着，经过一段时间后，必有一部分遗忘。因此如何保持习得的东西，就成为学者探讨的重点之一。根据学者的研究，学习要想保持长久，有时需要过度学习。

所谓过度学习就是指学习到刚能熟练之后，倘仍继续学习，则多学习若干次，便为若干次的过度学习。例如学童学习九九乘法表，就是经过过度学习的，所以经久不忘。而学习语言、学习技巧动作，尤须过度学习。

后向连锁反应就是一种过度学习，它把复杂行为予以细目化，依序排列，从后逆向练习最后一步，其次最后第 2 步与最后一步一起学习，熟练以后，再将最后第 2 步与最后第 2 步、最后第 1 步一起学习……如此学习全部材料，正符合过度学习精神，使儿童在新的学习情境里，尽量反复练习先前已经获得的知识和技能。

四 长的连锁反应，要增加补充增强物

在第三章增强物中，我们强调它对于个体行为养成和习惯建立的影响既深且巨。但一种行为倾向的生根成长，光具备适当的增强物是不够的，同时还要懂得如何有效地安排这些增强物才行。因此，增强物的给予方式或步骤也极其重要。

后向连锁反应的应用实例中，有些行为的塑造历程，其步骤繁多，如楔子吉斯利床铺整理训练计划前后包括了 20 个构成因素。训练假若是在整个连锁反应完成以后，才给他增强的话，那可能还没到达目标完成时，个案已经心灰意冷，没有兴趣了。

为要改善上述弊端，对于较长的后向连锁反应训练，能够在每一个构成因素中增加增强物。例如吉斯利示例，可以在他完成第 7 步骤时给予代币，或提供他进行第 6 步骤的刺激。这样以一些有力的增强物，间歇地增强行为者，必可使每一构成因素的连锁强固，行为的建立或习惯的养成更容易达成了。

第五节 误 用

在应用行为改变技术的各种有关方法，若有不慎时，往往会无意间建立了错误、不当的反应，而养成儿童的偏差行为。后向连锁反应也同样会发生这种现象，其主要关键通常在于：

第一、一个受增强的适当反应之后，立刻发生一个不适当的反应。因此，两个反应在一起被增强。

第二、另一种是运用其他的行为改变程序也会引起意外的不

当反应。

有关不适当的连锁反应，马丁和皮尔（1993）曾举下列说明：

一个父亲决心不使用惩罚（打手心）而改用正增强作用来教导幼儿了解"不"的意义。当孩子触及危险物（如电插座等）或易燃物（如火柴、煤气）时，父亲以坚决的口吻说："不"，以阻止他触及这些东西。(过去父亲说不，若他继续做时，就被打手心。)若孩子不触及这些东西，父亲立刻给予称赞或拥抱。

经过了一段时间后，这个孩子却发展了一种持续的行为模式，好像是"游戏"一样，其方式是：

1. 看到父亲时，就去摸电源插头。

2. 假如父亲说"不"，则转向父亲得到称赞或拥抱。

3. 重摸其他东西，以得到更多的称赞或拥抱。

儿童在这种情形下，建立了一种错误的连锁反应：

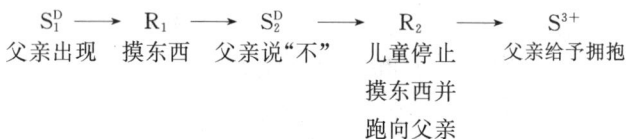

$$S_1^D \longrightarrow R_1 \longrightarrow S_2^D \longrightarrow R_2 \longrightarrow S^{3+}$$

父亲出现　摸东西　父亲说"不"　儿童停止　　父亲给予拥抱
　　　　　　　　　　　　　　摸东西并
　　　　　　　　　　　　　　跑向父亲

（注）上图中的 S^+ 表示连锁的最后反应引起的正增强物

类似上述的例子在日常生活中常常可以见到，为一项真正后向连锁反应的误用实例，在日常生活中，比其他各种策略要少得多，不易找到下面各例相当勉强。

一 家 庭 方 面

（一）应用在饮食习惯

1. **原则**：应用后向连锁反应改善不吃肉习惯，却造成小胖子的后果。

家庭生活中的许多行为，若个别加以分析，每一行为系由许多相关的小行为依序串连而成。在学习时就把一些较复杂的行为先分解为若干有顺序的动作，把握行为塑造原理，后向逐步增强各依序动作之间连锁的环节，程序与自然顺序相反，最后可以学会该行为。

2. **示例**：

《小 胖 子》

小雄是幼儿园大班的学生，偏食的习惯特别严重，尤其拒吃肉类。妈妈深怕小雄营养失调，决定采用后向连锁反应来矫正。

1. 天天准备色香味俱全的肉，放在餐桌刺激小雄挟的动机。妈妈先挟最小的一块，放入小雄的口中，要小雄细嚼咽下，并口头称赞。

2. 变换另一种口味的肉，挟一块在小雄的盘子，请小雄自己挟入口中品尝，全家跟着吃一块并做出很好吃的样子。

3. 一开饭，即请小雄自己挟一块最小的肉吃，吃完带他到书局购买小雄盼望已久的故事书。

4．菜一上桌，小雄会自动挟肉吃，不必父母叮咛。

5．用餐时间一到，一定先选肉类吃，且量比以前多。

由1到5，等1熟练了，再继续进行2，千万不可急躁，免得环节中断了。经过2个月的矫正，由于妈妈只在乎小雄是否吃肉，也只在挟肉吃时才给予增强，故忽略了平均摄取各类食物的重要性。长时间下来，小雄变成只吃肉的"小胖子"。

3．**分析**：

吃饭、吃菜是一件极为简易的行为，照理小雄吃肉是一件容易不过的行为，无须动用脑筋。可是小雄偏食不吃肉，妈妈只好强迫他吃。于是采行后向连锁反应方式。后向逐步实行，小雄不得不吃肉，久而久之成为习惯。可是却因用餐过程，妈妈只注意吃肉问题，忽略其菜食，导致成为小胖子的结果。

4．**正用**：

在进行食肉的训练过程必须同时注意其他食物的均衡，不要有意无意间造成偏食习惯。

（二）应用在穿鞋训练

1．**原则**：采用后向连锁反应训练幼儿穿鞋，结果功亏一篑。

身为父母，由于个别差异，显现于教养子女的态度上有很大的不同。部分父母认为从小就应培养小孩的独立，让他们能够自行从事各项行为，只要策略方法应用适当，必可达成的。

2．**示例**：

《穿 鞋 子》

小强4岁了,妈妈认为他应该学习打理自己的生活,必须从简单的事情开始做起。妈妈考虑之后,决定先教小强穿布鞋。因小强年纪小,不能一下子记住并学会每一个步骤,于是妈妈便将穿布鞋的步骤予以细目化,并从最后一步逐渐往前做,其步骤如下:

1. 走到鞋柜前面。　　2. 打开鞋柜。

3. 取出布鞋。　　　　4. 关上鞋柜。

5. 分辨左右。　　　　6. 将左脚穿入鞋内。

7. 将右脚穿入鞋内。　8. 系左脚鞋带。

9. 系右脚鞋带。

妈妈在训练小强的初期都非常顺利,但到了第5个步骤分辨左右的时候,小强有一次不小心穿错了。这时妈妈立即蹲下帮小强换过来并帮他穿好鞋子。几次无意的过失之后,小强学会了只要故意将左右脚的鞋子穿错,妈妈就会帮小强把鞋子穿好,使得小强穿鞋子的训练无疾而终。

3. **分析:**

一般看来,穿鞋似乎是一项极为简单的行为,但对4岁小孩子就不是这样,可说是一项困难的事,尤其是向来没有自己动手过的。所以当小强4岁学习穿鞋子时,妈妈采用后向连锁反应来教导他,结果显现效果。可惜爱子心切,由于一次不小心穿错,而帮他穿,反而让小强学会故意穿错的行为。

4. 正用：

采用后向连锁反应策略来教小强是正确，错误的是在他不小心穿错时，没有必要帮他穿好，应该让他自行处理，纵然要多费点时间或心思也是应该的。

（三）应用在洗澡训练

1. 原则：应用后向连锁反应教导洗澡行为，却意外造成恐惧心理。

儿童到了学龄前，生活起居应培养独立自主的习惯。在这阶段慢慢教导一些日常生活的技能时，有时会在学习过程中碰到一些意外事故，若处理不当时，就会产生不良的心理问题。

2. 示例：

《洗　澡》

1. 打开浴室门。　　　　　2. 关上浴室门。

3. 脱上衣。　　　　　　　4. 脱裤子。

5. 开冷水。　　　　　　　6. 开热水。

7. 澡池放一半的水。　　　8. 用手试水温。

9. 浴巾弄湿。　　　　　　10. 抹香皂。

11. 擦身体。　　　　　　　12. 冲洗身体。

13. 擦干身体。　　　　　　14. 穿衣服。

15. 穿裤子。　　　　　　　16. 开浴室门。

17. 脏衣服放入篮子中。

这种训练由妈妈来执行。先教最后一个步骤：把脏衣服放入篮内，会了再教第16个步骤，熟练后妈妈就把

16、17 的步骤让志伟去完成，每做完一次就给动物贴纸和奖励卡（集满 5 张就可玩积木或玩具 15 分钟），如此重复直到纯熟为止。再进入练习 15、16、17 的步骤，反复如此做。

当实施到第 12 的冲洗身体步骤时，他竟然玩起水来，高兴极了，使整个浴室到处都是水。费了一番周折，方把他纠正过来。接着进行到了抹香皂擦身体时，又弄得满头满脸的，造成惧怕的心理，又经过一段长时间的调适，才能再继续下去。等到第 6 步骤时，志伟没有注意，开了过量热水，结果烫到手，叫起来。妈妈赶快过来处理，并告诉志伟说没有关系，以后小心就是。可是小孩却产生恐惧心理不敢再去碰它。

3. **分析**：

现在家庭用的煤气热水器，大都是水点火式的操作方法，只要水龙头一开，水冲出就可以自动点火。可是有时仪器故障会造成不顺情况，致使热水忽冷忽热，志伟就这样被烫了，造成了恐惧心理。

4. **正用**：

年龄小的孩子，使用危险性大的煤气热水器，宜从安全着手，随时注意热水器的安检工作，保持安全使用状况；或由大人放好热水，不要由小孩自行控制，以防意外。

（四）应用在家事学习

1. **原则**：应用后向连锁反应于家事学习，结果却帮了倒忙。工商社会，父母都从事职业，人手不足，如何教导子女抽空帮忙家事是极其普通的事。但家事的处理,需要经过学习阶段,父母若能善用后向连锁反应原理来教导,极易收到良好效果。唯须同时考虑相关条件的配合,否则容易产生问题。

2. **示例:**

《洗　碗》

兴国今年已经三年级,妈妈是一位职业妇女,忙里忙外,希望兴国能帮忙,减轻一些家事负担。首先考虑要兴国洗碗,于是设计了以下 7 个步骤,好让兴国由后向前逐步学习。

1. 打开水龙头,使洗碗槽存放八成水。
2. 倒入一小杯洗碗精,用手混匀。
3. 把碗放入洗碗槽里。
4. 用茶瓜布洗碗。
5. 冲水。(一个一个分别洗,共计 3 次。)
6. 擦干。
7. 放好。

各步骤大致顺利进行,到第 5 个步骤"冲水"这一项时,兴国弄得满地到处都是水,衣服也湿了。虽然妈妈也讲了,但始终都要妈妈善后。

3. **分析:**

兴国年龄小,才三年级,在家事学习上,采用后向连锁反应方法,容易看到效果,尤其是一些意愿不高的,更是容易显现。可是要了解的是洗碗工作,除本身目的——洗好碗外,要须注意洗碗精洗涤干净，及溅水满地的善后清理等问题，兴国有些是忽略了。

4.**正用：**

在完成各步骤时，也要教育其他相关事项的注意，使各方面均能配合。

（五）应用在休闲活动

1.**原则：**应用后向连锁反应教会小孩技艺，却弄脏环境卫生。

许多儿童在家里无聊时，总会从事一些休闲活动，这些活动有的涉及技艺的学习等等。部分技艺会有材料制作，制作的过程或前后的准备与整理，都关系到环境卫生，宜予以注意。

2.**示例：**

《玩飞机》

永冈在学校学会折纸鸟后，返家后兴趣浓厚，还要爸爸教他制作纸飞机，爸爸也效法老师采后向连锁反应教导。

1.爸爸首先让永冈看清楚折飞机的6个步骤。

2.其次示范前5个步骤，只留第6步骤让永冈完成。

3.再次留下最后2个步骤，让永冈完成。

其余类推，永冈很快就学会折纸飞机的方法。从此以后，永冈一有空就制作飞机、飞鸟，且充满成就感。这些纸飞机在天上飞，也满足了永冈的好奇心。可是两个礼拜后，爸爸却发现永冈的笔记本撕得乱七八糟，家里满地丢弃着纸飞机。

3. 分析：

永冈能够从学折飞机，可以满足成就感和好奇心，具有相当正面意义，而爸爸采用方法也简易有效。但却忽略提醒纸张的来源和制作后的环境清洁问题，而带来意外的问题。

4. 正用：

在教导制作过程除要教会技艺外，也要教导其他所有相关问题，而能事先防患，避免事后改善的困扰。

二 学 校 方 面

（一）应用在查字典上

1. **原则**：有效应用后向连锁反应于查字典上，却养成不良的
　　　　 学习态度。

语文学习不管是中文或是英文，在初学上都要应用到字典，但字典的查阅过程，必须教导，学生才能迅速正确使用。为此，后向连锁反应是值得老师应用的。

2. **示例**：

《查 字 典》

李老师是一年级的级任老师，她为了要使小朋友的语文能力能够更好，于是训练小朋友从字典或书本上找出新词来造词。但由于一年级认字有限，且查字典是初

学，故将此项作业分成若干步骤，其步骤如下：

1. 找出字典或书本。

2. 找出指定的字。

3. 找出新词。

4. 写出新词页数。

5. 写出第1个新词。（没教过的字可以以注音替代）

6. 写出第2个新词。（没教过的字可以以注音替代）

老师自最后一个步骤开始训练，老师在黑板上写出指定要写的字并且把如何找字、如何找词都一步一步做给小朋友看，并且在黑板上写出页数和第1个新词，并交代小朋友回家再自行找另一个词并且写下来。但第2天收回作业簿时，发现有许多小朋友写错了，于是便用红笔在错的旁边写下正确的答案并叫小朋友拿回去订正过来。小朋友发现老师已将标准答案写在旁边，根本不用再花时间、精神自己找寻答案，于是便照着老师写在旁边的答案再写一次，省时又省力。而且老师认为小朋友初学，不必过于要求，任由学生乱写，再照抄老师的正确答案就好了。

3. **分析**：

本例学习方式久而久之，使得有些小朋友养成了非常不正确的学习态度，不愿意自己花时间及精神来完成老师交待的作业，而依赖老师给予现成的答案。而老师原本的美意，却因为方式及态度的错误，反而误害学生，使他们养成依赖的学习态度。

4. **正用**：

老师可以指出学生错的地方，但不必写出正确答案，让学生自行思考补正，可以减少学生依赖心理。

（二）应用在自然科目

1. **原则**：后向连锁反应应用在自然科实验效果显著，但却养成少数儿童偷懒行为。

小学自然科有部分实验，实验前的准备、实验中的操作及实验后的清理，都涉及安全问题。老师对各项实验不仅强调安全的重要，而且也都落实于实务中，结果为安全而养成部分学生的偷懒。

2. **示例**：

《实　验》

说起自然课，李老师应得最佳教学奖，不仅教学绩效良好——学生成绩突出；而且实验管理更好——显现井然有序。在这方面受到校长及全体老师的肯定。

说起他的教学法，全校老师也公认他第一。论其原因，教法应用灵活。步骤较复杂，操作较困难或危险性较高者，都采后向连锁反应方式处理，学生反应良好。

善后的收拾与整理几乎多采分组处理，且严格控制，几乎多少年来没有问题存在。

最近在偶然机会才发现不对了。由于各组为求成绩达成老师要求目标，造成只有少数学生能者多劳的结果，反使另外部分学生不动手，以免发生意外，或妨碍该组成绩。表面学习目标虽然达成，但部分儿童却没有学到东西。

3. 分析：

由于学校实验器材数量有限，无法满足每位学生的需求，导致实验时，必须采分组实施。由于分组实施只要少数学生动手就可以完成实验，促使部分学生可以偷懒。何况分组成绩比赛，能力强的学生也愿意"多劳"，以完成任务，更是使偷懒者逍遥拖延时间。

4. 正用：

实施工作分配，使每人都有工作可做。成绩计算则分项评鉴，使每人都有工作责任，以发挥团队精神。

（三）应用在英文学习

1. **原则**：后向连锁反应某些具次序特质学习，结果反而弄巧成拙。

在某种学科知识具有不可颠倒连锁次序的特质，本身不宜采用倒向学习。假若忽略此一特质，贸然应用后向连锁反应教学（或学习），则反而弄巧成拙。

2. **示例**：

《television》

师院附小高年级课外活动课程中，设有外国语教学，其中以英语选课学生最多，任教是由学生家长李小姐负责。李老师在教学过程中，常会把单字的音节——指出，如 television 有 te－le－vi－sion 4 个音节。有时采用 sion，vision，le－vi－sion，te－le－vi－sion 的教学方式进行。

光前是班上一位调皮学生,故意从后面念书,sion—vi—le—te,结果引起少数同学的笑声。就因这个不适当的反应接受到增强,使他的这种反应继续维持下去,造成李老师教学上的不少困扰。

3. 分析：

在人类行为中,具有次序连锁反应,在学习过程不能容忍有后向连锁反应的现象。假若当学习者表现此种行为,而有获得正增强作用时,无形中建立一些简单、不适当的反应,如本例一样,就没有多大意义。

4. 正用：

改正的方法是老师先教光前分别模仿 te—le—vi—sion,然后利用消失原理来学习 television。绝对不可应用后向连锁反应来学习。

第六节　有效应用后向连锁反应的要点

利用后向连锁反应来建立新行为时,若能遵守下列原则,必将发挥更大效果。

一　确立目标行为

1. 目标行为具体明确：欲建立的新行为是一种特殊性（可观察、可测量、可预期）行为。

2. 是日常生活中常应用的为主。

3. 较适合弱智者学习的。

二 开 始 计 划

1. 选定合适的起点行为。

2. 进行任务分析，确定行为系列的连锁反应成分。

　(1) 连锁反应的各环节必须简单，使儿童容易学习。

　(2) 确定行为连锁各步骤时，上一步与下一步之间应有一个界限分明的刺激。

3. 实施一次预备性示范练习。

三 实 施 训 练

1. 开始训练时，必须对儿童提示工作内容。如：小华，现在请你把床单整平。以后每一步骤都如此。

2. 以正确的次序教每一个单位，否则会产生不恰当的刺激控制。

3. 要熟练学习步骤后，才进行次一步骤。

4. 每次儿童学习时，必须将以前所学的各步骤再重复练习。

5. 善用增强物。

　(1) 在训练早期，对每一个环节的正确反应都应给予足够的增强。

　(2) 随着熟练程度的提高，这种增强可以逐渐减少。

　(3) 对每个步骤的正确反应给予增强的同时，宜配合社会性的增强。

（4）当学习的行为为连锁很长时，中间宜适当增加增强物。

（5）必须注意连锁反应所提供的最终增强物能满足本书第
二章正增强有效运用的原则。

6. 逐步有效地减少每一步训练中的额外帮助，如言语指导或
身体指导。

四　结　束　计　划

1. 新行为建立后，乃继续实施下去，唯在行为稳定后，可改
用间歇增强来继续保持行为。

2. 上项间歇增强方式，应采逐步加长间距方法。当间距增加
到无限大时，不必增强物就结束计划。

第九章　间歇增强

人类行为是否再度出现与其后果的满意与否有密切关系，这种说法容易理解，但问题是儿童每天所要表现的行为不少，身为父母者若要对子女每件良好行为，都要注意到增强的应用，不仅不胜其烦，而且也没有这么多的增强物来给予。何况子女一多，实施起来实为困难。家长如此，老师更是这样，因为面对四五十人一班的学生，尤难做到，这实在是件令人困惑的事。好在行为改变技术学者已替我们想好了策略。本章要讨论的主题——间歇增强，就是其中之一。

第一节　楔　子

增强给予，因方式不同而有继续增强、间歇增强、消弱3类。第六章我们提到，在自然环境中，继续增强的例子并不多见。渔翁垂钓，不能每次放线都有鱼儿上钩；农夫播种，不能年年丰收，因此在日常生活里，各种行为要获得百分之百的收获，势无可能。于是学者把间歇增强视为人类生活的常态，认为它是一种较为普遍存在的事实。

《我中奖了》

为使子女没有匮乏，以免影响健全人格的形成，内子在居家方面，举凡吃、用的东西或学习用具等，通常每天都存有相当数量。由于她系一职业妇女，平常能到莱市场或超市的时间相当有限，所以有关水果、饮料等都超量购存。

说起饮料，那是幺女多多最感兴趣的。她的兴趣不在于喝，而是在于帮人开，只要任何人要喝，她就赶快跑去拿来开。表面上是服务、懂事，实际的理由是在于开罐对奖。

哇！中奖了！只听她大叫，跳起来，赶快跑到妈妈那里，报告佳音。

多多年纪小不能理解，一箱24罐中，必定有两罐得奖的事实，也不明白全箱买回来，早开晚开，那两罐有奖的，势必跑不掉。多亏商人聪明，想此噱头，让幺女高兴中奖，但不知开了多少冤枉的饮料。

《我赢了》

逸凡希望他的儿子浩杰成为一个优秀的竞争者——一个愿努力奋斗去赢得胜利，失败不气馁并渴望接受新挑战的人。他在孩子6岁时，以教导小孩下棋，作为帮助浩杰学习竞争行为的方法。

逸凡先生判断浩杰能够学习以及渴望尝试之后，他的第1个步骤就是让儿子知道此项游戏的目的。他对儿子说："浩杰，你持白子，我持黑子。假如你能把我的黑子将死，则算你赢；反之，我能把你的白子将死，则我赢。"

浩杰问："你如何将死我的棋？"

"你可以随意移动任何一个白子，进入被我的国王所占据的小方块中；同时，你必须注意，我先不移动任何一个我的黑子，进入被你的国王所占据的小方块中。"

第2个步骤就是对浩杰说明基本原则。逸凡先生说明每颗棋子如何移动，他要求浩杰练习移动白棋子，以确定他是否知道每个棋子如何走法。

第3个步骤就是两人开始正式下棋。

第4个步骤就是保证浩杰赢得第一回合。

逸凡先生设法下错棋子，以使他的棋子被将死。由于浩杰得到胜利，于是他希望再与父亲下棋。几天之后，浩杰即使输了棋，他仍然热衷于棋赛，他渴望学习新的棋赛，主要是由于他父亲提供一连串的棋赛经验。逸凡先让儿子赢几盘棋，然而他不让小孩每次都胜利，而是让小孩子有时候赢，有时候输，如此可以使他渐渐能面对困难的挑战，终于使他克服一切困难而赢得最后的胜利。

假如逸凡先生让儿子每次都赢棋，很可能在他第一次尝到败绩时便失去下棋的兴致了。反之，假如逸凡让儿子每次棋赛都输掉，则其儿子可能变得心灰意冷，甚至拒绝下棋了。

《工作责任制》

1985 年笔者负责本校总务工作，不久改制，行政工作有所变革。其中校园清洁工作，过去由学生负责，改制后学生不再担任校园清洁工作，这件事自然落入工友的肩上。

本校创校迄今将近百年，工友变动很少，多数都在校服务几十年，突然工作量增加，影响颇大。

过去工友工作，除各处室的清洁工作外，室外工作大多采分组合作方式，绩效不很理想，现在又增加工作量，其工作压力可想而知，实在令人担忧。再三思考的结果，决定采行个人责任制方式。如：

清洁区：把全校区分小区域，每区域由一位工友负责，每天限时完成。

试场布置：以班级为单位，每工友一教室，时限内完成。

诸如上述方式，每件事依个人划分责任制，早完成，则个人拥有更多空闲时间；拖拖拉拉时，还是要自行完成，占不到任何便宜。行政工作只检验成果，不派员监督。

结果不仅工作绩效良好，而且问题也很少发生，反而工友工作速度更快，工作精神更好，休闲时间更多，彼此纷争减少，论其原因或许与论件计酬精神相符吧。

第二节　内　容

首先从事部分增强的研究，应该是巴甫洛夫，但较彻底研究这一主题的是斯金纳。当1939年休姆弗雷斯（Humphreys）惊讶学习过程显示出消弱现象在百分之百的增强情况下比在部分增强情况下显得更迅速时，斯金纳（1938）已经撰文强调部分增强，也就是在学习时，部分增强比连续增强较不易消弱，这种事实在一些实验中显现这种精神。

一　理　论　依　据

（一）定时增强的鸽子实验

哈佛大学教授斯金纳曾于1948年以鸽子做实验，在他的实验里，把8只鸽子分别放进8个特制的实验箱中几分钟，不管当时每只鸽子从事何种工作，每隔15秒钟，便自动给予谷粒增强物。一连几天后，其中竟有6只鸽养成阴阳怪气的迷信行为。

第1只不断向反时针方向打转，有如陀螺旋转一样。

第2只频频叩头如捣蒜。

第3只密密举首引颈如撞钟。

第4只、第5只头部颈部连上身作左右摆动如钟摆。

第6只则装模作样作洗澡擦喙状。

这些动作，假使偶而为之，实不足为怪，但若在15秒钟内一连反复几次便为奇观矣。就过程而言，这些迷信行为之产生，当然受到增强的影响。在它们偶然做这些动作时，刹那间福从天降，一顿盛餐立即如魔术般地摆在面前，在该动作还未完全终止之前，新的美食又按时送达，如此，该动作一次又一次地受到增强，其强度一次又一次加大，终于养成固定的行为模式。

（二）部分效应的猫击实验

鲍文（Bowen）（1960）从事一次部分效应实验，这一实验使用的是负增强，实验设备是直道迷津和作为底栅的电栅，起点箱与通道上的电栅和终点箱上的电栅可以独自地与电流接通。实验开始时，把猫放进起点箱，然后给予电击，在增强实验中，动物一进入终点箱电击就立刻停止；而在非增强实验中，终点箱和通道都呈现电击（动物在终点箱过 20 秒后再移走）。用 4 组被试的动物，分别以下列不同的实验比例受到强化：100%、75%、50%、25%。随后的训练是对 100% 和 50% 2 组做消弱实验。在消弱实验中，动物进入终点箱时没有使电击终止。（增强为 0）图 9-1 表示了这些习得和消弱的资料。如图所示，电击终止的概率越大，动物在习得训练中跑得越快；但是在消弱实验中，情况却相反。原来，学习训练中，100% 停止电击增强组跑动的速度，比受 50% 增强组的更为迅速，这正是间歇增强效应。

二　模　式

上述斯金纳的鸽子实验，他把挨饿的鸽子和一个钟的行走机构直接相连，可做到每隔一定时间（如 15 秒）就重复地增强。在这情况下，增强并不取决于动物做什么，人们可能不期望动物学得什么，因为没有要受到奖励的行为。在本实验中，由于偶然的

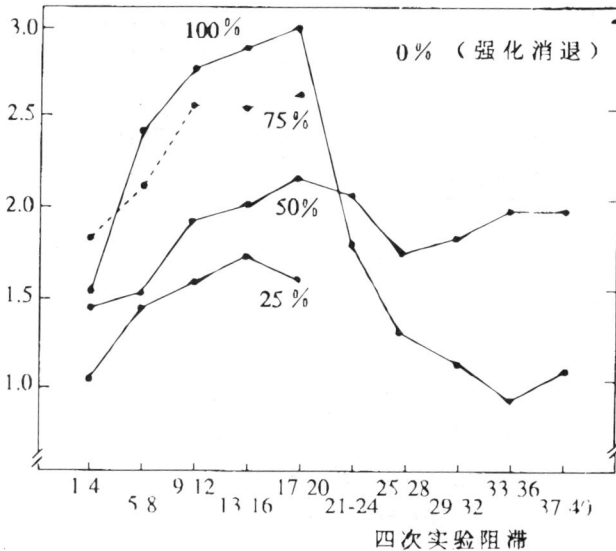

图 9-1 部分强化效应（根据鲍文，1960）

机会，每一只鸽子的某些行为（彼此并不一定相同）可能产生在第一次奖励之前，如此，奖励的作用就增加了该行为的强度，这很可能使那种行为再次产生，而且如果这种行为恰恰又产生在下次奖励之前的话，则其强度更进一步增加。这样一来，纯粹是由于偶然事件，动物最终可能消耗很多时间去从事于一种特殊的刻板不变的行为。斯金纳把这种现象称为迷信行为（Superstitions behavior），这提示人类迷信行为有可能如出一辙。

　　鸽子在实验箱的行为中，每15秒的一定时间，给予增强一次，而不是每一反应（行为）都给予增强，称之间歇增强。从这实验可以知悉，鸽子迷信行为的产生乃是受到这种间歇增强的影响。且这种影响是正面的,这点可以从斯金纳 r 的实验得到肯定,但问题是,这种间歇增强若与继续增强比较,其结果又如何?关于这一点,鲍文的实验正可以告诉我们答案了。

从鲍文实验结果得知,在消弱现象中,间歇增强的一个最引人注目的作用,即训练中接受部分增强组的动物,其反应消弱比在每次试验中都接受增强(即继续增强)组更慢得多。这一反常的结果叫部分增强效应(PRE)。

依上述实验历程,可归纳间歇增强的模式为:

1. $S_A^D \rightarrow R_A$ ：$S_A^{R+} \rightarrow R_A^+$

$S_B^D \rightarrow R_B$ ：$S_B^{R+} \rightarrow R_B^+$

⋯⋯⋯⋯⋯⋯

2. $S_F^D \rightarrow R_F$ ：$S_F^{R+} \rightarrow R_F^+$

$S_G^D \rightarrow R_G$ ：$S_G^{R+} \rightarrow R_G^+$

⋯⋯⋯⋯⋯⋯

3. $S_K^D \rightarrow R_K$ ：$S_K^{R+} \rightarrow R_K^+$

⋯⋯⋯⋯⋯⋯

三　意　义

在心理学上涉及增强方式主要有:

(一)继续增强

当个体每出现可欲行为时,都及时可以获得增强,这种持续获得增强的方式称为继续增强。

（二）消弱

它与继续增强正相反，当个体再表现出可欲行为时，则不给予增强。这种增强时制会使行为的产生减少到最低程度，甚至于完全消失。

事实上增强方式不仅只限上述两种，像前面所举 3 例，都涉及增强方式，但任何一例的增强方式既非继续增强，亦非消弱。

在"我中奖了"的例子中，幺女并不是每次开罐都中奖，但也不是完全没有，至少一箱 12 罐中会有中奖一次，幺女仅仅为中奖而开了好多冤枉的饮料。第 2 个例子逸凡先生让儿子连续赢几盘棋后，不再让儿子每次都胜利，而是有时输，有时赢，如此可以使他渐渐能面对困难的挑战。第 3 个例子，工友在责任区的划分下，论件计酬，工作绩效凸显。

3 个例子，内容不同，但其进步表现突出的缘故，在于增强的安排，即非每次都予增强的连续增强，也非消弱的增强方式，而是介于这两种方式之间的增强时制——间歇增强（intermittent reinforcement）。

所谓间歇增强是指个体的行为反应有时受到增强，有时则否的分配方式。由于部分反应获得增强，有些则否，故又称为部分增强（partial reinforcement）。

四　类　别

对于人类行为养成和习惯建立，固然增强物本身的影响力既深且巨，但增强物的给予方式也极为重要。在部分（间歇）增强方式下，依时间及次数划分，主要分成下列 4 种不同类别，兹分别略述如下：

（一）定时增强 （fixed-interval reinforcement 简称 FI）

根据一个特定的时距来对个体的反应实施增强的办法，即是固定时距增强。个体在一个为时长短固定的时限到期之时，合格反应一经发生，即予增强一次。例如以每 3 分钟为一期，若鸽子有啄打鸽的反应，即给予增强一次，吾人可以 FI3 表示之。在定时增强下训练的鸽子，好像在它那豆般大的脑里塞入一个小时钟似地会算准时间，于增强物来临前刹那，奋勇猛啄键盘，增强物吃完，立刻显得懒洋洋地无精打采。连低等动物如鸽子，尚且如此"聪明"，况高踞万物之灵的人类乎？例如学生的周考、月考、期考等便呈定时增强。整体而言，定时增强的效果不甚佳，行为发生率一般极低，非到最后关头不努力。"聪明"的学生平日不用功，等到考试前几天才拼命"开夜车"，考试完毕，故态复萌，又显明日有"考"明日愁的那股潇洒逍遥劲，不管老师大声疾呼，他们还是我行我素，一味当它是耳边风，这种现象实为定时增强考试制的产物，不足为奇。

（二）变时增强 （variable-interval reinforcement 简称 VI）

变时距增强方式系指增强的分配并不依照固定的工作时距来决定。也就是说，每一次增强物的施给，均以不固定时距为准，随时变化，有时只隔 2 分钟，有时则要相距数十分钟方予一次增强。因增强物的出现有时很快，有时很慢，快慢之间无一定规律可循，是故，受训者若想获取更多的增强物，唯有时时努力方不会错过报偿机会。

所以，变时增强的效果良好，可以养成既稳定又持久的行为倾向，一旦终止增强物的施给，"消灭"（extinction）不易发生。学校的抽考或小考，可说是变时增强的一例，老师事先没有宣布何时要考试，学生当然无法"临时抱佛脚"，只能平时勤烧香。

（三）定率增强（fixed-ratio reinforcement 简称 FR）

增强物的施给，以行为发生次数为准，每当行为产生一定的次数后，于下次行为产生之际，立即给予一次增强物者称为固定比率增强。换言之，固定比率增强是指个体的反应达到一个固定的次数即可获得增强的方式。如果个体反应 5 次就有增强，则可写成 FR5，它表示个体在第 5，第 10，第 15，第 20……等反应次数时可以获得增强。又如 FR20，则表示每反应 20 次就可得到增强。"继续增强"乃是定率增强之特殊例子，每次发生时，都给予增强物，其比率为一比一。工厂工资若以计件方式发给，就成为定率增强。有些家长对子女考试的奖金制度，也是一例，考试 100分的科目越多，奖金越高，使子女为奖金而读书。其他如：小宝每做 10 道练习题，给予布丁 1 个；写完生字的可以有 10 分钟的自由活动时间，在操场拔 20 棵草的可以回教室等等都是这一种增强方式的应用。定率增强可以维持相当高的行为发生率，但每次获得报偿后，当事人往往有一段时间的慵懒期，不过这时期一过（快接近增强物的来临），便又渐渐开始努力，行为发生率也渐次提高，最后，于增强物来临前刹那，努力达高峰（这点很像定时增强）。照理，"一分耕耘，一分收获"的定率增强下，不会有此现象发生，应该在任何时刻都一样，全力以赴，以期丰收才对。究其原因，似与增强物之来临时间有关，增强物刚过后的几次行为与下次的增强物隔离那么遥远，使人主观上或直觉上感到它们从未获得增强似的。白费气力，得不偿失。

（四）变率增强（variable-ratio reinforcement 简称 VR）

固定比率是指每到第 n 次反应就被强化。那么，如果 n 是 5，个体必须做 5 次反应才能得到一次强化。在一个变率增强中，同样，个体也必须作出一定次数的反应 n，才能获得奖励——但是 n 从上次奖励到下次奖励是可变的。变数比率增强常由得到奖励的必要平均反应次数来表示。在我们的生活环境里，有许多 VR 时制的例子。其中最常见的，就是只有一支摇杆的赌博玩具（one-armed bandit），吃角子老虎（slot machine）和一些赌博的玩具，就是根据 VR 计划所设计的。以效果而言，变率增强在 4 种方式中高居首位，所以养成的行为倾向，坚牢无比，行为发生率高而稳定，一旦终止增强物的报酬后，该行为也会持续不辍，历久不衰，所谓择善（恶）而固执。在实验室里，可用变率增强法使动物心甘情愿地工作，鞠躬尽瘁，死而后已。假如鸽子要啄击键盘一百次甚至一千次才有一颗麦粒果腹，它的能量收支情形，不免入不敷出，如此下去，终会精枯力竭，倒地不起。赌博行为，往往在变率增强下养成，有时赢，有时输，输输赢赢，没有定则，于是乎，有些赌客便嗜赌如命，连身家财产都不要了。以行为之持久力言之，部分增强较继续增强有效，而变时增强和变率增强又较定时增强和定率增强有效；以行为发生率或努力程度言之，定率增强较定时增强为佳，而变率增强又较变时增强为好。因此，就整体言之，最有效而最有力的增强方式是变率增强，固定比率其次，接着是变动时距，接着是固定时距，最后是连续增强。父母老师在巩固儿童的行为习惯时应广为采用。

但是，间歇增强的作用，要在行为发生后期，使其根深蒂固。千万不可自行为开始初期就使用间歇增强，不然，势必弄巧成拙。

第三节　正　用

一　家　庭　方　面

（一）应用在书写作业

1. **原则**：固定比率增强比连续增强可产生较高的反应比率。

在增强物应用上采固定比率或连续增强，何者较优？根据学者的研究，显示在非初期阶段，固定比率要比连续者为优，其关键乃是连续增强时，每次反应之后要花时间去提供增强的缘故。

2. **示例**：

《我赢了》（固定比率）

女儿就读师院附属小学时，从二年级开始就有写日记的家庭作业，前一段期间，每天都写，后来则改为每周写2天（三、六）。开始时还可以，日子久了，连题目都不晓得在哪里，的确是女儿的一件苦差事。纵然题目有了，写没有几行就写不下去。

＊我想你写不到5行。

女儿好胜心强，我考虑她可能的范围，用激将法。

　　* 真的吗？

　　* 我想应该是真的。

　　* 敢打赌？

　　* 好，我输的话给 5 元，多写一行多一元。

　　* 好！一言为定，打勾勾。

　　结果，她当然赢了，后来一段时间，我提高为 6 元，然后依次提高为 7 元，而 8 元……15 元。四年级以后都在 15 行（每行 20 个字）以上，五年级以后，已形成习惯，用不着再打赌。

　　3. **分析**：

　　一般情况下，儿童行为会因增强而持续下去，但这原则应用在本例上就有了问题。增强若采用整篇日记写完后予以增强，则发挥不了作用，因为写不了。若采用一字一增强则不胜其烦；采用她能力所及的范围作为增强的要求，也就是要反应若干固定的字数即给予一次增强。结果只要花部分时间来提供增强，省下来的时间可利用为反应的时间，如此，反而有效多了。

（二）应用在休闲活动

　　1. **原则**：变数比率增强又比固定比率增强，可产生更高的反应比率。

　　固定比率增强固然可以维持相当高的行为发生率，但每于获得增强后，当事者往往有一段偷懒期，无精打采地什么都不想干。过了这段时间，又开始努力，行为才渐次提高，这种现象在变数比率增强上就没有。

　　2. **示例**：

《鱼儿上钩》（变数比率）

童年在农村生长，那时物质条件差，生活环境不好，但却留下许多难忘的事情，钓鱼就是其中之一。

我最喜欢在下雨过后，跑到溪流去钓鱼，鱼儿有时上钩，有时上了钩又那么昙花一现地溜走；有时有意无意地在你的钓钩边缘轻轻一扫，"临去秋波"，害得人顿时手忙脚乱，空着急；有时死等半天，还不见浮标动，简直在比赛谁的定力高；有时趁你拿出水果想咬一口充饥之际，浮标紧锣密鼓，猛颤起来，使你措手不及，忙丢下水果去拿钓杆，水果掉入水中没有关系，大鱼千万要拉上岸来。

"哇，鱼跑了没有关系，线断了，真糟糕！"因此，钓鱼会令人上瘾。那一段岁月年华我几乎就沉迷钓鱼。

3. **分析：**

钓鱼行为可说是变数比率增强的产物，有时鱼儿上钩，有时不上钩；浮标有时动，有时不动，没有定则，于是乎，有人迷上，甚至嗜钓如命，也就不足为奇了。

（三）应用在黏人行为

1. **原则：** 定时增强应用适当，亦能显现相当效果。

在建立儿童良好行为上，若依据一个特定时距来对个体反应实施增强，其效果不甚良好，行为发生率一般而言偏低是事实，但假若我们能应用适宜，也可以发挥相当显明的效果。

2. 示例：

《玩拼图》（固定时距）

李太太是一位职业妇女，家中人口简单，只有一个就读幼儿园的儿子，照理日子应该轻松单纯。可是每天做晚餐时，如临大敌，如履薄冰，一则要赶在 6 点以前做好晚餐，以便先生 6 点半出门；一则宝贝儿子最喜欢在这段时间黏着不放，难以施展，几乎每天都过着紧张的生活。

儿子喜欢逛街、上公园（离住家很近），于是李太太想到一个办法，要儿子每天 5～6 时，把那复杂的拼图拼好，当天就带他逛街、上公园，李太太就可以利用这一小时从容地做家事。很奇怪地，从她实施这个方法后，儿子很高兴独自在客厅排拼图，而她也能专心做家事，6 点半悠闲地陪儿子散步，真是一举两得。

3. 分析：

本示例乃在说明行为的发生，受到增强给予跟行为发生次数之多寡无关，完全视经过时间的长短而定，时间不到，增强物不出现，时间一到，增强物自然就来，这种策略的应用，对个案母亲再适合不过。因为儿子在这段时间专注于拼图，就不可能去妨碍母亲的工作；超过这个时间，母亲工作结束，自然就没有影响了。

（四）应用在技巧学习

1. **原则**：变数时距增强比固定时距增强，更能产生一种稳定适当的高反应频率。

变动时距的增强方式，不像固定时距增强方式会产生扇形效应，造成增强物来临前的刹那努力表现，获得增强物后，立刻显得懒洋洋的情况，而显现一种较稳定、适当的反应频率。

2. **示例**：

《学开汽车》（变动时距）

家里自从买了汽车以后，外出方便很多，日子一久，女儿也动心想学开车了。

大部分的父母都认为，教导自己的儿女开车是一件困难的事，由于情绪的成分经常太大，建议的话像责骂，直言就缺乏尊重。

但黄先生教导女儿学开车的方法就不一样了，他特别注意女儿进步情形，而且对其错误并不生气，他不规则时距地说：

＊你这个转角处理得很好。

＊太好了，你能够与前车始终保持安全距离。

＊好棒哦！你已经记得使用转弯的信号了……

结果女儿很快学会了，而且气氛非常良好。

3. **分析**：

女儿在马路上开车，不知何时面临状况，因为随时的变化没有一定规则可循，令人无法预测何时出现何种状况，何时则没有。父亲必须随时观察时机，然后藉机增强，不仅稳定女儿开车的信心，而且也提升女儿开车的兴趣。

二　学　校　方　面

（一）应用在平时作业

1. **原则**：固定比率增强方式能有效地应用在班级平时作业上。

儿童行为建立的增强方式中，在班级教学上，固定比率增强方式通常会产生阶梯式的累积纪录，表示儿童在获得增强的反应之后，呈现暂时停止反应的情况，接着在某时刻继续地快速反应。

2. **示例**：

《课外练习》（固定比率）

自从新校长到校后，喜欢查阅每班各次段考的成绩情形，同时又在会议上分析各班成绩的概况，因此许多老师开始注意班上的考试成绩。

萧老师担任三丙级任导师，发觉班上同学数学成绩不好，于是采补救措施：加强数学习作——每周自修课或课外活动时，规定每位同学必须做完 10 题数学，才可以改做其他事或离开教室出去活动，同时严格执行此项规定。

开始时，同学不大习惯，纷纷要求老师不要这样规定，可是萧老师坚持施行，经过 1 个月后，第 2 次段考，成绩进步很多。

3. 分析：

学习课业除正课听讲学习外，课外的练习帮助也很大。班上每周自修课或课外活动课，萧老师把它拿来作为数学固定比率的课外练习，凡练习达到标准者，予以增强——出去活动，使孩子努力以赴，段考成绩当然改善了。

（二）应用在秩序管理

1. 原则：变动比率增强经常会保持频繁的反应速度。

由固定反应方式使儿童觉得行为获得增强后，还得作反应若干次才可能再获得增强，而使反应缓和下来；但变动比率增强却使儿童明白增强随时会出现，只要不断反应，就有机会获得增强，所以反应较强。

2. 示例：

《留校》（变动比率）

方老师接任二甲这班后，经过一个月的观察了解，班上同学大多良好，其中有四五位小朋友表现不埋想，大过不犯，小过累累。假若这几位能改善，那么这班就很好了。

方老师采行一方法：凡表现不良被登录的前 3 名者，每天放学时，多留下 15 分钟，看报纸、查成语或美好词句，并抄下。较严重的另行议处。

为鼓励表现良好的同学，凡当周平均最好的前 3 名，给予奖励。这项措施不到一个月，显然进步很多。

3. 分析：

学生一班 40 多人，行为表现不良者可能不少，只是老师能亲眼见到的有限。方老师每天登录不良者的前 3 名要留校作业，任何一人被登录的机会，很难预料，这种变动比率的增强方式，会使儿童觉得增强之来临无定规可寻，只要表现不良，总会被留下，于是就在这种或有或无的可能中，不敢冒险。

（三）应用在同学相处

1. 原则：定时增强的效果虽然较低，但应用适当效果也不差。

长期生活竞争失败的个体，养成不满、批评的狭窄心胸，对团体和谐及个体群性的培养影响至深且巨。如何欣赏别人优点成为教育上的重要课题。在这种情形下，定时增强的应用，可以有意想不到的效果。

2. 示例：

《每周明星》（固定时距）

王老师为表现每个人的优点，以增进个人自信，促进大一班小朋友和谐，实施每周明星的措施。

把班上学生名字放在盒子里，每一周抽出 2 名学生名字作为本周班上的明星学生。

要求班上其他小朋友描述这两个明星学生，强调每人的优点，最好对每一个人描述的句子在长度和数目上相等。

叫每周明星学生带一张自己的相片到学校，或者帮他照张相片，将相片、名字，连同列出优点的表格贴在布告栏，每周更换资料。

一学期下来，大一班班级气氛改变很多，学校老师一致宣称大一班小朋友表现突出。

3. 分析：

每周两位明星，由全班同学描述他们的优点，一则使明星获得肯定，增进信心；一则可供全班同学欣赏，见贤思齐。虽然这些明星每周定时更换——固定时距增强方式，但在每个儿童心里，周周都在欣赏他人优点，长期熏陶结果必可变化气质。

（四）应用在平时考试

1. **原则**：变时增强应用在抽考或小考上，效果更为显著。

变时增强的效果虽然不比变动比率好，但却比固定时距增强要好，可以养成既稳定又持久的行为倾向，一旦终止增强物的给予，消弱现象也不易发生。

2. **示例**：

《平时考》（变动时距）

师大毕业，分发台南市某初中，担任数学课程。当时学校老师中师大毕业者少，所以受主管重视。上学期结束，校长突然指示要我接一班某位老师的课，希望我改善提升这班成绩。

接下这项任务，责任重大，不能弄坏师大招牌，于是思考再三，开学第一天就告诉同学：每节随时都可能平时考 5 分钟至 10 分钟，请注意听讲。

不定时的平时考给这班同学的压力蛮大，但也由于有这种压力，使他们战战兢兢地注意听讲、勤做作业。结果，第一次段考竟然从上学期排名最后、且差距大的情况下，跃升为第一名。

3. 分析：

学校抽考或班级小考，可说是变动时距增强的例子。这种考试不像月（段）考、期考那样事先明定时间，而是采不预期方式事先不公布何时要考试。因此学生无法临时抱佛脚，只得平时勤烧香了。

第四节　影响间歇增强效果的因素

一　增强方式的运用

一般讨论间歇增强方式，大致分为：固定比率、变数比率、固定时距、变动时距等 4 种。另外亦有不同分类方法，如马丁和皮尔的分类更多，计分为 8 种。这些不同方式，并非样样都适合每种行为。客观而言，每种方式都有其长处和局限，必须根据儿童行为的性质和特点，仔细加以选择，才能获得良好成效。

一般而言，每一种增强方式都有它独有的行为模式，不同方式适用于不同类型的用途。例如：想要增强在一段时间内持久出

现的一种特定行为，可采定率增强方式；假若想使学生随时保持
学习的动机，可采变率增强方式；假若要配合日常生活情境，如
学校正式考试或教学的增强，宜采定时增强方式等。

二　增强间隔的长短

间歇增强是否能发挥较大效果，与其两次增强间的间距大小
有关。就一般而言，其间距比率即增强次数与行为次数之比，可
由 1：1，而 1：2，而 1：3，而 1：5，而 1：10，而 1：50 等，许
多不同的配置。那么在这么多种的方式中，何者较优？何者较差？
不宜单以数据论断。

一般而言，在实施间歇增强方式上，千万不可一下子变得太
快太猛，必循序递降。如此，才可望养成坚不可摧、牢不可破的
良好习惯。有些父母或师长不明其中道理，加上求功心切，要求
太高，在养成行为初期没有给予充分的增强物和充分的鼓励，就
予递降，甚至消失增强，半途而废，功亏一篑，殊堪惋惜。

三　增强效果因人而异

各种不同间歇增强方式彼此间的效果，虽然不同，但各种反
应在动物的实验大致相近，应用到人类，其效果又如何？

原先讨论各种间歇增强方式的效果，主要是从动物——特别
是从白鼠、鸽子或猴子的研究获得的。有关这个问题可以参见费
斯特和斯金纳（1957）所著《增强方式》(Schedules of Reinforce-
ment)，该著作的主要内容是研究鸽子啄起小饲料圆盘（称为键
盘）而获得增强（吃混合谷物）的情况。对人按压键钮或杠杆以

获得钱币增强的行为也做了一些研究，这些实验中有部分实验未能产生已从动物身上得到的结果〔如巴龙（Baron）和盖里兹欧（Galizio），1983；布斯凯斯特（Buskist）和米勒，1982；洛尔（Lowe），1979〕。这种差异何以存在？迈克尔（1987）认为主要原因乃在人类的行为，可能受到规则的制约，例如：人跟动物不同，会取悦实验者，取得增强，因而会以不正确的思想支配自己，动物不会如此。

四　增强物的性质与选择时间

增强物是行为塑造与改变之各种策略的主要动力，当然关系着各种策略的效果，但增强物的应用影响间歇增强更为复杂。

在一般普通环境下，学者研究指出：有机体显然偏好小的、立即的增强物，胜过对大的、延宕增强物的喜好。然而莱西林（Rachlin）和格林（Green）（1972）研究发现：在某些环境下，大的、延宕的增强物受到偏好的程度胜过小的、立即的增强物。

什么因素会产生上述结果，答案似乎是时间，施瓦茨（Schwartz）（1984）研究发现：随时间而使增强物丧失它们的增强价值。因此，有机体在未来可能选择时间。若运用延宕，有机体选择较大增强物的可能性大于选择较小的增强物。施瓦茨把这些发现推广运用于人身上也是如此的。

第五节　误　用

儿童每天所表现的行为繁多，若每一可欲行为出现，都要予以增强，实在令父母师长难以应付。为解决此种困难，间歇增强的确是一项可行的策略。但在实验过程中，若未能适当地把握住重点，也会落入不良陷阱，反而酿成偏差行为。

《小娟的脾气》

王先生夫妇初为人父母，满腔欢喜。生下小娟这个小宝贝，可爱精灵，真是人见人爱。可是在3岁多近4岁的时候，脾气变得很坏，困扰了父母。

什么原因造成小娟脾气成为这样，父母两人都不知道。最初小娟乱发脾气，父母不在意，不理会她，可是当小娟行为持续下去，父母失望之余，最后向孩子屈服，就满足其对注意、糖果，或其他物品的需求。因此，小娟就在 VR 或 VD 时制下获得增强，这使她形成进一步乱发脾气，以获得她想要的东西……

上述小娟坏脾气的形成，就是父母误用一些增强的结果而造成。日常生活中类似这样的例子不少，兹举例如下：

一 家 庭 方 面

(一) 应用在家事处理

1. **原则**：行为发生初期宜采继续增强，不宜使用间歇增强。

间歇增强的使用，要在行为产生之中期以后，使其根深蒂固，千万不可自行为开始初期，就采用间歇增强方式，否则势必弄巧成拙，行为非但不会根深蒂固，反将半途夭折枯死。

2. **示例：**

《不再保持房间清洁》（固定比率）

当小华 7 岁进小学时，父母开始强化其清洁自己房间的行为，她很快就学会了，不要别人提醒，每天都会完成自己的责任，她也以清洁房间为骄傲和满足。

在上述情况实施一段时间后，父母开始想，认为每次表现良好行为，都给予强化也应该改变，于是决定中止如此频繁的强化，而改为间歇增强方式。3 次才增强 1 次，结果很明显地有影响，她也就不能保持房间经常的干净整洁。同样，过去一件工作只需 15 分或 20 分钟，现在要花 1 个小时。不仅如此，她似乎对保持房间的整洁，失去了兴趣，现在也认为她的工作是一件痛苦的事。

3. **分析：**

在培养儿童新行为时，或在行为发生初期，应使用继续增强，每次都给增强物，而且要给得快，不可拖延，须待行为牢固后，才可以逐次减低增强次数，由继续增强改变为间歇增强方式。

4. **正用：**

要建立儿童良好行为，固然不能完全采行继续增强方式，但在变更为间歇增强方式时，不仅要把握时机的成熟，进行间歇增强时，也必须考虑采取渐进方式，扩大间距，不可跨大，否则不易见效。本例产生问题，就是没有把握上述精神。

（二）应用在零食习惯

1. **原则**：许多不良行为的产生是由于错用间歇增强的结果。

在儿童行为的培养上，父母若能善用间歇增强，尤其是变率增强方式，可望养成坚不可摧、牢不可破的良好习惯，但假若儿童出现不良行为时，父母忽略其中道理，错用间歇增强，不良行为于焉形成。

2. **示例**：

《大哭》（变数比率）

小华想吃糖果，妈妈不给，张口大哭。适有客人在，孩子哭哭啼啼不像话，只好给他。

下次他又想吃糖果，妈妈照样不给，他再拿出看家本领，"哇"一声哭起来。但这次没有客人，妈妈狠起心肠硬撑，不给就是不给。他无可奈何，哭久了，肚子胀满空气，非常不舒服，沙哑的声音连自己听起来也讨厌，只好算了。

再下次，他又想吃糖果，妈妈还是不给。法宝再度使出来，放声大哭。无巧不成书，电话铃声大作，妈妈听电话怕太吵，只好认了，拿一颗糖塞住他嘴巴，当然糖到哭止……

如此这般下去，正合部分增强原则，动辄大哭的恶习，于焉养成。哭就成为要求东西的一件大法宝。

3. **分析**：

　　小华母亲不懂增强原理的道理,更不清楚增强方式的应用,也没有技巧足以应付小华的哭闹,加上客人在场的客观条件,无意落入间歇增强的陷阱,养成小华要求没有满足时,动辄大哭的恶习。

　　4. 正用:

　　母亲在第一次及以后各次,应该很果断"不给",不宜有时给,有时不给。

(三) 应用在温习功课

　　1. 原则: 行为的增强着重在行为实质而非形式外表上。

　　儿童行为不一定是件件表里如一,外表形式上虽像个样子,不一定是实质有效。假若增强原理的应用,不注意到行为实质问题,往往会被外表形式所蒙蔽,尤其是采用固定时距增强最容易落入此种陷阱。

　　2. 示例:

《晚自修》(固定时距)

　　　　俊彦本学期进入中年级,功课比以前多了,母亲很关心俊彦的功课,于是规定7点至10点必须到书房做功课或读书,10点钟睡觉。

　　　　妈妈为怕俊彦问题不会,需要指导,或怕他肚子饿,需吃点东西,所以每晚大约在8点半及9点半到书房解答疑问或送食物给他吃。其余时间妈妈为了不打扰俊彦读书,尽量避免去书房。

　　　　日子一久,俊彦慢慢知悉妈妈大约在上述两段时间

会进来，所以在这期间的前后都很用功念书，俟妈妈来
过后，俊彦就开始享受他的漫画、故事书了。

3. **分析：**

俊彦妈妈为子女功课，用心良苦，替他安排时段，解除疑惑，
准备点心，表面上必然有助于俊彦学业的进步，但学业能否真进
步？要俊彦能下真功夫。俊彦时间的确花了，但不是用诸功课，而
是迷在漫画、小说里，因为他已经了解妈妈查勤增强的时段，而
作假显示用功，成绩如何，大致可以猜到了。

4. **正用：**

俊彦妈妈不要采用固定时距制，若用变动时距制将会改善，而
若能采固定比率或变动比率的效果会较好。

（四）应用在生活起居

1. **原则：** 间歇增强方式若应用失当时，会投机取巧，形成不
良行为。

变动时距之增强物施给时间没有固定，随时变化，没有规则
可循。论其好处，弹性自主；谈起缺点，常被利用，许多儿童的
不良要求就是在这种情形下，逐步塑造成偏差行为。

2. **示例：**

《晚睡》（变动时距）

宜芬自进学校后，一直遵守妈妈规定：晚上 9 时上
床，已经有 2 年了，大致上除外出外，家居生活都没有
例外，已成为习惯。

* 妈,爸爸今晚 10 点半从国外回来,我可以等他吗?
  (妈妈同意了。)
* 妈,月考今天才考完,我的劳作因为准备月考,都
  没有做,今晚让我做完才睡觉。
* 妈,今晚晚会,太棒了,我好累,让我休息一下,
  再洗澡上床。
* 妈,今天是周末,台视的周末电影院片子很好,让
我看……

在这种情形下,宜芬终于养成晚睡的习惯。

3. **分析**:

宜芬原先定时睡觉的习惯,或因几次合理的原因,把它给破
坏了。就在这种情况下,宜芬脑子记住的就是那几次迟睡的夜晚,
似乎忘光了准 9 点就上床的更多个晚上,把长期养成的睡眠习惯
破坏了。

4. **正用**:

假若父母认为原先的睡眠时间理想,就不要允许延后,不管
什么理由,都不宜让步。

二 学 校 方 面

(一) 应用在回答问题

1. **原则**:固定增强方式实施方便,但却易被洞悉而降低效果。

根据学者研究指出,固定比率增强方式比较近似日常生活情
境的增强现象,所以它会较容易在自然情境中被应用,如学校的

正式考试或教学中被广泛应用。但这种方法容易被学生洞悉，而采取反应的应运措施，降低了效果。

2. **示例：**

《成绩怎么这样？》（固定比率）

李小姐是新来任教的年轻老师，今年接任四年丙班的导师，经过半个月的接触，班上同学渐渐知道老师的做法，同时也学会应付的策略。

当上课开始，尤其是数学课，李老师在做练习题的教学，要同学上台解题，然后老师逐题检查。现在同学都知道，她一定先叫坐在左排第1位，然后第2位，再第3位，以此类推。第1排叫完，再轮第2排、第3排、第4排……如此顺序叫下去。

当小朋友知道这习惯后，每人可以预知自己会轮到哪一题。这时就专门注意自己的题目会不会，事先练习或请教别人，使之熟练，上台后很快解出，以便给老师留下好印象。当自己的题目上台做完后，就松一口气，因为他们知道不再会轮到他了。

结果，虽然有许多学生在台上做得很好，但考试下来的成绩却很差。

3. **分析：**

数学课让学生上台解题，然后讨论，其目的乃在使学生能够一方面显现能力，努力用功；二方面从其错误加以检讨，以供订正警惕。李老师采行方式，很容易使学生知悉自己要做哪一题，结果只应付这题，反而忽略其他题目，成绩不理想是可意料得到的。

4. **正用：**

为促进学生事先练习，以提升学习效果，不宜让学生事先知道何时做何题。换言之，应采变动时距，而不是采固定时距方式处理本是正确的用法。

（二）应用在偷窃行为

1. **原则：**许多反社会行为是间歇增强的结果。

儿童偏差行为，往往不是一朝一夕，一蹴而成的，而是经过一段时间，在不当增强下，逐渐塑造起来的。假若身为父母或老师者，能够在教养过程注意到此种道理，减少不良增强的情况存在，许多儿童偏差行为自然不会产生。

2. **示例：**

《偷窃》（变数比率）

华明今年 9 岁，由于家庭经济不佳，父母替人工作，所得工资有限，所以华明能得到的零用金几乎没有。最近华明结交几个小朋友，花钱蛮大方的，有福都与华明共享。虽然他们并没有要华明花钱，可是却引起华明对钱的需求。

有一天他进入办公室，竟然老师都不在，正好他视线看到老师桌上有张 100 元，顺手牵羊带走，没有人发现。因数目小，老师也没有反应。

后来有一次走过一个班级，正好全班到室外，故教室无一人，他就转身进去偷了 50 元。

于是偷的行为被强化，接着第 3 次、第 4 次……第 N 次都发生，有时成功，有时不成功。

甚至有一次跟朋友一起逛街，在一个小店偷了 700 元没有被发现，结果更强化了他偷的行为。一直到他被捕时，已经不知偷了多少次。

3. **分析**：

在儿童不良行为中，偷窃取得的财物，对偷窃者而言，具有相当大的增强作用，本例华明就是一个典型例子，只要他一动手就可以不劳而获,其增强是自己的努力和家长的提供所不能及的。纵然有时不幸被发觉，但所付出的代价与偷窃增强物相比还是小得多，所以偷窃行为就难改了。

4. **正用**：

偷窃行为的处理，笔者认为在目前我们客观的社会背景与处罚的条件下，不易有单一见效的方法，涉及复杂，非三言两语可说明。请参阅拙著：《儿童行为观察与辅导》p. 487～519（林正文，五南）。

（三）应用在学业成就

1. **原则**：部分学生的低成就是间歇增强的反应。

儿童的各种学习，不乏自动，但无可否认的有少数学生相当被动，假若父母或老师忽略不注意，他就不能自动学习。实际上，学生众多，个别差异显著，学校措施只能符合多数学生，于是少数学生就在这种情形下发生了问题。

2. **示例**：

《低成就》（固定时距）

立仁是个头脑聪明但不大努力的小朋友，假若父母或老师不给压力时，难得看到他的用功。认识他的人，都齐口同声说，只要他稍为用功，必可名列前茅，可惜成绩始终在中上而已。

＊立仁，你应该平时就读读书。

＊知道了。

＊那么，怎么还在那里？

＊月考还早。

……

立仁就这样地玩过平时，一旦考试到的前几天，拼命三郎式地大开夜车，把夜间当白天，把一天当三天用，短短几天就派司过去，成绩虽可以过去，但却是低成就。尽管父母谆谆教诲，甚至大声疾呼，他还是我行我素，一味当耳边风，困扰了父母，多可惜。

3. **分析**：

造成这种情况的原因，学校老师管教方式，或许是一大原因。因为学校强调自然主义的教育，除固定月考外几乎没有平时考。聪明的立仁平时不用功读，都等到考试前一两天才拼命开夜车，把夜间当白天用，考试完毕，故态复萌，"今朝有酒今朝醉，明日有考明日愁"的那股潇洒逍遥劲又来了，管他什么数学、国语、自然、社会……，玩了再说。

4. **正用**：

儿童读书习惯应建立在平时的用功，立仁聪明，临时抱佛脚，足可应付过关，但却埋没了他的能力，造成低成就的结果。正确方法可以应用增强（第二章），配合行为塑造（第五章）的策略来建立，若还出现不理想的状况时，也可以应用消弱、区别增强原理来处理。

（四）应用在不良嗜好

1. **原则**：儿童药物滥用行为的形成，也可以找到间歇增强的痕迹。

目前青少年儿童药物滥用趋向严重的事实，令人关心。假如吾人去分析这种行为形成的历程，可以发现有很多是不知不觉逐渐形成的。等到发觉严重时，已经上瘾，无法自拔了。

2. **示例**：

《药物上瘾》（变动时距）

明煌最近身体不太好，上课精神不能集中，体力也不佳，功课自然受到影响了。

段考快到了，明煌越来越紧张，因为在意段考成绩不好时，妈妈又要念经。他是家中唯一的男孩子，家里整个希望都寄托在他身上。

*明煌，最近看你都无精打采的。

向来很少往来的信宏，好意在问。

*是的，身体有一点不舒服。

*哦，你的头是不是会疼，精神不好。

*是啊！

* 这儿有 4 颗提神药，只要一吃，保准马上精神百
　倍。

* 谢谢，我不敢随便吃。

* 傻瓜！不吃药哪会好？上一回我跟你一样，吃了
　一颗马上改观，不信你可以试试看。

　　明煌半推半就，好奇地尝试一颗，的确精神改观，当
天体力也特别好。因此这种强化作用鼓励他再度尝试，甚
至，每天晚上都吃它一颗，准备应付考试。结果效果真
的不错，可惜一久就上瘾了。

　　3. 分析：

　　明煌这个孩子，就客观分析，并非是个不良学生，否则他不
会在意成绩不好。但他在关心学业所采取的策略，就是不良的增
强作用。尝试以提神药来提神，以便能用功准备功课，久而久之，
就引起药物上瘾的后果。

　　4. 正用：

　　（1）明煌自始至终不可使用提神药。

　　（2）改变明煌认知：把功课准备分配在平时。其次了解身体
　　　　健康比其他如功课重要，因为那是最基本的。

第六节　有效应用间歇增强的要点

　　为了能有效地应用间歇增强来减少或消除我们所期待的行
为，必须把握几项基本原则。由于间歇增强方式不同，个别间也
有不同原则，兹分别叙述如下：

一　共　同　原　则

1. 选用的方式要适合目标行为，FR、VR、FI、VI 的选用要适合最终要达成的行为。

2. 在符合上项原则下，必须尽量选择便利操作的程序。

3. 利用合适的工具和材料，如计时器等，以便精确地、方便地决定什么时候对什么行为进行增强。

4. 训练开始时，采继续增强，以维持良好行为的出现。而后才应用间歇增强，始能发挥更大效果。

5. 最好把训练计划告诉儿童，使他能了解将要进行的程序。

二　个　别　原　则

（一）固定比率

1. 反应数目应逐渐增加。

2. 每次增强所要的数目不宜过多。

3. 增强与增强之间有停顿现象，因此要注意适用的行为。

（二）变数比率

1. 为避免停顿现象发生，则可采用变数比率。

2. 若要避免行为减退现象，则采用变数比率较宜。

3. 若要便于操作，而对上述两原则不重要时，则采用变数比率，不如固定比率。

（三）固定时距

1. 适合应用于实际操作养成的技能，如弹琴、写作业的训练。

2. 增强必须在一定时间间隔后，可欲行为出现时才给予。

（四）变数时距

1. 为避免在可变时距间隔增强程序中，两次增强之间没有停顿现象，可采变数时距。

2. 可变时距间隔增强程序可用于间歇增强程序，不适用于继续增强程序。

第十章 隔 离

当我们在讨论如何教养孩子时，可以发现最令父母及老师翘首以待的不是如何建立良好行为，真正带给父母老师烦恼的是：儿童偏差行为要如何处理的问题。有关这个问题在第四章介绍过的消弱原理是值得重视的策略之一。此种方法具有相当积极意义，可惜它必须要建立在正增强原理下才有运作可能；假若正增强的关系不存在，甚至没有建立，则消弱作用根本派不上用场。在这种情况下，除第六章区别增强可应用外，本章将介绍另一种方法来处理。

第一节 楔 子

在家庭或学校团体生活中，成员的欢乐情境就是在团体里从事令人愉快的各种活动。这些活动包括：与家人或师生一起玩乐、工作，行使并享受权利的欢乐时光。假若我们强迫某一成员有段时间远离此种欢乐情境，则可以减少或阻止孩子再做出不当的行为。

《留守家里》

菁菁今天难得有空,带着珍妮及两个双胞兄弟俊煌和俊彦,开车到垦丁公园去游玩。

妈妈一路开车时,9岁大的双胞兄弟在后座上忘形地喧闹,且愈闹愈大声。妈妈好几次都回头叫他们安静,每次都会静下来,但不到一分钟,又故态复萌,几乎要吵翻车顶了。

突然俊彦用力推俊煌一把,将他推向妈妈。妈妈遂紧急煞车,大家都吓得面色铁青。

待菁菁心静下来,随即将车子掉头回家,把俊彦及俊煌留在家里并告诉他们说:

＊你俩跟爷爷、奶奶在家。珍妮走,我们去……

两个兄弟只有望车兴叹了。

……

＊珍妮,今天玩得好吗?(晚餐时妈妈在餐桌上当着家人这样问。)

＊很好,太高兴!

＊那个蚵仔煎好吃吗?

＊很好吃!

＊下次我们再去……

两个兄弟听着实在不是味道,俊彦总算忍不住开口了:

＊妈! 以后我也去好吗? 我会乖的。

《罚坐椅子》

王太太对他的儿子明杰越来越觉得难以管教，而感到头痛。今天王太太闲来无事，正跟邻居欧太太聊天，明杰冲进厨房，爬上橱柜，打开柜子的门。

＊下来！下来！我要揍人了。妈妈叫着说。

＊我知道了。

＊知道了，怎么还不听话！

＊好了。

＊我真要揍人。

＊我要拿糖果。

＊不行，快吃中饭了，现在马上下来。

明杰随手抓了一把糖果，从柜子上跳下来，又冲出去。当妈妈连吼带叫要他回来，只听到纱门"砰"一声关上了。

王太太叹着气对欧太太说：

＊这孩子真令我头痛，整天吵闹，没有一分钟安静。

欧太太见状告诉她一个秘诀，当明杰不乖时，记录次数，俟先生回来，即刻执行：要明杰罚坐在椅子上，一次警告5分钟。

实施没有多久，明杰仿佛变成另一个人。

《罚站圈内》

美美今年9岁，就读特殊班。她除智能不足外，亦有肢体残障。她会经常发脾气，不仅父母及老师深感困扰，而且严重妨碍个人社会性发展及其他同学的学习。

她在班上很少参与学习，也鲜少和同学有适当的互动。发起脾气来常叫"不"、"我不要"，踢人及吐人口水等。老师试过忽视她的行为，但效果不佳。由于她会干扰到别人，因此很难不去注意她。

后来老师请教专家，要他尝试一种方法，当她发脾气时，就叫美美站在教室后面老师用粉笔画成的圆圈内5分钟，若同一天第2次再犯则延长时间。

结果效果良好，不良行为大大改善了。（张正芳译）

第二节 内 容

当学童表现某种偏差行为时，父母师长或可拿掉他所嗜好的正增强物，以消弱该种"不受欢迎的行为"。这些正增强物有部分属于自然情境；有部分属于学童自身自发，无法单靠父母师长所能拿掉而达成的，在这种情形下，有必要实施一种强使学童行为的策略。

一 实验依据：白鼠的剥夺措施

斯金纳及其实验者一样，从事白鼠、鸽子的任何实验，这些动物必须经历一段剥夺（deprivation）期间。如果食物是增强物，在实验之前，要连续几天，每隔23小时才喂食动物一次；或是将它的体重维持在未进食时体重的 80％。如果水是增强物，则在实验之前，每隔 23 小时才给它水喝。（有些斯金纳箱设计成可以输送小食物丸，其他的则设计成可以输送小水滴。）

二　模　　式

上述内容并非实验，而是动物实验前必要措施。斯金纳的实验中，他并不认为这些程序会"激发"动物，甚至是制造驱力的状况，剥夺只是一种程序，在迫使动物从事行为。

由于白鼠或鸽子无法与人类沟通，不能接受实验者的指令，从事有关实验的进行。在这样情形下，如何迫使动物从事相关研究，成为实验进行的首要工作。于是斯金纳采用剥夺手段，让白鼠或鸽子经过一段剥夺期之后，被放进斯金纳箱中，能够进行相关实验，才有可能达到压下杠杆的目标。然后再透过增强物的后效强化，始有可能使压杠杆的行为牢固。

固然增强物的适当应用，始能加强压杠杆的反应。但假若白鼠或鸽子，因已经吃饱或其他原因，根本不动，也就无法从事有关活动的任何行为，那么这项实验完全无法进行，目标行为的建立就谈不上。

使白鼠或鸽子有所行为的目标，不能决诸动物本身，必须操在实验者手中。基此，斯金纳想出剥夺手段，在实验前让动物有一段剥夺食物期，就可以使白鼠或鸽子表现出实验者所期待的目标——行为。

白鼠从事压杠杆行为涉及两个问题，一是斯金纳箱内既无任何诱因，二是白鼠亦无压杠杆的本性。为什么它要去压它？真是吃饱无事做？的确，吃饱就不动了。因此采行剥夺方式，让它饿一段时间，使它难受，导致它采取行为活动。

要知道剥夺的目的，是要使它在斯金纳箱中有所活动，只要活动，箱中的杠杆终有被触及的机会。

依据上述叙述，我们可以把隔离模式归纳如下：

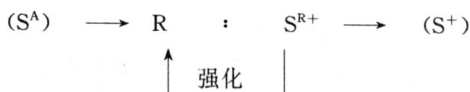

$$(S^A) \longrightarrow R \quad : \quad S^{R+} \longrightarrow (S^+)$$

$$\underset{\text{强化}}{\underline{}}$$

三　意　义

在儿童阶段的基本教育目标之一乃是教导小孩为自己的行为负责。由于最大的危机乃是不能把行为和其后果联结在一起，使得增强或消弱原理不能广泛应用于儿童行为的塑造上，以发挥最好的效果，因此，儿童偏差行为的产生是无可避免的。

上述 3 个例子，是一般家庭或学校极为普遍、常见的个案，显示我们的父母或老师未能在平日善用增强及消弱原理，致使儿童行为偏差的产生。不过这 3 个个案的父母或老师都能有效解决，其解决方法显然不同于前面各章的方法。

在菁菁的案例中，两位双胞胎在车内喧闹，几乎引发危险，这不能不注意，菁菁只好把他们送回家——隔离要去游玩的地方。

至于王太太的儿子，的确不高明，翻箱倒柜，为所欲为，母亲拿他没有法子，最后还是老爸要他罚坐椅子，陪父亲打发时间——隔离他所喜欢的活动。

美美更是令老师头痛，自己发脾气还没有多大关系，甚至踢人、吐人口水，如此干扰别人，实在影响班级秩序甚巨，无法让老师不去注意。逼得老师要她罚站圈圈——隔离自由的空间。

这3例的处理方式不同，但采用隔离手段的精神则一。那么到底隔离是什么，这正是本节寻求解答的主题。

所谓隔离是指当儿童表现某种"不受欢迎的行为"时，训练者得终止或拿掉所嗜好的正增强，以消弱不受欢迎的行为。这一种改变行为的策略称为隔离。

隔离依字义而言是指从增强物隔离的意思，当某人做出某一种非期待的行为时，借此取消他获得增强的机会，以减少不适当行为存在的一种方法。依此说来，隔离与第四章的消弱不就没有差别了？不然，两者还是有差别的，消弱建立在正增强的原则下——这项原则多少含有契约精神，如功课写完，就可以看电视，它是契约的关系。做到，就可看电视是正增强；没有做到，不能看电视就是消弱。而隔离不强调契约关系。

四 类 别

隔离策略的应用包括下列几种方法：

（一）不理

所谓不理，就是把注意力从孩子的不良行为转移开来的意思。当孩子出现不良行为，父母或师长应克制自己，暂时不动声色，故意忽略，沉默不理，以避免无意中鼓励孩子的不良行为。必须等待他们行为改善之后，再给予注意与关怀。

这种方法的运用要点，就是不要理会孩子的捣乱行为，如一般令父母困扰的夜哭、兄弟姊妹的口角、随意哭闹和对父母口出怒言，采用不予理会的态度，会有令人意想不到的效果。但若是危险性的动作出现时，需要提高警觉，不可企图以不予理会来打混。例如：孩子用球棒打人、偷窃、离家出走等等，得考虑运用后续的建议。

孩子表现不良时，平常父母或老师采训诫方式。孩童受训诫时，会表现出一副唯唯诺诺的样子，一旦风暴过后，就觉得已经受罚，付出代价，会松了一口气。若父母师长保持沉默不理，无奈之下孩子势必会想探求父母的想法，自然而然地，孩子便会思考自己犯下的错误所代表的意义。如此一来，孩子拥有持续性的反省空间，沉默不理反而比指责训诫的情况要好许多。

（二）剥夺

兄弟两人为玩电动玩具而争夺不休，谁都说他先拿到的。这时张妈妈不吭声，也不做调人，干脆拿走电动玩具，迫使兄弟两人的争论停止，这种处理方法已经应用了剥夺——反应价值法（response cost system）。反应价值法的意思是为了孩子不守规矩而剥夺权利，使孩子遭受损失的意思，正如触犯停车计时器规则而被罚金一样。这在一般情况下被广泛采用，如：明华周五晚上没有及时回家，周六因而必须留在家里不准外出；孩子不能共享电视，父母把电视关掉；孩子不喝汽水而使用吸管在汽水中吹泡泡，索性把吸管拿走等等均是。

反应价值法建立在一个"单方"（单一处方）的基础上。拿走一种增强物（如玩具）或停止某一件事（如特权），可作为有效地控制每天不会发生几次的行为方式。

在学校也一样，学生为不当的行为付出代价。例如：权利、自由活动时间、喜爱的游戏活动等被剥夺，以及分数被扣除等均是。

（三）隔离

做父母的，无疑会发现有些不良行为是不能轻易忽视的，如：扯头发、踢东西、或乱发脾气等等，我们不可能经常不理睬。在这种情形下，有一种有效的温和惩罚方式称为隔离（time out）技术。

所谓隔离乃是将孩子从不良行为增强的情境中隔开来的意思。具体而言，隔离是指把行为个体从增强的环境中撤离到一个单纯或无聊的特别房间，而且在时间的限度当中，不准外出。

暂时隔离法有两种主要目标，短期目标是立即阻止有问题的行为；长期目标则是帮助孩子达到自我控制。

孩子不喜欢"暂时隔离"是因为他们遭受到许多立即性的损失。在"暂时隔离"期间，孩子失去家人的注意；他们失去了令父母生气或沮丧的权力，以及控制父母的能力；也失去了操作玩具、玩游戏，以及参加各种有趣活动的自由。

隔离是枯燥无聊的，理想上被隔离的孩子应该被送到隔离区孤立起来，这种措施是一种迅速、简单、容易执行的管教技巧。它不但适用于许多不同情况，而且适用对象几乎涵盖全部年龄层的孩童。

实施隔离的步骤大致如下：

1. 选定目标行为

也许孩子有许多坏行为需要纠正，如果每个坏行为发生的时候，就送孩子去隔离，那么孩子可能整天都待在隔离区，那将会失去效果，因此最好选择一二个行为来实施较为适当。

2. 计算发生次数

计算坏行为的方式，可以使用周历或月历。当孩子表现一次目标行为（如打弟弟），就在月历上记录一次，若是偶发不一定要实施隔离；若次数或频率多了，就可采用这种方式。同时这项记录亦可据以了解实施的效果。

3. 选定隔离地点

最适合实施的地方，是一个最无聊、没有玩具或任何有趣的东西，也得不到家人或师生注意的地方。这地方宜视年龄而异，一般而言，2～4岁孩子，使用大人坐的有靠背木椅即可，5～12岁孩子，使用单独房间较适合。

4. 解释实施目的

向孩子解释隔离的时机，最好是在心平气和的时候，告诉孩子他的某一行为已经成为家里或教室里的一个问题，为纠正他的坏行为，所以每次他表现坏行为时，就要送他去隔离。

5. 出现立刻实施

实施最重要的要领是要很快地把孩子放在或叫他走到隔离的地方，一则可以减少孩子抗拒，二即可增加管教效果，如此一来，将有助于孩子明白坏行为和不是滋味的隔离有立即的连带关系。

6. 安排定时器

隔离时间，以孩子年龄为准，原则一岁算一分钟，一个5岁孩子可隔离5分钟，隔离时间最好不超过孩子的年龄。为了正确计算隔离时间，最好准备一个有铃声且可移动的计时器（或使用闹钟）。正确计算隔离时间，让孩子明确知道他何时可以离开隔离区。

7. 询问隔离原因

每一次孩子表现不良行为被送去隔离时，不要跟孩子说话或争辩。但等到定时器铃响之后，父母或师长应问孩子为什么被隔离，以提醒他。若孩子说不明白或说错，就帮他说一遍，然后叫孩子复述一次。

第三节 正 用

一 家 庭 方 面

（一）应用在人际关系（不理）

1. **原则**：与其介入儿童争端，不如采用不予理会的方法，更能解决孩子问题。

不动声色是隔离的较初步策略，它并非消极逃避为人父母、师长的职责，反而是较良性的、温和的一种处理方法。其目的乃在帮助孩子以自己的认知与能力来约束自己的行为。

2. **示例**：

《妈，她打我!》

7岁的金莉莉趁妈妈正忙着准备晚餐的时候，跑到厨房哭着说：

"晴惠不肯跟我玩！她是个坏蛋,你知道她干了什么？她打我,我要你去告诉她妈妈!"

莉莉的妈妈听若未闻,一言不发,瞄都不瞄她一眼。虽然如此,妈妈还是利用眼角余光侧面观察莉莉的反应。

只见莉莉发现得不到预期中的回响后，自觉无趣地耸耸肩，转身走出厨房。5分钟后，妈妈从厨房窗口看出去，莉莉和晴惠正兴高采烈地玩在一起。（林明秀译）

3. **分析：**

持续控制自己，保持不予理会的态度，最能有助于根绝孩子做出令人烦不胜烦的行为。任凭孩子数度试探，始终徒劳无功，他们通常会选择放弃一途。如果父母无法持之以恒，偶尔心软，满足孩子的需求时，有可能变本加厉，让父母疲于应付。

父母常忍不住要担心哭闹不休的孩子，怕孩子哭出毛病来，怕他们伤害自己等等，为彻底贯彻这种教养方法，父母得硬着心肠，自顾去忙别的事。有的父母干脆离开现场，有的人则是深吸一口气，数到十，有的人故意与配偶或朋友谈天，做做运动，或拿本书来看。各人应用方法不一，但原则相同，只是切记：绝对不要理他！

（二）应用在生活态度（剥夺）

1. **原则：**与其大发脾气，不如订定行为界限，更能有效抑制偏差行为。

孩子表现不良行为，无需动用惩罚，有时只要订定行为界限，不必提醒，不必威胁，也不必愤怒地说教或爆发亲子间的权力争夺，只需要一个明确的讯息，让子女明了即可。在此情形下，长期影响，子女必将学会为自己的行为负责。

2. **示例：**

《吹 泡 泡》

　　吃晚饭时，文亮用杯子喝水，边喝边吹泡泡。爸爸说：文亮，不可以在餐桌上吹泡泡，我知道你会正确使用杯子，但是如果你不肯以正确方式使用杯子，那我会把杯子收起来。

　　文亮以反抗的眼神看了爸爸一眼，把杯子凑近嘴唇，又多吹了一些泡泡。爸爸一言不发，马上伸手把杯子拿走，并且说：待会儿等计时器铃响，你就可以拿回杯子。

　　爸爸把计时器设定为10分钟。文亮只有无奈乖乖等待了。（林泽宏译）

　　3. **分析：**

　　就如本例，文亮要不要合作，决定权在他，如果他选择继续吹泡泡，那他就必须承担这项选择的后果。因此，不论他是否跟爸爸合作，他都将学到爸爸希望他学会的家规。

（三）应用在生活习惯（剥夺）

　　1. **原则：** 与其要求孩子行为，不如暂停使用机会，更能收到意外效果。

　　孩子平常若没有特别要求，养成良好习惯时，往往很难会自动收拾自己留在地板的玩具、鞋子、衣服……在这种情形下，我们若能善加应用隔离策略——把没有放回原位的物品隔离一段时间的话，对于改善此种不良习惯会有意想不到的效果。

　　2. **示例：**

《星期六篮子》

　　张家夫妇如同许多家长一样，一直在帮儿女做一些他们已经能够自己做的事情，而这已经在不知不觉间变成一种习惯。有一天碰到林老师，获悉一项办法，返家后召开一次家庭会议。

*　孩子们，妈妈和我要向你们说明一些新规定。从今天开始在玄关的橱柜里帮你们做好储物架，你们放学回家，必须把衣服及便当盒放在储物架。我们也把你们装玩具的箱子搬到客厅了，当你们不想玩时，必须把玩具收好放回箱子里。最后，当你们吃完点心时，必须把杯盘放在洗碗槽旁边的流理台上，并且把垃圾丢进垃圾桶里。有没有任何问题？

*　如果没有把玩具收好的话，会怎样？

*　如果这样，星期六篮子就可以派上用场了。

*　星期六篮子？

*　是的，凡是你们没有收好的玩具，都放进星期六篮子，你们必须等到一周后才能拿回去。

　　……

　　这项规定从第2天开始生效。意外地，从此以后，孩子们的东西都按规定放回定位。（同上）

3. **分析：**

许多小孩由于年幼，对父母的责骂、感觉无关痛痒，往往我行我素，任你责骂，尤其在玩具方面，只知使用，不知收拾。本例张妈妈使用暂停隔离方式，使得孩子一段时间没有玩具可玩，其难受比责骂一下子就过去要难得多，所以更易收到效果。

（四）应用在作息时间

1. **原则**：与其责骂孩子不是，不如诉诸规则，更能有效自行
　　处理。

儿童到了高年级以后，慢慢走入青春期，逐渐向往独立自由，可能会出现跟朋友外出，超过了回家时刻，仍然未见踪影的情形。由于未曾发生这种现象，所以不想处罚他，但是又恐他得寸进尺，造成问题，这时最好跟他明定夜归界限，违则禁足。

2. **示例**：

《禁足三周》（隔离）

　　按爸妈的规定：建鼎周末晚上必须在 11 点前回家。这一天建鼎去参加一场舞会，却拖到周日凌晨 1 点才回家。结果，爸爸取消他往后 3 个礼拜参加舞会的权利，同时将最迟应回家的时间提早到晚上 10 点半。

＊这不能怪我，我一点办法也没有，开车载我的朋友不肯离开，我只好被困在那里。

＊好！我们一起来探索其他可行方法。

＊不采取任何行动，显然不是聪明的做法，我们来看看你未来可以做哪些事情。首先你可以说服他离开，因为他知道你必须在 11 点回家；或者你当时可以打电话给我们，让我们去接你回来。下回

再碰到类似的情况，你会怎么样？

＊我会打电话回家。

＊你选择了一个好方法。（同上）

3.分析：

父母以坦白坚定的态度提醒孩子有关的规定，使孩子清楚他的行为已经违反了规定，同时对孩子遵守规定与否，非常认真，对嗣后面临同样困境时的可行处理方法也建立共识，将可避免迟归的行为发生。

（五）应用在家事处理（隔离）

1.原则：与其详述原因，不如告诉事实，更能显现守规守纪。

实施隔离策略时，只需要说明原因和处罚时间即可，不管孩子如何喊冤，或指责父母狠心，都不为所动。千万不要跟孩子探讨受罚原因的对错，只要他就位就是。若孩子抗争，引起父母任何关注或说明，他就不会就此善罢干休，徒增困扰。

2.示例：

《收 拾 餐 具》

志忠吃完晚餐后，妈妈叫他收拾自己的餐具，这是他每天晚上应该做的家事。他假装没有听到，走到客厅，打开电视，欣赏节目。

＊志忠，我刚才叫你做的事情你有没有听到？

＊呃，我听到了，待会儿再去收拾。

妈妈把电视关掉，心平气和地告诉他。

* 你可以在两分钟内把餐具收拾好，或者，你可以
  先回到你房间待 10 分钟，你要选哪一样？
* 这是怎么回事？志忠心里想：她以前从来没有用
  过这一招！

他抗拒地将两手交叉在胸前，继续试探，两分钟后，
计时器响起。

* 好了，志忠，现在你必须回你房间。10 分钟以后，
  你还有一次机会。

志忠和弟弟都以一副不敢置信的表情看着妈妈。

怎么搞的，他心里想。于是他反抗地吼道：

* 我不去，你也别想逼我去。

妈妈还是没有动怒，并且继续使用刚学会的新技巧。

* 你可以自己走回房间待 10 分钟，或者由我带你去
  你房间待 15 分钟，你要选哪一样？

志忠双脚并未移动，于是妈妈把志忠带回房间，让
他在里面足足待了 15 分钟。（同上）

3. **分析：**

隔离法对于儿童行为问题的解决并非完全有效，不过像本例
应用在让孩子做他们较不愿意做的工作时，一般说来蛮有效果。而
对于另外较复杂或不喜欢的工作，效果可能就降低了。

二　学校方面

（一）应用在同侪关系（不理）

1. **原则**：与其告诉办法，不如启发引导，更能发挥积极意义。

儿童相处不免发生纷争冲突，辅导孩子处理这类问题时，有时不询问、不责备、不引发他罪疚感，也不必给予空洞的慰藉，只是表示同情、善体人意、启发孩子解决问题的途径反而更能发挥积极意义。

2. **示例**：

《再骂，我不理你了》

　　二年级的郁芬哭着来到辅导室，因为她被世贤辱骂。林老师安慰她，并和她一起探索，希望找出将来再有人骂她时，可以用哪些方法来处理。

　　＊世贤骂人是不对的，假若他再骂你的话，你可以用哪些其他方法来处理呢？

　　＊我可以向老师打小报告，给他制造一点麻烦。

　　＊这是可行的方法之一，不过这样做可能会惹火他，他可能会找其他办法来报复你，你想还有没有其他方法？

　　＊我不知道。郁芬一脸困惑地说。

　　＊我想，你可以试着不理他，看看有没有用。或者你可以告诉他，只要他再骂你，你就不跟他玩；如

果他还是不肯停止，你就走开。下回再骂你，你
会怎么做？

* 我会先试着不理他，假如这样做没有用，我会马
上走开。

* 对了，就这么办。老师回答。我们来练习一下，我
来当世贤，假设我刚刚骂你好几次，你该怎么做？
郁芬假装不理会老师，然后说：如果不停止骂我，
我就不跟你玩了。

* 我想世贤会明白你的意思。（同上）

3. **分析：**

老师一边帮郁芬启发她思考解决的办法，一边分析办法的利
弊得失，使郁芬寻找她可以遵循的最佳办法，不仅解决了问题，也
成熟了心智，这种处理方法对儿童行为极有帮助。

（二）应用在说谎话上（剥夺）

1. **原则：** 与其事后补墙，不如防微杜渐，更能防止偏差行为。

谎言在人类生活中是极为普遍，就一般而言，儿童遭遇困难
或难堪处境时，说句小小谎言，来掩饰窘困，不足为怪。唯老师
若碰到这种情境就应注意处理了。

2. **示例：**

《不 再 说 谎》

下课时间，文贤与同学在教室内玩，大家走来走去，
文贤摆动他的手臂，不小心碰翻了老师桌子上的花瓶，掉

到桌下，整个花瓶碎了。

后来老师从侧面知悉，文贤嫌疑最大，当老师质问他时，他否认这件事。

经过好几天多次的质问，他终于承认了。老师非常生气说：这个礼拜，下课时间除上厕所外，不许到外面游玩了。你不应该撒谎，有两天的时间，你对我说，没有打破花瓶。这个规定是给你的一个教训——说谎的代价。

以后，文贤很少说谎了。（叶重新译）

3. **分析**：

一般人会说真话或者说谎，主要是依其行为后果而言。在说老实话之后，如得到酬赏，则学会说真话。如果一个人说谎之后，能够逃避处罚，则学会说谎。因此老师处理这种情况最应注意，不要使儿童的想法落入后者，以免强化说谎行为。

（三）应用在上课方面（隔离）

1. **原则**：与其忽视不理，不如采行隔离，始能发挥效果。

儿童的不良行为有些固然可以用不理策略来应付解决，但有些行为属于侵略性攻击，蓄意破坏等等重大情节，只怕用"不予理会"的方法，是无法收到具体效果的，必须使用其他方法如隔离。

2. **示例**：

《溅　水》

栋梁在上游泳课时,经常用水溅泼其他小孩的脸,特别是对小女孩。虽然教练一再责备、说明和警告他,可是当他看到教练不注意时,就开始继续溅水扰乱。

每一天,在游泳课结束之前,通常有15分钟自由活动的时间。有一天,当栋梁继续对其他小朋友溅水时,教练发现了,采取行动,告诉他:你不能在水池内自由游泳了,上岸去静坐15分钟,再下来游。

自从教练采用这种方法后,栋梁就很少再打水溅人了。(同上)

3. **分析**:

隔离的用意是当调皮捣蛋的孩子皮过了头,老师可以将他隔离在沉闷平静的角落一段时间。如同本例,让他坐在游泳池的岸上,看同学游泳的乐趣,其滋味是难受的。

(四) 应用在诺言上 (不理)

1. **原则**:与其迁就个人行为,不如强调整体观念,始能维持班级秩序。

在管教上强调令出必行,言行一致的原则,确属必要。但在儿童认知发展未达成熟时,往往缺乏整体观念,只注意到个体的言行,忽略群体的行为,只知道自己的守规守纪,忽略整体的守规守法。

2. **示例**:

《老师，别黄牛!》

三年丁班的黄老师被派出席一项会议，从早上10时至下午1时半的这段时间不在，又临时找不到代课老师，只好让学生自修。为怕学生秩序不好，影响邻班，于是考虑一项措施：

* 各位小朋友，下节起，老师因开会，社会科改为自习，请拿今晨第1、2节上的数学来做。下午有一项你们料想不到的消息，我将带你们到社区——古迹巡礼。这是你们最喜欢的。

* 哇！此起彼落，学生大叫起来，老师这时举拳，全班静下来。

* 但你们要注意，现在开始，班上秩序要好，否则……

同学也很自爱，2节自修课，每人都安静写练习。可是到了吃午饭时，慧芬跟更莹争吵，文亮与文虎打起来，世明的菜汤溅得满地……一片混乱。最后训导主任过来才平息下来。

……

* 我现在很难过地宣布,下午社区古迹巡礼取消了,因为中午的班上秩序太令我失望。

* 你答应过，别黄牛！

* 我不知道你们会这样做！

……

3. **分析：**

在本例中，很多守规守法的孩子，认为自己没有违规，老师答应的事不履行，黄牛了。他们忽略团体中只要有同学违规，就不符合老师履行诺言的条件。

（五）应用在辅导发脾气

1. **原则：**与其说理增强，不如实施暂停，反能显现效果。

为了帮助小孩了解乱发脾气，不但不能解决问题，反而会造成其他人对他的孤立，老师可以适时采用隔离方法，让他"隔离"几分钟，以资警惕，反而有意想不到的效果。

2. **示例：**

《不 再 生 气》

明辉是一个 4 岁男孩，经常不听话和发脾气，总是喜欢踢东西或踢人、撕破或脱掉身上穿的衣服、骂人、惹同学生气、威胁别人和伤害自己。几乎任何一点小挫折，都会让他变得很生气。经常要求老师要完全地注意他，但又很少愿意和老师合作。有人认为他的脑部有点损伤，以致智力有些不足和过分好动。

老师原来处理的方式，是尽量讲道理给他听，告诉他为什么不能做不好的事；另一方面，也以玩具或零食来吸引他对其他的活动产生兴趣。但都没有收到任何效果，即使采取任何的处罚，也无法发生作用。经过专业人员的协助，老师开始使用另一套管教的方式。她采取很简洁的命令囗气，很坚定地要求明辉去做一些事，并且不轻易放弃努力而向小孩"投降"。当明辉不听老师的话,仍然做一些不良的行为时,老师马上带他去隔离室,"隔离"5分钟,并且要保持安静,否则要一直"隔离"下去。

她正确地使用这种方法,并且经过8周的努力,克服一切困难后,明辉的行为有了戏剧性的改变。虽然没有变成天使般的温驯,但至少可以接受管教,不再是那么霸道不讲理了。

3. 分析:

当孩子学会以抱怨、哭闹、踢打或生气的方法来引起同学、老师的注意时,周遭的师长(或父母)受不了而放弃原则与他妥协,那就无意中鼓励其哭闹等不合理行为,本例老师改以暂时隔离方式就能显现效果。

第四节　影响隔离效用的因素

一　隔离的对象

就理论或实务来看,隔离确实可以广泛应用于社会各阶层对象,包括成人在内;举凡社会的成员、工厂的员工、军队的士兵、养护机构中的问题小孩子,以及家庭和学校的儿童……均可。虽然如此,当我们应用隔离策略于行为改变技术时,其效用就有所殊异。一般而言,应用在2～12岁的所有儿童,以及智能不足青少年较能发挥效果。

另由于隔离的目的在于减少某种偏差行为的出现，可是在应用这项策略时，对象的认识与了解也关系着隔离技巧的效能，很多儿童对该偏差行为与隔离的关系不一定皆能认识了解。假若不了解，没有认知，如何发生效能？因此，在应用隔离策略时，应该明确指出你不希望看到而必须改变的行为，否则岂非白费工夫。

二　拟予改变的行为

隔离策略虽然可以广泛应用于许多不同的行为，但与其他管教方法相比，隔离应用在纠正下列不良行为上较为有效：

（一）攻击性

如：用脚踢人、用手打人、用嘴咬人、对人吐口水、用语言诅咒别人、骂人脏话、侮辱他人、搬弄是非、破坏东西、抢别人东西。

（二）坏脾气

如：生气吼叫、大声哭闹，抱怨烦躁。

（三）危险动作

如：骑车上街（幼儿）、玩弄火种、把玩电器用品（通电）。

（四）警告无效

如：吵闹不停、一再戏弄别人。

另有些不良行为不宜使用隔离，否则难以收效，宜改用其他方法。

（一）情绪问题

如：心情不舒服闹别扭、闷闷不乐、苦恼不悦。

（二）安全感问题

如：害怕恐惧、焦虑胆怯。

（三）其他

如：忘记做家事、不做功课、不练琴、不写书法。

三　隔　离　地　点

隔离地点的适宜与否也影响到效果的好坏。而地点是否适宜则视孩子年龄而异。一般来讲，以具备下列条件者较佳：

1. 孩子认为很无聊。

2. 没有别人可以玩或讲话。

3. 没有任何好玩的东西。

4. 安全、光线充足、不会引起孩子害怕。

5. 在10秒钟内可以到达的地方。

哪里是家中最适合暂时隔离的地方？应先巡视家里每一角落和房间，并且选择一处孩子会觉得无趣——没什么可看或可做的地方。

地方的选择应视孩子年龄而定，可以替孩子选择一个"隔离椅"做为隔离地方，这适合2～4岁孩子。至于5～12岁孩子则应放在隔离房间，例如浴室（关掉水源）。若常常使用暂时隔离法，请试试几个不同地方，再决定哪一个地方最有效，以配合孩子的个性。

四　实　施　训　练　计　划

当孩子的目标行为出现时，立刻实施训练计划，效果较佳。最好用不超过两句话（10秒钟）的速度，把孩子抱上大椅子，或叫孩子立刻去隔离室。若拖延时间愈久，效果就愈差。

实施训练中，是否应用计时器，也影响到效果。通常将计时器放在孩子听得到的距离，坚持孩子必须等到铃声，才可以离开隔离地点。当铃声未响前，一定不要给孩子任何的注意力。计时器有几项优点：

1. 执行公正，不会忘记告诉孩子结束时间。

2. 所发出滴答滴答的声音，可提醒家人，有人正接受隔离。

3. 孩子知道何时结束，父母老师可以放心去做别的事情。

五　结束训练计划

实施隔离的最后一个步骤，便是与孩子做事后讨论，这项讨论的时间不管长短，非常重要，但许多父母、老师都忽略了。

通常在讨论中，要小孩告诉你为什么他要去隔离室，包括他违背了哪些规定，如果孩子能正确说出他为什么去，你可以简单复述他的答案。这个时候，不要骂他、教训他或刻意让他的心理产生难过或对不起的感觉，也不必要孩子承认以后不再重犯错误。简短地讨论之后，应即刻让孩子自行离去，无需与孩子做任何不愉快的对话。

如果孩子不知道为什么去隔离室，或者他说出一个不正确的答案，那么，你便要告诉他为什么要去隔离室的真正原因。等你说完正确答案之后，再问孩子一遍，为什么他要去隔离室，直到他能正确说出原因，然后才让孩子离去。

第五节　误　用

隔离策略若应用适当的话，的确可以帮我们解决许多儿童的偏差行为，其效果有时甚至比消弱来得显著。唯要应用适当，否则不仅得不到良好效果，反而带来了祸端。

《浴室里的哭声》

前些日子，我去幼儿园接儿子放学，他的老师告诉我："瀚平平常都不太说话，今天竟然自动举手发言。"

我非常讶异，但更多的是高兴。

＊说了些什么？

＊今天我问全班同学,要怎样才能让坏孩子变乖?结果瀚平举手说："把他关在黑黑的房子里。"（老师笑着说完。）

我猛一听，沉默了一会儿，才苦笑道："我确实曾经把他关了一次。"

那是前年的事了，因为儿子不肯吃药，强灌了几次都被他吐掉。我气昏了，于是把他关进浴室里，还把灯关掉。

一开始，还听到他哭着叫："妈咪！我不要。"

我不理他，到后来突然没了声音。我立刻不安起来，儿子是不是吓晕了？

赶忙打开浴室的门，儿子似乎受到极大惊吓，脸色发白，举步不稳地走出来，脸上竟然还带着类似痴呆的笑容！

我的心猛地往下沉，莫非把儿子吓疯了？一直到我抱住他，不停亲着他的脸说"对不起"后，儿子才放声大哭。

从那之后，不管儿子多不听话，我再没有兴起把他关进"黑黑浴室"里的念头了。

"黑暗"的惊吓，对一个孩子来说，实在是太大了！我自己小时候不也特别怕黑黑的地方吗？直到这一刻，我才了解，盛怒下的自己，实在是非常残忍的。（周宝华）

一　家　庭　方　面

（一）应用在调皮捣蛋（隔离）

1. **原则**：实施隔离策略，必须注意地点，以避免引起心理病症。

隔离地点应该谨慎选择，千万不要挑选使孩子恐惧的地方，例如阴暗的地下室、衣橱或车房，更不可把孩子反锁在房间，这些状况都应避免，因为被吓坏的孩子，容易产生心理问题。

2. **示例**：

《口　吃》

小强 3 岁，母亲对于小强的调皮捣蛋十分困扰，经常气愤地大声叱责，却不见效果，于是就采行隔离策略。在调皮捣蛋的时候，就把他关在壁橱里，立即产生效果。但日子一久，次数一多，壁橱变成是小强最害怕的地方，每当被关时，就心生恐怖，连声音都喊不出来。

经过几次后，小强竟然发生了口吃的毛病，此时始知错误，但为时已晚。母亲也曾反省，是否自己过于情绪化而做得过分了，如今每听见小强结结巴巴说话，总是焦急万分，几乎心酸了。

3. 分析：

小强屡次申诫不听之后，采行隔离方式来改善不良行为，并非错误，问题是在于把他关入壁橱。小强被关入以后，是否会冷静反省呢？在壁橱内，小强面对的是黑暗恐惧，对于带给他恐怖感受的母亲也因而感到畏惧。于是，在母亲面前开口说话时，由于紧张而致结巴。若再见到母亲说话，也就愈紧张，口吃的毛病自然改正不了。

4. 正用：

正确方式，应改善隔离地点，如小房间（里面东西尽量减少，单纯化），并注意亮度。除外应退一步思考他为什么会这样做，说不定是精力太充沛，在家中无法发泄旺盛体力。那么将他带出门，参与一些有趣活动，情况或许会改善，不必单靠隔离手段来矫治。

（二）应用在小孩尖叫（隔离）

1. 原则：应用隔离措施，必须配合年龄，否则得不偿失。

隔离地点应视孩子年龄差异而不同，一般而言，幼小儿童不宜使用房间，单独使用房间要到5岁起至12岁较适合。否则就会产生一些心理病症，造成问题。

2. **示例：**

《讨 厌 围 栏》

　　翠芬是2岁的小女孩，但是她能够发出像摇滚乐队扩音器的吵杂声音。在用餐之前，她会注视高架上的扩音器，并且对它们尖叫，我试图不理她，但是每一次看到它，都会恢复她大叫的力量，她能继续长时间地叫下去，一直到我想尖叫为止。

　　为了避免听到她鬼叫的声音，我带她进入其他的房间，把她放入围栏，然后我关上门，让她自己在那儿尖叫。每当她哭叫的时候，我就不去理会她，因此她尖叫大哭的不良习惯就渐渐消失了。

　　可是不幸的，她也讨厌她的围栏了，当我在其他时候，把她放进去，她变成十分烦躁。过去她喜欢自己在围栏内玩她的玩具，从此以后就拒绝这么做了。（同上）

3. **分析：**

在上面这个实例中，母亲让小孩被隔离产生一种嫌恶情境。然而，翠芬被隔离在她自己的围栏内，与处罚产生联结。惩罚是一种厌恶刺激，制约结果，围栏会很快变成厌恶的情境，结果促进了另外的问题——讨厌围栏。

4. **正用：**

对年幼儿童的隔离策略必须谨慎使用，地点选择，不宜离开父母视线太远，也不好单独把他关在房间内。在幼小年龄层正确使用隔离法，应选择椅子，让孩子坐在指定的椅子上比把他放在房间里安全多了。

（三）应用在迟归方面（隔离）

1. 原则：慎选隔离地点，须具嫌恶无聊等特点，始能发挥效果。

暂时隔离的地点必须慎重考虑，因为儿童被罚在隔离室后，觉得无聊，总会想点花样自娱，尤其是心理灵活、想象力丰富的孩子，更是如此，譬如观察壁纸的图案设计、数数地板磁砖缝间的小洞、做做白日梦、累了睡个觉等。

2. 示例：

《面 壁 思 过》

9岁的珊珊知道必须在午后6点以前回家吃晚饭，但这一天她跟朋友玩得太开心了，结果迟到45分钟才回到家。

* 你去哪里了，小女生？妈妈生气地问她。

* 你明知什么时候应该回家，可是你不遵守规定，现在到寝室去思过。（珊珊举步往寝室走）

* 慢着，你爸爸跟弟弟早就饿了，为了等你，我只好将菜饭放在电锅里保温。假如每个人都随自己高兴才回家吃饭的话，我们家会变成什么样子？去15分钟后到餐厅来，大家一起开动。

珊珊转身进入卧房，玩得实在累了，身子往床上一倒，没有多久竟然睡着了。（林泽宏译）

3. **分析**：

隔离地点的选择，必须是无聊、没有娱乐性质的地方。依此原则，本例所选的卧房，显然不是处罚孩子闭门思过的适宜地点。尤其是她在外玩得很累回来，卧房正是睡觉的最佳处所，隔离在卧室，哪会自我反省、闭门思过？不睡觉才意外。

4. **正用**：

孩子睡觉的房间不适合作为隔离场所，应该选择其他无聊地方或房间——既不能带任何东西去玩，也得不到任何人的注意，更不能躺下睡觉，如此，才能发挥效果。

（四）应用在零食习惯（不理）

1. **原则**：孩子缺乏自律，应用隔离不理，反而正中下怀。

父母对孩子引发的状况采取袖手旁观态度，表示他们信任孩子自律能力，让孩子有机会自己去面对问题，锻炼自制力，对于不良行为亦具有相当抑制作用。但假若孩子缺乏自律功夫，其结果就不同了。

2. **示例**：

《饼干罐空了》

妈妈规定龙翔在晚餐以前不可吃饼干或冰淇淋等甜食，但是一个礼拜约有三四次，他会把装饼干的玻璃罐偷拿下来吃。今天当他重施故伎吃得正起劲的时候，妈妈从外面进来看到了，他还不知。妈妈见状不理他，结果没有多久，他狼吞虎咽地吃光玻璃罐内剩下的饼干。

3. 分析：

龙翔的母亲虽然禁止餐前不可以吃饼干，当她看到他偷吃饼干，竟然采行不理来改善，结果这种方式等于明显的绿灯号志，这个号志告诉龙翔，我没有看到。对于一个喜欢吃饼干的小孩子来说，正中下怀。

图 10-1　采用不理遭遇失败的例子
(取自马丁和皮尔，1993)

4. **正用：**

假若龙翔的妈妈真的有心去制止儿子晚餐前吃饼干的行为，则其讯息必须明确、坚定。当发现儿子违反规定，立即告之，并让饼干罐空一个礼拜。

（五）应用在手足吵架（隔离）

1. **原则：** 与其惩罚谁重谁轻，不如惩罚始作俑者，否则无法把握问题关键。

有的孩子喜欢作弄别人，或故意给兄弟姊妹带来麻烦；有的聪明孩子故意动口，激怒别人先动手；有的弟妹虽然年纪小，却表面装无辜，故意刺激兄姊生气……凡此造成冲突争吵，有待父母排解。

2. **示例：**

《又斗嘴了》

10岁的再明和9岁的重光做鬼脸，互相骂来骂去，最后甚至打起来。爸爸发现，终于罚两人去房间暂停，结果两人在房间里又斗嘴了。

* 嘿嘿！你也给罚暂停了。

* 住嘴，你心里明白，是你先骂我，爸爸没有弄清楚，所以你活该。

* 你想找挨揍是不是？

* 唷！你敢？你敢就试试看，爸爸妈妈早就知道你喜欢打人。

……（林家兴）

3. **分析**：

一般孩子都喜欢得到父母的注意力，假若这种注意力无法在良好行为上获得，可能会应用不当方法取得，譬如孩子在彼此争吵时，若能得到父母的关切和注意力，无疑是增加争吵的机会。一旦争吵，如同本例两人都惩罚，可以肯定的是无助于问题的解决。

4. **正用**：

爸爸认为一个巴掌拍不响，吵架必然是两个人都不对，因此同时暂停两个孩子。如此处理不甚理想，一般而言，两人吵架，宜先查明谁先开口，处罚始作俑者，通常效果较好。其次暂停方式两人宜分别处理，同在一房间又引起争论，不但达不到暂停效果，而使争论更难停止。

二 学 校 方 面

（一）应用在教学活动（不理）

1. **原则**：与其不动声色以对，不如尽速采取行动，否则适足姑息养奸。

不理策略固然可以用来处理一些情节轻微的毛病，但有些较严重的过错，若还用不理方式则会产生不良后果，不可等闲视之。甚至一些个别轻微不良行为也会因不理而变成严重的团体动作，必须尽速采取行动。

2. **示例**：

《抢 答》

亮中在班上成绩不错，但是他对最基本的规定不遵守，所以使我和同学都很气恼。他在课堂上，没有举手，也没被允许发言，就随便讲话或作评论。虽然他的功课还好，可是这些行为却干扰到其他人的学习。

考虑再三，我尽力不理会他的评论。但是每次提问时，他的答案几乎都是正确的，我不能够在亮中明显的说出答案之后，再问其他同学相同的问题。大声喊他的名字也没有什么用处，再也改善不了。

这一个月班上乱了，我头痛了。唉……（叶重新译）

3. **分析：**

教室有一定的常规，常规被破坏，教学活动势必受到影响。上课举手发言正是常规之一，假若有任何一位同学破坏，不仅影响教学运作，而且这种不良行为也就成为一种示范，导致更多同学的效尤。本示例中，老师无法有效禁止，最后结果，只好头痛了。（请与第七章同例比较其差异的地方）

4. **正用：**

面临上述情况，老师也期待学生能安静地举手，凡没有举手者一律不准发言。若违规者适时予以警告，警告无效，则可采隔离策略，举手喊叫者不点他发言，被点者都是举手不出声的。如此将可建立安静的上课气氛。

（二）应用在秩序维持（剥夺）

1. **原则**：不仅要重视行为后效，而且须注意个别差异，否则往往适得其反。

改善儿童行为，有赖师长安排行为后果，使不良行为不能获得满意后果的因果关系。但应该事先考虑何者是赏，何者是罚。孩子间存在着个别差异，同样一种行为后果对张三是罚，李四是赏。所以赏罚必须适用个别差异。

2. **示例**：

《我 想 回 家》

一天白兰黛的丈夫眼见邻居小男孩背着书包走回家来，甚为惊讶，乃问他：

* 爱尔摩，你怎么这么早回来啦？

* 老师罚我回家呀！（爱尔摩笑嘻嘻地回答。）

* 为什么？

* 因为我踢了邻座女生一脚。

* 为什么要踢她呢？

* 每次我想先回家，就踢她一脚。（爱尔摩答罢得意洋洋。）

3. **分析**：

赏罚运用与行为后果的安排，必须小心为之，否则正如本例，收到反效果，老师的罚却成了儿童的赏。不仅不能收到吓阻作用，而且正中下怀，助长恶行为。

4. **正用**：

采用隔离策略，或区别增强方法，当可改善爱尔摩踢女生的不良行为。退一步来说，若要用惩罚方式，也须根据孩子的好恶而订定惩罚标准，才可收效。

（三）应用在调皮活动

1. **原则**：常规建立于平时，应把握见微知著，否则事后改善就困难。

许多儿童的行为好坏，不是一朝一夕形成的，良好的行为或偏差行为都是长期塑造而成。假若我们在不良行为孕育时，就加以注意改善，则事半功倍；否则不仅大费周章，而且也事倍功半。

2. **示例**：

《调皮没有关系》

　　大班的孩童大多已满6岁，很快就要上小学，母亲们就在小学开学前先带孩子到学校做入学前的训练。其中一个孩子在学校爬上爬下很是调皮。母亲当着老师的面责骂，不可以这么调皮！

　　＊没有关系，调皮也是小孩子的活动，不过以后上了学，可得用功念书哟！

　　不料，孩子对老师所说的"调皮是小孩的活动"感觉十分得意，第2天到了幼儿园竟恶意地捣蛋起来。由于幼儿园的教育工作做得相当好，其他小孩自动劝他不要捣蛋，这位孩童居然振振有辞地说："可是小学的老师说调皮是小孩子的活动呀！"

3. 分析：

活动是人类各年龄层所必然的，但一般正常儿童的动作，大体上遵循一项可预知、可接受的发展模式，各阶段年龄者的活动量也回归在其平均值线上，假若某个小孩的活动量远离这平均量，动得超常，那就应限制，否则成问题，本例似乎犯了这个毛病。

4. 正用：

家长当着老师责骂小孩，不可调皮，其技巧对错见仁见智。但老师在孩子面前说调皮没有关系，就是不恰当的事，导致这个小孩嗣后对自己调皮行为振振有词。

（四）应用在同学打架（隔离）

1. 原则：实施隔离方法，应该控制时间，否则容易造成事端。

把孩子放入隔离室的时间，最好以儿童年龄为准，不宜太长。时间短，可让儿童回到原来的情境中，做出正当的行为而得到正增强。如果在隔离室太久就失去表现良好行为的机会，可能会忘记为什么受罚，或在隔离室内游戏，甚至发生意外。

2. 示例：

《调皮关禁闭，命丧黄泉路》

1994 年 4 月 11 日，屏东县里港乡爱幼幼儿园辅导员潘秀玲小姐随娃娃车沿途接小朋友上学，4 岁的冯唯杰与姐姐冯唯钰一起上了娃娃车。在车上冯唯杰打了同车的小朋友，被打的小朋友向潘秀玲告状。到达爱幼幼儿园时，其他小朋友下车进教室，潘秀玲罚冯唯杰关在娃娃车内。

　　一整天上课中，潘秀玲忘了把冯唯杰从车子里放出来。到了下午 3 时，幼儿园放学时，才在车上发现冯唯杰全身大汗，已没有呼吸。经送往刘综合医院急救，但已太迟，冯唯杰因严重脱水不治。

3. 分析：

　　娃娃车本身的空间是密闭式设计，其目的在隔绝行驶中所产生的风阻噪音，而利用空调设备来调节车内空气和温度，然而对静止密闭的车子而言，不但没有大量的空气流经车体带走热量，而阳光直接射入车内的辐射热，在车内急速积聚形成温室效应，造成高温可达室外温度的两倍以上，4 月 11 日外面天气在近 30℃ 的情况下，则车内高温，连成人都无法忍受，何况孩童？

　　时下幼儿园竞争激烈，为争取学生，莫不以琳琅满目的活动作招徕。老师为应付这接二连三的活动，常疲于奔命，再加上例行性事务、会议，结果忙得忘了小朋友的哀告，于是不幸事故发生。

4. 正用：

　　此一事件中，唯一有可能避免遗憾发生的是：如果闷死娃娃的姐姐，在弟弟被关情况下，能打电话告诉父母，也许意外就能避开了。

　　潘小姐不把他关在娃娃车，问题就不存在，隔离地点选对的话如办公室，也就不会发生事故了。退一步而言，纵然关在娃娃车，若能把握隔离原则，初次不要超过 5 分钟或 10 分钟的话，一切问题就不存在了。

第六节 有效应用隔离的要点

一 选择隔离的对象

1. 隔离策略虽然可以应用各年龄层的人，但应用在行为改变技术上，乃以 2 岁以上 12 岁以下所有儿童及智能不足青少年为主。
2. 不理策略适合用来处理一些情节轻微的毛病，如：喋喋不休、骂人、夜哭、兄弟口角、说粗话和无理取闹等等想引入注意的行为。具危险性或严重过错行为，如：迟归、不回家、殴打、偷窃行为不能采用。
3. 隔离适合于纠正不良的行为，特别是那些坏脾气骂人，具有攻击性、破坏性，大吵大闹或警告无效的行为。不宜使用于情绪问题，依赖退缩、忘记事情等行为。

二 订定终点目标

1. 目标行为的选择以能计算次数，而常常发生的不良行为最适当。
2. 不要每个不良行为都采行隔离方式，最好选择一二项较适宜的就好，否则会失去效果。
3. 目标行为一出现，立即使用隔离，不要光威胁而不使用。

三　决定隔离方法

1. 对同一偏差行为，人为结果应在方向上保持一致。
2. 决不剥夺某些对孩子意义非常重大的事物，作为惩罚。
3. 隔离的实施和不良行为，在性质上应有密切关系。
4. 隔离的地点该是一个无聊的地方或房间，不可比教室内的活动更具吸引力，否则失去效果。
5. 不可选择令孩子恐惧的地方，如阴暗的地下室、衣橱或车房。
6. 不可以把孩子反锁在房间内。
7. 必须使用计时器，让孩子明确知道何时可以离开隔离区。

四　实施训练计划

（一）实施要点：

  1. 转移所有对孩子的注意。

  2. 拒绝争辩、责备或交谈。

  3. 把头转开并避免目光接触。

  4. 表现于专注其他事物，或离开空间。

  5. 切记孩子的不好行为不会得到物质或行动上的鼓励。

  6. 孩子一旦停止不好行为，给予适当关爱。

（二）注意事项：

  1. 执行时不要拖延，否则变成不是针对偏差行为处理，而成为另一个行为的结果，使功效混淆。

  2. 假如以剥夺孩子某个对他很重要的事物作为人为结果，

　　则剥夺延续的时间必须合理。

3. 把孩子放入隔离室的时间，应视年龄而异，年龄愈小，时间愈短。

4. 若放入隔离室后，仍然表现不良行为，则在安静之后宜再延长时间。

5. 公平一致使用。

6. 执行隔离时，要冷静沉着，不轻易动怒。

五　结束训练计划

1. 一旦开始运用隔离策略时，可能在不良行为还没有完全消除之前，还会有回升的现象。

2. 实施隔离的最后一步骤，不要忘记与孩子做事后讨论。

3. 最后结束时，不要忘记指示该怎么做。

第四篇

非常情况篇

《黔驴技穷》

　　贵州省境，没有驴子，所以当地人根本不认识驴子的形状。有一个人从别处运来一头驴子，把它放在山下。此山时常有老虎出没，当老虎看见驴子，由于从来没有见过这种动物，恐怕自己不是驴子的对手，所以不敢走近，如果驴子偶然鸣叫，更把老虎吓得没命飞逃。后来日子久了，老虎看惯了驴子的形状，听惯了驴子的鸣声，不再感到害怕，于是走近驴子的身旁，故意碰碰它，试探它究竟有什么本领。驴子发怒了，举起脚来踢老虎。老虎知道驴子虽然是庞然大物，但实则没有本领，于是放胆走近驴子的身旁，把驴子吃掉了……

　　管教学童亦复如此，当你猛拍掌声，用尽鼓励，还是没有办法行得通，那怎么办？在这种非常情况下，惩罚只好派上用场（但非到最后关头，绝不轻易使用）。同时也应该了解，这种方法好似双刃的剑，在极其狭窄的范围内，可以产生立竿见影的效果，但也可能造成难以弥补的伤害，不能不慎。

第十一章 惩 罚

有关儿童偏差行为的防治辅导方面，许多学者专家提供不少的良方妙法，可供参考。本书在前面已有 3 章内容分别讨论如何利用消弱、区别增强及隔离原理来改善儿童的行为问题。读者若能把握各章精神，善加应用，确信能获得效果。假若各种方法用尽，还没有办法改善，只好再参考本章介绍的这一颇受争论，又为人们常用的策略——惩罚。

第一节 楔 子

惩罚存在人类生活中，为时已久，争论最多，却又广被使用：父母处罚儿童，因为他们不听话，跑上马路；主人处罚家犬，因为它不乖，咬坏地毯；法院处罚罪犯，因为他们不守法，违法抢劫。这些处罚的确可以收到立竿见影之效，因此惩罚终日存在我们周围，而成为控制个体行为的重要策略之一。

《关掉啦！》

有一个自闭症小孩的妈妈，曾经叙述这样一件事，她的女儿最不喜欢坐公车时听到司机播放闽南语歌曲，一听到就不停大声地喊："关掉！关掉！……"真是让妈妈感到抱歉，可是也束手无策，每次几乎都在抱歉声中下车。

今天老毛病又犯了。"关掉！关掉！……"全车乘客均不得安宁，怎么讲都没用，只好向乘客道歉。可是"关掉！关掉！"声还不止……这时妈妈实在气极了。"啪！啪！"妈妈连打两个巴掌，连声向乘客说："对不起，对不起，我的孩子情绪控制不住，我教训她了！"

奇怪的是：孩子的叫喊立刻停止。这时妈妈心软，但理智地称赞她的安静。

"对！不吵别人才乖！妈妈最喜欢你这样安静坐着……"

后来妈妈发觉这种效果很好，因此，当她故态复萌时，就采行这种方式。经过几次赏罚并济地处理之后，孩子的不良行为终于改善了。

《不再打妈妈》

爱伦今年4岁，她每次生妈妈的气时，都会或打、或踢、或咬妈妈。妈妈并不相信小孩具有恶劣的攻击性行为，所以她并不把它当一回事。只是告诉爱伦，妈妈被她打得好痛，所以不可以再打妈妈了。结果，这个方法对爱伦并没有产生任何改善作用。

后来她请教一位专家，改变了应付的态度。当爱伦打妈妈时，妈妈很轻松地说："你要和妈妈玩打架游戏，是不是？"然后，妈妈趁机打一打爱伦，不要太用力（但要比爱伦打的力量大些），是真的打。结果爱伦受激怒再回打妈妈，妈妈还是同样做法，只是第 2 次稍稍用力。妈妈再继续和爱伦玩游戏，结果，爱伦很快就没有兴趣打了。

嗣后，爱伦未再打妈妈。（张惠卿译）

《小甜甜的反胃》

小甜甜是在一个风和日丽的日子里，由助产士到家接生的，出生时净重 3 公斤。父母是典型乡下人，家境仅能勉强维持小康，对生育不知计划，小甜甜就是在这情况下出生。

小甜甜生下 3 个多月后，出现反胃吐乳现象，体重因之未见增加，于是送进医院。在医院，护士每 4 小时喂一次乳，喂完就开始吐乳了。刚开始时，她会张开小嘴，把舌头上扬卷起，舌头前后搅动，几秒钟后，就吐乳了。经过观察后，决定采用柠檬汁的行为治疗。当小甜甜出现"搅舌"动作，医生就用柠檬汁的刺激来处罚她，其处理过程是这样：

医生准备了无糖的柠檬汁和药用糖浆。在她喂食之后，坐在旁边观察，手上拿着装有柠檬汁的滴管，一旦发现小甜甜舌头开始搅动了，就注入 5～10 滴（约 5～10 毫升）的柠檬汁。1 分钟后，若小甜甜的舌头还在搅动，就继续注入柠檬汁；若停止搅动，就继续观察，直到下一次舌头搅动发生，再重复前述动作。

在这种方法治疗之前，显示：小甜甜在喂食后 20 分

钟内，有 40%～70%的时间在做反胃动作，但经过 16 次
的治疗之后，反胃动作降到 10%，再继续治疗 5 天（合
计 11 天）之后，就不再发现反胃现象。（余德慧）

第二节　内　容

　　惩罚在日常生活中被广泛用于消除不良行为的手段。就心理
学观点来讲，它是一种不愉快或厌恶的刺激。但当个体因故受到
惩罚之后，其结果为何？惩罚是否能改变行为？如果能够改变行
为，则在什么时候，及如何予以处罚？这些问题，在控制实验中，
学者研究已经获得若干答案。

一　理论依据：白鼠实验

　　斯金纳（1938）曾研究惩罚对反应消除的效果，他利用已完
成训练的白鼠做消除实验，将它们分为两组：一组按消弱程序消
除，即每次压杆时不再给予食物加强，让白鼠自行消除压杆的动
作。另一组在做消除实验的最初几次，每次压杆时，不但不给予
食物，且用连在杠杆上之一种装置，对白鼠加以电击。实验结果，
惩罚组在最初几次受电击时，会降低反应率，即比未受惩罚组之
白鼠的反应要缓慢很多，但在整个消除实验结束时，受惩罚组白
鼠的反应数，又完全追上了未受惩罚组，因此惩罚对于消除期内
反应之总数并无影响。如间歇地给予惩罚，则效果彰显。不过一
般而论，惩罚之永久效果，较之我们所预料者实远为微小，因杠
杆之正外诱值只能在重复压杆后无食物出现时始行消除，因此对

一动作的重复惩罚，并不能夺去该动作的固有吸引力。斯金纳并用上述两种间歇增强实验来反应增强原理，因按照增强原理，百分之百即每次的加强学习应该联结更难消除，但实验结果相反，由间歇增强养成的交替反应较难消除，而由间歇的惩罚消除反应则更易见效。

二　模　式

上述实验有两个重要特点：第一，白鼠对推动杠杆的激发动机极强。第二，推动杠杆乃是目前唯一可用以满足其饥饿的方法。因此，在仅有一种方法，以满足其追求强烈激发动机的反应，遭受惩罚时，其惩罚效果可以从此种实验之结果获得显示。处罚在某一段时间内，可以减少其反应倾向。尤其是间歇惩罚，不仅是短时间内，或是长时间来看，都是有效的。

在不是强烈激发动机的反应，及可以用其他方法满足目前动机行为的情形下，实验结果略有不同。关于此类问题，曾有学者以人作为实验目标而从事多次实验。此等实验结果，虽未完全一致，但对下列数点的结论则一：

1. 如非属强烈激发动机的反应，则可以用缓和的惩罚来消除之。

2. 同样的，如系强烈激发动机的反应，但并非满足其追求的唯一反应时，则亦可以用缓和的惩罚予以消除。

3. 在此种情况下惩罚的效果，通常使行为更易于变化。人和动物，在某种特别反应受到惩罚后，将设法找寻其他方法，以满足其追求。

综观上述有关结论，惩罚迄今广泛被应用，却又为学者所批判。纵然如同斯金纳认为惩罚无法消弱习惯，但也不得不承认惩罚在降低某种偏差行为的倾向上，有其立即功效。

根据有关惩罚实验的结果，我们尝试归结下列模式：

1. 情境：杠杆是吸引白鼠注意的唯一刺激（S）。

2. 反应：白鼠进行操作反应——压杠杆（R）。

3. 立即效果：引起厌恶刺激——电击（S^{R-}）。

4. 长期影响：压杠杆的反应会降低（$R^\triangle$）。

上述历程若以符号来表示其模式则为：

情境——>反应	:	立即效果 ——> 长期影响
S^A（刺激）R_1（操作反应）	S^{R-}（电击）	R_1^-（反应降低）
R_2（操作反应）	S^{R-}（电击）	R_2^-（反应降低）
R_3（操作反应）	S^{R-}（电击）	R_3^-（反应降低）
R_4（操作反应）	S^{R-}（电击）	R_4^-（反应降低）
⋮	⋮	
⋮	⋮	
R_N（无操作反应）	S^{R-}（电击）	R_N^-（反应降低）

上述模式可以简化为：

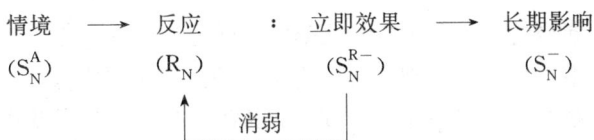

情境 ——> 反应 : 立即效果 ——> 长期影响
(S_N^A) (R_N) (S_N^{R-}) (S_N^-)
消弱

S^A：是一种信号，表示特定的反应将会受到厌恶刺激

三 意 义

增强原理的使用若能得当，则对于改变儿童不良行为相当有效，唯有时这种方法却难以贯彻。例如：如果一个儿童从来没有合乎要求的行为，如何奖励他呢？倘若他表现出来的不良行为是自我强化的，那又怎么办呢？自我强化行为的例子如偷窃，唯一可以用来消除偷窃行为的正增强就是显现不偷行为，而且增强时要用比他可以偷到的价值更高的东西来奖赏他，才能见效。这是现实中不可能办到的。

在这种情形下，惩罚似乎是一种可行办法。前面已经提到：惩罚是一种不愉快或不希望的厌恶刺激，用来消灭某种行为。那么，上述 3 例虽然不同，但有一共同点，那就是主事者均采用厌恶刺激作为个体表现不良行为的后果反应：自闭症的小孩、小甜甜的反胃、爱伦打妈妈的行为都在这种厌恶刺激下，表现出可欲行为。假若不采此手段处理，是否能消除这些偏差行为，而出现理想行为？这项答案虽然不能否定，但至少我们敢肯定：一是当事人当时没有想到其他有效的方法来处理；二是当事人利用惩罚方式来处理而获得效果，所以当事人均采惩罚来处理。

这类厌恶刺激的实施过程就是惩罚，在意义上与正增强精神相近，因此我们可以把它定义为：**假若个体在某一情境中，做某件事后，立即引起某些厌恶结果，个体在下次遇到同样的情境时，再做这种事的机率降低者为之惩罚。**

此项内涵与正增强相似，只是正增强是采用正增强物，强化下次行为的出现；惩罚则是采用负增强物，消弱下次行为的出现。

四　类　别

有关惩罚的方式，因学者分类不同而有多种说法。笔者仅就儿童较适宜使用的部分，大致分成下列几种：

（一）给予脸色

在惩罚孩子的方法中，最轻微的一种就是给予脸色——当儿童表现行为不良时，父母或老师就摆出不理会或漠不关心的扑克牌面孔，如此，儿童会害怕丧失父母或师长对他们的爱心和感情，而改善不良行为，讨回父母欢心，以图挽回颓势。若较严重时，则父母或老师可用比较直接方式表达他们不高兴，甚至板起脸孔，一副公事公办的样子。这份扑克牌的脸色，具有吓阻不良行为的作用。

（二）批评

所谓批评是指借着向孩子分析其行为的机会，让他知道自己不足之处，以及父母或老师对他的期望。在一般日常生活中，父母或老师批评孩子司空见惯。自尊自重，有心向善的孩子能汲取教训，而不至于产生防卫心理。但批评过度或流于苛责，孩子的自我价值会被摧毁无疑。一般来说，懂得自我反省的孩子，受到批评后，会愿意承认确实有修正自己行为的必要。

（三）警告

有时候孩子的不良行为稍为严重，但或因初犯，或因还严重不需用到后面所提的处罚方式，则可采警告方式。所谓警告乃是以威胁的口气，告诉孩子需要做某种程度的改进，否则后果会如何不好。例如孩子不守诺言，跟不好的朋友乱跑，没有依约打电话向父母报告，则可反应说：我警告你，如果再犯就罚你……若父母或老师能令出如山、言出必行，则可收到某种程度的效果。

（四）叱责

叱责是一种以口头方式来表示不赞同的惩罚，它表现出来的就是一种责备、吼叫或痛骂。一般而言，它往往是多种方式的混合使用。当一个小孩出现某种较严重性行为如危险动作，或屡劝不听时，及时使用这种技巧，亦有成效。

（五）罚劳役

行为再稍严重一点，或警告无效时，或给予脸色起不了作用时，则可进一步采用罚劳役的办法。所谓罚劳役乃是他额外动身体的工作，蓄意给予痛苦或令人不悦的感受，以期改善孩子的未来行为表现。譬如，荣方不守规，表现行为不良，老师罚他写课文 2 遍，或罚劳动服务，或罚到运动场拔草……去做些令他厌恶的工作，希望他能引以为戒，进而改善不良行为。

（六）体罚

小孩子做不该做的事，表现严重偏差行为时，使用上述方法仍无效时，或许要考虑体罚。所谓体罚，是以带有一点疼痛的刺激来纠正不良行为者。

关于人类行为之控制，有两种情境——自然惩罚或惩罚之威胁，证明能够发生效果。

1. 自然惩罚，可以用作一种暗示，使其明白何者应为，何者不应为。

当儿童玩弄火柴受到火伤，或因玩弄电线而受到电击，嗣后即可使儿童远离火柴或通有电流的电线；在一次考试中成绩退步，也是对儿童的一种惩罚，使他能了解对此课程有多加用功的必要，而努力读书；对于一个人的衣着或行为严厉批评，也可能劝诱他改变做法。像这一类情形，当一个人受到处罚，知道某一种事不可为，而有其他途径可资改变时，则惩罚可能有所帮助。

2. 受惩罚之威胁，在我们的社会里，对于消除不良行为亦有所帮助。

偷窃有关入监狱的威胁，驾车超速有被罚款的威胁，不用心读书有考不及格的威胁——这些以及其他类似的威胁，不断地限制我们去做不当的事。对于违犯者的实际惩罚似乎并不生效——如果从数次入狱之累犯的人数上判断，或者从某些学生功课屡次不及格之次数上分析，确是如此。

但在大部分之状况，惩罚之威胁已尽其所能，显现吓阻作用而无不良之影响，是应可断言的。

第三节 正 用

有关惩罚问题一直是被社会人士及学者专家所批判的主题，何来谈正用？客观来说，惩罚固然不宜，但也不是毒蛇猛兽，无需大家盲加排斥。

(一)就理论而言，发展未成熟的儿童，有必要用它来禁止从事不良行为。

就发展观点而言，涉及道德和人类行为，除皮亚杰（Piaget）和柯尔伯格（Kohlberg）等强调道德认知发展必先达到某一层次，才可能有相对层次的道德发展外，社会学习论学者也以行为观点，强调个体经历行为后果，才能学习到某些行为可以做，如听妈妈的话，不可以欺侮弟弟、妹妹等；某些行为不能做，如随便乱发脾气，偷别人的东西等。

在个体发展的过程中，怎么样才能不受环境的诱惑，不做上述被禁止的不良行为呢？除前面各章有关策略，通常惩罚是最直接、快捷的方式，儿童会因害怕处罚而控制自己不去做不应该做的行为。

当然亦有研究指出：说理比惩罚更能有效减少不良行为的发生〔帕克（Parke），1974〕，我们完全同意，也可以接受，问题是：

第一，我们首先要考虑一个变项，那就是年龄（发展），要由说理来达到不做被禁止行为，必须经过某程度的发展不可。譬如2岁的小宝，用手去摸触插头，如何跟他说理——有生命的危险，来阻止他不要去碰，远不如在摸的时候，用米达尺轻打他来得有效。假若了解这点，我们应明白，在人类发展的某阶段，无法对某些不良行为用惩罚以外的方法来禁止其行为。在这种情况下，我们能不体罚？

其次要考虑的是成效问题。说理固然有效，但那是相对的而不是绝对的，那些用说理可能改善的人，当然没有问题，可是那些用说理显现不出效果的人，又如何呢？难道不设法解决吗？假若没有其他良策时，惩罚若能有效解决的话，我们还能不用？

（二）就实际而言，用尽其他方法，尚无法使儿童不做被禁止的行

为，尝试惩罚也无可厚非。

很多父母或老师的确动不动就使用惩罚手段来遏止儿童的不良行为，这不是我们所认同，甚至是可以批评的。但我们不要忽略，当家长或老师使用说理方式，甚至前述各章策略，还无法有效改善时，那该怎么办？

不过在这种状况下，还有部分学者专家或社会人士，坚决反对惩罚，认为惩罚是一种残忍的行为，是一种恐怖的手段，违反发展儿童自制的原则。这种说法，的确动听，但却解决不了问题，面对此境叫老师、家长如何？笔者奇怪的是：持反对惩罚者何以仅止于反对，而不去思考一些具体可行的办法，以提供家长、老师使用。纵然可以提一两种方法，也仅能解决少数问题行为，对多数者又如何应付？一方面为什么不设身处地，想想父母老师穷心竭力，绞尽脑汁，挖空心思，尝试各种办法，仍不能使调皮捣蛋的学童"顽石点头"时，使用最后一招的惩罚，夫复何言？

何况惩罚方式很多，并不等于体罚。另一方面，在不许老师、家长使用惩罚手段来消除儿童不良行为下，儿童不良行为导致的罪过，又要老师、家长负责，岂非苛求？

如果惩罚无效，惩罚不可，那么请问：警察大人的罚单对交通管制为何如此有用呢？那些抢着在限定日期之内缴交税款、免受罚款处分的人，他们又怀着什么心理呢？如果惩罚真是无效的话，为什么一个挨过打的小捣蛋，可以变成一个惹人喜爱的小甜心呢？尽管白鼠实验如此说，然而奖赏和惩罚双管齐下，应用适宜绝对可以塑造人类的品性，在某种情况下，却是事实。

惩罚除上述两项必要性外，尚有一项刑期无刑的积极意义存在(参阅第十三章)，因此今天争论的不应是惩罚是否采用的问题，而是如何使用最好。换言之，重要的是探讨如何惩罚，可以使其弊端降到最低，效果显现。譬如由第三者代行惩罚，由家长切结同意、不同意，何种违规下才惩罚等等。

一　家庭方面

（一）应用在争吵方面（给予脸色）

1. **原则**：初显越轨行为，即予脸色吓阻。

亲子间关系良好，子女又是循规蹈矩时，孩子在某种情境中意外表现出不听话越轨的行为，父母若能适时收回亲善态度，板起脸孔警告，也具有吓阻作用。

2. **示例**：

《好嘛！我不争了》

雅莉和胜琛两姊弟跟妈妈一道上街，一路上3人有说有笑，计划如何消磨时间作半日游。到了要决定吃饭地点时，意见不一致了。胜琛要去汉堡王，雅莉却偏说温蒂汉堡才好吃。于是一言不合，吵了开来。妈妈一看不对，瞧他们一下，然后，一言不发地继续开车。雅莉发现车内的温度好像突然间变冷了许多，首先，注意到妈妈没有吭气的雅莉先发制人：

＊你看！你害妈生气了。

＊才没有！是你害的。（弟弟犹作困兽之斗。）

＊胜琛，妈妈不喜欢我们争吵（雅莉特别加重语气，

　　把胜琛两字说得好似提到元凶一般），我不跟你吵
了，你要去汉堡王，我没有意见。

　　＊好嘛！

　　胜琛偷看妈妈一眼，觉得自己赢得不甚光彩，妈妈
面无表情注视路上的车流。

　　过了一会儿，胜琛鼓起勇气，试图打破僵局，怯怯
地问起妈妈工作的情形。没有多久，车内的气氛又逐渐
恢复原来的愉快。（林明秀译）

　　3.**分析：**

　　就心理学上的亲和动机来看，一个正常小孩总希望与父母保
持良好的亲密关系。当孩子表现不佳，父母有了反应，孩子会害
怕因此丧失父母对他们的爱心和感情，力图挽回颓势，讨回父母
的欢心。

（二）应用在为人处事（批评）

　　1.**原则：**告明缺失所在，更能显现效果。

　　对一般自尊自重、正常守规的孩子，在偶然无意间表现不理
想行为时，若能及时予以指正，藉机向孩子分析他的不当行为，让
他知道自己的不足或缺失之处，以及父母对他的期望，往往也可
以获得良好的效果。

　　2.**示例：**

《对不起，我错了》

　　柏泰跟父母到亲戚家，表现得相当傲慢，□不择言。

在返家后，母亲觉得有必要和他谈谈在亲戚家的表现："柏泰，你对待表弟的态度令我非常失望，你表现得不可一世，把镇周当成笨蛋的样子。我们一向希望把你教养成一个待人和善、尊重别人的孩子，你对待镇周的态度完全不是这么一回事……"

柏泰听到这种批评后，后悔地说："对不起！妈，你说得对。我不该对他这么坏，当时我的态度不好，我心里也知道不应该，只是，我控制不了自己。"（张惠卿译）

3. **分析：**

一般正常小孩或第一次犯错的孩子，若不是恶性重大的，较能容纳别人尤其是父母的批评，他们会愿意借着别人的提醒，努力改进自己，以符合父母的期望。

（三）应用在休闲生活（警告）

1. **原则：**适时给予警告，发挥收敛效果。

绝大多数的父母或多或少都曾用过警告的策略，旨在暗示孩子，表示你明白他的居心，或对其某种行为的不满，希望他能好自为之。唯较积极的做法，乃在于让孩子有所警惕，自行收敛的警告讯号。

2. **示例：**

《禁止再来》

元龙是怡修的同学，跟班上几位同学来到黄家几次，黄太太发觉元龙总是把地板踩脏,迫使黄太太擦地板。元龙毫不知觉地说:伯母很喜欢擦地板!黄太太原不在意,但后来愈想愈不对劲,心想:孩童们从事任何不良的行为时,不可因为做错事的是别人的孩子而不加以责骂,率直的训斥是身为长辈应尽的义务,否则就是一种姑息。她终于向元龙等小朋友说:今后到我家的小朋友,假若不能保持干净,而弄脏地板的话,就禁止到我们家来。像今天地板踩得这么脏,黄妈妈很不高兴。

3. 分析:

通常到家来玩的小朋友,总是乖巧懂事的较多,但也有随便、不乖的孩子。与自己孩子相亲相爱的乖巧孩子多半受欢迎,把别人家当自己家一样,跑上跳下的孩子多半令人头痛,可是假若能适当用警告,对小朋友行为约束可以发挥相当效果。

(四) 应用在手足吵架 (叱责)

1. 原则: 抓住适当机会,适度表达怒意。

一般父母对子女的行为都会尽量忍耐,事实上忍耐太过分,迟早会爆发出来,届时往往不可收拾。假若能在适当的时机表达父母的怒意,则会具有重要的教育意义。

2. 示例:

《姊弟吵架》

妈妈在厨房里忙着,爸爸在屋后草地工作,5 岁的淑贞和 3 岁的毓杰在客厅里玩。毓杰突然很痛苦地大叫,于是妈妈马上放下厨具，冲到客厅，结果发现毓杰缩在角落里大叫，因为淑贞重重打了他。这时妈妈检视了毓杰的身体，看到手臂上红肿了，然后叫淑贞到面前：

"当我看到你打弟弟，就很生气，尤其看到他身上红肿，我就气得血直往上冲，我决不许你再伤害他。"

3. 分析：

有些孩子在表现出偏差行为时，父母的不理、给予脸色，甚至警告，都无效时，假若给予叱责，有时虽然仅仅寥寥数语，就能阻止孩子不再犯下去。

（五）应用在家事处理（罚劳役）

1. 原则：利用团体压力，代替服从权威。

人与人之间必须因应情况需要而一起工作、互相配合。假若父母在这方面还存在着绝对权威，指示孩子如何如何，不一定会称心如意，反而会问题重重。

2. 示例：

《偷　懒》

每天早上除了叠被之外，妈妈还指定4个孩子固定的工作。丽云打扫浴室，郁婷洗盘子，启翔清理客厅，明宏则负责卧房。妈妈每天总是要先提醒他们，然后再唠叨个不停，最后甚至对他们大吼或处罚他们，好让每个人都把该做的事做完。可是明宏似乎常常不能在时限内完成，总是拖拖拉拉。因此，妈妈召集4个孩子，指出：

"老二选定打扫房间，结果都没有打扫，大家认为今后要如何处理这件事？"于是决策：各人要准时做完，否则罚负责倒垃圾。结果，不久以后，明宏偷懒的毛病就改善了。

3. 分析：

孩子稍长之后，对父母渐渐酝酿一道反抗的激流。父母若强迫孩子遵照他们的意思，而不是赢得他们的合作，结果会引起孩子的敌对。本例的妈妈使用"大家"这个字眼，将责任归诸于整个家庭，摆脱了权威者和制裁者的角色，且采用团体压力，其效益就彰显了。

（六）应用在乱跑方面（体罚）

1. **原则**：幼儿摸索阶段，体罚易显效果。

就发展心理学的观点来看，认知或动作方面均是渐进发展而成，当年纪小时，认知发展相当有限，对危险性（如触摸电线，走进交通区，取碰毒药汽油等等）情境不甚了解，再加上好奇心强，碰触机会多，为了防止意外事故发生，体罚不得不派上用场。

2. **示例**：

《马路如虎口》

张家夫妇在其小孩子出生后，家庭里充满喜悦，对这小孩子照顾得无微不至，育儿教养的书籍几乎看遍了，总希望让这个小孩能在非常正常、健康的情形下生长。

当这小孩1岁多，开始学走路。这种生长的喜悦，展现在夫妇的表情上。过了不久，会跑会跳。这个孩子老往马路上乱跑，几次险境，让这对夫妇担心极了，可是他们想尽办法，始终无效。只好打出最后一张王牌：当小孩子跑向马路时，就重重地打孩子的屁股。几次后，这孩子竟然停止这种危险行为。

3. **分析：**

孩子的好奇心强，父母要完全避免孩子接触危险情境，一旦接触，不能以为一天到晚叫喊着"不行！"就可以控制小孩的冲动，也无法告诉他了解危险，涉及生命死亡的可能结果，唯有采行厌恶刺激来制止行为的再发生，效果更易显现。

二 学 校 方 面

(一) 应用在上课秩序 (给予脸色)

1. **原则**：不要因恶小而忽视，否则会因之渐趋频繁，形成难以改善的恶习。

行为不管是良好或不良者，都是逐渐孕育而成，因此一些原本不起眼的行为，到后来却演变成严重的不良行为，所以管教之道较明智的是：当某种行为刚开始出现时就立即给予脸色，这样一来，就可以使尚不成气候的偏差行为消弭于无形。

2. **示例：**

《我爸妈都不⋯⋯》

10岁的维龙喜欢在上课时说话，老师屡劝不听。老师问他：你为什么一定要随便开口说话呢？

"不干你的事，妈妈、爸爸都不⋯⋯"

老师愣了一下，说：

"你刚说的话使我很生气，真是的⋯⋯"

维龙显然吃了一惊，他本以为会挨打或挨骂的，只是老师的脸色难看，语气不对就是。（欧申谈译）

3. **分析：**

由于维龙在家娇生惯养的结果，人人都迁就他，此种习性从家里迁移到教室。凡不合他意思的，都很没耐性地表现出他的不满。本例中老师在维龙刚出现这种行为时，给予脸色，当可消弭不良行为的迁移。

（二）应用在环境维护（批评）

1. **原则：** 批评的是孩子行为，而不是孩子个人。

教室中通常有三四十个学生，我们不能避免学生偏差行为的出现，一般老师常常不自觉地养成批评孩子行为的习性。为避免产生不良后果，老师应尽可能不用批评的态度来面对儿童，必要时，也应该批评的是孩子的行为，而不是他个人。

2. **示例：**

《怎么这样?》

8岁的宣宏时常摔书本、洒果汁、翻桌椅。他老是想把周围搞得天翻地覆,老师很伤脑筋。

李老师刚接这班,今天看到这种情况,就对宣宏说:

"宣宏!看这么乱七八糟,我好惊讶,一个守规矩的孩子应该怎么样?"

宣宏听了,动身把桌子附近的脏乱整理了。(许丽玉译)

3. **分析:**

李老师并不辱骂宣宏,而是生动地表达自己的情感,而且据实指出该做的事,有效地把这件事处理了。同时批评的是他的行为,不是对他个人的不满。

(三)应用在自修课上(警告)

1. **原则:**处罚之前,施于警告,更能收到效果。

当孩子表现不良行为时,父母可以采取警告方式,告诉孩子需要做某种程度的改进,否则后果就会如何。要想警告能够奏效,最好内容要具体清楚。

2. **示例:**

《别干扰人》

大家在自修时,镇宇一个人在教室里到处惹是生非使人气恼。于是老师说话：

　＊镇宇！你到处跑动，别人念不下书的。

他停止跑动，但却开始撕纸丢人。

　＊你不该干扰别人。

镇宇不理会。

　＊镇宇！你必须作决定，看是留下来跟我们一起呢？
　　还是离开这里？（老师的语气重了。）

　＊我想留下来。（镇宇不好意思地，低下声音说。）

　＊好，那要看你的表现了。（欧申谈译）

3. 分析：

父母的警告，若能使孩子知道必然会令出如山，言出必行，假
使有孩子第一次不知天高地厚，再度出现偏差行为，必然接受处
罚，等到结果真吃了苦头，岂有不乖的道理。

（四）应用在专心听讲（叱责）

1. 原则：实施叱责惩罚，宜指出良好行为，更具积极意义。

当孩子行为有了偏差，经由父母给予脸色，知道自己错了，但
一定要知道何者是对的。因此若要收到惩罚的积极效果，必须在
实施惩罚、叱责的同时，能进一步指出正确或良好的行为。

2. 示例：

《专 心 听 讲》

李老师每天早上都要向她三年级班上的学生说明如
何做每天的国语作业，而每天（几乎无例外）小明都不

专心听讲，在骚扰坐在附近的同学。由于小明的说话影响到了老师及其他同学的学习，而且作业又经常做错，李老师决定要叱责他爱说话的行为。

第2天一早，李老师向全班同学解释作业的做法时，小明又开始跟坐在他前面的丽美说话。李老师马上走到小明旁边，眼睛看着他，用坚定的语气说："小明，你不可再跟丽美说话。如果你不专心听，你就不会正确地写作业。"当小明专心听了差不多1分钟后，李老师走到他身旁，笑着拍他的肩膀说："我很高兴你今天能专心听讲，小明!"（卢台华译）

3. 分析：

当儿童表现了不良行为，我们采取惩罚令他感到厌恶，下次为避免再尝到这种滋味，就会避免同样行为出现。但这在教育上的意义是消极的，积极上最好是鼓励孩子做出我们希望的行为，本例李老师就能掌握这要点。

（五）应用在同学相处（罚劳役）

1. 原则：若能提供户外活动，或增加额外工作，亦能发挥效果。

部分儿童精力充沛，情绪冲动，容易产生暴力行为；或性情懒惰，好逸恶劳，往往不写作业或做工作。这时老师可提供活动性较大的户外活动，或增加额外的工作，当可收到改善的效果。

2. 示例：

《跑运动场》

英琪是五年级的小朋友，因为他经常骂人，和同学打架，而且每科不及格，去年每个人都放弃他，本学期他依然故我，在两星期之内，打了3次架。

由于身体强壮，孔武有力，精力又特别充沛，今天跟班上同学一言不合，就举拳打人了。于是老师大为生气，罚他跑运动场3圈。（钟思嘉）

3. 分析：

部分儿童精力充沛，情绪冲动，容易产生暴力攻击行为。假若老师能提供一些活动性较大的活动如跑运动场，让小孩子发泄精力和纾解紧张心情，或可收到效果。

（六）应用在行为治疗（体罚）

1. 原则：部分不良习惯，借助厌恶刺激，亦能革除积习。

在行为治疗上有部分的行为问题可借助嫌恶刺激（如电击、调上胡椒粉的食物、恶心药等）与某一想要戒除的行为配对，从而达到治疗的目的。

2. 示例：

《戒　酒》

明树喝酒上瘾，由辅导中心转介到戒瘾中心，接受电击治疗，其凳子是通电流的。当明树酒瘾来时，给他

一杯酒,当他要喝酒时,就受到电击。如此,经过一段
时间的治疗,终于戒掉了酒瘾。

3. 分析:

上例是运用古典制约学习历程,而以厌恶刺激为非制约刺激,
借此革除积习已深的不良行为,称之为厌恶刺激法。这一种方式,
也就是一般人所说的以毒攻毒的方式,除了用在戒酒外,也经常
用在戒烟、戒毒、过度肥胖,或性变态狂上。

第四节 影响惩罚效果的因素

一 增加其他可替代的可欲反应

惩罚固然能很快解决不良行为,但常会使孩子形成各种不良
反应:

1. 具有强烈自尊心的孩子容易引起反抗的反应。有些孩子甚
   至会转移反抗的情绪,将怒气发泄在别人身上。
2. 通常弱小畏缩的儿童容易引起逃避的反应,并且借由哭
   泣、自我封闭方式来发泄。
3. 那些对自己的错误较无悔意的儿童,为避免受罚,常以说
   谎来掩饰行为。
4. 有的孩子为了防御惩罚所带来的压力,会在自己心中筑起
   一道无形的墙,用以保护自己,形成一种自我防卫。

为了减少上述不理想的反应,最有效的方法是同时增加其他

可替代的理想反应。就是说，我们应该确定某些理想的反应，以克服我们拟予消除的不良行为。例如张三在校表现不佳，常出言不逊、行为不检，几乎是训导处常客，因此，他每天所接受的讯息，不是要他改进这个，就是那项又犯错了，为了减少他的偏差行为，最好的方法不在于如何指出并改进他的缺失，而是增强表现正常良好的一面。

二　减少拟予惩罚反应的原因

儿童的各种偏差行为，涉及产生的因素很多，若没有这些因素存在时，偏差行为产生机会将大大降低。因此假若我们能够减少这些形成的原因，则很多不良行为自然消弭于无形。所以与其事后惩罚表现偏差行为的儿童，不如减少造成惩罚反应的基本原因。

就以说谎而言，永发欺骗老师的行为固然不对，但假若了解他因为自卫而说谎，则处理方法就不同了。当永发来到辅导室后，他叙述说：我们老师说了一大堆教人诚实的话，我一边听，一边暗自好笑，他教了不诚实的学生还不自知。有一次我因睡过头而迟到，他说："那不成理由！"于是我受到处罚，也学了乖，下次迟到时，我就编了一个令人信服的故事。

三　慎选惩罚物

儿童行为产生偏差，我们施予负增强物——惩罚以消除不良行为。在日常生活中，惩罚物不胜枚举，但对每个儿童的效果不尽相同。某种惩罚物对张三有效，对李四可能起不了作用，对王五或许不适合，但对沈六可能正中下怀。为发挥惩罚的正面效果，我们必须慎重选择惩罚物。

四　实施惩罚的时机

惩罚的安排，时间也是一个很重要的因素，到底应该在什么时候行赏，什么时候施罚？心理学家迄今未得定论，但就一般而言，愈快愈好。也就是当不良行为发生以后，立即施以惩罚物，则其效果最大，如果延迟惩罚，则在惩罚之前发生的理想行为会受到惩罚物的影响而减弱，尤其对年幼的孩子更应如此。

可是平常一般家长或老师，都犯了这弊端。记得小时候，家里长辈常常对小孩说："不要说谎，不然死了之后，阎罗王要割舌头的。"连隔壁平日不苟言笑的阿云伯都这么说，可是儿童根本没有死的概念，更不知道阎罗王为何物，用这样的话来威胁儿童，其效果如何，不想可知了。

五　提供发泄情绪的管道

儿童如同成人一样，亦有闹情绪的时候，这时最容易产生不良的偏差行为，我们对此不能单靠禁止、围堵方法就可奏效，最好能提供他发泄情绪的管道，通常都先下禁令，然后再反应他们的感觉。

小明最近对妹妹越来越不友善，今天竟然拿石子丢向妹妹。妈妈这时看到就说："不能朝妹妹丢，对着树丢。"先转移小明的目标，然后再说：

* 你一定气得想把妹妹打一顿。
* 是的,我恨死她了!
* 这样不好,万一打到妹妹受伤,那很危险的,又要花妈妈好多钱。
* 但是我讨厌她。
* 哦,假若你讨厌她,你可以把树当妹妹来丢,只要你愿意的话,甚至可以画张她的脸,贴在树上当妹妹丢,但不能伤害她。

至于背后真正的原因,进一步了解,找出原因而后设法解决。但在发生的当时,下禁令所用的语句,不能刺伤孩子的自尊心。

第五节　误　用

惩罚就消极层面而言乃在于禁止某种不良行为,就积极层面来看是在于诱导良好行为。当我们发现孩童有不良行为时,直接反应便是以惩罚禁止这种不良行为的再发生,却很少深思如何引导孩子实践良好行为,更甚者把惩罚用于儿童的行为表现,陷入误用而不自知。

《阿毛的成绩单》

阿毛是李家 4 个小孩中唯一的儿子。由于家庭经济颇佳,父母从事私人企业,经营不错,所以物质享受很好。日常生活中,4 个小孩除了读书外,从不做任何家事。

说起阿毛的学业成绩，的确令人摇头，多年来父母似乎也有所了解，不敢寄以厚望，因为每次带回来的成绩单几乎都是满江红。

难得今天，数学科不知怎样考的，竟然考了 69 分，可以说是打破纪录，连自己都不敢想象。老师发考卷的时候，还特别给予鼓励一番。他也满腔喜悦，恨不得赶快放学，把这份成果献给爸爸高兴一下。

哪知，李先生今天在公司被员工闹得非常难过，也相当生气。为了公司生存，只好忍气吞声，回到家里还在气，气到坐下来，报纸拿倒还不知道。脑筋一直环绕着那件事，心始终静不下来。

这时，阿毛从房间来到客厅。

* 爸！你看。
* 看什么？
* 看这个。
* 有什么好看。

阿毛把考试卷递给爸爸。

* 你看，考这样，还好意思提。隔壁小明，爸爸做工，妈妈帮人洗衣服，每天他要做多少事，考起试来，不是满分，就是 99，人家都不吭声。你！家事不做，只有读书，要参考书就有参考书，要补习就补习……69，还好意思说……

嗳！阿毛的数学想要进步比登天还难了。

虽然惩罚能很快消除不良行为，但也有下列明显缺点：

（一）激起情绪行为

强烈的惩罚，容易引起各种情绪上的副作用，包括：恐惧、焦虑及神经质行为。这些副作用不仅使人不愉快，而且通常也干扰了理想的行为，特别是复杂的行为。另外，也可能产生恨的心理及说谎、攻击的行为。

（二）引发制约现象

实施惩罚的结果，容易使得与惩罚有关的任何刺激变成制约惩罚物。例如我们教学生读书时，假如他一犯错即施以惩罚，则与这个情绪有关的任何因素，如书本、教室都会具有惩罚作用。

（三）具有示范作用

儿童在其生长过程中，具有模仿学习能力，容易模仿成人行为，如果成人对儿童实施惩罚，儿童也会以此对待他人。因此惩罚儿童无异是提供儿童一种示范作用，告诉他如何攻击他人。

（四）容易形成习惯

由于儿童不良行为容易引起父母师长的情绪化，在情绪化的情况下，惩罚能很快地遏止不良行为，因此诱使使用者完全依赖它，而忽视了以正增强作用来建立适当行为。

（五）伴随不良反应

惩罚会对不良行为产生强化作用。譬如一个老师惩罚一个小孩，当小孩被点出后，就会引起其他同学的注意，由于别人的注意，所以其不良行为就被强化。在这种情形下，导致部分不良行为不但不减，反而增加了。

（六）拉远双方距离

当你喜欢一个人，自然地你就会希望与他接触，反之就会使双方距离拉远了。一个经常被父母或师长惩罚的小孩，容易产生不满的情绪，导致小孩们不喜欢他，而尽量避免接触。

（七）缺乏积极意义

惩罚是一种消极的教育方式，只在禁止或抑制不良行为，并没有建立良好行为。换言之，惩罚最多只告诉个人不要做什么，并没有告诉人要做什么。也就是说，惩罚确能制止不当行为的发生，但未能培养孩子独立解决问题的能力，也无法使孩子学会与父母师长合作或自我控制。

一 家 庭 方 面

（一）应用在朋友交往（给予脸色）

1. **原则**：了解背后原因，不可草率行事。

许多孩子行为被察觉时，父母师长并没有从头到最后全程知悉，往往只知一部分，甚至仅是一小部分，结果用此小部分的情况来判定行为的事实，未免以偏概全。

2. **示例**：

《怎么跟他在一起?》

志忠是隔壁邻居李家的小孩,由于双亲婚姻问题,造成不健康的家庭,几年来自生自灭,养成经常放了学不回家,吃零食,又四处乱逛的习性。

文亮今天放学回家路上,和志忠站在饼干店前商量买什么吃,正巧母亲路过碰见。母亲心想怎么文亮会跟志忠这个孩子在一起,于是板起严肃的脸色,冷冷说着:文亮,你放学了,怎么跟他在一起啊!

文亮见状立即告别志忠。回家后,妈妈说:聪明的孩子,放学后,应该怎么样?只听到文亮回答说:我知道了。

3. **分析**:

双亲总是担心孩子与坏朋友交往会有不好的影响,但事实却不然。父母承认孩童有与生俱来的才能与个性,却认为到了择友阶段,对于外来的影响,会毫无反抗能力地全盘接受,这岂不是很矛盾的想法吗?

4. **正用**:

首先应查明文亮跟志忠同在饼干店,是偶然同进商店买东西,或结伴进入,再进行处理,以避免误会的发生。且处理方法也没有必要直截了当指出:怎么跟他在一起。假若这句省掉的话,则其处理虽然不一定理想,但大致也不会太离谱。

（二）应用在同胞相处（批评）

1. **原则**：力求公平一致，避免差异不同。

各项惩罚的实施，在同胞兄弟间，不可存在不同的差异，否则就伤害到亲情的表现。尤其是经常愤愤不平、反抗心强的孩子，在心理上会因这种差异，而认定自己是父母不疼、不爱的对象，而更增加不良行为的强化。

2. **示例**：

《弟弟弄坏的》

幸玲虽然已经 9 岁，小学三年级的学生，但非常好动、顽皮，真令母亲头痛，所以老是被母亲指责，而每次被骂都是起因于小弟。

*当姊姊的本来就要爱护弟弟，但你刚好相反，真是的。

可是当弟弟打破花瓶时，母亲只轻描淡写地说：

*这孩子真是没有办法。

然而当她打破碗碟时，母亲却批评说：

*怎么搞的？究竟你要长多大才会小心？

3. **分析**：

因为有多次的经验，往后，在遇到类似事情时，她就撒谎说是弟弟所为，如此一来便不会挨骂了。

这是由于母亲不当批评，导致子女以说谎手段来保全自己……

4. 正用：

为避免产生不良后果，尽可能姐弟的处理方法与标准一致。同时所批评的是他的某项行为，而不是对他个人不满。

（三）应用在弄丢东西（警告）

1. 原则：必须言出必行，使孩子不敢以身试法。

采用警告策略必须令出如山，言出必行才有意义，孩子才不敢斗胆以身试法。假若让孩子发觉父母的警告不会落实，则孩子会伺机试探：以前曾经逃过一劫，说不定这次也会福星高照。

2. 示例：

《手套掉了》

10岁的晓玲又粗心大意地将棒球手套留在地上，当她记得要回来拿的时候，手套已经不见了，她很伤心地哭着回家。爸爸生气的骂她："这个夏天你已经丢掉3副手套，你以为赚钱那么容易吗?"于是他又决定帮晓玲再买一副，并警告她要小心保管："好，明天再帮你买一副，这可是这个夏天最后一副了。"（张惠卿译）

3. 分析：

其实很多时候，父母都有机会引导孩子的偏差行为，却常常由于他们的不忍心，或保护孩子的想法，剥夺了孩子从必然结果中获得学习的经验，并代之以警告方式来惩罚孩子。

4. 正用：

在这个例子，若能改变另一方式，或许更有效果。

＊晓玲，你又丢了手套，爸爸真为你难过。

＊但是我还要一副。

＊你有钱再买一副吗？

＊没有，但是你会买给我呀！

＊你不能予取予求啊！

＊但是我要得还不够多嘛。

＊抱歉，爸爸没有钱再买给你了。

（四）应用在学业考试（叱责）

1. 原则：粗鲁叱责方式，欠缺鼓励作用。

粗鲁的叱责方式，只是以孩子为攻击目标，不但不能产生鼓励作用，反而会激起孩子的反抗心理，甚至形成"反正无论怎么用功都无法达到父母要求，用功有什么用？"的错误心理。

2. 示例：

《这辈子完了》

就读五年级的镇周，在班上成绩虽不怎么突出，但也属于中上的。这次期末考数学科题目较难，全年级都考不好，镇周只有 68 分，这个成绩在班上大约也是中上。可是当母亲接到成绩时，非常不高兴。

＊仅考 68 分，这辈子完了！

＊不用功！堕落！

＊……

母亲如此这般地责骂，实在教他伤心，其实他已尽了力。

3. 分析：

母亲可能认为镇周已经高年级，个子也长那么高，用严厉一点的字眼叱责，应该没有大碍。骂轻了，恐怕没有效果，然而这种粗暴的叱责方式，却忽略了孩子自尊。

孩子原本希望母亲能了解自己，却没有想到母亲也和老师一样只注意分数高低，他当然十分沮丧，并且因为自身的价值被人以分数加以评估，而感觉受到伤害。在此种情形，别指望他能拿出好成绩来。

4. 正用：

越是在学校得到不理想的成绩时，越需要母亲慰藉。这时最好方法是母亲能说几句安慰的话：我知道你很用功，拿这个成绩，你一定不满意，其实这个成绩也不坏了！

（五）应用在写作方面（罚劳役）

1. 原则： 可以要求改正，不要吹毛求疵。

有些儿童缺乏三思而后行的思考模式，也没有自我反省的良好习惯，因此，在行为上容易出现偏差。这时候父母或师长需要规劝改善，但言辞动作必须考虑，切忌吹毛求疵。

2. 示例：

《重　写》

子豪已经写完给爸爸的回信,妈妈叫他拿来给她看,他很不愿意地把信交给她。

"天啊！子豪，怎么写得这么难看，你就不能写整齐一点吗？而且还错了 3 个字，重写一次，写得这么糟怎能寄出去呢？"妈妈直接将错字改在信上，于是子豪又重写一次，结果他的错别字愈写愈多，因此不得不一张誊过一张，直到最后他终于生气地大哭，把笔狠狠地摔在地上大吼着说："我不会写，也不要写了。"

3. 分析：

吹毛求疵造成孩子的挫折，不仅无益，而且形成伤害，若以建议的方法诱导他改正，岂非较易达成吗？譬如下面正用法，容易使孩子接受。

4. 正用：

"子豪，你写得不错，妈妈小时候像你这样年龄，还不会写信呢！假若那 3 个字不写错的话，就太好了。"

（六）应用在功课复习（体罚）

1. 原则：实施任何体罚，切忌气愤当头。

当我们用尽其他策略还无法改善儿童不良行为，可适时适地采行适度的体罚，有时确能收到效果。但请务必记得，气昏了头时别打孩子，否则不但见不到效果，反而产生弊端。

2. 示例：

《啪！丢什么》

小明在周六下午与隔壁小朋友玩得热闹，弄得正天翻地覆的时候，爸爸从外面气冲冲地回来，正好碰见了。

　　＊小明，书念了没有？明天的功课预习了没有？

　　小明没有回应。

　　＊还在那里干什么！

　　小明心不甘情不愿地进屋来，拿起书包甩上书桌，砰一声。爸爸看得清楚，正在气头上的爸爸走过来，啪！一巴掌打下去。

　　＊丢什么！不高兴啊！

　　然后再加一句：

　　＊你就是这么粗鲁，所以以前那只碗才会摔破。当时没有揍你，今天还敢这样。

　　3．分析：

　　父母在生气时，管教子女的态度尤其应该注意，若在节骨眼上不要去考虑管教的事情，则此种误差就不会发生，尤其是后头那一句话，更是不宜，父亲借题发挥起来，失去原先督促小明念书的本意，把小明一星期来所犯的毛病全挑尽了。这种数落方式必不能达成教育效果，孩子只感觉又来了。

　　4．正用：

　　体罚往往只是将责骂表现得更情绪化而已，当孩子不断地重复错误行为时，父母可能越打越重。如此，孩子非但无法接受教训，更不容易反省自己的过错，日久之后，反而对父母产生反抗的心理。

二 学校方面

（一）应用在清扫工作（给予脸色）

1. **原则**：可以心平气和处理，但不能先入为主，以避免造成
   儿童不平。

惩罚方法很多，无论运用哪一种，都要避免因先入为主的偏见而产生误解的惩罚，结果造成学生不平衡心态和反抗的行为。所以老师在碰到问题发生时，能平心静气地判断事实与原因是非常重要的。

2. **示例**：

《不 会 开!》

四年丙班下午的大扫除，各人的工作已由导师分配后，依规定时间准时开动，每人也都努力工作。春华是负责靠窗户部分的教室清扫工作，正在忙着扫地时，突然导师出现并厉声地说："连窗户都不会开! 扫什么地。"

一时受委屈，春华掉下泪。事实上老师不知春华弄了好久，都打不开窗户。（欧申谈译）

3. **分析**：

这位导师的反应是损人，尤其自尊心强的春华，本来对自己的能力原无信心可言，公然指责她的能力，不啻打击她最弱部位。给予脸色，不能促使孩子改进，反而摧毁其信心。如果这位导师

当时出言谨慎，对事而不对人，可能对春华更有助益。

4.**正用**：

假若导师动一点脑筋，何以那个窗户不打开，是否有问题，进而问说："那窗子又有麻烦了吗？"确信春华当会感到宽慰，去尽力再试试，而不是出言伤她心，如此，春华会更喜欢老师。

（二）应用在课外作业（批评）

1.**原则**：可以就事论事批评，但不用讥刺言语，以避免招致儿童怨恨。

很多成人往往视讥讽为能事，说话刻薄尖酸，以显示自己聪明、能言善道，使儿童受到伤害而不自知。儿童却因其讥讽而贬抑自尊，影响人格的正常发展。

2.**示例**：

《梵谷再世》

自修课，老师要同学练习课外作业，全班鸦雀无声地在做作业，唯独文达在绘画，老师进教室看到了。

＊你为什么不做课外作业？

＊我在绘画，我的创作欲正旺盛，我不想中途停止。

＊你是创作天才，是吗？连停止一个小时不绘画也不行？你只是用创作来做借□罢了。可是这借□，在班上不管用，也许你能哄骗你母亲，可骗不了我。我比你精明，小鬼头，我知道你这种人，徒有妄想而没有才能的赤脚懒鬼。（同上）

3. **分析**：

这等批评毫无必要，只会加深师生鸿沟，口头非难对学生的成就和人格都于事无补，只会招致怨恨。

4. **正用**：

如果这位老师表现了自己对学生这份艺术创作欲的兴趣，予以肯定，加以赞美，必可活泼教学气氛，亦可达成较佳效果。他自己甚至可能获致一些有关艺术的知识。

（三）应用在学科考试（警告）

1. **原则**：可以客观批评对错，但必须表达适切，以避免评断儿童人格。

当学童惹了麻烦，或做错事时，老师可以予以警告，但应接纳与注意学童的感受。因此警告的任何措词必须适切。应针对客观情境评断，不要评断儿童人品，让学童就客观情境判断对错，并判断对自己的感觉。

2. **示例**：

《含毒的笔》

第2次平时考，民治的国语科考试不及格，教师是一个不入流的作家，又喜欢玩弄文笔，认为这正好是他舞文弄墨的好机会。他在民治的考卷上写："事事都在变，唯有愚昧存，若要找个案，你是一典型。"并警告他，再不努力就完了。

民治为之沮丧，教师加强了他的自卑感，他毫无抵抗地接受了此一评估，这正符合他的自我意象。他不断

地为自己的将来和命运胡思乱想，他变得郁郁寡欢，放
弃了社交，终于退学了。(同上)

3. **分析：**

讥诮对孩子不好，会摧毁孩子自尊和自信，它像毒草一样，可
能致命。冷酷反讽和苛刻讥诮，徒然强化其所针对的缺失。

4. **正用：**

教师对学童反应的方式可以显出对儿童的感觉，这些反应可
能建立、也可能毁掉儿童的自我观念。教师不良的反应，会使儿
童对自己的知觉产生冲突，而影响其身心发展。本例的正确处理
方法，只要指出错误的事实就可以了，画蛇添足的卖弄文墨，徒
增困扰，不仅无益且有害。

(四) 应用在说脏话上 (叱责)

1. **原则：**可以适时指正缺失，但必须点到为止，以避免造成
恼羞成怒。

在某种偏见的情况下，有儿童毫无遮拦地口出脏话，不管是
出自有意或无意的，都会令老师有无地自容的感觉。在这种情形
下，老师的反应，在场合和时机的选择上，均需慎重。因不仅事
关自己，亦攸关孩子的颜面，鲁莽行事不得，否则造成恼羞成怒，
自己也下不了台。

2. **示例：**

《三 字 经》

五年级教师安小姐偶然间听见明洋说一个普通的

"三字经"，不但不当没有听见，而且为之引起一场争辩。

　　＊你说什么？

　　＊你什么意思？

　　＊我的意思你很清楚。

　　＊我说的是："喔，告诉你……"

　　＊这不是你说的。

　　＊这正是我说的。

　　＊这不是我听到的。

　　＊别人听到的只是这个。

　　＊别要你的油腔滑调！出去！

　　＊××娘……

　　明洋往外奔，砰的一声把门关上，留下教师面对一班心神不定的学生。（许丽玉译）

3. **分析：**

　　明洋也如同其他天真可爱的儿童一样，知悉"三字经"的口头禅是不对的、是禁用的，所以才会在老师逼问下否认。可惜老师没有掌握这点，硬要挑其缺失，明洋恼羞成怒，导致"砰"的关门声及"××娘"的脏话声，强劲有力，意味深长。使他自觉很勇敢、很有份量，敢对抗权威，等于是在宣告自己的独立性一般。

4. **正用：**

　　在这事件上，教师无谓地掀起一场争辩，这争辩始于她要学生重复一遍脏话，终于当着全班同学的面受到侮辱。这一整场争执原是可以避免的，只要一个严峻的眼神就足够表达不以为然的意思，根本不必讲话。

（五）应用在考卷批改（罚劳役）

1. **原则：**可以采用幽默言词，但慎防标签作用，以避免丧失儿童能力。

幽默语句可以使谈话轻松风趣，但要应用得宜，否则弊端不小，产生标签作用，伤害儿童的能力表现。因为它教儿童如何认定自己，若常听到别人这样说他们，最后会相信是真的，导致他们的表现会开始符合负面的自我形象。特别从老师口中出来，更是如此。

2. **示例：**

《名字的杰作》

一名叫天才的小男生在一次考试中，对一个简单问题竟作了错误解答。当考卷分发到他的手中，老师说："你只要稍微多用些脑筋，就是一半天才了，罚你重做。"

当老师说到就是一半天才时，全班笑声如雷，小男生满脸通红，怯懦地回到座位上去。

从此以后，孩子们更对天才做无情的嘲弄。他们学老师样子，随意给他取绰号，而唤他作"半聪明"、"半白痴"等等。他们让他觉得日子难捱，终于转学了。（同上）

3. **分析：**

老师应该放开眼光，鼓励儿童的成长和成就，循循善诱，启发引导。儿童必然如沐春风，如沐春雨。像本例老师不当的标签，当会限制儿童对自我的看法及未来的发展。因此，我们说教师像外科大夫，不可贸然下刀，否则，此等损伤，可能伤害儿童一生。

4. **正用：**

造成绰号的任何语句，不管多幽默，均不宜出现。

（六）应用在教室常规（体罚）

1. **原则：** 可以适度表达情绪，但必须发而中节，以避免反感造成祸端。

一般社会大众，不论是成人或学生，都期望老师是圣人，事实上这种期待是错误的，教师不应否定情感，其行为应是自然真实的，包括说话、行动以及对学生的反应。但既为人师表，多少应与一般人不同，更应学习如何表达愤怒，甚至反感，而不要伤害学童的人格特质，不过有部分老师却忽略了。

2. **示例：**

《果 皮 风 波》

黄老师进入教室时，发现他的写字台上有一堆桔子皮。他满脸通红，向孩子们咆哮："谁把果子皮摆在我的台子上？"结果没有人回答。

＊我再问一遍，谁干的？

一片沉寂。于是老师高声说：

＊做这事的人，不但是猪，还是个懦夫。我要再给你个机会，谁干的？

老师的眼睛扫描全班，寻找这一头懦弱的猪，无人敢承认。于是老师罚全班同学各打手心两下。（同上）

3. **分析：**

当使老师生气的事情发生时,可以适切地指出他愤怒的事情,例如：我很生气,我很失望……避免用侮辱和贬抑儿童的语句,像本例子的老师情绪表现就不适宜。

这一位老师犯了许多错误,他以恶劣的态度示人,表现了残忍,引发了忿恨。谩骂不能引发供认,痛斥不能改善风纪,集体惩罚不能增进自律。

4. **正用：**

这件事本来只要运用一点幽默就可以加以处理的。老师一边把桔子皮丢进字纸篓,一边说："让我对相关人士说句话。我喜欢剥掉皮的桔子,却不喜欢没有桔子的皮。"如此一来,就没有学生好意思再捉弄这位老师了。

第六节　有效应用惩罚的要点

一　选择具体、特殊化行为反应

1. 首先需要具体明确陈述何种行为被惩罚,为什么被惩罚,尤其在延宕惩罚为然。
2. 使用坚定语气,使小孩知道令出必行,没有例外。
3. 采惩罚技巧来消除一项行为,切记前后一致。

二　增加可替代的适当行为

1. 选择足以克服受罚行为替代性的适当行为，并加以增强。如果可能的话，选择的适当行为最好是我们的训练终止以后，自然环境可继续增强的行为。
2. 提供强有力的刺激，以增加可代替性之适当行为产生的可能性。
3. 以强有力的增强物或适当的安排，增强适当的行为。

三　减少即将受罚反应的原因

1. 至少在训练计划的早期，要确定控制不适合行为的所有刺激，并加以消除。
2. 消除不适当行为之任何可能的增强作用。
3. 删除可能造成惩罚的客观条件，例如：把精致的瓷器从起居室移走，就可以消除儿童打破的问题。

四　选择有效的惩罚物

1. 采用多种方式以消除各种不同偏差行为。
2. 选择不良行为发生后，立即能提出的惩罚物。
3. 惩罚物不可与不适当的行为引起的正增强作用同时出现。
4. 要在不适当行为的每一个例子发生后立即提出惩罚物。

五　惩罚物实施的时机

1. 惩罚物必须在欲消除之反应的每一个事例后，立即提出。
2. 实施惩罚时，要保持冷静，并就事论事，避免先入为主的观念。
3. 实施惩罚的人，要伴随着许多引起代替性行为的正增强作用，使他不致成为制约的惩罚物。
4. 不使惩罚和增强作用配对出现。

六　惩罚的实施

1. 必须顺应儿童的身心成长，避免伤及儿童自尊心。
2. 切记控制情绪，避免出现生气、刻薄或暴力现象。
3. 惩罚公平，否则不仅无效且容易导致反效果。对于经常愤慨不平，反抗心强的孩子，不宜过于批评。批评的是儿童的某种行为，而不是对他个人的不满。

第十二章　制约增强——代币制

行为改变最重要的原则乃在于：第一，不论增强或是消弱，其行为后果安排都应跟随在每一行为后；第二，行为发生之后增强立刻出现。这两项原则看来似乎简单、容易办到，事实不然，因为：

一、个体每天显现的行为繁多，想用增强物来满足每一行为的后果，的确不易做到，何况家里或教室的孩子不止一个，根本无法应付。

二、立即的后果安排，如果是口头上的奖励当然是很方便，假如孩子行为表现良好就立刻送冰淇淋，上课守规矩就用饼干等等非社会性增强物，不仅影响到学习活动，也无法满足每个孩子的需要。上述困难，若无法克服，势必影响到个体行为的塑造和改变。

第一节　楔　子

行为改变学者为要解决上述困难，于是建立一套完整的筹码制度，以促进个体正常学习活动，不仅可使每次行为反应都能获得增强，而且可使行为发生之后立刻获得满意结果。这种筹码就像电动游乐场发行用来代替硬币的铜板，它在行为改变技术使用当中，可当作行为与增强物之间的媒介。儿童有好的行为出现，可以得到筹码，有了筹码可以向父母、老师换取玩具或其他喜欢的东西。

《张太太的招数》

张太太是一位职业妇女，不仅公事忙碌，而且家事也使她头昏脑胀，尤其两个宝贝儿子的管教，更让她头痛，最后只好请教专家的意见。

她采积分制，用奖金方式，使得两个小孩自动且有效地处理自己的事务，半年来，张太太轻松应付家事，且尚有空闲。

积分制的方法是这样，孩子们能准时起床、睡觉各得 2 分，能整理自己的床铺、衣服、书包和书桌、按时吃饭、上学各得 1 分，准时做完作业得 5 分，笔记成绩得甲上且有 ＊＊＊ 或 95 分以上得 5 分。说谎扣 3 分，开口骂人扣 3 分，回骂扣 2 分，先动手打人扣 5 分，回手扣 3 分，争吵各扣 2 分。

张太太为方便有效，设计如下表，张贴在白板上，每周一张，每天由孩子自行填写。妈妈拨空检视，一星期结算一次，每分 1.5 元。若每周得满分，则一个月可得 720 元的奖金。

为怕小朋友有钱乱花，于是张太太设置储蓄奖励金。凡一个月奖金没有花掉任何一块钱，则提供 480 元的奖励。若花掉钱，不管多少，480 元的奖金就没有了。但为恐孩子在奖金的诱因下，节省不花，眼看同学用钱，而影响其心理人格的发展，所以同意孩子开口说明用钱的必要，在母亲同意下，不但可以开支，而且奖金照给。

实施半年后，小孩几乎变成另外一个人似的。

积　分　表　　　　　月　　日至　　月　　日

姓名	星期	加分										扣分				合计	总计
		起床	整理床铺	吃饭	上学	衣服	笔记	作业	书包	书桌	睡觉	说谎	打架	骂人	争吵		
		2	1	1	1	1	5	5	1	1	2	3	5	3	2	20	
英雄	一																
	二																
	三																
	四																
	五																
	六																

《七贤小学的荣誉制度》

高雄市七贤小学，从几年前就开始一种荣誉制度，成效甚为良好，颇受好评。

凡同学在校期间，表现出具体良好行为者，均可获得白鸽奖章，而奖章分下列4个等级，依序累进。

1. 白鸽奖章：表示良好行为者，依次颁给1张。

2. 荣誉奖章：集满白鸽奖章10张的人，可换取荣誉奖章1张。

3. 荣誉奖：集满5张荣誉奖章的人，可换取荣誉奖状 1 张。

> 4. 荣誉榜：集满 5 张荣誉奖状的人，可到咕咕团换
> 取荣誉榜。

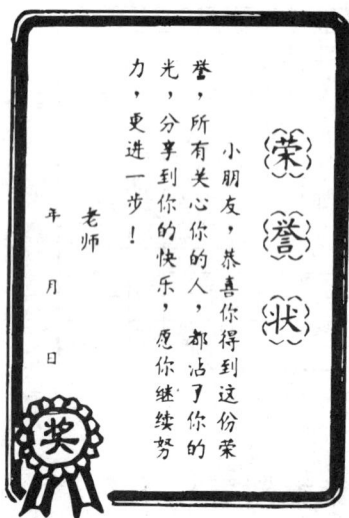

　　此种措施不仅可以应用在全校性的团体，而且也可以缩小在班级实施。根据该校辅导室主任称：实施此种制度后，效果非常显著。

《杜鹃窝的春天》

　　黄正仁于 1982 年 2～7 月间，应用团体代币制从事

48 名慢性精神分裂症患者的行为治疗。这些病患是住在省立高雄疗养院，经 2 位以上精神医师诊断为精神分裂并连续住院 3 年以上，男女各半。

1. 治疗过程分为下列 8 个阶段：

(1) 基准线 10 天（1982 年 2 月 8 日～2 月 19 日）。

(2) 第 1 个治疗期 10 天（2.22～3.5）。

(3) 第 2 个治疗期 10 天（3.8～3.18）。

(4) 第 3 个治疗期 10 天（3.22～4.1）。

(5) 最后治疗期 10 天（4.2～4.12）。

(6) 治疗后追踪第 1 个 10 天（5.17～5.28）。

(7) 治疗后追踪第 2 个 10 天（6.14～6.28）。

(8) 治疗后追踪第 3 个 10 天（7.19～7.30）。

2. 增强方式：

(1) 行为治疗开始，每 2 个代币可换相当 1 元的实物，每天都可兑换，以得到即时增强之效。直到第 3 个 10 天才改为每 1 代币可兑换相当 1 元的实物。

(2) 代币：用硬纸板制作图形代币，既易携带，又不易损坏。代币分为 2 种：直径 3 公分的圆形纸币为 1 元，直径 5 公分的纸币为 5 元。治疗开始阶段，每 2 代币可兑换相当于 1 元的实物，每天均可随时兑换。治疗中期才改为每 1 代币可兑换相当 1 元的实物。

(3) 后援增强物：患者可利用所得代币换取下列增强物。

1 元：香烟 1 根、花生糖 1 个、豆腐干 1 个、酸梅 2　　　个、软糖 3 个⋯⋯

3 元：沙琪玛 1 个、方块酥 1 个、香蕉两条⋯⋯

5 元：豆花 1 碗、养乐多 1 瓶、台湾梨 1 个、绿豆汤
　　　1 碗、虾味鲜 1 包……

7 元：海绵蛋糕 1 个、统一肉燥面 1 包、统一牛肉面
　　　1 包、肉燥米粉 1 包、□香糖 1 包、夏娃 1 瓶、
　　　多多 1 瓶、芦笋汁 1 瓶……

8 元：杨桃汁 1 瓶、酸梅汁 1 瓶、甘蔗汁 1 瓶……

11 元：金马香烟 1 包……

15 元：汽水 1 瓶……

22 元：长寿香烟 1 包……

100 元：洋伞一把。

其他：洋装一件 250 元、男用长裤一件 300 元等。

3. 目标行为：亦即在本训练方案中，拟帮助患者建
立良好的生活习惯。

（1）睡眠习惯：

　　A. 清晨 6 时 40 分以前自动起床。

　　B. 午睡在 14 时 30 分以前自动起床。

　　C. 改善赖床：早晨 9～11 时或下午 15～17 时。

（2）自我照顾：

　　A. 早餐前使用牙膏刷牙。

　　B. 每天洗澡。

　　C. 主动整理好床铺。

　　D. 仪容整洁（头发、衣服、脸部）。

（3）人际沟通：

　　A. 生活讨论会中发言。

　　B. 主动和人打招呼。

　　C. 主动助人做事（如捡纸屑、扫地、擦桌，不

论帮助护士或病人做事都可……）。

(4) 建设性工作：

    A. 半主动工作，如洗碗、洗菜、采买、推饭车、看门、扫庭院、帮忙福利社工作等。

    B. 参与休闲活动，如看报纸、看杂志、看电视、慢跑、下棋、打球、听音乐等等。

    C. 参加规定的户外活动。

4. 治疗结果

代币制确实对病患的睡眠习惯、自我照顾、人际沟通、以及建设性工作都有显著性的效果。尤其是对改善女性病患的铺床、仪容、发言、招呼、助人、做事、以及户外活动等成效较大；对改善男性病患的打招呼、助人做事，以及休闲等行为，助益较大。（黄正仁）

第二节　内　容

不仅是教育，就是一般训练，都有学者把操作性制约反射技术应用于课堂。斯金纳开始从事动物实验，甚至人类的学习实验，大都是属于个别且直接的强化行为的探讨，奠定其学习理论的基础。后来更进一步讨论到次级增强物品的内涵及应用，更扩大其解释与应用的范围，代币制就是一例。

一　理论依据：沃尔夫的猩猩实验

沃尔夫（1936）和考利斯（Coweles）（1937）曾用黑猩猩从事一项学习实验，实验时，考利斯先教一只猩猩学会使用一架自动贩卖器，令其学会投入一枚代币，启动按钮，而后获得葡萄。

接着教它使用另一种机器，即拉动一条附有强力弹簧的拉杆，杆的另一端放有葡萄，猩猩必须用力拉动，始能获得葡萄。

等这个动作熟练后，杆的另一端放置代币以代替葡萄，结果发现猩猩用如前同样的力量拉动弹簧以获得代币。

然后用代币向自动贩卖器取得葡萄。后来兑换的标准提高了，须要用2枚，甚至3枚以上，才能获得葡萄。渐渐地猩猩会学到在换取葡萄之前，将代币储藏起来的行为。

二　模　式

上项沃尔夫的实验，先给猩猩扑克筹码（poker chip），然后用筹码来换取葡萄，猩猩很快学会要收集能交换葡萄的筹码。因此，我们可借筹码作为强化物，令其学习复杂的位置辨别和彩色辨别等行为。在人类行为中，使用钞票的原理亦是如此。

代币是一种次级增强物，其价值不在它的本身，而在于能用它来换取葡萄，因而产生了一种"代酬"作用。终而对个体具有了增强的价值，这种现象正与古典制约中的高层制约相类似。

代币增强固然用以改变个别行为为焦点，但是代币乃兑换实质增强物的媒介，只要实质增强物种类繁多，就足以迎合若干个体的需要。因此，不仅可应用于个人，也可以应用于团体；不仅可以应用于家庭，而且也可应用于学校。综观沃尔夫的猩猩实验，其历程可分下列 3 阶段：

（一）约定获取代币的行为目标

实施代币制的首要工作，就是先跟子女或学生约定获取代币的行为规范，以确立目标行为，使学童可借代币之增强力量而逐渐建立师长、父母心目中的良好行为。

约定方式有二，一是由训练者针对受训者的行为基线，拟定可行的目标行为，清楚地告知。让他们明白此等目标行为的合格标准，以供受训者奉行。另一是由训练者与受训者双方签定合约，规定权利义务之条款，然后依约行事。

行为目标可繁可简，其取舍端视代币制度的实施范围及其主旨而定，在人员与物力量的限制下，可以选择较固定的、小规模者来实施。反之，可以采用较广泛，较变化的目标行为。

（二）运用代币显示行为的报应关系

确定获取代币的行为目标后，就可以开始实施。欲使实施能显现效果，则必须运用代币来显示行为的报应关系，如果受训者表现了合格的行为，应即以代币来增强其行为后果。同样地，如果表现了不合格的行为，即宜依规定扣回代币，以产生吓阻不合格行为的发展，像这种行为的报应关系乃是代币增强作用的重心。唯应用时应顾及下列原则：

1. 合作行为一旦出现时，应立即给予代币，反之则扣回。
2. 促进了解代币兑换的功能。
3. 责成受训者累积代币。
4. 稳定代币值的标准。

（三）提供代币的后援增强物

代币是一种本来不具有增强作用的东西（如筹码、分数……），但由于它与具有增强作用的其他刺激物相联结，而成为具有增强作用的表征物。因此，代币之为用在乎它可以换取个人所需要的东西，这些东西就是代币背后的实质增强物，因此它是维持与支援代币产生增强力量的实际依据。假若实施代币的结果，无法或没有提供后援增强物的话，则代币的功效将降低，终至消失。所以实施代币制度必须适时提供适宜后援增强物，否则遭蹋代币制。

综观上述历程，若把代币当增强物看的话，则其模式与正增强一样如下：

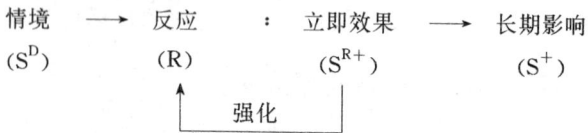

$$
\begin{array}{ccccccc}
\text{情境} & \longrightarrow & \text{反应} & : & \text{立即效果} & \longrightarrow & \text{长期影响} \\
(S^D) & & (R) & & (S^{R+}) & & (S^+)
\end{array}
$$

强化

其中立即效果在正增强原理是指增强物，在此是指代币。

三　意　义

一个行为塑造或改变的实施，增强物品的选用是成功与否的重要关键。但实际上的应用却相当困难，例如我家幺女多多最喜欢到万客隆批发仓库量贩中心去，但是我们不可能在她一有好行为的时候就带她去，假若如此，岂不是疲于奔命，整天往万客隆跑？

心理学家为了解决这个问题，就发展了一套办法来，这套办法教我们把一次大的原级增强（去万客隆购物），化成几十次的较小增强（如贴纸），多多每次有适当的好行为出现，就可以获得一张贴纸，次数愈多，贴纸就累积愈多，这些贴纸累积到某数目时，可以用来换取福利（去万客隆购物），其作用好像货币一样，所以叫代币。

上述 3 例就应用这种精神：

1. 在"张太太招数"的例子，因其对象仅有 2 个子女，所以采积分方式，使父母所期望的行为，每天一一表现。再依积分标准来兑换奖金，使可欲行为继续出现，终至牢固。

2. 在七贤小学的荣誉制度方面，因全校学生众多，无法采用张太太的招数，于是采等级奖章制度，使每位学生的良好行为获得增强，然后依次可以逐级获换更高层次的奖励。

3. 黄正仁的团体代币训练，由于对象是精神病患，行动受限，不但精神层面的奖状、荣誉榜起不了作用，就是金钱的激励作用也低。所以采用代币，携带容易，不易损坏，可以用来兑换他们所喜欢的食物。

上述 3 例彼此不同，但有 2 点相同处：

1. 积分、奖章、代币 3 种虽然不同，但却具共同性质，可以用来换取个体所需的东西，如金钱、荣誉、食物等等，而后者所换取的几种东西在心理学上，称为原始增强物。而积分、奖章、代币等等则属于制约增强物或称代币。

2. 积分、奖赏、代币 3 项的制约增强物，都可以累积用来兑换原始增强物，此种原始增强物称为后援增强物。假若一种刺激暗示着增强已经快出现了，那么这个刺激本身慢慢就会有增强作用，如"张太太的招数"一例，分数对小孩产生增强作用，因为当他有了足够分数,就可以换取后援增强物(back-up reinforcer)。

假若一种刺激本来不具增强作用,而是与具有增强作用的刺激联结时,才能获得增强力量,这种刺激就称为制约增强物(conditioned reinforcer)。能够累积并兑换其他增强物的制约增强物,称为"代币"(tokens)。一般常用的代币形式有筹码、积分、点券等等。

所谓制约增强是指使用代币为增强物,以发挥正负增强作用而实施的行为改变方案,或称代币制。它具有下列功用:

1. 代币制不仅可以应用于个别行为的改变,也可以实施于一个团体的每一个成员。

2. 不会产生由原始增强所引起的饱餍现象(satiating)。代币制施予方便,携带方便,可以贮蓄,可以依持者当时需要兑换所需的原始增强物,而不会产生由原始增强所引起的饱餍现象。所谓饱餍现象是行为者不断的消费增强物所引起的对该增强物需要的减低。例如以糖果为例,小孩吃过 5 颗 10 颗之后,就不喜欢吃了,若再继续给他,就失去增强力量。

第三节 正 用

一 家 庭 方 面

(一) 应用在独自睡觉

1. **原则**:代币制应用在培养小孩独立睡觉,效果显著。

在我们社会中，婴儿自出生后，一直跟母亲同床睡觉，以尽保护之责，养成小孩不愿独房睡觉习惯，不但增加居家不便，而且也困扰父母作息时间。若想改善此种弊端，则代币制可以应用。

2. **示例：**

《自 己 睡 觉》

黄家有个 4 岁小女孩秀娟，她习惯睡到半夜起来，挤到父母床上睡。头几次，觉得新鲜可爱，后来，就不太喜欢她这种习惯，劝告回房睡觉，始终没有效果，于是采用下列策略，终于引诱她回自己床上睡觉。

他们画了一个简易图表，告诉女儿说：我们帮你画了一个表格，这个表会告诉我们，你那几天是整晚在自己房间睡觉。爸爸妈妈希望你在自己床上睡觉，如果没有过来，我们一早起来就送你一颗亮亮的金星，贴在表上。一周若得 6 个金星以上时，周末或周日带你出去郊游，不可为得不得到金星而讨价还价，否则就扣回一个金星当做处罚。

第 2 天早上，女孩没有做到，表上没有贴金星。爸妈向她表示惋惜，竟然拿不到这种漂亮的星星，并真心地向她保证，非常乐意在明天早上帮她贴颗星星，"只要你整晚在自己房间睡觉"。她足足试了 3 个晚上赢到一张金星贴纸，很兴奋地把它贴在表上。往后的 30 天，她几乎天天都得到一颗星星。

进行到第 2 个月底时，她已经把越房而睡的毛病改正得差不多了。（林明秀译）

3. 分析：

透过简易图表的制作，以建立儿童良好行为。它不是让父母作为管教的依据，而是用来帮助孩子自我观察的工具。这种方法不仅应用在辅导小孩子自行睡觉行为，对于那些爱打架、爱说话、不帮忙做家事、不做功课的孩子，也相当有用。

（二）应用在饮食习惯

1. 原则：代币制若应用在饮食习惯的辅导上，也能发挥相当功效。

儿童的饮食习惯好坏相差甚大，良好习惯必须培养而成。假若不良饮食习惯已经存在，如何改善，始能达成？行为主义学者告诉我们代币制也是一种可行的方法。

2. 示例：

《不再用奶瓶喝水》

4 岁半的志鹏，不论喝开水或牛奶，都需要用奶瓶才肯喝，母亲一再劝导改用塑胶杯，均无效果，若强制他不许用奶瓶，就大吵大闹。母亲为了改正志鹏这一不良习惯，曾用钱来奖赏，实施几周并未见效。后来想出另外办法：志鹏若用塑胶杯喝牛奶（或开水），妈妈就给他 1 张贴纸（各类卡通人物或动物），喝 2 杯就给 2 张贴纸，如此类推，多喝多给。志鹏每天得到的贴纸，可以随心所欲贴在妈妈所安排的一张风景图上。志鹏每贴上一张，当天晚上妈妈就要依风景图上人物变化讲一则故事。

此一招果然见效，志鹏用玻璃杯喝开水或牛奶的次数增加，相反地用奶瓶次数减少。经过不到两周的时间，志鹏完全改正了此种不适当的习惯。（陈荣华）

3.分析：

由上述辅导步骤来看，母亲借赏贴纸、讲故事的策略（自变项），确实可以培养志鹏使用玻璃杯喝开水或牛奶的习惯（依变项）。这种策略应用在生活态度和习惯上的改善，效果良好，但若是生理成因，是否还管用？检视事实，有些也是肯定的。

（三）应用在大小便问题上

1.原则：生理上的毛病，透过代币制来辅导，亦有相当效果。

儿童很多生理上的毛病，必须经医生的治疗才可以改善。但亦有些毛病多少跟个人的意志和控制有关系，假若能把握这关键，应用代币制来辅导，部分生理疾病也可以获得改善。

2.示例：

《失　禁》

6岁的乔伊，有膀胱失禁的毛病。在外头玩得好好的，或者走下校车回到家的短短路程上，他常常会尿湿裤子。妈妈担心，再这样下去，小朋友会拒绝跟他玩。

妈妈心平气和地把上述忧虑告诉乔伊，建议他做个实验。并帮儿子画了一张表格，2个星期内，每次在外尿湿裤子回家，马上在表上打个勾。

借着这个方法，成功有效地引起乔伊对自身问题的注意，进而清楚负担解决问题的责任。

　　乔伊的反应如何？经过 1 星期后，乔伊比较能切身感受到问题，常常赶在尿湿之前，就先冲进厕所里去。从图表显示中，可以发现第 2 个星期的尿湿次数减少了许多。显然，乔伊相当积极地进行改善这种令人难堪的情况，最后终于解决了。（林明秀译）

　　3. **分析：**

　　许多父母在使用制图观察法的过程中，发现孩子能为自己的行为负责任，不再依赖父母的责罚来解决问题。更妙的是：孩子在自行绘图当中，发现自己问题的关键所在，而不劳怒气冲天的父母来数落他的不是，就能够自动自发地改善，亲子双方皆大欢喜。

（四）应用在情绪方面

　　1. **原则：**代币制只要应用适当，也可以改善情绪问题。

　　个人的情绪是由发展和学习而成，良好情绪如此，不良情绪也是这样。假若一个儿童已经出现情绪问题，我们若能适当应用代币制来辅导的话，也会有相当效果的。

　　2. **示例：**

《宜隆变乖了》

　　宜隆今年 8 岁，就读小学二年级，是一个缺乏自制能力、不讨人喜欢的小孩，对四周人事极尽挑剔，一发起脾气来可达几星期之久。刘先生对这个宝贝实在无能为力。

一天有机会请教了专家，专家告诉他："对付这种小孩子，必须找出需要改进的地方，一旦他们在这些地方有改进时，就给奖励。但重要的是：抽象的品德对一个8岁大的小孩子来说可能不容易了解，因此必须用他们能够明白的具体行为来说明。"于是刘先生设计了一个表格如下：

操行评分表　　　　　　　　　　　日期：_____

	极优 1	良好 2	尚可 3	恶劣 4	极劣 5
我对母亲的态度					
我对父亲的态度					
我对姊姊的态度					
我对朋友的态度					
我对工作的态度					
我对睡觉习惯的态度					

总分：_____

赏 罚 规 则

6～9分　奖　　10～18分　无赏无罚　19分以上　罚

在这表格中把一些内在的品行数据化，变成一具体的项目，评分事项及赏罚方式，由刘先生与宜隆讨论拟定，然后复印数份每天一张，睡觉前，由父母针对各项给予适当评分，再计总分。

第1天落在18分左右，无赏罚但有警告功用。第2天，有了进步。经过3星期的实施，效果相当明显了。
（林秀芬）

3. **分析：**

这项策略对学龄儿童中，个性倔强、极难讨好、惹得全家鸡犬不宁的小孩特别有效。因为他们缺乏自制的能力，对四周人事极尽挑剔之能，一发起脾气来，可长达数周之久。管教这种孩子，着重在品德（行）方面，找出需要改进的地方，予以具体化的项目来要求才容易见效。而对于那些偶有情绪低潮的小孩，或因生病、疲倦或是环境改变而产生的暂时性情绪反应者，并不适用。

（五）应用在生活起居

1. **原则：** 欲把行为的动力建立在小孩身上的话，代币制是可行的策略。

孩子的生活起居如何达到父母的要求，是今日父母的难题。许多父母埋怨子女不能自动，讲一句做一项，若一忽略，问题就展现了。欲解决这种问题，代币制是可尝试的方法。

2. **示例：**

《监　哨》

戴安的毛病是她有洁癖，一早起床若是不把床铺得一丝不皱，有棱有角的，就不肯上学。当然假若每天能准时上学也没有关系，倒是她向来不急不躁的，赶不上时间。母亲陷入困扰，警告、威吓没有用，最后勃然大怒。

母亲终于想出一套法子，定出"监哨"体制，方法如下：要求戴安每天6点半起床，她要自己负责把闹钟拨好，自己下床。如果准时起床，就立刻到厨房冰箱门上贴的一张图表，在当天栏上的监哨点打个"○"。

第 2 个监哨点是 7 点 10 分，也是起床 40 分钟之后。那时必须照自己的心意把房间整理好、穿好衣服、刷牙、洗脸、梳头……并且必须预备好坐下来弹钢琴。40 分钟是绰绰有余了，如果手脚快些只要 10 或 15 分钟便可完成了。因此除非她故意拖延，否则不可能错过第 2 站。

若没有通过第 1 个监哨点，当天晚上就得提早半个小时上床，如果错失 2 个监哨点，就得提早 1 个小时上床。

经过一段时间实施，戴安非常喜欢，而也可以达到这两个要求。（同上）

3. **分析：**

做父母的往往有意或无意间把子女的责任承揽起来，真是自找麻烦。监哨的设置就是在把责任分派给子女，孩子若通不过监哨点，当天晚上就得提早半小时睡觉。如此一来，早晨赶上学的压力就在孩子身上，而不是父母了。

二 学 校 方 面

（一）应用在准时上学

1. **原则：** 代币制若能善用在上学方面，亦能发挥相当效果。

儿童能否准时上、下学，是班级导师所关心的事情。在一般情况下，每班总会有少数学生无法准时上、下学。其比率多寡，端看导师的要求与技巧，假若有良好技巧，此种现象将降到最低。

2. 示例：

《分 组 比 赛》

罗老师从师院刚结业不久，教学认真，学生表现也不错。然而他希望学生应该更准时到校，因为学生们的迟到，每天损失了 10～15 分钟的教学时间，他总是为等候上课而感到厌烦。

后来他想出一个办法，全班以排为单位，分成 4 组比赛。凡迟到的同学，每满 5 分记一点，3 天结算一次，点数最少的那排，下半周免除清洁工作，清洁工作那段时间，可以做课外活动。实施一学期来，成效良好。

3. 分析：

罗老师以免除清洁工作为后援增强物（不影响到教室清洁工作，因为没有必要全班来做），采团体之代币制的原理，不仅可以强化团队精神，而且也可以对迟到同学形成团体压力，促进其改善。

（二）应用在书写作业

1. **原则**：应用在学生作业的改善，代币制也是一种很好的办法。

在班级教学中，有少数学生总是无法按时交作业，不仅影响学生个人学习绩效，而且也会造成其他同学的仿效。为改善这种弊端，代币制若能加以应用，是一种可行的方法。

2. **示例**：

《俊杰的作业》

俊杰是小学五年级的男童，在班上表现不好，无法准时完成每天的作业，成绩表现不理想，行为涣散、缺乏动力；可是对运动兴趣甚浓，在操场上生龙活虎。

为改善他的作业，老师决定用记点制度，当他确实如期完成作业的 90%，即给予一点，每一点即可换取 10 分钟的体育活动。俊杰为获得较长的体育活动时间，就努力把作业做好。经过 1 个月的实施训练，俊杰终于改善不写作业的不良习惯。

3. **分析**：

由于俊杰有兴趣于运动，而不善做作业，这种两极化结果，对于学习而言，总属畸形不好的现象。他的导师抓住"兴趣"要点，作为后援增强物，来督促俊杰能够努力把作业做好，是一种很好的策略。

（三）应用在生活习惯

1. **原则**：若能妥善应用代币制，就可以改善许多不良生活习惯。

小朋友的一些不良生活习惯，或来自家庭，或出自同学的示范，而影响到课程学习或班级秩序，成为许多导师所期待解决的事。行为主义学者认为代币制是项可应用的方法。

2. **示例**：

《糊涂虫》

　　四甲这班有好多天生的糊涂虫，成天不是忘了带家庭作业上学，就是忘掉带课本回家；不是这个没有茶杯，就是那位忘掉带手帕……导师李老师虽然一再提醒，但到头来还是枉然。

　　经过再三思考结果，李老师终于想出一套妙方。在教室里设计一本纪录簿，凡是任何人忘掉带来（回）东西者，就在纪录簿记下，周六总算帐，凡是登记有案者一律留下负责清洁工作，人数不足时，才轮流补足。

　　结果这些糊涂虫逐渐消失。（陈龙安）

　　3. **分析：**

　　改善健忘的方法很多，一方面利用孩子的荣誉感，采行竞赛的方法，使儿童避免自己大名名列其中；一方面利用清洁工作的处罚，增加健忘时的额外负担。这么一来，孩子就会有顾忌，而自我警惕，不再健忘了。

（四）应用在课外阅读

　　1. **原则：**代币制可以帮助儿童了解努力的结果，以强化阅读欲望。

　　一般而言，儿童学习任何课程或技能，若能了解到他努力的结果，必能对其学习绩效，产生正面的助益。在课外阅读上，若能善用代币制，必可显现这种精神，而强化阅读欲望。

　　2. **示例：**

《课外阅读》

张老师为培养班上孩子们的阅读习惯和能力，就在公布栏上贴上登录全班同学名字的表格，规定孩子们每读完一本书，要在笔记簿上以简短的文字，5 行或 6 行，将摘要、主人翁和有趣特殊的地方记下来。每次，当他们把读完的书和写好的笔记本拿来给老师时，老师就在公布栏的表格上，他们的名字下画上一条线，而在笔记本上盖个章，根据线的多寡，可以看出谁读的书最多，写得最好。每个月结算一次，最多、最好的可以要求一样礼物。孩子都有好胜心，如此一来他们变得非常勤快。（同上）

3. **分析：**

利用这种图表记录的方式，每个孩子也可以从中知道自己努力的结果。因此，这种方式不仅针对某一良好行为而已，更能在儿童心理上产生朝向目标努力的欲望。除可以用在培养阅读、习字之学习能力外，也可用在一般习惯态度的培育，用途相当广泛。

（五）应用在人际关系

1. **原则：** 代币制不仅有效应用于课程技能学习，而且也能有效应用于人际关系上。

儿童在校学习，不仅是课程技能的学习，而且还包括人格的正常发展——尤其是良好的人际关系。假若在班级中有同学人际关系不好，我们可以应用代币制来改善。

2. **示例：**

《不 再 沉 默》

莎莉是一个非常怕羞的 10 岁女孩，在教室只叫她说话才会说话，否则一整天独坐在自己位置上，不发一语。即使有其他人在旁边，她也忽略别人的谈话。

导师吴老师很希望改善她这种毛病，于是请教辅导室李主任，结果采用下列方法：告诉莎莉不论什么时候，只要她能开口自动跟班上任何同学说话，每跟一个人说话就给她一个筹码，等到一天终了时，她要算算总帐，看看共有多少筹码，达到某一数目后，可以换奖品。若发现一个上午没有跟人说话就取回一个筹码。

吴老师的计划很成功。当这种行为经过一段时间实施后，有了相当进步，老师停止使用筹码及奖品方式，改用口头称赞方式，也还能保持效果，3 个月后莎莉亦能和同学交谈自如了。

3. **分析：**

莎莉是一位害羞者，因自我孤立，缺乏熟练的社交技巧来应付人际关系，于是很少跟人打招呼，甚至说话。吴老师乃利用代币制，只要开口讲话，就给予筹码奖励，终至改善自我封闭的毛病。

第四节 影响制约增强效用的因素

一 后援增强物的强度

制约增强物的力量，有一部分决定于它们后援增强的强度和功能价值。例如张太太的后援增强物是金钱，其强度的大小涉及质量两方面：在质的方面，比别的东西好，则强度大；在量的方面，则与多寡有关，每分奖金 1.5 元比 1 元强，1.5 元又比 3 元弱。

上述强度和功能价值是和其他诱因比较之后才存在的，并没有一定的绝对值。这种对比效果（contrast effect）使得相同的行为结果，可能被视为酬赏，也可能被视为惩罚。完全决定于先前行为所受到的增强或后援增强物的形式、频度和宽严而定。例如，通常得过优渥酬赏的人，得到普通的酬赏时，可能视之为惩罚；而对以前遭到惩罚或未得过酬赏的人，则可能视之为酬赏。

二 后援增强物的种类

增强物固然为人们所喜欢，但芸芸众生，个性正如其面，彼此不同，不仅人人都有不同的脾气、个性、善恶以及不同的兴趣，而且同一个人也往往因时因地不同而有差异。就像小华喜欢糖果饼干，小明喜欢称赞轻摸，小英喜欢奖状奖品；若想找出一个人人都喜欢的增强物，简直不可能。

因此，用来维持或增强制约增强的后援增强物，其种类的多寡与适宜，关系到制约增强力量，当种类很多时，则无论在任何时间，对被增强者而言，有较足够的力量来维持代币的增强力量。

另外也涉及过犹不及的观念，同样一个东西，当它一再出现，往往会发生"餍腻"的现象，失去价值，结果慢慢会降低增强的力量。

三　后援增强物配合的时制

以行为改变技术来说，如果我们想改变某儿童的某项行为，我们只要找出对这个儿童具有奖赏作用的某些事、物，而等到我们所期望的行为出现时，立即给予奖赏，如此反复运作，反应的次数就会增加。但由于增强物在数量上、时间上或客观情境上无法满足，所以由制约增强——代币制来取代。

代币的实施，在儿童每一次目标行为发生后给予筹码作为奖励，筹码是一种中介物，必须有后援增强物来配合，才有效果。这种配合时制的适宜与否，影响到制约增强的效果，依据实际应用的结果显示：在每一次提供制约增强物后，不要立即呈现后援增强物，则这种制约增强将更为有效。

四　制约增强物的消弱

与正增强物一样，当我们从操作制约的情境中拿走增强物，我们就制造了消弱作用。在没有消弱情况产生时，斯金纳的实验里，任何时间只要动物压杠杆就会得到食物，在这种情况下，动物学会了压杠杆，并且持续如此做，直到满足为止。制约增强亦是如此，为了维持增强物的效用，一定要继续地配合适当的后援增强物，否则就会慢慢失去效用，产生消弱作用。

当然，我们说在消弱作用之后，就不再做出任何反应，有点不正确。较正确的说法，在消弱作用之后，反应比率会回到原先得到奖赏时的状况。但假若继续消弱下去、反应终将停止。

第五节　误　用

在行为改变技术中，制约增强可以说是增强方式的一种，不仅应用于个人，而且更适合应用于团体，若能适当应用，确能获得满意的效果。可是若不熟悉制约增强原理的人，可能会在许多方面不自知地加以误用。

《苦力与彩票》

人是不应该忘本的，不是吗？

以前有个苦力，靠着一根竹竿和两条绳子，在码头为旅客挑行李为生。他省吃俭用，好不容易存了十几块钱，就用这些钱买了一张彩票。他把彩票藏在竹竿里，然后牢牢记住彩票的号码。

开奖那天，苦力发觉竟然中了头彩，可以得到40万元。这下，真是太高兴了。他想马上要变成富翁，不用再当苦力了，就把竹竿和绳子丢到海里去。

领钱那天，他才想起彩票藏在竹竿中，忘了取出来。

这个例子原始增强物（奖金）与制约增强物（彩票）的关系，原始增强必须端赖制约增强物的兑换。当苦力中奖时，高兴地把最根本，用来兑换奖金的彩券丢弃，等于也丢弃奖金。代币制之所以使个体乐于接受，就在于原始增强物——奖金的存在，但要得奖金，必须寄托彩券的兑换，采券一丢，何来奖金？实施代币制亦是这样，后援增强物固然是重要，但制约增强物则为基本，假若重视后援增强物，而忽视制约增强物，无异缘木求鱼。

除上述陷阱外，尚有 2 种误用制约增强物的情况：

1. 没有提供与责备有关的后援惩罚。

2. 也没有增强可替代的其他适当行为。

一　家　庭　方　面

（一）应用在行为处理

1. **原则**：增强原理应用失当，造成喜欢挨打心理。

儿童如同大人一样，都具有各种需求，当需求不能满足时就会跟父母提出要求。若不同意而一再要求的情形下，往往就会挨打。父母眼见子女可怜哭声，最后就答应其要求……在这种情况下，孩子慢慢形成喜欢被打的心理。

2. **示例**：

《喜　欢　挨　打》

在日常生活中，我们很容易看到下面的情境：

先桓在家排行老二，今年 5 岁，他是个非常挑嘴的孩子,早餐吃到8点多钟,一碗饭没有吃完就不吃了。过了不到一小时的时间,卖零食的小贩来了。

＊妈,我要买玉米花。

＊不可以,你饭都没有吃完,显然不饿!

＊我现在饿了。

＊饿了,为什么早餐不吃完?

＊隔壁小毛也买了。

＊不可以!(母亲斩钉截铁地说)小毛买是他家的事。

＊我要啦!(话一说完,就哭出来。)

＊(啪!啪!)哭什么?……

妈妈气起来,连打2下,气着说;结果,先桓的哭声更大了……终于倒在地上滚了。

＊起来! 以后不可以这样。

妈妈一面说着,一面从腰袋中掏出钱,买包玉米花。

3. **分析**:

当父母因儿童不当行为而打了他一巴掌,那可怜的哭声,令父母产生罪恶感,而感到心疼,于是又立即将孩子抱在怀里,给冰淇淋、糖果等。这种未经审慎考虑的处理过程所产生的可能结果,是使孩子产生一种"喜欢挨打"的心理,也就是说,打孩子的一巴掌,可能成为制约增强物。

4. **正用**:

打了以后,答应买是错的,因为它导致喜欢挨打的关键。正确方法是打了就不买(要买就不打),事实上不买也不用打,采消弱方法就可以了。

（二）应用在饮食方面

1. **原则**：后援增强物选择失当，造成顾此失彼。

增强原理应用结果是否有效，涉及多方面，但其中增强物应用失当，是重要原因之一，其主要关键不在于原理的合理与否，而是在增强物所带来的影响。因此不可以不慎。

2. **示例**：

《曼 华 蛀 牙》

　　说到曼华姊弟，实在令妈妈烦恼，因为每次玩具使用后不知道收拾，任由妈妈如何说都没有多大效果。

　　＊小妹小弟，等一下玩具不玩时要收拾好。

　　＊我们会啦。

　　等一下妈妈看到他们在看电视，客厅又一团糟。

　　＊你们俩一定要收拾玩具。

　　＊是，妈。

　　……

　　就这样日子一再过，收拾玩具的声音一再出现……后来经过专家指点，采用集点方式，并以糖果——曼华喜欢的，作为增强物，结果，意外有效地改善了曼华整理玩具的习惯。

　　半年后，曼华的牙齿已经出现蛀牙了。

3. **分析**：

林太太希望曼华收拾好房间内外的玩具，林太太知道一开始她不能作过分的要求，或希望曼华马上改变，而以曼华能拾起玩具为起点：她集中了外面的玩具，即给予点数，集中的点数，可以兑换糖果，曼华尤其喜欢……所以效果颇佳。

曼华做到这个目标行为，开始赚取点数后，林太太再增加了将玩具收拾到她房间里的行为要求，结果点数愈多，糖果愈多。

4. **正用：**

增强物改变，以不妨碍曼华生理健康，甚至较具积极意义的东西为宜。

（三）应用在零用钱上

1. **原则：**金钱当作后援增强物效果彰显，但弊端丛生。

在所有后援增强物，金钱是应用最多，最容易的一种，因为它计算容易，使用最广，应用起来没有麻烦，所以广为父母使用。可是若没有其他措施配合，许多弊端就产生了。

2. **示例：**

《浪 费 成 习》

文凤在四年级的时候，父母为要文凤有好成绩，只要他每一次的成绩在 90 分以上，就可以得百元的奖励，不仅是段考，平时考亦是如此。

文凤是一位聪明的孩子，他屡次都可拿到 90 分以上并无困难。因此他经常从学校一回到家就说：我的成绩 90 以上，100 元在哪里？

文凤对其功课似乎不怎么用功，轻易得到 90 分以上。但日子一久，似乎只为钱念书，钱对他也愈来愈有吸引力，当然他的成绩也不错。

可是经过好几个月后，发现他嘴巴常在吃东西，书包也都装满了糖果……钱几乎都花在零食上面。有一天，妈妈问他，始知他一点存款都没有……（叶重新译）

3. 分析：

由于金钱是儿童换成东西或达成某种目的的重要媒介，当父母以分数为指标，以金钱作为后援增强物，固然促进了文凤的努力用功，但也因分数进步，奖金愈多，愈能满足文凤的欲望，终于养成文凤的浪费行为。

4. 正用：

金钱作为后援增强物并非错误，因其效果良好，所以值得应用。但为防其弊端，应与储蓄配合应用，即鼓励文凤储蓄，凡没有花掉奖金，储存起来，即以相对金额奖励；若花掉一块钱，储蓄奖金便取消。若非花钱不可，且获妈妈同意时，储蓄奖金则全数照给。（请参阅《张太太的招数》）

（四）应用在手足争吵

1. **原则**：代币制解决了兄弟的争吵，却拉大兄弟距离。

同胞兄弟相处，父母无不希望和谐愉快，但实际上都会发生争吵，只是程度大小和严重与否的问题。代币制假若能适当应用，可以减少这类争吵；可是应用失当，则会产生问题。

2. **示例**：

《不再游玩了》

明美常常和弟弟争吵，每次一吵，弟弟就哭，妈妈很烦。后来妈妈终于想出了一个好办法，她告诉明美，如果半小时到了，弟弟没哭，就可以得到 1 张贴纸，累积 10 张贴纸后，就请她和弟弟吃一份薯条。明美最爱吃薯条了。为了得到贴纸，就忍着不和弟弟争吵，甚至少和弟弟一起玩。果然，两天后，明美吃到了第一份薯条。妈妈看到贴纸的效果这么好，又达到目的，于是渐渐提高标准，1 小时不争吵，才可得贴纸。

渐渐变成 2 小时，3 小时……果然，明美和弟弟甚少争吵。但是，1 个月后，明美不愿再和弟弟一起玩。因为，不和弟弟玩，就不会争吵，不但可以得到贴纸，而且还有好吃的薯条呢！

3. **分析**：

由于明美跟弟弟的争吵，导致母亲应用代币制策略来改善这项不良行为。贴纸及薯条等增强物正符合明美兴趣，明美为取得增强，索性不和弟弟玩，就不会有争吵，真是釜底抽薪的最佳方法。但不跟弟弟玩的结果，导致两人的疏远。

4. **正用**：

代币增强物可应用来促进兄弟姊妹争吵的改善，但须配合可欲行为的增强，使姊弟和谐相处行为获得鼓励，以促进和谐气氛才有意义，否则得不偿失。

（五）应用在家事处理

1. **原则**：代币制促进孩子努力用功，家事却因之而疏远了。

每家父母无不希望子女用功读书，所以想尽办法鼓励子女努力学习，以获得良好成绩，结果这项鼓励致使子女专心于学业，却疏远了家事。

2. **示例**：

《懒惰的琦君》

琦君家里是卖水饺的，生意很好，放学后常要帮忙。父母为了要使她有好成绩，于是订下规定只要考试成绩90分以上，皆可获得1个金星，金星超过3个以上，就可以3天不必帮忙包水饺及做杂事，平时考亦是。

琦君是一个聪明的孩子，她几乎每天都可以得到90分以上。渐渐地琦君对其功课似乎不怎么用功，就可以轻易地得到90分以上。

于是父母把分数提高为92分以上，甚至94、95、96……琦君都分别达到要求。一个学期下来，琦君的成绩的确进步了。

可是时间一久，她因成绩良好，获得奖励的结果，相对帮忙做家事的机会几乎为零。经过一段日子后，琦君变得愈来愈懒，不会主动帮忙做家事。

3. **分析**：

琦君的父母为求她有良好成绩，于是采用代币制的策略，而以不做家事作为后援增强物，有效地促进琦君的努力，并获得良好成绩；但却因不必做家务，久而久之，琦君就疏于做家事了。

4. **正用：**

不宜采用免做家事作为后援增强物，以免收之东隅，失之桑榆，才不致像本例学业成绩进步，家事却低能了。

二 学校方面

（一）应用在语文学习

1. **原则**：代币制的筹码促进学习动力，却增加遗失失窃困扰。

实施代币制策略，必然有代币措施。当学生拥有代币在身上，天天带来带去，总有意外事故，如遗失、被偷的事件发生，困扰老师。

2. **示例：**

《老师，筹码掉了》

黄老师使用增强原理来增进班上学习有困难孩子的语言能力，使用了 3 种筹码。这种筹码是用压克力做成的铜板——蓝色、白色、红色。凡学生会念一篇文章中的生字可得一个白铜板；不会念，经老师指导后会念时，可得一蓝铜板；一段文章念得很顺，给一个红铜板；如念错了，经修正而念对，可得白铜板。

结果实施成效显著，但不久以后，紧接而来的问题是，张三来说他筹码掉了 2 个，李四说筹码被偷了，王五也哭了，尤其是王五，怎么跟他说，他就是哭个不停，甚至补发给他也不要，实在让老师疲于应付。

3. **分析：**

代币制实施于班级或全校，使得全校小朋友都分别拥有代币筹码。这些小东西天天拿来拿去的结果，发生遗失或失窃情况是无可避免的。

4. **正用：**

代币筹码可以编号码，使每个人知悉拥有的筹码，遗失较易找回。另外也因有号码，使小朋友不敢随意占有别人的代币，亦可减少偷窃的行为发生。

（二）应用在人际关系

1. **原则：** 代币制方法促进人际关系，却养成长舌妇。

学会良好社交技巧，以促进人际关系，是每一个儿童必需的课题，可是由于个性及环境教育的结果，有一部分小孩有待改善；而代币制就是常常被运用到的改善方法之一。可是代币制使用不当就会产生弊端。

2. **示例：**

《哑巴变长舌妇》

莎莉是一个非常怕羞的女孩子，在教室只有叫她时才说话。在自助餐厅，她通常是独坐一张桌子，即使同一张桌子有其他人，她也忽略了别人的谈话。

母亲发现莎利这样时，心里着急，害怕将来影响到莎莉的人格发展，几次请求老师协助辅导。吴老师在这样的情形下，注意莎莉的表现，希望从午餐社会化开始。

　　吴老师希望看到莎莉与别人谈话，有一天中午她问莎莉喜欢和谁同桌午餐？莎莉回答是美丽，美丽是班上最有人缘的女孩子。于是首先安排跟她同桌，每次有开口讲话，就给1个星星，若跟2人说话则给2个星星……

　　结果没有想到实施一学期后，莎莉变成了长舌妇。

3. 分析：

当一个儿童怕羞，缺乏社交技巧，不敢跟人说话，影响其社会化，吴老师基此，对莎莉实施代币制，来强化其社交能力，结果效果显著。可是后来莎莉在增强下，又自己体会到说话的另一种自然增强，结果，久而久之却变成长舌妇。

4. 正用：

若控制失效，导致莎莉成为长舌妇时，可以采低次数区别增强策略来改善。

（三）应用在生活习惯

1. **原则**：代币制提供各种筹码，正好提供赌博的方便。

在儿童休闲游戏中，有些涉及不良行为如赌博押注行为，是我们不愿乐见的。这些赌博大都以金钱或日常用具如橡皮……为赌具。代币制的实施，正好提供多一样的赌具。

2. **示例**：

《赌 风 吹 起》

　　李老师有一次参加一项研习，学习到行为改变技术——代币制，觉得不错，返校后立即着手在班上实施，他制作好多假币作为代币。

　　凡班上同学不管是学业上——考试成绩、作业优良、答问良好；或是行为上，如早到、安静自修、服务同学……等，详加订定标准及给予代币。

　　结果同学好喜欢，学业明显有进步，班级秩序也改善，实施一个学期，成效相当令人满意。

　　可是有一天，下课时间，闲来无事，返回教室时，看到一堆小朋友围在一起。正当他们玩得非常起劲时，他走到旁边，小朋友竟然没有发现。

　　当他仔细看清楚，天啊！他们竟然用代币在那里赌起来了……李老师真是不可置信！

3. **分析**：

　　由于代币——筹码是一种具有价值的东西，它可以合法换取后援增强物，同时也代表一项荣誉，既然有价值就如同金钱或用具一样，可以拿来作赌具；何况使用起来又方便，人人都会拥有。因此，老师忽略，赌风就吹起。

4. **正用**：

　　赌风是否形成在于平时，假若导师平常都能预防赌风兴起，则实施代币制也不致于形成赌风。一旦这种情况出现，应采隔离、惩罚等禁止策略，即时予以处理。

（四）应用在教室管理

1. **原则**：缺乏后援增强物，代币制的实施失去意义。

代币制实施结果能否见效，最主要在于后援增强物是否存在，有了后援增强物再依其种类、强度、提供时机而定。假若没有后援增强物，代币制设计多好、多完善，最多也仅短期见效，长期就失效了。

2. **示例**：

《筹 码 失 效》

雄伟是三乙班上最令人头痛的小孩，导师李老师对他实在没有办法，每天到校，不是攻击别人，就是丢掷东西；不是骂这位，就是捉弄那位，难得有一天乖乖的。

后来辅导室提供李老师实施代币策略来改善雄伟的不良行为。凡在一节课没有发生上述任何行为，就给予1个筹码，一天都没有发生就有6个；若发生1次，就要扣1个，而且要给予5～15分钟行动限制。

根据实施结果比较，第1周降到12次，第2周降到8次，第3周5次……

实施8周后，似乎不良行为又回升了……（施显烩）

3. **分析**：

本例显示，辅导室虽然提供代币制的实施策略，李老师表面也依法实施，但忽略后援增强物的提供，实施一段时间后失效是必然的。

4. 正用：

实施代币制必须有后援增强物的配合，在本例中，李老师应该依三年级学生的年龄、家庭背景、学校状况及班级环境提供适宜的后援增强物，确信可以发挥效果。

（五）应用在考试成绩

1. **原则**：代币制应力求实施普及，否则形成两极化。

代币制有助各种不良行为的改善，一般人会主观地认为改善是止于"至善"，至善是指好的，因此受奖的是优良学生。所以实施结果，表现中下的学生被忽略，易形成两极化的现象。

2. **示例**：

《优 劣 分 明》

张老师今年刚从师院毕业，教学非常热心，可是当第 1 次段考成绩公布时，任教的班级成绩不佳，心里难过了好几天。

为提升班上成绩，于是采取代币制度，凡平时考成绩在 95 分以上的给星星 2 颗、90～95 给 1 颗……

实施一段时间后，张老师可以发觉到小朋友较为用功了，第 2 次段考班上成绩显然进步，期考也进步了。

经过 1 年的实施，越来越明显，班上成绩优劣分明，表现优秀的小朋友更形优秀；但表现较差的小朋友不仅成绩没有进步，行为似乎也越来越有问题了。

3. **分析**：

张老师如同一般人一样,将代币制应用于学科成绩的提升,当然星星是给那些考高分的,低分的学生就无法得到。结果造成能获星星的人,就集中在那些少数优良学生,多数学生始终与星星无缘。

4. **正用:**

张老师可以增加进步奖,确信任何学生都有机会拿到星星,低分学生拿到星星（进步奖）一样具有相当意义。

第六节　有效应用制约增强的要点

一　选择目标行为

1. 选择想要给予改进的目标行为。
2. 必须以较乐观、肯定的语气来描述目标行为。

二　选择制约增强物

1. 必须在训练计划应用的情境中,易于安排与实施的刺激。
2. 最好能让被训练者可以看到,而且可以计算的刺激。
3. 任何时间可以方便给予的。
4. 不容易被复制的。
5. 不能转做他用。
6. 个别实施时,尽可能因人制宜。

三　实　施　计　划

1. 期待行为出现之后，立即给予代币。
2. 尽可能让每一位都能获得代币。
3. 尽量避免团体成员间的恶性（破坏性）竞争。
4. 最好配合社会性增强。
5. 约定获取代币的行为规范。

四　后援增强物的配合

1. 当被训练者达成期待行为时，所指定的代币宜立即使用。
2. 使被训练者明白获取多少代币才能获得报酬。
3. 后援增强物必须透过代币才会有效，绝对不能自由享受。
4. 早期阶段代币数量达到标准时，尽快提供后援增强物，然后当孩子表现出期望行为时，这二者之间的差距才慢慢加大。

五　结束训练计划

1. 在以代币制建立一种所欲行为之后，如希望别种类似的行为也有较高的行为出现率，那么必须把代币制也应用到那种行为。
2. 要想类化能顺利成功，只要他发出什么样的行为就可得多少代币即可。

第十三章　逃脱制约与躲避制约

在第十一章我们曾就惩罚问题做专章讨论,关于这个问题,迄今中西学者的看法,颇有歧见。或由衷地赞成,或极端地反对,各持己见,互指对方错误,真是公说公有理,婆说婆有理。事实上惩罚不是体罚,如果孩子真的做错事,要惩罚,不见得就体罚,体罚也不见得就是打得身心伤害。笔者认为,若有方法策略可以改善儿童的偏差行为而不用,偏要使用体罚方法,那是非常不明智的;但假若用尽其他方法策略还不能改善儿童的偏差行为,用体罚可以导正儿童的不良行为时,还反对体罚,那实在是罪过。事实上,正确使用惩罚,不仅可以改善不良行为,而且还可以促进良好行为。

第一节　楔　子

"惩罚"若确立在小孩子的认知上,则在促进良好行为上至少有两大意义:

(一) 将功抵罪：促进良好行为的发生

无数的儿童,不可能人人表现良好,在良莠不齐情形下,多少会有违纪情况产生。当违规学生被惩罚时,为鼓励他们尽早迁善改过，设有将功抵罪——提早结束惩罚之措施。这项将功抵罪的措施在行为改变技术上就是所谓逃脱制约。

（二）刑期无刑：显现防范未然的功效

刑法真正的目的乃在于因它的存在，使社会成员不敢违法乱纪。学校或家里若有惩罚规定，主要意义乃在于使小孩子因它的存在，不敢做坏事，行为能中规中矩。这种因法律、校规而不敢犯法乱纪的措施在行为改变技术上就是所谓躲避制约。

上述两种策略，若能善加利用，当可培养孩童的良好行为。

《威廉的脾气》

威廉是个会讲话的自闭症儿童。有一天，突然大发脾气，尖声叫嚷，拳打脚踢，搞得鸡犬不宁。威廉之所以如此，乃是借着发脾气来制造一种"嫌恶刺激"，使成人因之只好避开，以求眼不见为净。当他们群起而攻之，却仍受制于威廉，因为他们之所以要和他打交道，是为防止威廉发脾气，以求耳根清静。

中心主任西蒙（Simon）则使用令人意外的方法，他先把威廉抓住，脱下他的鞋子，并用被单把他捆起来。假若威廉又开始发脾气，西蒙又立刻捆紧。如此反复多次以后，威廉终于安静下来，轻轻地握着西蒙的手，一起走到沙发旁穿上鞋子。（余德慧）

《再恢复教室的秩序》

克拉克（Clark）小姐感到第 1 天的教学很满意。事实上，她在过去的 3 节课中一切很好，所以她能够完成每一件计划的事，并且让班上同学谈话，一直到中午下课铃声响为止。在第 2 天的第 3 堂课，同学们彼此间再交谈，一直到中午铃声响之前皆是如此，但并没有获得老师的同意。9 月底，班上同学在最后 15 或 20 分钟完全无法控制。虽然老师克拉克大喊安静，只能平静片刻，然后又在教室内大声嬉笑喧闹。10 月底，她在上课期间自首至尾皆无法控制教室秩序，任何学生想念书、做功课皆不可能。

克拉克小姐跟校长会谈，校长凯姆贝尔（Campbell）先生说：克拉克小姐，明天第三节课一开始，我希望你向同学宣布，你希望他们做功课，彼此间不可相互交谈，必定等到教室恢复安静，才让同学离开教室去吃午饭，我想这些学生会不管你，如往常的宣布一样。但是，在午饭铃响之前，我希望你站在门口，并且重复宣布。必要时，可以站在门外。

第 2 天，克拉克作同样的宣布，如预期的，这些学生继续喧闹。在中午用餐之前 1 分钟铃响了，克拉克小姐离开讲台，坐镇在门口。她说：一直到教室内鸦雀无声为止，没有一个人能出去吃午餐。当铃声响起时，许多同学挤向教室门口，克拉克小姐站在门口不动。学生们大叫，他们要出去吃午饭。克拉克小姐重复说：在教室内都没有半点声音之前，没有哪一个人可以出去，每一位同学坐好。许多同学胡闹了几分钟，但是有一些同学坐下。最后每一位同学都坐下来，可是仍有一些低声音。克拉克小姐重复说：在教室完全安静之前，没有哪一个人可以出去吃饭。最后教室内一片静寂。克拉克小姐于是说：解散！同学们于是迅速离开。

克拉克小姐对这些学生又能够控制了，学生与校长都知道这件事，更重要的是克拉克小姐完全知道怎么一回事。几个月之后，几位同学告诉她，他们非常高兴老师处置得当，否则他们一整年的时光将白白地浪费掉了。（叶重新译）

《史考特的新玩具》

史考特（Scotty）是个 7 岁的重度智能不足儿童，有打自己的坏习惯，且相当严重，因此被关在小房间里，两手被绑在腰部，头戴上安全帽。为改善这情境，训练者设计了一套包括电击惩罚的行为程序，以改正他的打头习惯。

训练程序，先使史考特坐在一个高椅子上，前面放有一小箱子，箱上置有木盘。史考特的腿上装有电钮，用以电击。

训练开始时，给史考特施以微弱的电击，同时使铃声作响，当史考特摸木盘时，电击及铃声自动消失。多次训练后，只要电击及铃声一出现，他立即用手去摸木盘，电击中止。

后来进行第2阶段，除上述手摸木盘，电击中止，手一离开，铃声作响，而且3秒钟后就开始电击。如此经常将手放在木盘上，就可避免各种刺激，史考特也不再打头了。

后来进行第3阶段是教史考特摸一个玩具，玩具老虎代替木盘，同时，也在玩具老虎上装着电极，以记录史考特举手放置的次数。不久以后，史考特也经常将手放在玩具上，甚至有时会拥抱或亲吻它而不再打自己的头。这时铃声虽仍会响，但电极已被切断。史考特不必等电击来，都紧紧地抱着玩具不放，因此电击已不需要。接着连铃声也切断了，他仍如以前一样抓紧玩具。

以后，依次更换装有电极的各种玩具动物。虽然有时仍需施以短暂的电击，但史考特已渐渐能产生良好行为，因此训练者决定让他带着玩具自由地漫步于室内，他愿意时就抓住玩具而不再打头。大约1年以后，他渐渐不依赖玩具，即使他没有带玩具也不再打头了。(黄瑞焕等译)

第二节　内　容

在斯金纳的操作制约学习实验研究中，无论是以白鼠、还是用鸽子作为实验对象，都是以正增强作用当作控制因素。个体在实验情境里，自动表现某种特定反应时，即随之提供能满足其需欲之增强物，使偶然表现之特定反应，产生后效增强作用。事实上，另外的负增强作用亦同样可以作为控制因素，借以建立操作制约学习。在这种学习历程中乃因个体自动表现某特定反应，而使负增强物消失，从而增强该特定反应的一种行为改变技术。

一　理论依据：穿梭箱的白鼠实验

有关采行负增强作用来强化特定反应的实验为许多学者所关注，穿梭箱的白鼠实验，就是其中重要实验。穿梭箱如图，系由两个隔间所组成，其间则隔以一道门，此门平常是关着的，可向上或向下打开。每一间隔的地板由两块金属板组成，中间是空着，以便排泄动物的粪便，每一金属板都以电线接通到一配电盘。当配电盘的电极转向"A"点时，则老鼠在左隔间会受到电击，此时如果它跑向右隔间，则不会遭遇电击。同理，如果电极转向"B"点时，白鼠在右隔间会受到电击，必须跳到左隔间才会避开电击。学习开始时，白鼠可置于任一隔间，等一段时间之后，则移动电极，使此隔间通电，同时使门打开，老鼠接受电击之后必须跑向另一隔间，才可避免电击。当白鼠跑向另一隔间之后，门又关上，使老鼠停留一段时间，再移动电极使其通电，此时门又打开，使白鼠能逃回原来的隔间，如此来回穿梭使白鼠学习到，一受电击之后必须离开电击区，如果没有电击，则它必须停留在原隔间，因为此时中间的门是紧闭着的。此种逃离的学习，可用 B→$\bar{P}$ 表示，此处 B 表指定的行为，$\bar{P}$ 表无电击。（黄英茂）

另外亦可利用此穿梭箱从事躲避制约实验，但此时穿梭箱上面有一讯号器如电灯。首先，白鼠被置于任一隔间，停留一段时间后，讯号灯开始点亮并打开中间的门，经过一段时间，如 5 秒或 10 秒之后，则出现电击，此时白鼠必须跑至另一隔间，才可避

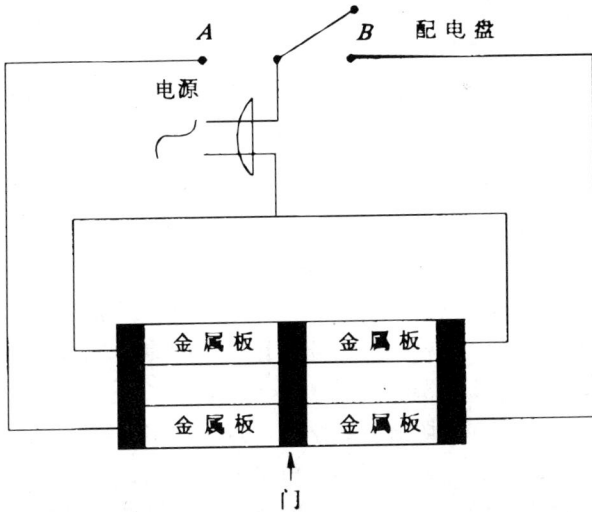

图 13-1 穿梭箱的电路设计

免电击。如此来回的穿梭训练，最后白鼠学会在讯号灯出现之后，电击出现之前，就逃至另一隔间。此种躲避学习，亦可用 B→$\bar{P}$ 表之。

二 模 式

上述实验研究设计，旨在了解于负增强作用的控制里，个体如何逃脱困境，并在变换实验设计的情境下，分析探讨真正控制个体学习行为者，究竟是操作制约的单一历程，还是包括着古典制约在内的复合历程。

穿梭箱的第 1 项实验称为逃脱制约学习，经过多次试验之后，实验者不难发现两种可能：其一，白鼠跳到左隔间，得以解除电击痛苦之后，此种跳到左隔间的反应，即可获得后效强化。以后如再将白鼠置于同一情境，若施予电击时，白鼠跳到左隔间的反应，将较第一次试验时更容易出现。多次试验后，跳入左隔间的反应，将成为电流刺激的固定反应。到此，经由操作制约的设计所建立的逃脱制约学习行为，即告完成。其二，白鼠有过一次（或数次）因跑到左隔间而解除电击痛苦之后，如果再置于原处试验时，白鼠可能在电击开始之前，即预先跳入左隔间，借以避免电击。果能如此，那就不是单凭操作制约的原则所能解释的事实了，这就涉及第 2 项实验。

第 2 项实验称为躲避制约学习，这种学习的特点是：在经过厌恶刺激的痛苦之后，白鼠会在电击出现之前，即逃避现场，以避免遭受电击。因此在性质上，躲避制约学习实验是逃脱制约学习实验的一种改进。改进方式是提供另一刺激，当白鼠置于穿梭箱时，在通电流之前先出现灯光 5 秒或 10 秒后，才实施电击。如白鼠能在此时间之内跳入另一隔间，即可获得安全，否则即遭电击。5 秒或 10 秒之内能预先跳入另一隔间，即可推论已产生躲避制约学习，10 秒之后受到电击才跳入另一隔间者，则仍是逃脱制约学习。10 秒之内跳入另一隔间者在穿梭箱中，让白鼠休息片刻，然后也出现灯光，如 10 秒钟之内不跳入另一隔间返回原处，白鼠即遭电击。如此两端连续交替出现灯光，实验结果将如假设所预计者，白鼠将学到以灯光为警示讯号，学习到灯光出现后的 10 秒钟之内，为躲避电击而预先回避，而且在穿梭箱内来回跳跃不停。依据上述分析，我们把两种学习归纳成下列模式：

（1）逃避反应（Escape）能增加操作制约学习的速度。

模式：S^A（不愉快的刺激）——→R^D（逃避不愉快的刺激）：S^{R+}——→R

　　　　　　　　　　　　　　┃　　　　强化　　　　┃

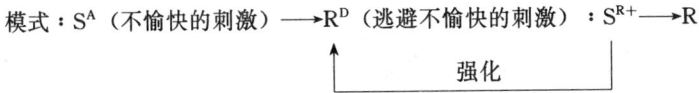

　　例如，觉得热（S^A），拿扇子扇（R），而后去除热的感觉（S^{R+}）；最后强化拿扇子扇的行为（R^D），此模式是借选择一反应，来逃避一个不愉快的情境（R^D）。逃避热是个增强物，属于负性。

　　（2）躲避反应（Avoidance）能增加操作制约学习的速率。

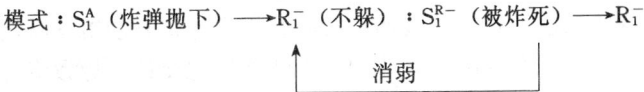

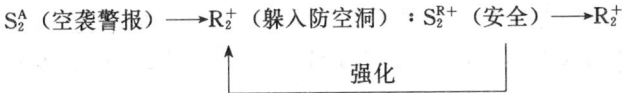

模式：S_1^A（炸弹抛下）——→R_1^-（不躲）：S_1^{R-}（被炸死）——→R_1^-

　　　　　　　　　　　┃　　　　消弱　　　　┃

S_2^A（空袭警报）——→R_2^+（躲入防空洞）：S_2^{R+}（安全）——→R_2^+

　　　　　　　　　　┃　　　　强化　　　　┃

　　例如：在二次大战时，英国常受到先听到声音而后爆炸的火箭攻击。因而人们一听到此类火箭声音（S^A），就立刻跑到防空洞（R），以避免受到爆炸影响（S^{R+}），如此，听到火箭声跑入防空洞的行为（R）加强。在此模式中，不愉快的情绪发生前，会有一信号表示（**注：1、2两点的不同处即在于"逃避是在不愉快之前或之后的问题"**）。在第1例子强调行为后果，而第2例子则在于S_2^A（警报）取代S_1^A（炸弹）的历程。

三　意　义

　　家长或老师都知道专家所强调的：孩子不乖时，处罚不是必要的管教途径。但遗憾的是：即使"爱的教育"是众所皆知，但真正实践的还是有限。许多家长和老师仍然坚信，立即处罚还是最有效的。不管这种看法对错如何，我们进一步建议笃信处罚有效的家长或老师，能从上节逃脱制约与躲避制约的实验观点，更深入来探讨这个问题，或可迎刃而解。

像上述威廉的例子，在他发脾气不安静（偏差行为）时，则予以捆紧（处罚）。那要捆多久？这不是时间的问题，而是从另一层面考虑，处罚目的在于他能安静，那么只要他安静，就可松绑了。若他知道发脾气就被捆，安静就松绑，则安静机率就增加。

教室秩序的控制，上课中同学随意彼此交谈，导致老师控制不了，影响上课，于是老师克拉克小姐，宣布要教室安静，才可离开教室吃午餐，甚至当铃声响起，大伙涌向教室门口时，克拉克老师就站在门口不动，最后教室一片寂静，同学始得离开教室。几个月之后，几位同学告诉老师，他们非常高兴老师处理得当。

另外，史考特虽是智能不足，但他也知道，当他用手去摸木盘的反应能免除电击，则以后他在受到电击时，以手去摸木盘的可能性会增加。

这 3 个不同例子，具有一共同的地方，那就是个体必须从事某可欲行为，才能逃掉不喜欢的惩罚——被捆或电击，行为改变技术称这种措施为逃脱制约（escape condition）。

所谓逃脱制约乃是指一个反应发生以后，如果立即除去某些刺激，则类似反应会增加。逃脱制约与惩罚的程序都利用了某些让人不愉快的事，如电击等，来迫使个体行为，就此而言两者是相似的。但两者实际上是不同的，甚至可以说完全相反，惩罚是在消除不良行为，某种不良行为产生会因惩罚的提供而消弱，甚至消失。而逃脱制约则不同，乃在期待良好行为的出现，也就是在惩罚当中，若个体能表现可欲行为，则可除去或终止惩罚。换言之，由于在惩罚中，个体表现良好，因此可以除去或终止惩罚物，嗣后发生此种良好行为的可能也就相对增加。

例如在学校中，某小朋友表现了偏差行为，学校老师给予处罚，在处罚中我们期待他赶快改善变好。若能够如此，则处罚取消，这就是一般所说的"将功抵罪"。

逃脱制约的缺点是为了产生良好的反应，必须提供使人不愉快的刺激，如威廉安静之前，必须施以捆绑；学生要离开教室，必须教室安静；史考特愿意用手去摸玩具之前，必须施以电击。

不过我们应了解逃脱制约使用于偏差行为的改善，在这种情形下，偏差行为的惩罚已存在，只不过利用惩罚来进行较积极性的要求，以促进良好行为的出现。

另外是应用在训练上，要建立良好行为或技能，当事者不愿意或没有意愿，训练者必须强迫个体从事行为，在这种情形下，采用厌恶刺激就成必要，否则无从训练了。

这项缺失，也迫使学者思考，就像百姓犯罪，接受法律制裁后，再进一步要求他表现良好的——将功抵罪的方式，不免有落入消极之嫌。不如刑期无刑，希望法律订定在那里，警惕人们不要犯罪，以期待不用刑罚，这才是我们终极关怀，因此就有了躲避制约的提出。

所谓躲避制约（avoidance conditioning）乃指个体经由逃脱制约历程，终于习知：当某一特定信号出现之后，必须先即时表现特定的反应（多数是受欢迎行为），方能躲避厌恶刺激。

躲避制约学习是一个事实，它与逃脱制约学习的区别在那里？根据斯金纳的操作制约学习原则，逃脱制约学习是典型的操作制约学习，只是在穿梭箱的设计与斯金纳箱稍有不同，前者采用的是负增强来控制个体的行为。躲避制约学习历程多了一个灯光刺激，该刺激在性质上等于是古典制约学习中的制约刺激，电击是非制约刺激，由非制约刺激引起的非制约反应，则是恐惧。这是一个整个的古典制约学习历程，此一历程学到的是：制约刺激（灯光）引起制约反应（恐惧）。白鼠见灯光而生恐惧（前一段），因恐惧而逃脱（后一段），因此，在躲避制约学习（包括逃脱在内）的整个历程中，事实上是包括两种学习历程，前者是古典制约学习，后者是操作制约学习。（张春兴）

第三节　正　用

一　家　庭　方　面

（一）应用在书写作业

1. **原则**：配合嫌恶刺激，促进良好行为。

在儿童日常生活中，随年龄增长，接触扩大，许多行为的性质与次数都有不同的评价。同时某种行为的允许与否，就涉及喜欢与厌恶的差别，假若我们能终止嫌恶刺激，以增进良好行为，更能发挥积极意义。

2. **示例**：

《观 赏 电 视》

多多是个电视儿童，从小就喜欢看电视，我们也没有给她限制，任由她看。后来成为习惯，早上没有节目的时间，她就把平常录下的节目，在这段时间来欣赏，因此，她没有电视看就难过了。

上了小学，电视还是没有多大限制，唯一要求——家规，必须做完功课，才可以看，若功课没有做完，禁止开电视，何时做完，何时才准许打开电视机。

＊多多，作业还没有做完，不能看电视，电视关掉。

几次没有做完就想打开观赏6点的卡通——她最喜欢看的，结果妈妈严格执行禁令，从此迄今（今年小学毕业了），均能遵守着这项规定，而她所喜欢的电视也都观赏了。

3. **分析：**

由于多多未上学，家中人手不足，喜欢看电视不仅解决人力问题，而且也增进见闻，所以没有禁止，慢慢养成她的兴趣，电视不能看就形成嫌恶刺激。上了小学后，妈妈把作业跟电视连结起来，她为避免这种嫌恶刺激的出现，必须在6点以前完成作业。

（二）应用在分担家事

1. **原则**：终止嫌恶刺激，增强良好行为。

现在小家庭制度及职业妇女情况下，一方面家事缺乏人手，一方面又要子女努力用功，许多家庭父母都希望子女专心功课，不敢要子女插手家事，结果往往两方面都没有做好。

2. **示例:**

《暂 停 洗 碗》

谢家妈妈是一位职业妇女，下班回到家里实在是累了。3个小孩都小，分别就读小学二、四、六年级，但为了减轻负担，家事这一年分配给他们做:老大负责洗碗，老二负责清洁公共区，老三负责丢拉圾。

为要鼓励他们努力用功，考得好成绩，凡是月考都达到标准的，一律免做家事一周（但考不到标准的则禁足）。

结果，3个小孩近来的成绩，要比未实施这个办法以前显然进步多了。

3. **分析:**

在小学阶段，若小孩能稍为善用时间的话，不仅功课可以应付，家事也能做好，而且尚有空闲做其他休闲活动。家长若能理解这点，再掌握技巧（如本例），确信可以有意想不到的效果。

（三）应用在清洁工作

1. **原则:** 躲避制约不仅应付平时，而且也应付非常。

行为主义学者强调人类行为的再度出现来自于后效强化作用，而习惯形式则来自行为重现的结果。假若一个孩子的某种行为养成了习惯，就成自然。行为一旦成自然，就会展现在任何时空，不必父母或老师刻意去要求了。

2. 示例：

《客厅干净如初》

李妈是一位爱干净的家庭主妇，虽然不能说她是有洁癖，但至少她要家庭干净到一尘不染倒是事实。3个小孩若稍微弄脏，她就不高兴，严重一点时，准要骂人的，3个子女都很清楚。

老大伟仁今天要跟几位小朋友做科展，在学校没有做完，下周一就要交出，因此几位小朋友，就一致希望到伟仁家来做剩下的工作，伟仁也不好拒绝，何况爸妈刚好周末外出。于是伟仁跟几位小朋友就在家里赶做科展，有的写，有的画图，有的剪贴……伟仁放心了，因为可以躲避过妈妈的责骂。3小时的工夫，作品完成了，地也弄脏了。最后伟仁拜托小朋友，要赶快清理客厅，否则会被妈妈骂死了。

经过20分钟的清洗，客厅整理得干干净净。

3. 分析：

孩子在家中知悉母亲对干净环境的要求，长期在这种环境熏陶下，不但欣然接受，而且也会喜悦这种环境。当同学来到家里，影响这种环境的维持，很自然就会表现处理的行为。

（四）应用在问候他人

1. **原则**：嫌恶刺激不仅应用在做事读书上，而且也可以应用在为人处事上。

在人际接触越来越多的时代里，不可能闭关自守，人际关系也就愈被重视。良好人际关系建立在彼此的沟通，寒暄问候就成为人与人之间的基本条件。嫌恶刺激也可以有效地应用在孩子的人际关系上。

2. **示例**：

《问候打招呼》

永发是麦家的唯一儿子，自小都在外婆家过日子，内向害羞，上小学后回来家里。每天上学，父母发觉他都不会跟同学或邻居打招呼，更谈不上问候；而看到同事的小孩个个嘴巴很甜，真是有点不是滋味。

* 永发你看见校长怎么不打招呼说校长好？其他人也是一样。
* 我不敢嘛。
* 好，从现在开始，规定你，凡是碰到熟人，没有向他打招呼或问候，就禁止外出，尤其周末不带你出去，知道吗？
* 知道。

知此规定后，永发俨然变成另外一个人，开始会跟人家问候，打招呼。

3. **分析**：

小孩不是天生就善于开口向客人问候，假若父母能提早如本例永发的母亲一样，制造一种嫌恶情境，当孩子能有问候打招呼的行为出现，就终止这项嫌恶刺激，如此，孩子就可以表现出可欲行为。

（五）应用在生活作息

1. **原则**：与其花大力气说教，不如四两拨千斤。

父母的说教，小孩子经常听或听久了会讨厌它。但是父母仍要花很大力气去唠叨，小孩的行为却没有多大改善。如果父母能善用逃脱或躲避制约原理，往往可以轻松解决了。

2. **示例**：

《不再挤公车》

王先生开设一家规模不大的公司，员工数十人，业务繁忙，但对子女的教育却非常关心。他有一对儿女，长子小伟已就读离家甚远的明星小学，每天必须很早出门，挤2路公车，才能赶在8点以前到校。最近几次都因功课拖到10点才写完，翌晨晚起，不能及时赶上早班车，导致迟到了。因此，要求爸爸能够早上用车送他到校，免得挤车之苦。

王先生之所以让他挤公车，认为那是一种训练，这种经验可贵，但小伟既然提及，就跟他做了一个共同协议，小伟若能每天晚上9点以前完成功课，9点30分准时上床，早上6点以前起床，爸爸就开车送他，若达不到上述要求，就挤公车。

不用说，小伟不再挤公车了。

3. **分析**：

孩子挤公车不仅要提早出门，而且到校时间不容易控制，在这种情况下，挤公车是一种嫌恶条件。一般家长爱子心切，直接接送，孩子始终没有体会方便，更不知嫌恶条件是什么。当孩子挤公车有所体会后，父母以提早完成功课、准时上床睡觉作为消除条件，很容易就见到效果。

二 学 校 方 面

（一）应用在不良嗜好

1. **原则**：与其考虑行为结果，不如促进行为认知。

有些行为结果对青少年儿童身体的害处，不是立即显现，都要长久以后才会出现；或者有的儿童根本没有这方面的认知，不知行为后果所带来的伤害，因此不能完全遏阻青少年儿童尝试该种行为的产生。老师或父母若能提供相关讯息，确信此种行为自然会消失。

2. **示例**：

《戒 烟》

近来多位老师的反映，显示小朋友吸烟的人数有愈来愈多的趋势，前天校务会议里，刘老师提出，建议训导处研究解决，校长在会议结论时，为此也特别指示训导处研拟具体办法。

王训导主任思考结果，采行策略之一即逃避策略，定期透过媒体教育方式，分别放映教育厅制作之吸烟害处影片及光启社编制之抽烟伤害人体健康的幻灯片，让吸烟同学了解抽烟的害处，而达成戒烟目的。

经过一学期的实施，这种透过影片、幻灯片等视听教育，宣导抽烟害处，提供小朋友观赏的措施，真能收到警戒之效。

3. **分析**：

本项活动的实施，可使有吸烟习惯的同学，不仅知悉香烟有害健康，而且知道抽烟如何破坏人体生理器官，导致肺癌的形成，使抽烟同学知道警惕——厌恶刺激，而产生逃脱行为。

（二）应用在交通安全

1. **原则**：透过媒体观赏，亦可发挥躲避制约效果。

不经一事，不长一智，一个人在受伤之后，往往会去避免此种情况。但是并非每件事都要亲临情境，才有吓阻作用，否则某些事就要付出太大代价，因此利用间接方式也可以获得相同效果。

2. **示例**：

《观 赏 影 片》

最近砂石车撞死行人的案件发生多起，而王田小学的小朋友也有多人骑车发生事故，虽无人命问题，但亦有一二个事故学生的伤情严重。其中老师也发生一桩，更为严重。

训导处鉴于此，认为有必要加强交通安全教育，期望全校师生能增进交通安全的有关知能，于是透过公函向有关单位，商借交通安全与交通事故影片，定期放映，以供师生观赏。

今年上级来评鉴，同学反应很好，对答如流，结果获得优等奖，真是无心插柳柳成荫。

3. 分析：

定期放映给全校师生观赏，随着影片上说明，使师生明白事故下，破碎身体及生命丧失的情境，成为一种嫌恶情境，使开车者知悉不开快车，使行人或骑车者能够了解横祸如何严重，而使大家都能注意安全。

（三）应用在上学方面

1. **原则**：应用逃脱或躲避制约，亦有助于班规的改善。

学生的学习活动，必须建立在良好的班级秩序，尤其是小学阶段为然。假若班规无法掌握，儿童行为没有章法，那么不管是团体活动或课程学习，势必落空。

2. **示例**：

《签　名》

学校规定 7 点 20 分至 7 点 50 分到校，7 点 55 分钟声响，学生就要离开教室到操场升旗。无奈每天总是有几个同学慢到，尤其排队升旗时，才一个一个跑进队伍，使得评分上的成绩都落后。导师朱老师觉得不好，于是设计一本簿子，每天要同学到校就签名。

经过 2 周的实施，效果改善很多，但还是有少数几位依然如故，于是朱老师继续实施。

> * 我今天宣布，凡每天都在 7 点 40 分后到校者签
> 名，凡签名者下午找时间劳动服务。
> * 好啊！（小朋友中竟然有人拍手。）

经过 2 周的实施，意外地，除偶发事故外，小朋友
都能准时到校了。

3. 分析：

劳动服务，同学对于额外的这项服务没有兴趣，尤其被罚下
午劳动服务，更觉得是一种嫌恶刺激，导师把它应用在升旗迟到
问题上，若能做到则可逃避它，确实收到改善的效果。

（四）应用在书写作业

1. 原则：善用躲避制约，可以节省人力。

通常课程学习除正式课堂中，老师教学及学生练习外，还有
课外作业的指定，这项指定通常都全班一律相同，没有差别。事
实上这是值得省思的，其中少数优良者一再重复练习，多少有点
不必要，假若老师考虑这点，即可作为逃脱制约的良好范例。

2. 示例：

《减少作业》

最近有多位家长反映，班上数学成绩不佳，希望导
师加强。许老师分析实际状况，除了班上 1/3 的小朋友
成绩较差外，其他 2/3 的小朋友，绝对不逊于其他班。可
是家长反映激烈，不能不加以注意。

　　许老师针对这 1/3 的学生，自本周起，每天加派数学作业 5 题增加练习，希望能改善之。经过 1 周后，再予以平时测验。为鼓励他们认真学习及减轻作业份量，凡是每周考试达 80 分以上，则下周减少一天作业，若退步则恢复作业。如此实施 1 个月后，成绩明显进步。

3. 分析：

　　课外作业对学生来说，不管是优秀学生或较差学生都会觉得是一大负担，可是在我们升学主义挂帅的社会里，家长也好、老师也罢，都要接受它，学生也默认了。或许老师能配合这个潮流，与逃脱制约配合应用，不但可以减少厌恶刺激的存在，也可以促进学生的用功，可以说是一项妙招。

第四节　影响逃脱制约与躲避制约效果的因素

一　必须与惩罚配合使用

　　逃脱制约或躲避制约是指在一辨别刺激或情境下，个体显现一种行为，结果可引起厌恶刺激的移去或取消。因此，逃脱或躲避制约是建立在厌恶刺激的基础上。

　　所谓惩罚是指给予个体负增强物——厌恶刺激，以阻止不良行为的出现。当儿童表现不良行为时，及时施以厌恶刺激，即是我们所谓的惩罚。

逃脱制约是指对正在受惩罚的个体，激发他"改过向善"的动机，或鼓励他表现良好行为。一旦个体真能表现出预期中的良好行为，就立刻把正在进行的厌恶刺激删除。

躲避制约则在于因为有惩罚的规定，而使儿童因它的存在，不敢违规犯法，表现良好行为。

由此可知，逃脱或躲避制约是建立在惩罚的基础上，应用时必须与它配合，假若没有惩罚的配合，则逃脱与躲避制约就无法成立。

二 必须应用于良好行为

芸芸众生，总会存在着一些不良分子。相同道理，良莠不齐的儿童中，免不了有行为不良者。在这种情况下，为改善行为不良者，实施了惩罚，但惩罚过于消极，缺乏教育意义。为使惩罚显现积极意义，于是有逃脱制约与躲避制约的措施，使个体表现良好行为以代替不良行为。

因此，我们可以肯定逃脱制约与躲避制约比惩罚更具积极意义，不仅可以使个体表现良好行为，以回避厌恶刺激，而且还使犯错者改过自新，表现良好行为。例如一个儿童因犯错误而罚劳役，教师利用逃脱制约，使犯过儿童知道本身错误所在，鼓励努力工作，将功抵罪，而提早结束劳役。也可利用躲避制约，使犯过儿童或其他儿童能够有所认知，不敢违规，而能表现中规中矩。所以就应用目的而言，逃脱及躲避制约必须应用于个体的良好表现。

三 能客观并保持一致

逃脱或躲避制约反应，是期待儿童能表现良好行为，以脱离或回避某种厌恶刺激。此种策略想获效果，必须建立在客观、一致的情况下，否则就难以发挥功能。

五年级的永华知道，除非是周六或周日，否则不可以在晚上9点以后打电话。可是今天晚上，他实在很想跟同学聊聊，问妈妈可不可以破例一次？妈妈坚持按照规定。被妈妈拒绝后，决定去求爸爸通融，可是爸爸也没答应。记得上次他违反规定，爸妈罚他一个礼拜不准用电话，他溜到楼上偷打，不料被爸爸抓个正着，结果被罚一周不可以打电话。

所谓客观、一致性，包括好几个方向：父母或老师言行之间的客观一致，老师或父母个人及彼此之间的客观一致，对同样的违规施以同样惩罚的一致，才能发挥效果。只要有一方面出现不一致，训练的效果就大打折扣。

四 重视时效，不可采用间歇增强

管教孩子的目标有二，一是制止孩子的不当行为；二是鼓励孩子做出正确的行为。前者，正是躲避反应的目标，后者则为逃脱反应的目的。为有效使用这两种策略，必须重视时效。

当孩子出现不当行为时，假若能够立刻执行处罚，可以帮助孩子建立"不当行为"与"处罚"之间的因果关系。如此，才能在孩子观念中，树立躲避制约反应，并发挥其功能。反之，就很难建立躲避反应，遑论其功能的发挥。

相同地，处罚的执行也必须明确，否则也会制造问题。效果良好的处罚，多半都有明确的起讫时间，和将功抵罪的增强措施。时限不清楚，或没有指明截止时间的处罚，往往会引起孩子不当的试探行为，配合处罚采用将功抵罪的有关措施，可以增加良好行为的建立。未能配合惩罚实施逃脱制约反应，将失去处罚的教育意义。实施中若采间歇增强方式，将降低躲避反应的功能，这是值得我们注意的。

第五节　误　用

儿童行为中，我们无法避免会出现违规犯纪或不合期望的偏差行为，在父母或老师来不及想到较理想的处理方法时，使用惩罚手段是一种普遍及无可避免的事实。行为主义学者针对惩罚策略拟出逃脱或躲避制约的训练方法，具有较积极意义，不仅在消除不良行为，而且是在塑造良好行为。唯在实际应用时，往往会因不加注意而落入陷阱。

《王老师的误导》

大雄心目中的好老师王雄飞先生，是一位教学认真，非常爱护学生的老师。

说起大雄，真是全校无人不知、无人不晓的问题学生，不但学业成绩不佳，而且操行行为实在令人不敢领教。不仅小过累累，而且大过常犯；不只是上课不守常规，同时课外时间也违法乱纪。因此全校老师都批评他：

＊大雄，你又乱来，给我出去，永远别回来。

＊大雄，你一再捣乱，我烦透了，你是害群之马。

＊大雄，少自作聪明，这不干你的事。

＊大雄，住嘴！你不是同学的监护人，闭上你的嘴。

＊大雄，是吗？这只是借口，对别人或许可以，对我不管用。

＊大雄……

诸如此类的话，几乎每天都环绕在他的耳边。但令他感到珍惜的是王老师，全校唯一了解他的人。说起王老师令他兴奋不已，只有他才使他感觉到自己的存在，因为王老师从来没有批评过他，而且还相当肯定他。

就因为这样，大雄的行为在老师间形成两极，在一般老师前，他是无所不为、大逆不道；但在王老师面前，则是循规蹈矩、非常听话。大雄许多行为，在一般老师束手无策下，王老师一出面就解决了。因此，留下王老师的一句口头禅："奇怪，我一讲，他就会听话，为什么在你们面前，都会唱反调呢？该检讨的是老师，不是大雄。"

不管谁对谁错，这样的争论，继续存在着，但大雄行为依然如故，倒是后来大雄在一次严重伤害同学的案件，被移送法院而落幕了。（欧申谈译）

这个例子，大雄处在不愉快的环境中（每个老师都批评他），为逃脱这种不愉快的反应，而接近了王老师。在王老师面前循规蹈矩，非常听话。获得肯定，可以消除不愉快环境。所以长期影响，使得大雄只听王老师的话，也肯定王老师是他心目中的好老师，可惜却不能类化到其他老师，最后获得不好的下场。是谁的罪过？大雄？王老师？一般老师？……

《变本加厉》

1994 年 4 月 13 日，涉嫌将舞女张惠慈杀害并分尸的方金义，多年前已经犯案累累，并受罪刑，整个刑讼制度及社会宽恕这种罪犯，但起不了教化作用，反而变本加厉、危害更大。

16 年前，方金义和 2 个同伙，向车行租用白色喜美轿车，以阔少的打扮，专门周旋在台湾各地的酒家、餐厅、俱乐部，只要是戴了劳力士表、名贵金钻饰品的风尘女子，都可能成为他们劫财劫色的对象。

当年，方金义这个 3 人组，从台湾南端的屏东白玉楼酒家，一路作案到北台湾基隆的丽都舞厅，以带出场的名义，把"昭君"、"海棠"等近 20 名舞女、酒女带出，不是强暴、就是轮奸。

1979 年初方金义被捕后，一审法院依惩治盗匪条例抢劫强奸的唯一死刑法条，将方判处死刑。经上诉，二、三审法院则认为方的行为罪不及死，给予方自新的机会，减轻刑期判无期徒刑确定。

但假释出狱后的方金义并没有改变。16 年后，方金义以"珠宝商"的身份，租用进口的克莱斯勒轿车，周旋在各舞厅、酒家之间，向沦落风尘的弱女子骗财骗色，并进而将舞女张惠慈杀害分尸。

法官当年轻判期能自新，可是宽恕未收教化效果，假释后变本加厉。(高源流，94.04.23，联合报 7 版）这何尝不是落入逃脱制约的陷阱。

一　家　庭　方　面

（一）应用在吃零食

1. **原则**：逃脱躲避制约，带来儿童不良行为。

近二三年来由于西风东渐的影响，子女的教养态度，慢慢趋向放任自由，显现管教没有原则，其结果使得小孩觉得没有什么不能做，欲望也不能满足。

2. **示例**：

《再给我一个》

年节已近,陈家太太也如大家一样到市场办年货,准备过年之用，当然不例外也买了糖果、甜点，预备给来访者吃喜糖过个年。5 岁的明华一进门：

* 妈妈，我要糖果。

* 好！等一下，我拿给你。

明华要了一些糖果后就往外跑了，没隔多久，他又回来了：

* 妈，我还要吃。

* 刚刚才给你，你就吃完了？

* 是呀！

＊不行，这过年要请客人吃的。

＊好吗，再给一点，我很喜欢吃……

明华一再吵着要，妈妈实在烦透了，为了要逃避明华的吵，就给他糖，明华不吵，拿着糖果又走了……

3. 分析：

管教子女时必须使用语气坚定而不带命令的口吻，不可以像本例那样没有原则。我们预测明华吃完糖果后又会回来继续向妈妈要，除非明华不想吃或妈妈真的生气了，否则明华不会罢休。

4. 正用：

对本例的应付策略，就是妈妈合理的限制，语气必须坚定而没有命令的口吻，任何违反规定的行为都必须禁止。以本例而言，不行就是不行，讲一次已够，重要的是必须坚定立场，把持原则。

（二）应用在学校通知

1. 原则：使用逃脱制约，反生儿童偏差行为。

采用处罚在某些情况下可以见其效果，但在许多场合中，会使小孩借机逃避处罚，其中说谎、发誓等等均是。假若小孩害怕恐惧大人处罚，采用说谎或使用发誓可以逃脱，则说谎行为养成，誓愿亦将成借口。

2. 示例：

《以后不敢了》

小明已经上小学二年级，在学校捣蛋滋事，上个月老师附了一张条子,要他带回告诉父母小明不守校规,他却把条子丢掉，一直到老师向他父母提及后，父母才知道，返家后爸爸生气要打他。

　　* 我以后会做一个好孩子。

　　* 已经违规多少次？

　　* 我再也不做坏事了。

　　* 你根本不会改。

　　* 我发誓要改……

　　……

　　……

　　* 好！既然发誓要改，我就放过你……

　　爸爸实在打骂累了，一方面说，一方面放手了。可是小明嗣后还是依然如故。

3. **分析**：

　　小明发誓以避免父母的责骂或惩罚，如果这种誓愿得逞，则辩解的行为被增强，以后在相同的情境下会变本加厉。但是也许大人想要改正的不良行为，依然如故，儿童的口头行为可能增加了，只是不良反应的强度仍然在持续下去。

（三）应用在兄弟相处

1. **原则**：误用躲避制约，反而制造儿童脱序行为。

　　自 60 年代及 70 年代后，放任取向的管教模式开始蔚为流行，加上子女数的降低，使传统的权威管教方式产生变化，身为家长或老师慢慢趋向比较民主的新方法——自由的态度。矫枉过正的结果，儿童问题有增无减。

2. **示例**：

《你不要想玩》

逸云看到哥哥德钦又在玩玩具，虽然他对这个玩具兴趣不浓，可是德钦一玩，逸云就想跟他争，结果，现在又争吵起来。

* 我要说几遍你们才听得懂？你们两个难道不能改变一下，互相好一点吗？
* 玩具是我先拿到的。（哥哥说。）
* 我没有，是他放下来不玩，我才拿来玩的。
* 是他从我这里抢走的。
* 你们为什么不轮流玩呢？
* 好啊！我先玩。
* 不行，我先。
* 我已经受够了，这下子谁都别想玩！再叫，我要处罚人了。
* 这样子不公平……

弟弟心理暗喜，反正我也不想玩，不许玩就不许玩……（林泽宏译）

3. **分析：**

给予儿童自由是必要的，但毫无限制的自由，绝非自由的真谛，而是一种毫无秩序、规范可言的状态。父母、师长如果以这种方式来管教孩子的话，则会导致养成孩子除了一切以自我为中心的倾向外，也会膨胀孩子所拥有的权力和主控权。争吵、紊乱将因之而起，本例即是。

4. 正用：

父母不要仅以处罚方式来使儿童因为躲避惩罚不争吵，表面虽是成功了，但背后形成弟弟心里暗喜的不正常人格特质。明白此，我们说：此策略是错了，正确的方法可以明定玩具谁先拿到就归谁玩，可以一直到他不玩为止的游戏规则。

（四）应用在孩子哭泣

1. 原则： 应用躲避制约，宜注意儿童身心，以防发生心理症。

儿童问题行为有时的确令人烦心，为解决偏差行为，父母往往忽视解决方法的弊端，仅在意能否改善的问题，结果虽得其利也见其害，真是得不偿失。

2. 示例：

《吓坏孩子》

当我 4 岁时，有一次连续大哭了很长的时间，我记不得为什么事而哭。妈妈要我不要哭下去，但是我不听她的话。

妈妈走到寝室，取出一件很少穿的皮毛衣，然后告诉我：她不能够跟一个爱哭的小孩同住在这房子内，打开前门走出去。

起先我不相信她的话，但是她一直往前走没有回首。因此，我确定她是说真话的。我停止哭泣，跟在她后面跑出去，我答应不哭了，并且请她回家。她回到房间，挂上皮毛衣，一切都没事了。我感觉到即将被遗弃，因为自己的错误，产生了严重的罪恶感。

威胁要遗弃一个小孩,这不是一件轻微的嫌恶情境,它是一件残忍而无人性的处遇。即使在这个例子中,妈妈得到短暂的胜利,但是它让我在 15 年后,仍旧留下恐惧、不安全感以及罪恶感等深刻的记忆。(叶重新译)

3. **分析**：

母亲这种行动对年纪较大的小孩不会构成一种威胁,他们会很快认为这只是一种恫吓而已。假如小孩没有遵从妈妈的意思,则妈妈将会如何？她要遗弃小孩并离家出走。如果孩子说：好,你走开不要回来。最后妈妈还是回家了,则小孩会说妈妈哄骗人。

4. **正用**：

可以采消弱原理处理,另外可欲行为一旦出现,立即予以增强,配合应用,当可改善此种行为。

（五）应用在读书方面

1. **原则**：应用躲避制约,宜注意实质内容,否则失去意义。

在今日升学竞争,学科学习仍占首要地位,因此父母均希望子女专心于书本中,一切休闲活动,仅可聊备一格。可是由于父母受教育有限,或没有更多时间,往往使各项要求,仅止于表面而已。

2. **示例**：

《小 说 迷》

伟雄今年 12 岁，是个自我中心的小孩，喜欢音响，不仅晚上听音乐，常一大早也把音响开得很大声。妈妈实在忍不住，拟促其改善，又怕反弹，所以采行逐步改善方式，规定他每天早上要是能读 1 小时的书，则晚上准他听音响，否则音响一律关掉。

* 伟雄，不是跟你说过吗？早上应该做什么？
* 知道了。
* 你明知故犯。
* 没有书可读。
* 喔，书那么多，怎么没有书读呢？

这时，伟雄想到，英杰两本武侠漫画书，刚好在我这里，于是随手一翻，一页一页过去，竟然发觉蛮有趣的，如此，在 3 个早上把两本书看完了，后来竟然迷上武侠。

3. 分析：

要求子女多读点书是没有错的，只是若把全部时间都窄化在书本中也不见得是理想，尤其是小学阶段为然。伟雄的妈妈只知道要他读书，但并不知道实质内容的重要，以为拿起书本看就是了。

4. 正用：

就原则而言，雄伟的妈妈采行渐进手段，要求他每天早上读 1 小时书，则晚上允许他听音响的做法是正确，错误的是在于雄伟不是读正课，而是看武侠——终于成为武侠迷。妈妈的用心，不但未达到，反而带来另一项毛病。

二　学校方面

（一）应用在情绪反应

1. **原则**：与其说谎欺骗，不如明确告诉实际感受，以避免引发不良情绪。

在日常生活中，难免会碰到令人恐惧、害怕的情境，导致儿童焦虑行为，这时老师们应该不要漠视儿童的情绪与心理，必须表明接纳儿童的感受，并积极地显现支持的态度，否则焦虑会更强化。

2. **示例**：

《种牛痘》

从学校护士那儿送来一张纸条，要8岁的莉艾去种牛痘，莉艾开始哭了。

* 你认为种痘很可怕？

* 是的。

* 你恨不得不必上护士那边去？

* 是的，我怕，那会很疼。

* 不会痛，不用怕……

* 我想会很痛。

* 不会啦，没有关系，不会痛。（欧申谈译）

3. **分析**：

老师的处理方法不理想,莉艾过去可能种过牛痘、打过针,知道痛,或是没有种过痘,也看过或听过其他朋友的经验,因此知道这是一件痛的事情,才有逃避行为显现。老师告诉她不痛,或出自安慰,但等于欺骗她。事后见真章,就可以知道老师这是骗人的话。

4. **正用**:

假若我们用另外方法处理,其结果应该不同了。

> ＊我知道,那是会痛,让我给护士写张条子,请她
> 　给你种痘时,特别轻些。
>
> 老师写了,莉艾去了,她回来,泪汪汪,眼睛已红。
>
> ＊很疼,对吗?
>
> ＊是的,起初疼得很厉害,现在好些了。

(二) 应用在班级处分

1. **原则**:应用躲避制约,宜一视同仁,以免情绪失衡。

在团体中,身心条件或学业成就不如人的时候,都会产生一种自卑感,这种自卑感使个体难免有一种无力可回天的薄弱感,自然地会自惭形秽,自觉卑屈。若在团体里被突显出的话,问题很容易就产生。

2. **示例**:

《终于转班了》

20多年前,当我从师大毕业分发到台南某初中任教时,担任一班 A 段班课程,有一位同事的儿子也在这一

班。当时鞭子还很盛行，只要考试未达标准就要挨打，可是打到同事的这位儿子时，心里有点顾虑，于是跳过不打他。

* 老师，我没有打。
* 喔，你不用了。
* 为什么？

我没有再回答，继续打另外下一位。这样几次以后，发觉他有点不对，愈来愈有问题。因为其他科目的老师，亦有好几位跟我一样，另眼看待，终于他无法待在这班，新学期就调班了。

3. **分析**：

这位同事的孩子，成绩没有考好，按规矩要打，但基于同事的关系放过他。可是在孩子内心并不期望如此，他期望跟常人取得一致，没有打，在内心中并没有常人坦荡荡的感觉，同时不仅一位老师如此，其他也这样，终于走上转班的路途。

4. **正用**：

宜一视同仁，不宜另眼看待来处理。

（三）应用在平时教学

1. **原则**：使用躲避制约，宜注意言词，以免弄巧成拙。

老师或班级往往都要同学帮忙抄写，这是一件负担也是一件荣誉的事，只要能有师生肯定的眼光或精神上的激励，都会乐于效命，但若有言词上的不当或异色的眼光，可能会产生意外的事故。

2. **示例**：

《你没手了!》

丽娟从小就因故锯掉左手，由于内向自卑，很在意她的缺陷，平常在穿着方面，尽量加以掩饰，所以整年都穿长袖上衣，尤其五六年级以后。

刚开学,新来科任江老师是位教学认真的好老师,对学生要求也很认真。一天,不知心情不好或什么缘故,脾气不好,正在这节骨眼,刚刚好看到丽娟左手下垂,只用右手在写资料,脾气大发,教鞭一指丽娟,厉声说:"你没有手了,哪有这样写字的,不用写了。"

丽娟强忍着泪水，头几乎发昏，没有吭声。可是回家后，不再到校了。

3. **分析**：

教师忽略小孩的缺陷，虽然免其工作，但过度疾声厉色，造成儿童心灵伤害，使小孩采取拒学以逃避这些刺激，将自己、教室或使用的教材转变为不愉快制约刺激。这种情境使儿童逃避教师、书本的行为出现，因此，使他们沦为学业失败者，这是逃脱制约的不幸结果。

4. **正用**：

老师或家长对儿童行为的好坏，应避免渗入自己的情绪，依行为好坏论断，配合增强应用，使良好行为能再度出现为宜。

（四）应用在操场规则

1. **原则**：实施或应用，必须令出必行，否则易生事端。

孩子在小的时候，就必须明订规则，要他们遵守。若有违规，则依规定处分，始能养成良好行为。不过就一般情况而言，孩子一旦发生违规而要执行处分，常会向老师求情，致使老师遭遇两难的困境。

2. **示例：**

《我不再犯，原谅我吧！》

要求操场上的安全是学校重要的一项规定，学期一开始，李老师就对学生说明在操场上活动的安全原则。然后，和学生共同讨论场地和设备的使用，以及一些被禁止的不良行为，如玩棍、玻璃或丢石头等。并且列出一张表，作为活动的规范，其中包括犯规后的处理，捣蛋的孩子在课余活动时必须待在教室，期限为一个星期。

志杰违规了，在禁足之前，一再向老师求情原谅他，让他免去禁足，老师不胜其烦心软同意，结果张三如此，李四一样，王五如法炮制，操场安全规则，荡然无存。

3. **分析：**

违规的小朋友，常会用良好的口头叙述以求获得原谅，但往往改变的只是他们的口头行为，而非其反社会的倾向。违规同学表示道歉，和装出有罪的样子，都是基于一种心理而避免惩罚的另一种表现方式。

4. **正用：**

只要确定规定是为孩子好，孩子不照规矩，必定会确实执行处分，如此必能发挥最大效用。只要孩子知道分寸，就学会自我约束。

（五）应用在数学课上

1. **原则**：忽略自尊的躲避制约，会使儿童陷入自我禁闭。

老师教学工作认真起来，的确不轻松，够辛苦的。儿童有所需求时，必须不惮其烦地答复。但有些老师做得太卖力了，常把时间精力花费在原可避免或阻止的纷争上。

2. **示例**：

《不可笑的事》

10岁的安迪是个内向孤独的小朋友，今天数学课，站在黑板前徒劳无功地试着解释一道乘法的题目。教师在办公室与另一位同事发生争吵，情绪一直不稳，看状说：

＊你一张开嘴巴，就把人类的知识总额扣掉一些。

全班为之轰笑。安迪站在那边不出声，有如石头一般。

＊你看看别人怎么解。

＊志杰上来说给他听听。

＊安迪注意看看，用耳朵听听吧！

很可能安迪根本就没听，他的心早已离开课堂远远的。安迪业已学会以充耳不闻的办法来逃避老师的责备，他学会了在幻想中生活，以免受攻击。

3. **分析**：

这位老师不诱导安迪脱离孤独，反而使他陷入更深的自我禁闭。安迪需要的是乘法讲解，而非自尊的遭毁，一个人应能抗拒"牺牲他人以表现自己聪明的冲动"——虽然这不容易。

4. **正用**：

"安迪，这个题目的确是难了，你能告诉我这个题目的意义……"老师不责备、不批评，也不给空洞的慰藉，只是叙述题目的内容，使安迪了解题目的内容，进而导引解题的步骤，确信会有不同结果。

（六）应用在平时考试

1. **原则**：呼应学生不良的躲避制约，势必强化儿童偏差行为。

好逸恶劳是人类的本性，老师指派的作业，和过多的平时考都是学生所不喜欢。当老师有这方面的要求时，学生看准个性较好的老师会要求减少或不要，以逃脱这项负担。

《老师，不要考啦!》

　　连续放假两天，倒是一个难得的机会，周老师心里这样想着，上一次段考，班上考得实在太棒，第2次段考不能再这样，否则师院刚毕业的青年才俊，又要被他们提出来当话题——那是带有讽刺的味道,实在不好受。

　　* 小朋友，上次段考成绩不好，这次各位要利用两
　　　天连续假期，用功一下，回校上课就要平时考。
　　* 老师，不要啦，让我放心出去玩。
　　* 老师……
　　* 老师……

＊老师……

…………

不仅上课时小朋友提，下课也围着老师讲，你一句、我一句，从早上到下午给这些小鬼吵得实在受不了，终于屈服于儿童的吵，为逃避他们的吵，就答应不考了。

3. 分析：

小朋友你一句，我一句地吵，终于老师答应不考了。不考带来小朋友满意结果，这种满意必然强化他们的反应——吵的行为。因此，下一次若遇到老师的要求时，同学们吵的行为会再度出现。

4. 正用：

吵是不好的行为，不良行为应采消弱策略，不理他，令出必行，使小朋友得不到满意结果，吵的行为自然会消弱。

第六节　有效应用逃脱或躲避制约的要点

一　善用躲避制约优于逃脱制约

在日常生活中的应用，若两者同时存在而可以选择的话，宁可选择躲避制约学习。论其理由：

1. 在逃脱制约学习中，目标反应发生之前就要加以惩罚物；而在躲避制约中，只有反应不发生时才施以惩罚。
2. 在逃脱制约中，不施以惩罚不会发生目标反应；而在躲避制约中，即使不再施以惩罚，预期反应的减少仍很缓慢。

二 躲避制约的应用，以逃脱制约的建立为先决条件

在实施躲避程序之前，必先借逃脱制约建立预期的行为。若逃脱制约反应已塑成，则可使躲避制约反应的建立更加容易。

三 制约惩罚物必须是很急切的惩罚物

在躲避制约实施期间，制约的惩罚刺激必须是很急切的惩罚物，这提供了"警告"，表示可能产生不愉快刺激，因而增强了制约作用。例如在停车场的计时器上印着"违反"两字，则警告车主若不付钱，可能会接到罚单。

四 逃脱及躲避制约要谨慎使用

当我们应用逃脱或躲避制约时，要跟应用惩罚一样必须谨慎使用。因为这些制约包含令人不愉快的刺激，可能产生有害的负作用，如攻击、恐惧、或逃脱或躲避与程序有关的人或物。

五 使用逃脱或躲避制约时，必须与正增强并用

在使用逃脱制约或躲避制约的同时，必须使用正增强作用，以产生预期的反应。这不但可以增强预期的行为，更可抵消上述不

理想的副作用。

六　告知逃脱及躲避制约程序

与其他所有的手段一样，要将程序有关的偶发事项告知有关人员。但是，为使逃脱或躲避制约发生作用，指示是不必要的。

防微杜渐篇

《未雨绸缪》

　　武王既丧，管叔（武王的弟弟）及其弟乃流言说：周公（武王弟，受命辅佐成王为政）将不利于成王。周公乃告二公（太公、召公）曰：我之弗辟（如果我不讨伐他们）我无以告我先王！于是周公东征二年，擒获罪人。其后，周公乃为诗以贻王曰：迨天之未阴雨，彻彼桑土，绸缪牖户，今女下民，或敢侮予！

　　这首诗告诉我们：趁着天还没有下雨，用桑根的皮把巢室的空隙之处缠缚紧，只有巢室坚固才能免去人的侵害。这种未雨绸缪的观念，若应用在学童的管教上，最好能把握事先准备，防患于未然，做到防微杜渐的地步，那比事后补救要高明得多。

第十四章　刺激线索与刺激控制

　　人类生活中，事多繁杂，在人际沟通或各项要求上，如果每一件事情，都要一一述及或直接传递，实在是不胜其烦。何况人多，有时根本无法顾及；另外也有许多事物或要求都是固定一样，千篇一律。不仅因一再呈现，不足为奇，减低效果，而且一再重复也会牛乳变酸，引起反作用。因此人类很自然创造出许多符（讯）号来代替，如交通号志、上下课钟、垃圾车音乐声等等皆是，方便了人类。

第一节　楔　子

　　上述符（讯）号不但常常用于一般团体，而且实际应用于个人者也蛮多，譬如我们常在月历上或日记簿上记下重要事情，家庭主妇在上街买菜之前列出购物清单，教导小朋友每天记录工作项目，或学生自订每周功课进度表……都可发展出自己的线索系统，以提供个体按程序进行工作，发挥工作（或要求）绩效。

《何先生的一、二、三》

　　何先生是赋居在家的校级退伍军人，由于在军队带兵 20 多年，习惯一个口令，一个动作。在家无聊，从过去不管家事的情况下，逐渐变成管家婆，一、二、三成为他的口头禅。

当孩子不做功课，何先生叫孩子去做功课，孩子若不动，他就喊着："一、二、三！"如数到三，孩子还不去做功课，就处罚，且执法如山，故每次他用不着喊到三，孩子就去做功课了。又如午睡时间，孩子们在客厅里吵得何先生无法睡觉，他就叫孩子去睡，孩子吵闹如故，他又喊："一、二、三"，还没喊到三，孩子就上床睡了。

这种处罚前的口令，相当于警告，非常有效。（马信行）

《马主任的嘿！嘿！》

笔者就读初中时，成绩不突出，是个平凡到不能再平凡的学生。3 年时光，不仅没有任何"丰功伟业"可记下一笔，亦无任何芝麻蒜皮小事留存脑中。唯一记忆，那就是我们的训导主任马老师了。每天升旗后的台上训话，十之八九都是他，不是规定这个，就是要求那样。

各位同学，请稍息，以下有几项规定：

一是……

二是……

三是……

若有违反上述规定者，嘿！嘿！报告完毕。

马主任每次的报告，就如上述方式，行礼如仪，报告完毕，鞠躬下台。内容虽然简单扼要，分点叙述；违规处理也没有说明清楚，仅"嘿！嘿！"两声，可是台下的同学却比详细说明还清楚，很少有人敢违规。

《不再抓脸了》

佩姬是一个 5 岁小女孩，患有一种相当严重的行为问题，那就是常用手去抓自己的脸，每日总有几次把脸抓得血流满面，不但自己痛楚难当，而且令人不忍卒睹。她的父母奔走各地，请教过无数精神科医生和心理学专家，都无济于事。后来遇到一位专攻行为改变技术的心理学家，由他帮忙这孩子的母亲，在家中建立行为改变的系统。还不到 3 个月的时间，这种陈年毛病竟霍然而愈。

这位心理学家所建立的系统，首先是要这位母亲做两件事：

1. 找出孩子最想要的几件东西。

2. 统计这孩子多久抓一次脸。

然后找一个厨房用的钟，根据孩子两次抓脸间隔的时间，把钟调好，每过这一段时间就自动有声响，再告诉这个女孩，如果钟声响了，她没有抓过一次脸，即可得到她想要的东西。这个孩子为了得到这份东西，就尽量克制自己抓脸的行为。

果然，这一套行为改变方法对她产生了极大效用。

（施显烃）

第二节　内　容

对于一个小孩说脏话的处理，一般家长或老师中惯用的方法就是惩罚。使用体罚能否有效改善，似乎都不去深究。睽诸事实，往往效果相当有限。因为小孩了解到：只有父母（或老师）在场听到他说脏话，他才会受到惩罚。也就是说只有某种刺激（父母或老师）在场，才会有惩罚的存在；如果那刺激不存在，就可以作出反应而不会受到惩罚。这样，小孩是否说脏话取决于他的父母（或教师）是否在场。小孩能辨别他父母在与不在两种情况，使他说脏话的行为，依随于这种区别。识此，我们要问：何以会这样呢？下面的实验或许可以帮助我们了解。

一　理论依据——斯金纳的白鼠实验

现在让我们再回到斯金纳箱的实验，并且讨论前面所提过的灯。在我们已经制约了白鼠压杠杆之后，可以使实验的情境变得更复杂一点。我们可以安排一种情况，使白鼠只在灯光亮时，压了杠杆才会获得一粒食物丸，灯熄了的时候，纵然压杠杆也得不到食物丸。在这种情况下，我们将灯当做辨别性刺激，以 S^D 表示。灯亮就界定为 S^D 条件，灯熄就界定为 S^Δ 条件。以这种方式安排，白鼠学会在灯亮时去压杠杆，灯熄时就不压。

二　模　式

由上面白鼠实验可以理解，当动物经由酬赏的方式，建立某些操作性制约行为之后，如果此时在学习环境里安排一个讯号，则可以训练动物作辨别学习。就以此实验而言，灯就成为压杠杆反应的讯号（线索）。如此，我们就发展出辨别性操作，这是一种操作性反应，只针对某一组特定的环境，而不是另一组。根据上述有关白鼠实验的结果，刺激控制形成的整个历程可以归纳为下列模式：

1. **情境：**

白鼠肚子饿的时候，杠杆灯的亮不亮，是吸引白鼠注意的两种刺激（S）。

2. **反应：**

白鼠进行操作反应压杠杆（R）。

3. **立即效果：**

当灯亮时压杠杆则有食物增强，当灯不亮时，压杠杆则无食物增强。

4. **长期影响：**

白鼠学会灯亮时压杠杆，灯不亮就不压。

若以符号来表示，其模式则为：

情境——→反应　　　　　　　：　　立即效果　——→长期影响

S_1^D（刺激）　→R（操作反应）：　S_1^{R+}（食物）　→R_1^+（反应分明）

S_2^Δ（灯不亮）→R（压杠杆）　：　S_2^{R-}（无食物）→R_2^-

S_3^Δ（灯不亮）→R（压杠杆）　：　S_3^{R-}（无食物）→R_3^-

．．．．．．．．．．．．．．．．．．．．．．．．．．．．．．．．．．．．

S_N^D（刺激）　　→R_N（压杠杆）：　　S_N^{R+}（食物）　→R_N^+

　　谈到辨别性刺激的概念，我们须要了解在操作性制约里的哪一种是兴趣联结。对于桑代克而言，兴趣联结是存在于一般环境情境与解决问题的有效反应之间。对于斯金纳来说，兴趣联结可以用下图表示：

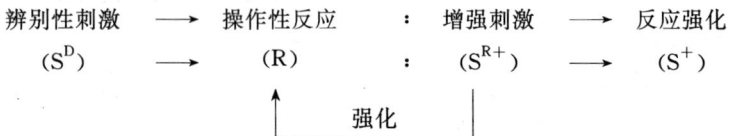

辨别性刺激　——→　操作性反应　：　增强刺激　——→　反应强化

　（S^D）　　——→　　（R）　　：　　（S^{R+}）　——→　（S^+）

　　　　　　　　　↑　　　强化　　└

　　除了用辞上稍微不同外，斯金纳的学习观点与桑代克1930年之后的观点极为相似。事实上，除了他们计量变项的方式不一样外，操作制约和工具制约被认为是相同的制约方式。

三　意　义

　　刺激是引发个体活动的力量，因此人类行为反应是刺激所引发的活动。同学静坐听讲，忽然有一位漂亮小姐从走廊走过，同学转头望视。小姐是一种刺激，转头望视则是因小姐出现所引起的反应。如果没有小姐出现走廊，则学生依然静坐听讲，怎么会发生转头望视的反应？

但刺激与行为反应必须发生一种交互作用才能成立，如果小姐的出现，同学根本没有发觉，则与同学毫无关系，就不能成为同学的刺激，自然也无法引起学生的转头反应。必须等到引发同学的注意，则小姐才算是引起同学反应的刺激。而转头望视才算是对小姐出现的反应。

宇宙万物，虽然处处存在，时时拥有，但未必样样都能成为刺激。以引起个体活动而言，有的刺激对个体能引起反应，有的刺激就不能引起反应，就以上述3例而言：

1. 何先生的"一、二、三"是一种刺激，可以引起其子女的反应，若出自他的太太或其他人，就没有意义。同样的何先生的"一、二、三"，若对王家子女就没有作用了。

2. 马主任的"嘿！嘿！"，对当时我校的全体同学而言，可以引起作用，换不同的老师来说它，可能没有效果。对他校学生，亦复如此。

3. 定时钟的响声对这个5岁的女孩而言，可以使她产生不抓脸的效果，若在别家的钟声，对她就没有效力，同样她们的钟声对别家小孩也无动于衷。

这些例子，告诉我们一个观念：某些刺激可以引起某些反应，另一种刺激却不会引起相同反应，这就是本章所要讨论的主题：刺激控制。

所谓刺激控制是指一个刺激的某一特性改变，会引起某一些反应性质（如反应出现率）的改变，另外一种刺激，却不会引起相同的反应。这就是所谓的刺激控制。而引起反应的刺激，就称为刺激线索。

让我们举一例来说明：当门铃响了，家人才会去拿对讲机，然后产生说："喂！哪一位？"的这种行为。假若门铃没有响，我们任何人不会去拿对讲机来说："喂！哪一位？"因为反应了也没有用。

刺激控制不管是简单抑或复杂，都是学习而来，假若我们学习在适当刺激呈现时，就能引起适当反应；如果没有刺激，或是错误刺激，就不要有某种反应，这种程序，就称为"刺激辨别训练"（stimulus discrimination training）。

刺激辨别训练主要也依据前面所讨论到的增强、消弱原则，即增强某一刺激呈现时的某一反应，而消弱另一刺激所呈现时的相关反应。就如何先生"一、二、三"的例子来说，当何先生喊"一、二、三……"时，他的子女赶快依他要求而行为，会带来满足结果，否则会受到处分；门铃若响，然后去接听并说："喂！哪一位？"那么就有回答，而获增强。否则纵然接听的人喊多少次的"喂！"也不会有人回应，当然就得不到增强了。

反应性行为是由已知的刺激引发出来的，而行为的产生是因为与刺激联结在一起的缘故。本章前面所举例子，并不是由行为后果所控制。在白鼠实验中，灯变成一种与有机体已经学得的反应联结在一起的讯号，后面再跟着增强物。其他例子亦都是如此，所以刺激控制宜属于反应性制约取向。

第三节　正　用

在我们的日常生活中，有意无意显现刺激控制的例子很多。嘉民早上7点钟响（S^D），赶快收拾书包（R）上学（S^R）。妈妈开车送海天上学，碰到红灯（S^D）、停车（R），避免意外事故，或一张罚单（S^R）。燕芷走在路上，忽然看到讨厌的静雯（S^D），立即改变正在行走的方向（R），避免冤家碰面（S^R）。吾人若能善予应用，可以建立或改善儿童行为。

一 家 庭 方 面

（一）应用在饮食习惯

1. **原则**：刺激线索的呈现最好在行为前而非事后。

呈现刺激线索最好是在儿童表现合适的行为之前，而不是在他们做错事之后才呈现。当一个儿童表现了不良行为，许多父母或老师的反应，就是立即告诉他做错了，然后也许给予进一步的指导。很不幸的，儿童错误的地方，变成了父母给予教导的刺激线索。然而，假如父母看到小孩表现良好的行为，而想强化小孩的该种行为，明智的父母应该会在适当的时刻给予他们合适的刺激线索。

2. **示例**：

《不乱吃零食》

秀娟和逸群两姊弟的父母均有工作，因此，两人都在乡下外婆家长大。由于分别要读一年级及幼儿园，所以父母就把他俩带回来。结果发现两姊弟饮食习惯不好，正餐不吃，乱吃零食。

于是母亲订定一项家规，平常不可吃零食或水果，必须吃完一碗饭后，才可以吃自己喜欢的零食或水果；一碗饭只要没有吃完，则不许吃零食或水果。

如此实施 1 个月后，不但饮食习惯正常，而零食方面也规矩了。

3. 分析：

本例启示给父母应用刺激控制的原则：教导小孩子在特定时间，记得做某种行为时，最佳策略之一就是在他表现正确行为之前，为他安排使其可以接受的线索——适当的刺激控制，而不是在他做错行为之后，才提供。

（二）应用在家事处理

1. 原则：自动化的线索，在应用上更容易见其效果。

许多儿童在做他们想做的事时，他们需要有人帮助提醒他，刺激线索的应用，就是其中最佳方法之一。可是我们要指出的是，这种应用是否能成功，涉及多种因素，其中有效的刺激线索是：在个人想要做某件事情之前，非常自然地提醒个人需要做些什么，尤其是自动化的线索为佳。

2. 示例：

《给草坪浇水》

善尧的庭院有一套浇水系统器具，他的责任就是每隔 10 分钟或者 15 分钟打开一组浇水器，共有 4 组浇水器，一个星期要开关好多次。然而他往往让水流得太久，整个草坪如洪水泛滥，因为他忘记关掉一组，再打开另一组浇水器。

后来他自己想出一套解决办法，在晚上看电视时间做好浇水工作。每当出现商业性节目时，就成为他跑到草坪去控制浇水器的线索。因此，他在1小时内就完成浇水工作，除了商业性节目没有看到之外，其余节目都没有错过。（叶重新译）

3. **分析**：

儿童在他们想做事情时，父母若能直接间接采用刺激线索来提醒他，就能产生良好的效果。但有效的线索应该是：在个人想要做某件事情之前，非常自然地提醒他需做什么，本示例就具备这种精神。

（三）应用在饲养动物

1. **原则**：适时提供刺激线索有助发展亲子和谐关系。

当子女不能如期望做好他们的工作时，或当孩子忽略父母的交待时，很容易引起父母生气，认为他们没有责任感。事实上父母若能适时提供刺激线索，提醒孩子如何做，就不会发生上述现象。因此成人如何按照事实情况给予刺激线索，与小孩子保持沟通，将有助于亲子发展出和谐关系。

2. **示例**：

《饲养小动物》

11岁的富民，不能定时去照顾他饲养的乌龟和小狗。他负责喂养和给它们洗澡。他父母亲用自动式的线索提醒他：这是喂养动物的时间了。每天早上和晚上总是引起亲子间的冲突和不愉快。

于是他的父母又设计一张显眼的纸皮标笺。在一边写道：富民，我们肚子饿了。另一边写着：我们吃饱了，谢谢你!这张纸皮用一根线吊在与富民眼睛同高的门后。当他完成照料小动物之后，他自己就把这张纸皮翻转过来。

这张纸皮是客观的，它从不激怒富民，却能提醒富民完成任务，而且他父母也不再对他唠叨了。(同上)

3. 分析：

一般父母的一再提醒或责骂，都不能够发挥效果，因为父母都在子女做错事情之后才责备他。刺激控制乃是利用某种线索在他还没犯错——即不良行为还没有产生之前就提醒他。假若这种线索也在不良行为发生后出现，那也不会比父母的责骂更能提醒他。

(四) 应用在按时回家

1. 原则：适当地提供嫌恶的刺激情境，也会产生不错的效果。

在刺激线索的应用上，我们都喜欢采用正面的线索，主要目的乃在减少负面结果的出现。不过有时候，也要适当应用嫌恶线索，其目的乃在刑期无刑，因为它的存在，孩子不敢违规，导致嫌恶刺激的出现。

2. 示例：

《按时回家来》

玫芳的父母亲对她有一个规定，无论她参加任何舞会或周末的约会，都必须在晚上 11 点钟之前回到家。她父母亲把一个闹钟放在大厅内，并且把警铃的时间拨在 11 点 15 分的地方，如果她在晚上 11 点钟或是再慢几分钟之前回家，打开门的时候，警铃不会大声作响；但是如果太迟回来，则警铃一定会吵醒所有的家人，使她觉得很尴尬。（同上）

3. 分析：

在上述这个实例中，玫芳的父母亲使用一种自动式嫌恶的情境，以致他们不必久等她。如果她准时回家，则不会吵醒父母亲；但是假如她不按照时间回来，则父母将自动地被吵醒过来。并非所有嫌恶的情境，都很容易地设立出来。然而，如果父母希望他的小孩评价他的话，则父母亲应该一贯地执行所有的规则。进一步而言，成人应该周期性地再检查这些规定，以了解它们是否仍然适合青少年。（与本章《晚归》一例比较看看）

（五）应用在家务分担

1. **原则**：刺激线索可以配合其他措施，更容易发挥效果。

刺激线索固然可以引发孩子的行为，因此父母或老师若能善加应用，就可培养行为的发展。但有时单纯的刺激线索不易显现效果，若能配合其学习原理的联合应用，其效果更易显现。

2. **示例**：

《家　事》

瑞棠的家中有 4 个小孩，每一个人都有责任处理一些家务事。问其原因，主要是因为他们父母两人都是全时间的工作，很难有余力来处理家庭的杂务事，所以由他们来负责。

瑞棠和他的太太都不喜欢每天督促小孩做他们的家务，因为这是一项额外负担。

瑞棠夫人画一张图，挂在厅前显而易见的地方，每一个小孩的名字和他应负的责任，均列在该图的顶端，在底端则列出一个月 30 天的日历，每个孩子在他的名字下面作一个记号，哪一天应做哪些家务事可以一目了然。每人一周只要工作一次，瑞棠太太在各天不需要做的工作之小小方块内涂黑色，因此在每天晚上，她能够从工作图表上，立即知道是否每一小方块都已经作记号了。

每当一星期内，所有小孩都能完成他们的工作，全家就到他们所喜欢的一家餐馆吃晚餐。这项活动可以激发与鼓励小孩一起工作，并且互相提醒他们应负的责任。在这个家里，没有哪一个人必须每天提供线索，由于全家人的合作，所以他们能够一道上餐馆享受愉快的晚餐。（同上）

3. **分析**：

本示例瑞棠夫人利用代币制原理，采图示方式，将各人的工作列表，使整个月的工作状况一目了然，不仅每日工作加以记录以知成效，而且每周赴餐馆吃晚餐以资强化。换言之，提供明显的刺激线索于前，又强化行为后果于后，其效果应可预计的。

二　学　校　方　面

（一）应用在忘带作业

1. **原则**：称职的老师是位能适时提供刺激线索的人。

一位有技巧而称职的老师，是能够在学生学习过程中，适时提供合适的刺激线索；而一位没有技巧，不称职的老师，往往在学生做错事之后，才给予警告或责骂的刺激线索，而不是在他们做出该事之前，先给予适当的指导。

2. **示例**：

《忘带家庭作业》

翠花经常忘记或遗失她的家庭作业，向教师报告对这个问题的改善办法。

老师询问翠花，是否她喜欢忘记家庭作业，她说她想记住，可是经常会遗忘。于是老师建议家长，假如把一些比较有价值的东西，放在家庭作业里面，则她将不致遗失它。于是家长接受建议，为她做一个大的封套，上面书写她的名字，也帮忙将封套外面装饰一番。然后提醒翠花，应该将家庭作业放在特殊封套内，如此才不致遗失它。

第2天，是她几个星期以来第一次完成家庭作业，我

暗自庆幸她能记得了。至目前为止，有 3 个星期她不再
忘记家庭作业了。（同上）

3. 分析：

儿童忘带东西是极其平常的事，但我们若仔细去观察这类孩
子，并非他们样样都如此。事实上，他在意的东西却都记得清清
楚楚，只是这些东西不是父母师长认为是重要的。本示例中老师
能抓住这重点，把这些在意与不在意的东西都放在设计的袋子里，
自然就不会忘记了。

（二）应用在卫生习惯

1. 原则：若能在儿童行为情境呈现刺激线索，效果更好。

许多刺激线索的提供，多数是经由老师口语方式来提醒，可
是这项的指示，往往是在正式场合如教室、集会……中进行，与
儿童实际上的行为没有关联上，可以说是一种孤立的教导而已。假
若能在儿童行为情境呈现刺激线索，确信效果更好。

2：示例：

《洗　手》

辉强上厕所之后，总是忘记洗手。育乐幼儿园儿童
在教室隔壁都有他们自己的卫生设备。老师希望教导学
生去上厕所之后，养成洗手的清洁习惯。

在开学期间，李老师告诉所有的园童，让他们知道
上厕所后为什么要洗手的原因。辉强经常急着回去参加
各种活动，所以老是忘记洗手。于是李老师建议行政员

责人，能够在厕所门上安装铃声，每当儿童进入或出来，都有小小的一个响声，这响声就是提醒如厕洗手。行政方面配合了，李老师也多次提醒小朋友响声的意思，而小朋友慢慢地都懂了。几个星期之后，不再需要提醒，而能记得洗手了。

3. 分析：

教师建议园方在厕所门上装置响声，并告诉小朋友知道，进出厕所如果听到响声就是提醒他们洗手，小朋友很容易理解；而且这些响声的刺激线索都在小朋友上厕所时出现，很容易成为有效的线索。

（三）应用在遵守秩序

1. 原则：有时尚需强化作用的配合，刺激线索效果才能发挥。

有些儿童在学校里，老师虽然采行刺激方式，用来促进行为的塑造或改善，但由于只提供一个简单的刺激线索是不足够的，影响其成效，尚需一些其他强化作用，方能发挥效果。

2. 示例：

《安静通过走廊》

前年永仁小学的孩子，当他们下课后要到外面操场时，喧闹之声相当大。学校为了这个问题，把他们集中起来教训一番，可是效果不彰，曾经有一位女孩在喝自来水时，被打掉一颗牙。

在新的年度里，老师们计划采取不同的方法，以避免旧事重演。于是一位老师在第一堂课下课之前，告诉学生通过走廊要安静、守秩序、不可争先恐后或乱喊乱叫。同时下课时老师们走到走廊，任何小孩用跑的、推人的或大声喊叫的都不被责骂，可是要求这些学生重返教室，再经过走廊走到操场。经过一段时间的要求后，这些学生已经能自爱自重，不再胡闹，而且很安静、有秩序地走到操场了。

在这个新的学年中，从第一天开始，采行上述方式来要求学生迄今，再没有严重的意外事件发生了。（同上）

3. 分析：

有些学生在学校，可能不喜欢学习秩序地通过走廊。对他们来说，只有一个简单的线索是不足够的，需要一些其他的强化作用。凡是遵守规定的学生，就能够先到操场使用各种设备，以此作为强化的方法。

（四）应用在歌唱练习

1. **原则**：刺激控制必须提供儿童理解的刺激线索，始能发挥效果。

口语式的刺激线索是人类最常用的形式，可是在应用时忽略小孩子的词汇有限，比起成人来数量差距很大，一个对成人相当清楚的刺激线索，对小孩来说并不见得清楚。因此在许多情况下，不是孩子不表现，而是孩子不懂得母亲期望他做些什么。

2. **示例**：

《张 大 嘴 巴》

由高年级几位同学组成的合唱团，在他们演唱较长的两个音节时，常常忘掉做深呼吸。由于不会深呼吸，所以对较长的音节总是唱不好。于是指挥教他们在乐谱上，该深呼吸的地方做一个"×"的记号，可是仍旧有大半的学生忘记深呼吸。

指挥不得不要求合唱团的团员注视他，他告诉这些学生，在他们该深呼吸之前，会做个信号，就是指挥大大张开嘴巴，以激发合唱团的团员张大嘴巴。

如此，合唱团团员都知道什么时候该深呼吸。经由一连串练习，合唱团团员们不必指挥的特别暗示，就能记住应该做深呼吸的时刻。

3. 分析：

指挥人员的线索是一个很好的信号，他的暗示无意中传递了哪些行为是要做的。这要比儿童努力去学习记忆书本（乐谱）上的符号要有效得多。

（五）应用在说话方面

1. 原则：面临人多情境可借刺激线索来帮助，以出现适当行为。

在许多场合中，儿童面临环境人群所作行为的反应，会因为个人的经验和客观条件的不同而有所影响。如何在面临情境时，表现出适当行为，有时也可借刺激线索来帮助。

2. 示例：

《大声说话》

玉珍讲话的声音非常柔细，当她对班上同学说话时很少人能够听到她讲什么。起初以为是由于身体的毛病造成的。可是，当我观察她在草坪上游玩时，跟其他小孩一样，一高兴的时候也喊得很大声，听力检查也很正常。

我问她是否愿意让班上的同学帮助她讲大声一点，她同意。

我告诉班上同学，每当玉珍在班上，他们听不清楚她说什么，大家就将两只手掌弯成杯形置耳朵后面，以便听清楚。当他们稍微可以听清楚，就以一只手掌置于耳朵后面，利用这些线索帮助玉珍能记得大声讲话。由于班上同学称赞她的口头报告有显著进步，她的讲话声调就受强化了。

几星期之后，她不再需要其他小孩以手掌置于耳朵后面的线索了。她已经学会控制音量的大小，面对全班同学时讲大声一点，面对小团体则讲小声一点。

3. 分析：

由于玉珍的内向，从小就养成不敢大声说话的习性，虽然她有心要改善，也没有机会达到愿望。在此情形下，遇到需要她说话时，适时提供她说话音量大小的刺激线索，使她知悉配合，终能改善说话太小声的毛病。

第四节　影响刺激控制效用的因素

一　选择明确的记号

刺激控制乃是由训练者利用某种特定刺激，来使个体发展某种特定行为的一种策略。这种策略能否获致功效，首先要看这项刺激能否发挥效能。要使刺激发挥效能，必先使个体能明确辨别刺激。因此，我们若要发展某一特定行为的刺激控制，就必须使控制的辨别刺激非常显著。例如：李老师第一节进教室，明白告诉小朋友说："当我举食指竖立于嘴巴时，大家安静不可出声！"并佐以肢体动作，确实让儿童明白老师的要求。在这里可以发现，李老师发出小朋友安静不出声行为的刺激控制，应该是相当明确的。只要令出必行，确信可以发挥效果。

为达到讯号明确的目标，下列几项意见或许可供参考。

1. 外型的独特

选择使用的刺激与其他刺激间的差异，包括形状、大小、颜色、声光、在个体有明显觉知。

2. 出现时机的独特

选择使用的刺激要在适当的反应情境中才会出现，不会跟其他刺激混淆不清，避免造成鱼目混珠的现象。

3. 个体注意的焦点

刺激控制主要在发展个体的某一种特殊行为，当这项刺激呈现时，儿童要有最大机会注意到才能发挥效果。

二　减少错误机会

刺激控制主要是在于个体学习：某些刺激 S^D 可以引起某些反应，另一种刺激 $S^\triangle$ 却不会引起相同反应。在 S^D 与 $S^\triangle$ 二者间的差异乃在于前者有增强作用的存在，后者则无增强作用。假若在 $S^\triangle$ 出现还反应，则是错误的，因为他不能获得增强。

为使刺激控制发挥功能，相对的就是减少错误出现的机会。因为我们若能减少错误，相对地就是使刺激控制变得更有效。例如：父母希望孩子能正确观赏电视，当作业没有写完时，电视摇控器不给他，并告诉他说："作业做完了，现在可以看电视对不对？"如此，孩子错用刺激控制的机会减少了。

为达减少错误机会，掌握下列两点，或许将有帮助：

1. 增加 S^D 与 $S^\triangle$ 的差别性

刺激控制能否发挥功能，除 S^D 的有效应用，重要的是减少 $S^\triangle$ 的反应。为使二者反应明显区别，首先要增加二者的差异性。

2. 强化 $S^\triangle$ 的控制

假若在引起反应的可能刺激中，把 $S^\triangle$ 部分能加以控制，使儿童接触机会减少，甚至不出现，则错误机会自然降低。

三　增加尝试次数

在人类一般学习，如学习打字、游泳、骑车；或学校学习，如数学解题、语文理解、乡土认识等等都要一试再试，经过错误后，才获得成功，所以尝试在学习上相当重要。

不仅上述学习如此，其他学习亦然。刺激控制也是一种很复杂的高级学习活动，可以根据这原则加以说明。要使儿童能清楚分辨 S^D 与 S^Δ，才能达成刺激控制的目标。若想儿童能分辨 S^D 与 S^Δ，最好使儿童能够增加尝试次数。没有尝试，就没有经验；没有经验就不易成功。因此成功道路，必须有尝试，点点滴滴尝试的串连就是成功。换言之，要发展有效的刺激控制，必须在 S^D 呈现时，一再增强理想行为；或在 S^Δ 呈现时要减少错误反应于最少，甚至没有。如此，就会使 S^D 控制儿童特定反应。

第五节 误 用

刺激控制可以应用于训练儿童在适当时间和适当地点去做适当的事，一则可以应用在个人方面，以减轻人为发号施令的麻烦；二则也可以应用在社会大众方面，以维持社会秩序。但并非各种刺激控制均会发挥上述功能，假若使用不当的话，不仅发挥不了上述功能，而且也会带来意想不到的弊端。

《褒姒误国》

历史记载，周幽王王后褒姒，由于每天从早到晚都愁眉苦脸，幽王想尽方法都难博一笑，于是下令："谁能使褒姒一笑，赏千金！"有个奸臣献计："以前西戎强大，怕他们入侵，曾在骊山下设置了 20 个烽火台，几十面大鼓，做为召集诸侯来援救的警报，也许王后会对假警报有兴趣。"

当天晚上，幽王就放起狼烟，直冲云霄，敲起大鼓，惊天动地。诸侯们以为出了乱子，一个个点将领兵，连夜赶到骊山下，却只听见管乐之声。诸侯们始知上当，彼此苦笑，只好卷起旗子回去，心中怨恨不已。褒姒看到他们狼狈的样子，忍不住拍手大笑，幽王大为高兴。

　　不久申侯派人去向犬戎借一万五千名兵丁，加上自己的军队，闪电出击，把周朝首都团团围住。幽王急得举起烟火，但诸侯以为又是幽王为褒姒寻开心，没有人愿意做傻瓜。幽王兵力单薄，不敌犬戎大军，死在乱箭中，结束了西周王朝。

日常生活中类似的例子不少，兹分述如下：

一　家　庭　方　面

（一）应用在睡觉习惯

　　1. **原则**：不良的刺激线索，孕育儿童的不良习惯。

　　刺激线索导引儿童的行为反应，父母（或师长）若能适当善用刺激线索就可以控制儿童行为。但往往由于父母或老师为迁就改善目前的麻烦，容忍孩子的需求，反而误导孩子的反应，使父母接受此项刺激线索，久而久之养成了儿童的不良习惯。

　　2. **示例**：

《抱　睡　入　眠》

　　心怡是晓薇的第一个孩子，长得清秀可爱，爸爸很

喜欢这个小孩子，稍有风吹草动，他就心疼如命，一看
到她哭就赶紧抱起来。

一段日子后，心怡养成要在父母怀抱才能入睡的习
惯。他们夫妇俩渴望成为好父母，不让女儿感到被拒绝，
影响身心发展，结果每天要花掉很多时间，陪心怡入睡。
最后心怡只有在爸爸或妈妈的怀抱里睡着后才能放进婴
儿床。假若中途醒来，又要历史重演了。

夫妇俩对这个女孩的教养渐渐感到厌倦、不耐烦与
恐慌了。

3. 分析：

由于父母抱着时，小孩会感受到温暖，而父母在走动时，小
孩则有晃动感。温暖、晃动感使孩子舒服愉快，这与冷冰冰不动
的婴儿床差距明显，当然孩子喜欢。而哭的行为，每次都可以召
来父母，久而久之，孩子明悉这线索可以带来她满意的结果——
父母抱她。

4. 正用：

晓薇应该把心怡放在婴儿床，帮助她学习到睡觉与床的自然
关系。

假若心怡哭是因为肚子饿，就给她东西吃；假若心怡哭是因
为生理病痛，就带她去看医生；假若是在满足生理需求后还继续
哭，就采第四章之"消弱"法，让心怡哭到睡着为止。

（二）应用在零用钱问题

1. **原则**：迁就特殊的刺激线索等于强化了不良行为。

亲子或师生间的讯息沟通平常都以良好者为多，沟通久了就

相互了解。知道父母什么情况会同意，什么情况会否定，于是孩子在某些特殊情境下，父母或老师会因为某些原因，不愿或不想否决，导致儿童利用这种难得的刺激线索，达到他的不当要求，形成他的不良行为。

2. **示例：**

《妈，给我钱》

瑞祥平常都有零用金，但往往还是会借机会向妈妈要钱。但妈妈也都很谨慎处理，不随便给他，一定讲到她觉得有道理才会给。

今天早上瑞祥又来要钱，妈妈不同意，他就掉头走了。不久有一位多年不见的好友来拜访妈妈，两人就在客厅寒暄起来。这时瑞祥又来了。

＊妈！给我钱。

＊不可以。

＊没有关系啦……

……

＊好啦，拿去！拿去！

结果后来，凡有客人出现跟妈妈聊天时，瑞祥总重施故技……

3. **分析：**

当孩子有非分要求，母亲不同意，可是在一次特殊情境下——客人来访，孩子得逞，就产生强化作用。在此种特殊情境下，母亲担心在她朋友面前出丑，所以对小孩的要求有求必应，以防止小孩胡闹，结果强化了小孩胡闹的行为。

4. **正用**：

在这种情形下，母亲可以采用第四章的消弱原理。假若还无法消除小孩的哭闹行为时，可以邀请客人到外面畅谈，俟回来后可采第十章或第十一章相关策略处理。

（三）应用在生活起居

1. **原则**：刺激线索的应用，应考虑孩子的认知发展。

我们利用线索来达到刺激控制的目的，也需要考虑儿童认知发展的问题，在幼小孩子阶段，父母或老师提供的任何刺激线索，随年纪增长，愈趋独立自主，逐渐摆脱父母的处置，甚至也开始解释他人的线索，于是父母或师长以为这是对他们的挑战。

2. **示例**：

《晚　归》

9 岁的珊珊知道必须在午后 6 点以前回家吃晚饭，但这一天她跟朋友玩得太开心了，结果迟到了 45 分钟才回到家。

"你去哪里了，珊珊？"妈妈生气地问她，"你明知什么时候应该回家，你爸爸跟弟弟早就饿了，为了等你，我只好将饭菜都放在电锅里保温。假如每个人都随自己高兴才回家吃饭的话，我们的家会变成什么样子？赶快去洗手，然后到餐桌来，大家一起开动。"（林泽宏译）

3. **分析**：

珊珊的妈妈，是否明确指出她不会容忍错过晚餐时间的行为？珊珊并未听到这样的讯息。妈妈这番训话，能否帮助珊珊日后准时回家吃晚餐？似乎不可能。那么珊珊究竟从中学到什么？

珊珊学到的是：假如她想多玩 45 分钟，那么除了要挨妈妈一顿说教之外，太晚回来其实没有什么不好。她妈妈甚至会将晚餐保温起来，等她回来后全家再一起开饭。妈妈的行为讯息，就像十字路口的黄灯号志。（与本章《按时回家来》一例比较看看）

4. **正用：**

当儿童随年龄增长，不仅同侪影响加大，而且认知方面亦有重大改变，慢慢趋向独立自主，对父母设定的——刺激线索，甚至对父母的要求加以挑战。因此珊珊的妈妈无须唠叨，仅提醒违规的事实及应得的结果，全家人也无须挨饿等她回来才吃晚餐。

（四）应用在问候长辈

1. **原则：** 刺激线索的应用，必须涉及人、时、地的因素。

有些儿童并非不想在行为上表现出符合父母期望，而是由于他们不能真正了解成人的期望是什么？于是当儿童做出违背成人所期待的行为时，遭受责骂，假若父母能再适时提供孩子相关的刺激线索，确信孩子总有一天会表现出良好的行为。

2. **示例：**

《伯伯好！》

女儿在乡下外婆家长大，学龄后才回到家里来，由于住在宿舍区，进出都是同仁，同仁的小孩个个嘴巴甜，伯伯好，叔叔早，都会问候打招呼。

女儿初回家门，与隔壁邻居不熟，不会问候。

＊伯伯来怎么不问候？

＊不熟，何况都是大人。

＊就是大人，会问候，才是懂事有礼貌的小孩。

……

渐渐地，女儿看到学校同仁都知道问候打招呼了。有一天，女儿到我办公室，我们单位的主管，是在办公室的另一房间，进出都要经过我的办公室。女儿见一次叫一次，结果在我办公室不到一小时，张伯伯不知叫了多少次。当我回到办公室后，同事告诉我，你女儿礼貌太周到了。

3. **分析**：

一个人的行为表现与地点考虑，关系到行为的合适与否，某种行为在某些地方表现出来适合，在另一个地方就不一定适合。因此在儿童的学习过程中，我们需要帮助他们学习到合适的地点表现适当的行为。

4. **正用**：

事实上，礼貌表现太过时，反而让人觉得怪怪的，所谓过犹不及。女儿看到张伯伯出现的线索，应表现出礼貌的问候，但忽略同一时间内无须一再重演，返家告诉她这个原则，很容易理解了。

（五）应用在作息时间

1. **原则**：刺激线索要明确果断，始能及时发挥效果。

刺激控制的显现形态多种，当以口语形式作为刺激控制时，它往往不容易与挑剔分清楚。但二者却有很大区别。挑剔是以责骂指出子女的缺点，并且不满情绪持续形之于色。而刺激控制是在孩子行为前加以提醒，或在学习中给予帮助的一种没有情绪反应的指引。

2. **示例：**

《一出愚蠢的戏》

8 岁的俊宏坐在地上玩游戏。

"俊宏，快 9 点了，收收玩具洗澡去啦。"俊宏的妈妈提醒俊宏洗澡这件事。大约 10 分钟之后，妈妈又开口了。

"好了，俊宏！已经很晚了，明天要上学啦，收拾玩具洗澡去了！"她仍然不是真心要俊宏听她的话，俊宏也知道她的言外之意。"快啦！小心呀！"俊宏仍然东摸西摸地，收几件玩具装个样子，然后又坐下来自玩自的。

再过 6 分钟，做母亲的下了最后通牒，声音和表情都夹带着威胁了："听着，小鬼！马上给我去洗澡，否则要你好看！"对俊宏而言，这真的是他必须收拾玩具，慢慢踱到浴室的时候了。如果妈妈跟在背后，他就十万火急跳进浴缸里去；如果妈妈有些心不在焉的，那么俊宏则又可以逍遥几分钟了。（林秀芬）

3. **分析：**

你瞧！俊宏和他妈妈合演了一幕戏，他们双方都知道彼此所扮演的角色，戏是完全编好了，一成不变地照演，每当母亲要俊宏做他不喜欢做的事时，她便套上伪装的愤怒，由小至大，由冷静到红着脸，出声威吓的时候为止。然而俊宏却以不变应万变，直到母亲怒不可遏为止。这真是一出愚蠢的游戏，妈妈以空洞的威吓来控制俊宏，无法达到目的，可是她一直处在愤怒之中，母子关系十分恶劣。

4. 正用：

此例中，妈妈提供俊宏一个不良的刺激线索——只有妈妈带有威胁情绪的警告，才是最后通牒，否则可以再拖。正确的刺激线索是提供俊宏知道的结果，那是明快、果断，当一次警告不听时，就把玩具收掉，甚至放入星期六的篮子里。

二 学 校 方 面

（一）应用在教室管理

1. 原则：忽略生气的消极警告，形成增强的刺激线索。

在我们社会里，管教小孩或教育儿童的重点偏重在坏行为的禁止，采外在压力，试图改善孩子的不良行为，是一种消极的束缚。当父母或老师实施这种消极管教时，往往都会提供一个错误的刺激线索，结果产生一些意想不到的后果。

2. 示例：

《猪 公 脸》

上课已经好久了，阿土还吵闹没完，老师作了几次脸色，但阿土还是无动于衷。

　　*阿土，不要吵!

　　阿土环顾左右，吃吃而笑。5分钟后，老师又一声狮
吼：

　　*阿土，你再吭声，就打手心。

　　阿土以肘碰碰邻座的阿兴，两人相视而笑（阿土心
里雪亮，老师不敢打）。又过了5分钟，老师再一声雷叫：

　　*阿土，你再讲一句话，下课后留校一小时!

　　阿土煞有介事地看看前后左右，同时挤眉弄眼地扮
了个鬼脸，一副诚惶诚恐的怪样，逗得同学们哈哈大笑
（阿土记得很清楚，老师说过此话至少10次以上，却没
有一次灵验）。很显然的，自始至终，阿土对老师的吼叫
没当一回事，威吓警告对他不但毫无效果可言，而且好
像及时给他一服取乐的兴奋剂一般。事后，阿土还偷偷
地告诉同学说：“我最爱看老师生气时的那副猪公脸啦。”
老师的罚（叫骂），却成了学生的赏，老师在台上气得半
死，阿土却在台下乐得要命，真是冤枉。（邱连煌）

　　3. **分析：**

　　管教子女或学生的主要任务，乃在提供孩子适合学习的条件，
进而获得学习的效果。欲达成此目的，不是在消极地压制儿童坏
行为的发生，而是从根本上去消除坏行为，同时还得积极地去培
养好行为。

　　4. **正用：**

　　宜根据增强原理如同第二、四、七章，要培养学生良好行为，
老师必须善于操纵环境，务使该行为获得满意的后果；要消除儿
童坏行为，老师也必须操控环境，务使该行为不再获得加强。

（二）应用在生活常规上

1. **原则**：不良刺激线索，亦会使儿童有样学样。

管教学生策略有多种，不管采取何种方法来教育儿童，主要是透过老师的行为来教导孩子学习规则。在这种教学过程，不仅孩子从中学到教训，而且也学到老师行为的刺激线索，导致有样学样了。

2. **示例**：

《以 暴 制 暴》

六乙的武雄是最令导师伤脑筋的人，他在班上就像一颗不定时炸弹一样，经常闹事，动手打人。他在家里打弟弟，出去玩时会打邻居的小孩，在学校就打同学。于是导师请教专家这个问题。

* 我跟他讲过很多次，可是他似乎一句也没听进去。必要时，我会打他，让他了解我不是在开玩笑。

* 一星期内有多少次，你必须用这种方法来提醒他？

* 二三次，有时候还不止。

* 既然你已经以打他的方式提醒他那么多次了，为什么还没有学会你的规定？

* 我怀疑他有某种学习障碍，正在考虑让他接受检查。

等辅导专家认识武雄后，认为他并不需要接受检查，问题出在老师教导他的方法上。事实上武雄的学习能力很强，老师教给他的是以暴力解决问题的行事模式，他全都学会了。他善于吼叫、威胁及恐吓，他晓得如何挥拳揍人，并造成伤害，而且被逮到时，如何透过给其他人的技巧也日益纯熟。（林泽宏译）

3. **分析：**

武雄的暴力需要解决，绝对没有错误，错误的是老师采行以暴制暴的方式不当，老师在暴力解决问题的过程中，已给武雄带来了以暴制暴的不良线索，应用起来当然就有样学样了。

4. **正用：**

武雄的暴力行为，可以采隔离、惩罚及逃脱制约策略来辅导，假若年纪再小一些，可以采增强原理配合代币制的应用。

（三）应用在特殊儿童

1. **原则**：一般正常刺激线索，也能被特殊儿童误用。

一般刺激线索固然可正用于正常儿童，以建立正常良好行为，也可能疏忽而导致不良行为的形成，这种正反效果一样反应在特殊的儿童身上。

2. **示例：**

《自　伤》

宏山是一位智能不足的小学生，经常表现出奇怪的表情，独自傻笑、拍手、咬指头、发出怪声、呆望天空等行为，在班上不受同学欢迎，形成他的孤立。

有一次他不小心摔伤了，伤势看来不轻，同学跑过来，老师忙着处理，这时宏山似乎不知道痛，眼神茫然空洞。

自此，同样的情形又发生了几次，似乎愈来愈让人觉得他是故意的。

最近愈来愈严重，今天他以自己的头去撞硬东西，直到大人来到他身边，抓住他的手才停止。一旦大人把手松开，离开他的身边时，他又立即趴到地上开始猛撞，撞得头破血流，实在使导师伤透脑筋了。（林瑞焕等）

3. **分析：**

宏山的这种行为称为自伤，在智能不足及自闭症儿童中常常见到。这种行为只有当孩子站在硬地板上，或是其他坚硬的东西旁边时才会发生。如果他是站在地毯上，或是在草地上就不会。这个道理很容易看出来。如果他在柔软的地毯上或是在草地上猛撞，并不会伤害到自己，大家也就不会去注意他。当他一开始猛撞时，大人们毫无选择地一定要去照顾他，否则的话，后果可能不堪想象。于是大人在无意中教导这孩子下列的辨别能力：

1. S^D ——→　Response ——→　Reinforcer

（硬质的表面）　　（撞头）　　　　（别人的注意）

2. S^Δ ——→　Response ——→　No Reinforcer

（软质的表面）　　（撞头）　　　　（没有人注意）

4. **正用：**

要消除这种自伤行为的首要做法，是调整大人对此种行为的制止方式，改采漠视的态度。如果漠视无效，则可采积极的处理方式。在有建设性的学习课题中，可逐渐导入"把手放在膝上"，

"手放在前面"等等以外的刺激不两立策略，或逃脱、躲避制约法
及隔离法均可应用。

（四）应用在考试作弊

1. **原则**：避免无心插柳地带来不良的刺激线索。

学生学习过程中，总免不了要考试。自古以来考试似乎与作
弊脱离不了关系。考试最重要的目的乃在了解学生学习成果，若
考试作弊就模糊了考试的目的，因此从事监考的老师都会谨慎重
视监考的工作。可是由于监考老师的人格特质、观念及做法不同，
部分给儿童带来了作弊的刺激线索。

2. **示例**：

《作　弊》

　　杨老师的监考态度，几乎全班同学都摸得一清二楚，
因此每次段考或期考，班上同学就预备作弊，几乎是全
班性，差别只是程度多少，及运气好坏而已。

　　小杰在这次段考也不例外，准备着小抄，想大做一
票。当小杰注意老师的视线，难得有了空隙，拿出小抄，
正准备开始……哇！当小杰一抬头，老师两个眼睛正注
视着他。静默一段时间后，逮住机会，他又动手了。嗯！
老师的咳嗽声响，唉！运气真不好，怎么老爱对准我呢？
当然又使小杰规矩了一段时间，可是没有多久，小杰又
开始了。咯！咯！杨老师走下讲台，直走到小杰座位旁。
小杰当然知道，不能冒险。不过还好，考及格应该没有
问题的。

＊小杰，太感谢你了，牺牲小我，完成大我。

＊小杰，中午我请客，要不是你，我就惨了。

＊小杰，你太棒了，老师聪明，还不及你的几分之
　一……

3. 分析：

杨老师是位认真负责的老师，但心地善良，对考试监考的事，就曾不讳言地表示，站在自己曾是学生的立场，将心比心，不希望太为难学生。可是对那些目中无人，肆无忌惮作弊的学生，他就采站岗的方式，让他无法得逞。

4. 正用：

杨老师的用心良苦，他的做法显现出他的爱心，但他忽略此种做法，久而久之，学生会捉住他的弱点而更加有恃无恐。此种刺激线索，导致学生利用"牺牲"小杰，使全班"获救"，正好上了同学们的当。杨老师若能理解这点，就不宜把重点放在小杰一个人身上。

（五）应用在社交关系

1. 原则：言不由衷的善意，导致错误线索的形成。

不论在任何场合，任何事情，现代人几乎都会感到人际关系的复杂与社交的困难。成人如此，小孩也一样，当朋友施以不良的刺激或无理的要求时，才发觉拒绝的困难。

2. 示例：

《不好意思说"不"》

美玲是六年丁班的一个小女生，她的父母和老师对她的教育蛮成功的，尤其是在社交礼貌上，是一个人见人爱的小朋友，因此，她给人的印象是一位和蔼可亲、美丽大方、容易亲近的孩子。

* 你周末做什么？
* 我正要搜集邮票。
* 我去你家玩，顺便帮你忙好吗？
* 好！

美玲不知道说什么才好，最后只好这样说了。其实美玲根本不喜欢她来，可是她并没有启口说："不。"

很不巧，美玲的社交技巧似乎学得不太好。每当她与朋友或同学的计划相互冲突时，她总是不能够完成自己的计划，只会成全别人。她的主要难题是：不知道如何拒绝朋友，而不会得罪他们。

3. **分析：**

美玲在整个家庭及学校教育过程中，没有培养出"说出来"的社交技巧，于是当面临不喜欢的困境时，不敢说"不"，往往表现羞怯、害怕或尴尬的情绪，而说出言不由衷的话。

4. **正用：**

斯凯弗（Schaefer）和米尔曼（Millman）（1988）建议我们可以采自我肯定训练来辅导这类儿童：

（1）训练小孩很自然、大方地说出自己心里想说的话。

(2) 学习如何向别人说"不"，避免为碍于情面或为避免彼此不谐，不敢拒绝别人，委屈自己，去顺从别人的意思。

第六节 有效应用刺激控制的要点

一 选择明确的刺激讯号

1. 刺激讯号应在个体理解范围之内。
2. 刺激讯号应明确一致。
3. 刺激讯号宜落实于生活情境中。

二 选择适当的增强物

1. 使用容易。
2. 能立即呈现在所需要的行为发生之后。
3. 多次使用不致于引起迅速的满足。

三 发展辨别能力

1. 当 S^D 呈现时，安排让儿童有机会多次接受增强的尝试：
    (1) 明确限定 S^D ——良好反应——增强物的顺序。
    (2) 要儿童记住在特定的时间采取行动，在行动发生以前提供另外的线索以增强正确行为。而非在不正确的行为发生以后，才提供线索。

  （3）要学生在特定的环境下，以特定的方式反应，协助他确定能辨别行为情境的线索，必要时给予指示。

  （4）儿童若注意不到线索，则无法发展对其行为的刺激控制。因此要利用生动的方式使线索显著。

  （5）使口头的线索保持一致。

  （6）在显著的地方公布规则，并经常加以复习。

2. 当 S^Δ 呈现时，从 S^D 转变到 S^Δ 要很明显，并遵循消弱的原则，消弱有关行为。刺激控制的维持要靠：训练地方的地理位置，训练房间内之人、物，设备的特征，发生之事件的顺序和附随的训练。这些条件的改变可能中止刺激的控制。

四 使有关人员退出训练程序

1. 如果行为发生在适当的地点、适当的时间，或在 S^Δ 情境中已不再发生，则渐渐地减少人为的增强物，而以社会的赞许来维持行为。

2. 利用环境中的自然增强物，使行为在 S^D 呈现时而非在 S^Δ 呈现时发生，并加维持。

3. 训练结束以后，计划定期的作业，以偶尔增强行为，并维持 S^D 呈现时的理想行为。

第十五章　渐隐

人类行为中除了几项简单反射动作是属于不学而会外，其余多数的复杂行为，都有赖于学习。有关学习问题，究竟其间经过哪些历程，学者看法不同，主要有两阵容：一是强调刺激与反应间机械联合的联结论，如桑代克认为动物的学习是由盲目的尝试与错误而来的。另一是强调知觉组织及其关系的认知论，如柯勒（Kohler）认为学习是认识整个情境相互关系时的恍然大悟。两派立论不同，说法虽异，但晚近学者，则认为两者都是学习过程的不同角度和看法所造成，在学习中，两者都存在。换言之，人们在学习过程中要尝试错误，而终有顿然领悟学会了，那么我们能不能没有尝试错误而能学成的，本章讨论的主题正具有这种精神。

第一节　楔　子

人生整个过程，可以说是适应环境的一种过程，为要求更好地适应，非有学习不可。因此，人类自出生以至老死，几乎无日不在学习过程中。由于人类聪明才智个别差异甚大，中下者在学习上失败机会甚多，这不仅减少学习功效，也降低学习动机。若能在学习上减少尝试错误的机会，那么一定可以强化学习动力，提升学习效果。试观古今部分教与学的过程，虽不强调此种内涵，但已具备这种特质。

《梁山伯与祝英台》

1962 年，笔者负笈北市，住在国都戏院附近，当年播映《梁山伯与祝英台》一片，轰动情景，迄今留下相当深刻印象，虽然事隔 30 多年，仍然记忆犹新，可以说是我国电影史上的空前。

这部影片引发学者论述甚多，唯对一个电影兴趣不浓的我，当时并没有凑上热闹。毕业后从事教职，在电视台偶然机会观看了，观赏后的感受实在没有什么，倒是后来担任行为改变技术的课程，忆起片中那位老学究在教书的情况，却顿生一番滋味。

老师念	学生跟着念
*大学之道，在明明德	*大学之道，在明明德
*窈窕淑女，在河之洲	*窈窕淑女，在河之洲
……	……
……	……
……	……
*饱食终日，下一句	老师指着马文才问。
*饱食终日，下一句	马文才似乎刚醒过来，赶快照念。
*饱食终日的下一句是什么？	老师改用口语重复问一次。
*饱食终日，肚子就不饿了。	全班大笑。

教室里的学习活动，是在教师和学生、学生和学生之间交互活动下进行的。如果师生、同学之间都能相处融洽，教室内将充满和谐愉快的气氛，这时学习的兴趣将会提高，学习效率亦会因而提高。山伯、英台的老师虽然没有具备今天的教育理论和技巧，但却令人有如沐春风之感。

《教　学　名　字》

笔者生长在农家，上学后，观念上认为只要认识简单的字，能写写名字就够。因此家父在我读书方面，除提供缴交学费及购买文具书本的经费外，没有特别要求，记忆中仅教过我写名字而已，其教导过程大约分成下列几个步骤。

第一阶段　描写练习

1. 首先几次，轻轻地握住我的手协助描写，经增强练习多次，使之熟练。
2. 其次，父亲减轻扶手的力量，令我描写若干次。
3. 第三，以手指触我的手背，令我描写若干次。
4. 第四，父亲以手指点，令我描写若干次。
5. 第五，最后父亲以口说方式，令我描写若干次。

第二阶段　仿写练习

在能独自仿写后，就令我自行书写。

家父虽然没有接受现代教育理论，更谈不上懂得现代教学技巧，但从他自己经验及体会中，设计指导握笔及写字的步骤，而有效地应用在笔者的学习上，由描写到仿写，再由仿写而自写，刺激从描写在实字上，进而侧仿实字，再消除字形，由笔者独立书写，终至于达到最接近自然情况书写的境界。

《拒学症的辅导》

赫森尔 (Hersenl) (1968) 曾采行下列方法，有效地辅导一位 12 岁具有强迫性学校恐惧症的儿童。

这个方法是把学童在教室上课的情境不变，改变情境仅限于陪他上学的母亲，此项设计是要他的母亲出现在个案的刺激情境予以细目化，如下：

1. 母亲逗留在窗外，儿童视线可以看到的地方，母亲全时在座；

2. 母亲逗留在窗外，儿童视线可以看到的地方，母亲偶尔短时间借故离开（如上厕所——最好事先在家里就提醒个案）。

3. 母亲逗留在窗外，儿童视线可以看到的地方，母亲常常短时间借故离开。

4. 母亲逗留在窗外，儿童视线可以看到的地方，母亲偶尔长时间离开。

5. 母亲逗留在窗外，儿童视线可以看到的地方，母亲偶尔较长时间离开。

6. 母亲逗留在窗外，儿童视线可以看到的地方，母亲常常较长时间离开。

7. ⋯⋯

8. ⋯⋯

9. ⋯⋯

10. 母亲上午时间离开，仅下午上课时间才出现在窗外，儿童视线可以看到的地方。

11. 母亲仅下午短时间出现在窗外，儿童视线可以看到的地方。

12. 儿童自行回家。

然后按上述第一阶段开始实施，若做到，即予增强。连续几次成功后，则进行下一序阶段。如此，逐一进行，依次完成，最后达到改善的目标。

第二节　内　容

一　实　验　依　据

特里斯（Terrace）（1966）曾描述一系列关于渐隐的实验，兹举其中一实验如下：

在实验的第 1 阶段，要求鸽子学会啄红色的反应键（S^D）；第 2 阶段，首先反应键每秒很迅速地暗一下，然后暗的时间逐渐增加到 30 秒，这一阶段当反应键亮时鸽子就啄它，而暗时就不啄它；第 3 阶段，通过照明反应键引进 $S^\triangle$，黑暗时反应键只具有非常暗淡的绿光，然后增加绿光照明强度，这样，昏暗时间逐渐进入到第 2 阶段，进到第 3 阶段时绿光暗淡的反应键就逐渐变成绿色。事实上，鸽子毫无错误地学会了辨别红色与黑色，和以后的辨别红色与绿色；第 4 阶段，要求鸽子学会辨别水平和垂直的白色光带

——如果用标准程序来建立这一辨别,是相当困难的。首先,把垂直光带加在红色反应键（S^D）上,把水平光带加在绿色反应键（$S^Δ$）上,然后,颜色逐渐消退。结果,像比较简单的红－绿辨别一样,鸽子也无错误地学会了困难的"水平－垂直辨别"（horizontal-vertical discrimination）;只有当垂直光照射时,鸽子才啄反应键,而不在水平带照明时啄反应键。

二 模 式

上项特里斯实验,在第 1 阶段,可以透过增强的应用,使鸽子学会啄红色的反应键;到了第 2 阶段则应用光线,使红色的辨别逐渐消失－暗,导致鸽子辨别亮暗而作反应;而第 3 阶段中性刺激（即制约刺激－绿）与非制约刺激反复结合后,当仅呈现制约刺激时,也能引起反应;第 4 阶段再进行一次制约作用（垂直光）以完成垂直－水平辨别的反应。

综观整个实验,具有两项特点。

1. 刺激是变化,5 个阶段经过 4 次的变化,显现每一阶段的刺激均不一样的变化:

   由红色→光＋红色→光＋ 红色(绿色) →垂直＋光＋ 红色(绿色)

   →垂直＋光,即从原先红色,最后变成垂直光;（绿色）

2. 反应不变,始终是啄（反应）或不啄（不反应）,根据此点,可归纳出下列模式:

刺激	反应
红色	**啄**
非红色	不啄
光＋红色	**啄**
暗＋红色	不啄
非红色	不啄
光＋红色	**啄**
光＋绿色	不啄
暗＋红色	不啄
非红色	不啄
垂直＋光＋红色	**啄**
水平＋光＋红色	不啄
光＋绿色	不啄
暗＋红色	不啄
非红色	不啄
垂直＋光	**啄**

上项模式，若以符号来表示的话，就是第十四章模式的多重组合。若就其中一种组合，就跟第十四章的模式相同，所以省略。

三　意　义

就心理学观点而言，在学习方面学童若能具有积极态度，将有助于学习绩效的提升。但我们应该明白，学童的学习能否发展积极态度，全视他对学习内容能否获得满意结果而定，这是可以理解的。问题是学童在学习过程中，总不免会遭遇到或多或少的困难，这些困难就会影响到学习结果能否满意的机率。若学习能达到成功的境地，则易为学习者所接受，进而产生浓厚的学习兴趣；否则屡试屡败，无法成功，势必心灰意冷，无心学习。基此观念，我们根据上节模式，尝试分析前面所举例子。

前两个例子，有关教法的问题，同样学习材料，教法不同，学习结果当然就不一样。有的老师教得很好，学童一学就会；有的老师教得不高明，学生费时费力，结果毫无所得。

"梁祝"中的这位老师，教得如何？无从考证，可是电影内容描述的教法，却符合成功教学精神，显现本章要介绍的渐隐原理，其教学方式是采老师念（刺激），学生跟着读（反应）的方式。老师念的部分逐渐减少，最后甚至消失，或改变为一个动作，或一个暗示，而学生的反应（读）始终是固定。

第2个例子，父亲协助握住手腕（刺激），儿子写字（反应）的方式中，父亲的行为有变化，从握住手腕，而触着手腕；从实线字，而虚线字，而空白写字。但儿子的反应却始终一样——写字。

第3个例子，拒学症的这位儿童，因分离焦虑而要妈妈或其他家人的陪同，才能安心上学，在这种情形下，处理方法是把学童在教室上课（反应）固定不变，但母亲出现在儿子视线中的刺激情境予以细目化，然后依序减少，而终至解决拒学困扰。

在第五章行为塑造的行为改变技术，强调把目标行为予以细目化，使复杂行为转化成简单行为，然后利用正增强原理来强化可欲的行为后果，而刺激始终固定不变，达成逐步养成的目标。假若把这个观念反转过来又如何？这是我们感兴趣的事。换言之，在培养新行为的过程中，目标行为不变，以作为个人努力朝向最后的这个目标前进。而辅导者重要的是，设计引起这个目标行为的不同刺激，使这些刺激形成有序的细目，俾使个体引发预期的行为反应。这种刺激逐渐改变，而目标行为未尝变动的行为改变技术就是本章介绍的渐隐原理。

所谓渐隐（fading）是指逐渐改变控制某一反应的刺激，最后使部分改变的刺激或完全新的刺激仍可引起原来相同的反应。

渐隐法是一种渐次改变刺激，要使那个最初为了迁就个体学习程度而不得不设计的，比较不合乎自然条件的刺激，依序渐渐演变为更合乎自然条件的刺激情境。应用的过程是逐渐消除，慢慢省掉那些不太自然的刺激，最后改为一个最自然、最直截了当的刺激，仍然可以引起相同反应，所以它有逐步养成新行为的功能。此种精神与第五章行为塑造的精神大致相同，均强调细目化的处理。不同地方是：行为塑造着重在反应细目化，强调刺激固定，反应改变的历程，可以说明反应的逐步养成法。而渐隐则相反，乃着重在刺激细目化，强调反应固定，刺激改变的历程，应该是刺激的逐步改变法。

根据上节模式，尝试分析前面所举例子。

渐隐技术在学习过程中远离失败情境，因此特里斯认为：至少比尝试错误的过程具备四大优点：

1. 渐隐形成没有尝试错误，不会消耗宝贵时间。
2. 尝试错误被消弱后，并未完全消失，仍有再犯的倾向。
3. 渐隐训练的鸽子，在 S^Δ 呈现时平静地等待 S^D 的出现；而尝试错误训练的鸽子，在 S^Δ 呈现时表现为情绪行为（拍翅、跳跃等），与呈现厌恶刺激或惩罚刺激（如电击）时产生的行为相似。
4. 以尝试错误训练的鸽子，即使已经完全懂得了辨别，也经常对 S^Δ 产生突发反应。而渐隐训练的鸽子从不如此。

第三节　正　用

一　家　庭　方　面

（一）应用在技能训练

1. **原则**：渐隐原理原先人人都会，只是后来不知善用。

人类具备有许多本能，如吃、性、参与活动……不学而会，事实上尚有许多较复杂的行为，不必经过教育，而由自己的领悟、观察、模仿，也自然而然熟悉。渐隐原理在人类生活也可以发现是不教而会的，只是后来不知善用这项善根而已。

2. **示例**：

《小伟学走路》

佳惠自从生下小伟后，一直把他当宝贝，早晚几乎寸步不离，不仅注意饮食、维护健康，而且也重视穿着培养气质。最近她发现小伟能够摇摇晃晃站起来，尤其这两天，站起来的时间较长了，于是她向前拉着小伟的双手，来！来！走一走，妈妈一方面嘴巴说着，一方面两手拉着小伟双手，小伟真的往前踏出第一步，虽然是那么艰难，但总走出去。这时妈妈叫着：太棒了。

过了２天，小伟似乎熟练了。这时，妈妈改用单手拉着小伟的右手，小伟也能走。

今天佳惠忙完家事后，带着小伟在客厅，她先牵着小伟的手走，偶尔放手一两步再牵着走。

后来佳惠放手的机会逐渐增多，而小伟从 2 步、3 步、5 步、10 步自走的机会逐渐增加，最后小伟终于能自己走了。

3. 分析：

本示例不是佳惠的专利，几乎是所有妈妈的经验反映，确信应用此原理时，绝不是妈妈去学来或请教来，完全出自需求下的自然反应。很可惜太多妈妈仅仅应用于此，未能扩大应用于嗣后的管教上，殊为可惜。（请参阅"行为塑造"一章之《生长的喜悦》一例并比较之）

（二）应用在人际关系

1. 原则：渐隐原理在教导小孩问候行为上，广被应用。

社交是现代人类生活重要的一环，当人们彼此见面时，善意的寒暄是必然的，问候就成为寒暄中最基本的要求，所以父母对子女从小就训练他们能自然、适当表达。

2. 示例：

《打 招 呼》

英英已经就读四年级，但不仅对陌生的客人不会打招呼，就是熟人来到家里也不会问候。母亲对此渐渐在意了，因为过去年纪小还无可厚非，现在这样的年纪就讲不通，因此特别予以训练，其步骤是：

＊英英，叔叔来了，要向他说声叔叔好	叔叔好
＊英英，叔叔来了，要向他说声……	叔叔好
＊英英，叔叔来了，要……	叔叔好
＊英英，叔叔来了，	叔叔好
＊英英，你看谁	叔叔好
＊英英看	叔叔好
＊英英	叔叔好

3. **分析：**

母亲为了训练孩子在社交上的能力，常会要求孩子和陌生人打招呼，年纪比爸爸大的叫伯伯，小的叫叔叔。所以当英英跟妈妈同行时，看到客人叔叔来了，妈妈采渐隐原理——妈妈教问候的刺激逐渐简化，而英英的反应——叔叔好，始终固定，很容易使英英学会了。

（三）应用在生活起居

1. **原则：**渐隐应用在儿童排泄习惯方面，效果明显。

一般儿童到了 4 岁大都会养成排尿习惯，在 5 岁以后会使用卫生纸擦屁股。然而有些儿童，尤其是特殊儿童如自闭症者，不易养成排泄习惯，有时会固执于奇怪的习惯，是对社会适应造成妨碍的因素之一。假若我们能善用渐隐原理辅导，或许会有效地改善。

2. **示例：**

《不 敢 入 厕》

世琪已经 4 岁了，但不知何种原因，他竟然是一个不敢入厕的孩子，妈妈一直很在意。前天有机会跟洪老师碰面，聊起来，当洪老师知悉世琪的毛病后，就建议下列做法，排列次序步骤，而后采渐隐方法来处理：

1. 陪孩子进入厕所，打开门。
2. 门打开，站在稍远一步的位置（因为有些孩子会紧抓着母亲不放，此时可用手轻拍孩子的头或肩）。
3. 站在门外侧，门半掩。
4. 门半掩，母亲离远一点。
5. 门关起来，母亲在外。
6. 门关起来，母亲离开。

3. **分析：**

世琪不敢单独入厕，其母采行洪老师的建议，把母亲陪他进入厕所的完整动作，依序把这项复杂动作予以细目化后，分别由复杂而趋向简单方式，逐步完成，整个历程完全把握了渐隐原理。

（四）应用在技巧学习

1. **原则：**渐隐原理不仅可以应用在习惯态度上，而且也可以应用在技能学习上。

在前面第 1 个例子提到渐隐原理是人类原先就在应用的，后来只是不知善于应用罢了。事实上在日常生活中，还是零星可以见到。譬如在儿童技能上的学习就被用上，只是没有像第1例那么普遍。

2. **示例：**

《学 骑 车》

仁杰最近常常埋怨哥哥独自骑车子跟同学出去玩而都不载他，刚好一年级期考结束，暑假来临，有较多时间，于是要求爸爸教他学骑车。爸爸拗不过他的要求，答应协助他练习骑车。爸爸把教骑车的方法分为下列几个步骤：

1. 仁杰骑在车上，爸爸双手扶持着车，跟着跑。
2. 仁杰骑在车上，爸爸偶尔放手且跟着跑。
3. 仁杰骑在车上，爸爸常常放手且跟着跑。
4. 仁杰骑在车上，爸爸大部时间放手，跟着跑。
5. 仁杰骑在车上，爸爸完全放手，唯还跟着跑。
6. 仁杰骑在车上，爸爸不跟。

练习时，由第1步骤开始；经过一段时间后，爸爸觉得仁杰骑起来蛮稳了，开始尝试第2步骤；若没有问题就继续一段时间，再进入第3步骤；如此，依次由第3步而第4步骤而第5步骤；最后，终于会骑自行车了。

3. **分析：**

上例在台湾40～50年代脚踏车普遍应用的时代里，是很容易见到的情境，笔者也是这样过来的。仁杰的爸爸虽然不知渐隐原理是什么，但仁杰在车上的反应始终固定，爸爸扶车帮助的措施慢慢简化，最后终于学成，完全发挥渐隐原理的精神。

（五）应用在独自做功课

1. **原则**：渐隐原理的应用，学者可以不知而行。

儿童学习事物，若能了解学习过程，或有助于学习效果的提升；但有些学习，学者可以不清楚学习过程，但对学习绩效也没有多大关系。渐隐原理的应用，两者都适合。

2. **示例**：

《写 功 课》

宏仁今年刚入小学就读，妈妈为提供优良读书条件，替他准备充足、完善的各种用具，尤是布置一间书房，设备相当不错，希望宏仁能专心用功。

但当第 1 次宏仁进入书房后，不久就出来了，第 2 天、第 3 天都如此。这时母亲才注意到，进一步了解状况，原来他不敢独自在书房读书写功课。

于是妈妈采用下列步骤来改善，经过几个月目标达成了。

1. 妈妈坐在旁边指导写功课。

2. 妈妈坐在书房缝衣服。

3. 妈妈坐在书房但偶尔离开。

5. 妈妈坐在书房经常离开。

5. 妈妈在客厅做家事。

6. 宏仁独自在书房。

3. **分析：**

宏仁不敢独自在书房写功课，有待父母陪伴，这种要求短期间可以，长时间下来，父母就形成一种负担。因此辅导策略，不宜采行长期方式，必须逐渐减低陪伴时间，最后不要陪伴，能独立自主做功课，那么渐隐原理就很适合宏仁妈妈来应用。

二　学　校　方　面

（一）应用在生活习惯

1. **原则：** 渐隐原理乃在于慢慢递减刺激线索，以达成行为的养成。

渐隐原理就某一角度来看与刺激线索有密切关系。假若行为较复杂时，无法用一次或固定刺激线索来达成目标时，我们可以将刺激线索予以细目化，然后从复杂的线索，慢慢递减，使每一阶段的行为能够比前面的线索减少，最后完全不需要这些线索，也能反应欲培养的行为，大功告成。

2. **示例：**

《记　得　洗　手》

波国上厕所，总是忘记洗手，幼儿园儿童在教室隔壁都有他们自己的卫生设备，老师希望教导学生上厕所之后，养成洗手的清洁习惯。

在开学时，告诉所有的园童，让他们知道为什么要洗手的原因。波国经常急着回去参加各种活动，所以老是忘记洗手。每当他冲进厕所时，我就提醒他：波国，你是否记得出来之前，应做什么？他的回答是洗手。

以后当我再提醒他时，我所讲的话较少，我可能说波国，不要忘记，后来只要一叫，他就知道。几个星期之后，他不再需要我的提醒，均能记得洗手。（叶重新译）

3. **分析：**

在刺激控制一章的学校方面第 2 例子也是有关洗手的例子，那个示例是使用刺激线索来提醒孩子洗手，刺激线索始终一样没有变化。本示例目标相同，但处理方式不同，老师用口语提醒波国洗手，而这些提醒就是刺激线索，假若刺激线索固定，没有变化，那就属于刺激控制一章的范围。本示例并非固定，老师提醒有变化，且愈来愈简化，最后甚至不用刺激线索了，这样就属于本章渐隐的范围。

（二）应用在人际关系

1. **原则：**渐隐原理技术可以培养儿童独立自主的能力。

儿童随着年龄的增加，心智能力的成熟，慢慢会走向独立自主的习性。可是有少数孩子或因个人因素或环境影响，养成一种过度依赖的不良人格特质，不仅增加父母的困扰，而且也影响孩子的身心发展。

2. **示例：**

《不合群的孩子》

不知道什么原因,宜宏总是不能和其他孩子一起玩,例如下课的时候,老是抱着球站在离母亲四五步的地方,看其他小朋友玩。上课铃响,其他小朋友纷纷进入教室,他也只是站在一旁看着,直到妈妈牵他,才勉强走到走廊边,这种情况持续了6个月之久。母亲就每天坐在走廊的角落边织毛衣,等孩子下课。

老师觉得长久下去不是办法,便决定要试着分离这对母子。首先让母亲站在离孩子稍远的地方,为了让孩子安心,再三考虑的结果,决定请这位母亲暂时在点心室里工作,从这里来观察宜宏的反应。

起初,宜宏仍来纠缠母亲,但也对同伴的活动感兴趣,想加入他们。于是,慢慢走向群众,有时也会匆匆忙忙跑回点心室,以确定母亲是否仍在。宜宏参与同伴游戏的时间增加了。不久,上课时间一到,也渐渐能自动进入教室。

大约10天后,母亲只要接送宜宏上下学就可以了。虽然宜宏无法和其他孩子一样活泼,但他也渐渐模仿其他同伴的玩法。

3. **分析:**

一般父母若碰到宜宏这种孩子,往往会误解是"无法和玩伴一起玩的孩子","任性的孩子","单独行动的孩子",根本无法改善而放弃。事实上若能找到适当的辅导技巧,如本例渐隐原理的应用，再加上有耐心的辅导，就可以培养他独立自主的能力。

（三）应用在认字阅读

1. **原则**：渐隐原理很早被广泛应用特教对象的学习。

渐隐原理的技术，也被应用在生理和心理有缺陷者的训练上，且此种应用为时已久，已有 100 多年的时间。

莱恩（Lane）（1976）曾详细地记述了法国 18 世纪聋哑教育家西格德（Sicard）教士利用渐隐原理从事特教工作。

2. **示例**：

《森 林 之 童》

1799 年法国亚韦龙（Aveyron）森林里发现一个野童，后来被送到巴黎，由伊达（J. M. Itard）医师教养，后来取名为维克多（Victor）。

维克多是在一个未曾和人类接触，在森林中长大的孩子。被捉时，身体全裸、肮脏、不会说话。似乎对温度和疼痛都没有感觉，也无法维持注意力。只会用手吃生的食物，完全未社会化，成为大众皆知的"enfant Sauvage de l'Aveyron"（亚韦龙的野孩子）。

伊达相信这位野孩子可以被教育成社会中一位有教养的人，他应用下列行为改变技术的教材和技巧来教育他。

他先让维克多记住写在一幅相应模型图画里面的字。然后逐渐擦掉图画的形状和外部线条，最后对维克多只剩下了该单词的字母。（如图 15-1）。经过一段时间的学习，维克多认识了一些简单的字。

3. 分析：

这项程序除伊达应用来教化野童维克多外，上一世纪也被广泛应用在聋子和智力缺陷者的传授技能，并在举行宗教仪式的场合应用，综观上述字母的教学，完全掌握了渐隐原理的精神。

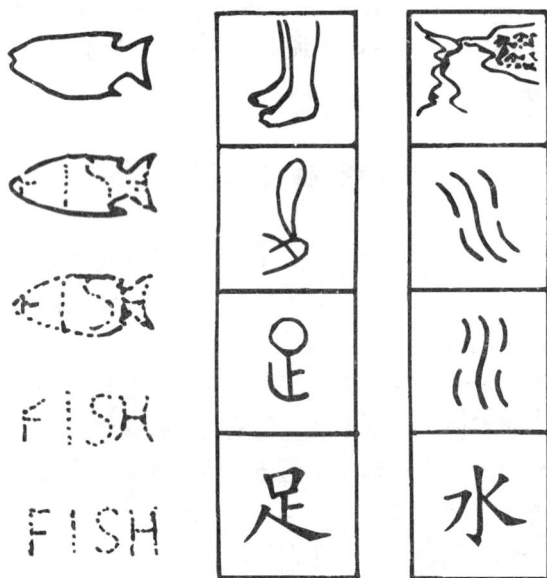

图 15-1 阅读教学的渐隐技术

（四）应用在语文学习

1. 原则： 我国象形文字的形成同工异曲。

中国文字是世界上唯一仅存依然保留图画文字特性的文字。在历史上记载系由仓颉造字，他看到各种动物，鸟兽的足迹，而领悟出文字创造的道理。用今日眼光来分析，倒很符合渐隐原理。

2. **示例：**

《象形文字》

林老师的语文课小朋友最欢迎，因为太有趣了。今天第一节又开始讲"大"字，并在黑板上写甲骨文、金文、小篆、楷书等 4 种不同的字体。

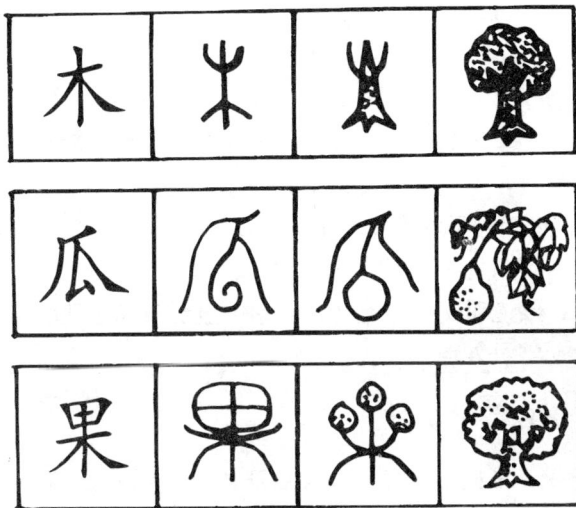

人是万物之灵，当然也是伟大的，所以"大"这个

字在古代也画个"人"形，而且还画正面的形状呢！小篆中"大"写作**大**，正像一个人两手两脚张开，很威武地站立着。在中国人的观念中，抬头仰望浩瀚无际的青天，不禁赞叹"天"的伟大；再低头俯视大地，对它生养一切万物，滋育人们的生成，不禁油然生起无限的感激之情，地实在和天一样的伟大呀！再回头看人们自己，更不敢妄自菲薄，辜负天地所赐给我们的有用之身，因此也自我期许着"人"也是伟大的。所以说："天大，地大，人亦大。"画个顶天立地的"人"来表示"大"，不是很有意义吗？小朋友认识了这个"大"字，我们更应该努力自我充实，自我期许，才不会有损"大"的意义。其他如上例即是。（林惠胜）

3. **分析**：

小朋友在学习语文的过程中，若不能引起学生的兴趣，必然影响教学绩效，可是要激发孩子的兴趣，谈何容易。林老师在文字学方面，追溯最早的形体和甲骨文，由此来推求文字的本义，并且将所引用到的文字，从甲骨文、金文、小篆到现在通行的楷书，一一列出，以说明文字的流变。无形中显现渐隐原理的精神，也提升小朋友学习兴趣。

（五）应用在数学学习

1. **原则**：渐隐原理也可以应用到数学上的学习。

数学是科较抽象思考的科目，但由于它可以利用具体的东西来辅助教学，假若任教老师能够善加应用，也可以使抽象的东西具体化。如此，数学教学只要教法应用得当，照样可以使困难解决，而提升儿童学习效果。

2. **示例：**

《概念（数）的学习》

丹尼是一个8岁自闭症儿童，为提高学习效率，他的老师采用下列步骤来进行教学：数（5）的学习。

第1步骤：给丹尼一张纸，右上角印有数目字及图形，如下图15-2-A，老师指着数字并问："这是什么数字？"如果正确，即予增强；若错误，老师就说："不是！"经过10次的练习，正确而熟练，就可进入下步。

第2步骤：大致与第1步骤相同，只是纸上5个圆形较淡一点。（见图15-2-B）

第3、4步骤：分别与第1步骤同，但是纸上的图形改成虚线（见图15-2-C）或空白（见图15-2-D）。

第5步骤：与第1步骤同，只是这张纸并不放在丹尼的桌子上，一开始练习时，就从一些丹尼可以感觉到的东西，切下某数目的量，然后问他：这里一共有多少？余如同第1步骤。

第6步骤：与第5步骤同，只是不再要丹尼把一个圆形画在桌上，而是画在教师手上，余相同。

丹尼在第6步骤连续尝试10次，反应正确的话，我们认为他已学会这个数了。（黄瑞焕）

3. **分析：**

丹尼的老师为了教导他学习一数到十的目标，采用渐隐技术

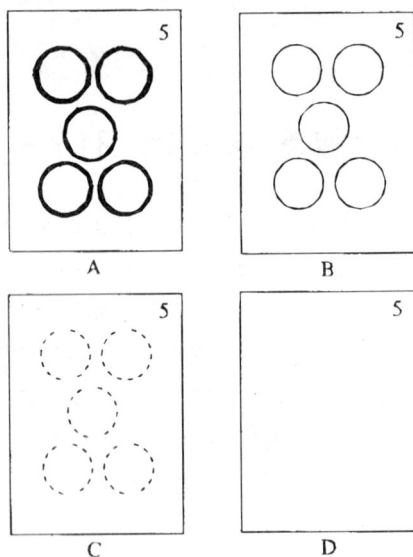

图 15-2　丹尼训练课程中的纸张样本

原理，设计了一套详细的课程。该课程包括 6 个步骤，丹尼对每一步骤必须连续练习 10 次都正确了，才能够进到下一步骤。这 6 步骤的每个刺激线索不一样，就整体检视，不难可以知悉是逐步淡化，正是渐隐的精神所在。

《附　录》(黄正鹄)

渐隐法除上述应用外，在教学时老师可以应用来促进学生的学习与正确的反应。

老师问：美国最大的一州叫什么名字？

学生答：我不知道。

老师暗示：是以 A 字开始的州。

学生答：Alaska。

在考试之前，教师有时会划定范围或圈定题目，然后考其中某些部分，即是促进法之应用。再如先告之明日将在课堂上会被问到的问题，回家练习，次日果然发问，而能顺利回答，得到鼓励后，渐渐消除某课堂上发言的羞怯感。其他如用图片教导儿童认识文字，区别猫与狗时，都使用了促进法。在应用渐隐法时，让刺激渐渐消退，使当事人在常态的情境中，有适当的行为反应，这就同时采用了渐隐法。在学习的活动中，有许多采用刺激渐隐法的例子，比如字的描红即是最凸显的实例。如下图所示：

A A A A A A A

描红的法则也可以用在数学的教导上，如下图。

$$4+5=9,\ 4+5=9,\ 4+5=9,\ 4+5=9,$$

1978 年斯里默（Srinmer）发展出连续性的促进渐隐互用的方式，来矫正学习认知上的错误，例如对一位"17"与"71"无法区分的学生，可逐步提供以下连续性的刺激卡片，来促进正确的认知。

17 **71**　17 **71**　17 **71**

17 **71**　17 **71**

再如用图形与数字的隐现，来教导数学，如下图所
示，开始时图形与数字并陈，之后图隐而字现，学生学
会了 7－2＝

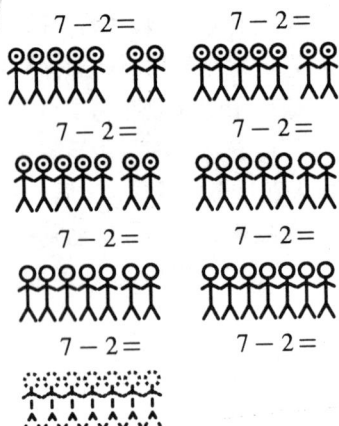

在教儿童英语之芝麻街（Sesame Street）影集中，则
大量地使用促进与渐隐法来教学。以下是两个有趣的例
子。

1. ➛ ➛ 2 2 2　认识数字

2. ➛ ➛ c a r c a r car 认识单字

第四节　影响渐隐技术效果的因素

一　目标刺激控制的适宜性

渐隐先用于训练 S^D 和 S^Δ 的一个不同程序，如果我们某个体呈现一种特殊刺激，个体的反应就能得到强化；而没有这种刺激，个体的反应就得不到强化，如此，个体就学会仅当这种刺激呈现时才能做出反应。因此，可以说行为是在刺激控制下进行的，所以渐隐最重要的是选择目标刺激（即我们希望最后能控制行为的刺激）。

值得注意的是目标刺激控制乃是实施渐隐的鹄的，而非其方法，因此在选择目标刺激控制的时候，宜注意使特定刺激引起的反应，能在自然环境中得以维持。马丁和皮尔（1992）认为许多渐隐计划都犯了这样的错误，目标刺激控制没有包括学生在自然环境中经常会遇到刺激的某些方面，并在这种情况下就停止了训练。另外也必须注意学习者的身心发展，以适应个别差异，始能发挥效果。

二　最初刺激控制的适当性

选择可以引发适当行为的最初刺激是很重要的。在丹尼的概念学习训练课程中，教师知道，假如丹尼面前的纸上只有一个颜色较重的圆形的话，他会拿毛毡切成的圆形盖在那图形上。因此，就以这个作为教丹尼数字的最初刺激控制。在教导英英叫叔叔好的示例中，训练者知道，如果他问问题的最后一个字声音较大的话，英英就会模仿那个字。因此，在那个例子中，最初的刺激控制，便是很柔细地教她"叔叔来了，要叫叔叔好"，她会很大声地回答"叔叔好!"

为了保证某一项反应能产生而提出的刺激，有时候被称为刺激物（prompt）。为了要确定拟以渐隐的刺激种类，实有必要区别下列的刺激物。语言刺激物（verbal prompts）——指语言的暗示或线索；动作刺激物（gestural prompts）——老师所做的某些动作（接触除外）；环境刺激物（environmental prompts）——改变环境以引发适当的行为；身体刺激物（physical prompts），也称作身体的引导（physical guidance），教师会接触学生引导他。教师可能提供上述的全部或部分刺激，来引发正确的反应。比方说，教师想要发展"摸你的头部"这个指示的刺激控制，使学生做适当的反应——用手接触自己的头部。教师一开始训练时，可能自己先将手放在自己的头部，然后对孩子说："摸你的头部。把你的手拿起来，就像这样，放在你的头部。"在这个例子中，"把你的手拿起来，就像这样，放在你的头部"是一种语言刺激物，而教师本身的示范，就是一种动作刺激物。并用多种不同的刺激物，以产生适当的行为，更能减少错误，增加渐隐技术成功的机会。

三　实施步骤的可行性

训练开始后，提供的刺激物确已引起适当的反应，于经过几次尝试后，要渐渐地除去刺激物。除去刺激物的步骤必须仔细选择，否则会影响渐隐原理的效果。但很不幸的有效使用渐隐技术，正如有效使用行为养成技术一样，是一种很高的艺术。最重要的是必先仔细地观察学生的实际表现（performance），以决定渐隐的速度。在渐隐的过程中，如果学生已开始有错误，那可能是渐隐的速度太快，或者是渐隐的步骤太简化了。这时就需要从头再来，已建立了正确的行为后，才继续渐隐的步骤。另一方面，假如渐隐的步骤太复杂，或是提供的刺激太多的话，学生会变得完全依赖这些刺激物。以前面教孩子摸头为例，假如教师在经过多次练习后，仍以自己的动作示范，则儿童是依他的动作刺激而反应，而不是针对他所问的指示"摸你的头"做反应。

第五节 误 用

正如同其他的行为改变策略一样，我们使用渐隐技术时，在不知不觉中也会被误用。不过，由于渐隐技术之刺激线索的逐渐改变不是偶然发生的，因此，渐隐技术被误用的可能性很少。

一 家 庭 方 面

（一）应用在社交礼貌

1. **原则**：渐隐原理应用失当时，反而孳生其他不良行为。

社交是现代社会日见频繁的事，已经成为生活中的重要部分。因此，一般家长无不期望子女从小培养出社交技巧，所以有机会要小孩显现社交礼貌，以显教养。但操之过急，反而带来另外的问题。

2. 示例：

《口　吃》

　　快 4 岁的小惠，已经开始上幼儿园。母亲非常关心她，很希望她成为一个有气质的小孩，不但举止端庄，而且人缘很好。因此，很注意她的一举一动，尤其社交技巧方面。

　　妈妈要求小惠，每天早上到幼儿园时，要向老师问好。然则小惠却迟迟不愿开口。她也用渐隐原理分步骤来教导，小惠还是无法以妈妈的方式来表达对人的善意，造成妈妈有时都生气了。等到她愿意向老师道早安时，已是 4 个月以后的事。在这段期间内，也因为母亲过分强迫小惠讲，使小惠在上学 3 个月后开始有了口吃的毛病。

3. 分析：

　　问候打招呼原是人与人之间温馨、善意的一种确认与传达。对于一个 4 岁不到的孩童，若能如同大人问候打招呼，那是最好；但假若不能，父母是否有必要以叱责手段，要求孩子以最正式、最慎重方式来向人问好，难道善意的一笑，简单的点头就嫌不足？

4. 正用：

　　事实上，对于一个 4 岁孩童，父母是没有必要以叱责的手段，要求孩子采用大人理想模式来向人问好，何不让小孩以自己的方式来表达对他人的善意就可以了。事实上，妈妈若不要操之过急，按部就班慢慢辅导改善，确信渐隐原理的应用会有效果的。

（二）应用在自伤行为

1. **原则**：儿童自伤行为是由不当刺激线索引起，但不当的渐
隐原理也会引发自伤行为。

在刺激控制一章中，曾经提到不良的刺激线索会引发儿童的
自伤行为。事实上许多自伤行为有越趋严重的情形产生，其所以
形成如此状况，单用刺激线索无法解释，若从渐隐观点来分析，就
不足为奇。

2. **示例**：

《自　毁》

　　子武是一位7岁智能不足的小孩，有一次头撞伤了，
父母赶快跑过来看他的伤势，引发他的注意，于是后来
以此自伤方法来引起大人的注意。这次由于是用头撞软
物，使父亲跑来看他受伤的情形，发现这种行为根本不
会受伤，就慢慢不再注意他。于是子武再用头去撞稍硬
的东西。同样的，起初人们也许会注意，但当发现孩子
并不会因此而受伤，也就慢慢不注意了。只有当孩子撞
在真正的地板或钢柱上而且导致严重伤害时，成人才继
续注意他。（黄瑞焕等）

3. **分析**：

在此我们要强调的是：本例与刺激控制那章之自毁例子相同，
但解释角度不同。在整个例子发展过程的重点是不同，上章例子
是强调大人无意中教导孩子的辨别能力——硬质的地板撞头会引

起注意；软质的地板撞头，没有人注意，使孩子学得辨别刺激。

本例子的重点不在此，而是在强调刺激（地板的厚度）的逐渐改变，引起了不适当的行为，到最后这种行为可能是由最不适当的刺激所引起的。

4. **正用：**

正确的处理方法，还是如同刺激控制例子的辅导方法，请参阅。

（三）应用在卫生习惯

1. **原则：** 渐隐技术处理不当时，会造成刻板僵化的仪式化行为。

渐隐技术主要强调刺激变化，反应固定的连接关系。学习的反应因为是固定的，变化的是刺激，导致少数儿童常会认为，自己应该要不断重复地做一些刻板僵化行为，而成为一种不良偏差行为。

2. **示例：**

《洗　手》

怡青是个好动又喜欢泥巴的小孩，常常把自己弄得一身脏兮兮的，老是不洗手东摸西摸，把妈妈刚擦洗干净的东西弄脏了，又常用不敢领教的脏手拿东西吃，真是不卫生，实在使妈妈生气。

妈妈后来想了一个法子，每当她看见怡青拿东西或吃东西时，就提醒怡青说：

＊怡青，手脏，不要忘掉先做什么？

一段时间后，依序：

  * 怡青，手脏，不要忘掉先……？　　洗手

  * 怡青，手脏，不要忘掉………？　　洗手

  * 怡青，手脏，不要…………？　　洗手

  * 怡青，手脏，……………？　　洗手

  * 怡青，………………………？　　洗手

终于怡青经过一段时间的提醒，都能适时洗手——养成洗手的习惯，可是问题也发生了，因为妈妈发现：虽然怡青都能洗手，可是不仅吃东西或拿东西以前洗手，而且竟然是每拿一样东西就洗一次手。如果这个东西别人事前拿过，她一定会拿去洗一次。怡青的洗手行为已变成一种强迫性行为。

3. **分析：**

一般而言，2～7岁的小孩，或多或少都会出现这类的行为，但随着生活中经验的增加，以及认知的发展，小孩逐渐会改善由绝对式的思考模式，改变成较相对性的思考方式，并且了解所谓规则不是绝对的，妈妈的要求是相对的。但就少数儿童没有这份能耐，于是就产生问题了。

4. **正用：**

在进行渐隐原理应用时，宜善用增强原理，不要造成强迫性行为，并以建设性的行为取代。

（四）应用在休闲游戏

1. **原则：** 在人类中，游戏是一种不可或缺的行为。

由发展观点来看游戏，儿童最先出现的游戏是动作或操作性

的游戏，其方式繁多，不尽相同，但均有助于儿童身心发展，则为学者所共认的事实。唯其中若有忽略，可能带来危险结果，不可不慎。

2. **示例：**

《扭　伤》

3位小侄儿正读幼儿园，喜欢来家作客，他们一到家里就热闹了，所以独生儿逸欣最喜欢他们来。平常他们来的时候，除了打电视游乐器、玩玩具外，最爱做跳方块的比赛。

今天他们又来了。午饭过后，大人们聊天，小朋友玩他们的。现在玩跳方块游戏，看谁占最多阶，谁就赢；谁先淘汰谁就输。

子豪、子昭、子亭、逸欣都依序开始跳了。结果，子昭首先赢得第1方块，接着子豪、逸欣分别赢得第2、第3方块。

现在又轮到子豪跳了，终于他又赢第4块。子昭接着跳，虽然跳得不错，但是键子没有投准，投出界外就算失败。换人，接着子亭跳。

由于1、2、3、4格分别被占了，不能踏进，所以子亭只好要跳跃4格，从第1格线外开始跳入第5格，结果把脚扭伤，大哭起来。大人跑前来看，发现伤得不轻，只好赶紧送医。

3. **分析：**

发展心理学者认为游戏可以帮助人类问题的解决及探索创新。可是在实际生活中，儿童因游戏而遭受意外伤害，甚至死亡的事也极为平常。本例中，儿童采用渐隐方式进行比赛游戏，结果导致子亭跳跃时，因距离太大而扭伤，实为平常的事。

4. **正用：**

宜避免从事危险性太高的游戏，或在游戏时，减少危险的因素于最小。如本例而言，可以把方格缩小或配合补助格的应用。

二 学 校 方 面

（一）应用在作弄同学

1. **原则：**渐隐技术也会被学生误用，造成偏差行为。

对一般小孩而言，只要来自别人的注意时，尤其老师、同学的注意，不论是正面或负向，对他都有奖励的效果。假若是正向的，这种增强就可以建立良好行为；若是反向的，无疑地塑造成偏差行为。

2. **示例：**

《作 弄 同 学》

信贤很顽皮，在学校喜欢逗同学玩。同学、老师也不以为意，认为只是开玩笑而已。

有一次，信贤又在作弄同学，一不小心，把对方打哭了，老师知道了很生气，就把他叱责了一顿。信贤才知道原来这种方法会激怒老师，这样一来，老师就不会忘了他的存在。

于是，信贤更积极地去作弄同学，想再度引起老师对他的注意。但是因为并没有伤害到同学的行为，所以老师也就不去理他。

结果，信贤想到，如果像以前一样作弄他人，并把同学打哭或激怒，老师一定会再回头注意他。

最后，班上几乎每一个同学都遭信贤欺负，而老师也常常被他气得半死。

3. 分析：

信贤为了引起老师的反应，逐渐地改变他的行为，甚至做出更激烈的事情，来刺激老师，使他产生愤怒的反应。这种渐隐的误用，使得信贤有了偏差的行为。

4. 正用：

由于信贤作弄同学，会出现老师的生气——注意，这种生气对别的同学或许是惩罚，对信贤而言，则是一种奖励，因为他获得老师的关注，也得到同学的注意，所以一再重复出现作弄的行为。正确处理方法应该予以漠视（消弱原理的应用），再没有效果则应用区别增强、惩罚或逃脱制约方法来改善。

（二）应用在结交朋友

1. 原则：渐隐原理应用不当，有时聪明反被聪明误。

天下事若认真分析，往往都是利弊参半，优劣同存，享受美好的那面，同时也要负担烦恼的另一面，极少只有享受而没有负担，不可能要马儿好，又要马儿不吃草。可是有一些人会忽略它，等到后果来临，就悔不当初了。

2. 示例：

《另 结 新 欢》

　　士中最近交了一个女朋友——小文，两人如胶似漆，做什么都要在一起。但是热恋期一过，士中开始觉得什么事都和小文在一起，实在很不自由，尤其是每天晚上要陪小文去图书馆看书，更是占去他许多时间，许多事没法完成。

　　士中想到可利用渐隐原理来解决他的困扰。他本来到图书馆后，就坐在小文旁边，陪她看书，现在士中开始借口去看报纸、找资料，减少坐在小文身边的时间。当他发现，小文并不生气时，士中又慢慢增长离开的时间，甚至长到他可以离开图书馆了。

　　士中对自己得意极了，想不到渐隐原理这么好用，最近他只要送小文到图书馆后，就可以离开去做自己的事，时间到再来接小文就行了。有一天，士中心血来潮，提早来图书馆接小文，心想待会有时间牵着小文散步。哪知，却看到小文的头依偎在一个男孩子身上。天啊！小文有新的男朋友了。于是，士中失恋了。

3. 分析：

士中谈恋爱，固然享受爱情美好的一面，但也面临不自由的负担，二者并存，无法单要的。当没爱情时，渴望那一天的到来，真正到来才发觉的确不自由。于是想办法来取得自由。方法——渐隐原理用在取得自由是对的，但因此爱情起了变化，也不意外。

4. 正用：

此情境是属双趋冲突的一种，两个并存的需求，无法兼得只能选择其一，产生心理学上所谓"鱼与熊掌，不可兼得"的处境，唯有从爱情与自由选择其中一途而已。

（三）应用在技能学习

1. 原则：渐隐必须刺激递减适宜，否则弄巧成拙。

渐隐原理强调刺激变化（反应固定），此种变化类似行为塑造那章强调目标细目化一样，只是把目标改为刺激，其处理能否成功乃在于细目化的功夫。细目化适宜，整个原理的应用就成功了一半，不适宜必然产生问题。

2. 示例：

《不敢开车了》

美惠经驾训班教练1个月的调教后，终于考试合格，拿到了驾照。但由于教练场场地与实际上路的状况相差太多，美惠始终不敢在市区道路上驾车。

美惠的先生元武决心指导爱妻克服心理障碍，于是他找了一条交通流量较小的道路，一遍遍地让美惠练习。起初耐心十足，且坐在驾驶座旁，手轻扶方向盘。慢慢地，手松开方向盘，但仍坐在前座指导。接着，人退到后座轻声鼓励。某天，元武认为时机成熟，要美惠将车驶入闹区，自己则在后座愉快地欣赏音乐。不料美惠技术不纯熟，反应判断能力不佳，一不小心误踩了油门，追撞上了前车。望着新买不到1个月的爱车，元武大声责

骂美惠。自此，美惠一坐上驾驶座就害怕，更别提开车
上路了。

3. **分析：**

美惠练习驾车，先生元武当教练，把开车情境予以细目化，原
则是对的，只是细目化的阶序包括：一流量小的地方，（一）轻扶
方向盘，（二）松开方向盘，（三）退到后座；二驶入闹区等等四
个序阶。过于紧促，跳跃过快，必然产生问题。

4. **正用：**

正确的处理方式：细目化应加多，使递减缓慢，在道路方面，
可以分：一、很少人走的乡间大道。二、人多一点的乡间大道。三、
市郊道路。四、市区道路。五、闹区道路。

在辅助部分，可以采坐在旁边指导即可，不必分细目。

第六节　有效应用渐隐的要点

(一)选择目标刺激控制,明确地限定目标行为应该发生时的条件。

　1. 目标刺激控制，必须基于学习者的身心发展。所有行为改
　　变计划，都应注意到教育过程的每一对象，一方面考虑各
　　学习者身心发展，一方面注意不同学习者的个别差异。

　2. 目标刺激引起的反应能在自然情境中维持下去，如此，才
　　是我们最终目标，否则效能有限，甚至失去意义。

(二) 选择适当的增强物（参见第二章）

(三) 选择原始刺激与渐隐步骤

　1. 明确地限定适当行为发生时的条件，即目前要引起适当

　　　　行为需哪些人、语言、身体的指导或其他物品。

　　2. 明确地限定：为了要达到适当的刺激控制，要渐隐的方面（如色、人、房间大小）是什么。

　　3. 列出每一渐隐步骤的大纲，及由一步骤进行到另一步骤的规则。

（四）将计划付诸实施

　　1. 线索的渐隐要渐进，尽可能地避免错误。

　　2. 发生错误时，则回到前一步骤，继续练习。

　　3. 提供更多的刺激物。

（五）结束训练

　　适当的刺激控制获得后，训练者退出这项训练计划。

第十六章 类 化

　　人类行为反应除了几种反射活动如哭、笑、打喷嚏、眨眼和咳嗽等等是不学而会以外，其他复杂的行为反应，包括情绪和心理的展现，不管是好是坏，都有赖于学习。在学习历程中最珍贵的乃是学习的结果能否持久，同时在不同情境下能否以不同方式呈现。假若学习的成果不能持久，不能够举一反三，那学习价值就大大降低了。这种举一反三的现象，在心理学上称为类化，是本章所要讨论的主题。

第一节　楔 子

　　严格来说类化并不是使儿童产生新学习的一种策略，但是类化的能力可以使学习者的行为发挥最大的效用，它不仅具有积极作用，而且亦有消极的结果存在。譬如我们用不着教一个儿童在每种可能遇到的刺激环境下做出合适的反应。训练他在某种或多种环境下做出反应后，就可以指望在几乎任何相似的环境下做出适合的行为，使人类的学习事半功倍。相同的，我们也可能陷入类化的陷阱而产生问题。

《放射线问题》

霍尔亚克（Holyoak）等人（1980、1983）曾要学生解答顿克（Duncker）在 1945 年提出的放射线问题。

假若你是位医生，有位胃癌患者经诊断确定不能以开刀方法治疗，但若不治疗又会危害到生命，唯一可行的方法是使用放射线破坏癌体组织。使用此法遇到的困难是：如果放射线强度不够，将无法破坏癌体组织；但如其强度增加，则在破坏癌体组织之前，会先伤害身上的其他健康组织。所以目前的问题是：如何在不伤害健康组织的原则下达到放射治疗的目的？

学生的反应显然不理想，但若给他谈一个类似的军队问题及其解答后，很快就知道答案了。

某小国被一独裁者所控制，他住在全国国土中心的城堡中，由城堡向外有许多放射状的小路通到各地。一位反抗军的将军奉命占领这个城堡，他有足够的军队，但全军却不能由同一路线进攻，因为这会引爆埋在小路上的地雷，并危害到四周农田；若以小队方式，军队则能安全通过。这位将军的方法是：将军队分为许多小队，然后同时分别循不同路进攻，这样军队就同时到达城堡，并占领了城堡，他也完成任务。

当同学了解这个故事后，很容易就对放射线问题找到答案——同时由不同的方向使用弱的放射线照射，就可以达到治疗的目的。

《杯弓蛇影》

晋代乐广，某天，想起一位亲戚好友好久没有叙旧，于是叫人去请他来。那位亲友答称：上次在乐府吃饭喝酒时，在酒杯里有一条小蛇，喝下迄今，心中不安，身体有了毛病，未愈。所以请他代为致意，并说：谢了。

乐广百思莫解，怎么会有蛇？再三思考，终于想通了。原来乐广家中厅堂的墙壁上面，悬挂着一具角弓，弓的上面，用漆油绘画成一条蛇的形状，当时倒影映现在酒杯里，因此引起那亲友的误会，竟然当它是一条蛇。为此使他心理上起了不安，精神受威胁而生病了。

他于是再次邀请那亲戚来，详细把真相重现一次。这时那亲戚才恍然大悟，心中如释重负，那缠绵多时的毛病，霍然而愈。

《爱屋及乌》

王兴带着朋友去找房子，他想找个好地方，好好看点书，写点东西。

小镇的郊外，有一个王兴认为很幽静的屋子，王兴就带着朋友来租屋。

当王兴的朋友租下房子以后，王兴有空就来看他的朋友。每一次来，总发现屋前的那棵榕树上总有许多只多嘴的乌鸦。

王兴说："讨厌的东西，打它两次，它就不敢来了。"

　　王兴的朋友赶忙阻止说:"不!不!就是因为它,我更爱这房子。"

　　王兴莫名其妙地说:"到底你是先爱屋,还是爱鸟?"

　　王兴的朋友答:"我是看上这房子的清幽与宁静,这些停在树上的鸟鸦,也令人喜爱啊!"

　　王兴答着说:"所以你舍不得赶走它。"

　　王兴的朋友说:"嗯!我不忍心。"

第二节　内　容

　　当制约学习形成时,原来的中性刺激会引起制约反应,这时,某些和制约类似的刺激,是否也会引起制约反应,也成古典制约和工具制约学者注意的焦点。那么到底其结果如何?这是我们感兴趣的主题。

一　理　论　依　据

　　在古典制约中,巴甫洛夫曾从事狗的唾液反应而有制约学习理论的建立。他曾进一步做另一个实验,他选用每秒频率2000的音调做为制约刺激,肉粉做为非制约刺激。经过数次配对后,音调能独自引起唾液分泌;因此建立了制约反应。一旦制约关系建立,就把消弱作用置入实验中,只有这个时候,才使动物接触异于其所熟悉的音调。这些音调中,有些音调会高于每秒频率2000,有些则较低。吾人用唾液的分泌量来测量制约反应量,可以得知每秒频率2000的音调出现时制约反应量最大,但其他频率的音调同样有制约的反应。

与古典制约相比，操作制约学习后，也有同样的实验。斯金纳箱内的鸽子，学习啄亮片而得食物的实验为例，如鸽子先学到的是啄黄色亮片而得到食物，以后见到红色亮片也会表现啄击的反应。

二　模　式

巴甫洛夫对于刺激物的类化现象是很重视的，对于一个制约刺激建立起制约反应后，呈现和这种制约物相类似的制约刺激物，也会产生制约的反应。但假若实验刺激弱于类似的制约刺激，反应的强度也会变弱。

何以会有此种现象产生，巴甫洛夫认为制约反应的类化现象，表明了这是大脑生理过程的反应。他提出一个理论：反应刺激的神经中枢是根据刺激物的相似性，而排列在大脑皮层的表面。类化现象是由于从相应的制约刺激向兴奋点到皮肤邻近区域的兴奋扩散所引起的。建立起来的抑制，能在一处或更多的临近点抵制兴奋扩散。惟此种类化最著名的例子，并非由巴甫洛夫的实验所产生，而是从人类形成的皮肤电反应所做的研究而来。此实验：以振动刺激（制约刺激）和电击（非制约刺激）联合，多次反复之后，振动刺激单独引起皮肤电反应。最初制约时所用的音调，获得较大的皮肤电反应，音调相差最大的，获得最小的皮肤电反应。因此获得结论为：新刺激与原刺激愈相似，其间的类化亦愈大；反之，两者完全不相同，则不会发生类化。

从上述巴甫洛夫实验，可以归纳下列模式：

2000 频率──→唾液分泌

高（低）于 2000 ──→漠然反应

高（低）于 2000＋2000 ──→唾液分泌

高（低）于 2000 ──→唾液分泌

斯金纳实验的模式亦然：

黄色──→啄

红色──→漠然反应

红色＋黄色──→啄

红色──→啄

三　意　义

在人类行为中有许多跟上述实验类似的例子，而表现于平常生活中。例如，一个小孩被狗咬后的怕狗，可能类化到相似的刺激，如怕其他动物，甚至怕布制的玩具动物。

在"楔子"所列举的例子，就是如此，不妨试加分析，或可见其端倪。

在第 1 个放射线问题的例子显示：人类解决问题，尤其涉及高层次思维活动，往往无法迎刃而解，老师可以从类似而简单易懂的例子来引导或启发同学，终可豁然贯通。

第 2 个杯弓蛇影的故事中，乐广的亲戚把杯弓蛇影当做蛇这个东西，的确令人害怕。尤其吞喝入肚，怎么不在意呢？

在第 3 个爱屋及乌的典故里，王兴的朋友喜欢那栋住屋的幽静，那么跟这栋房子相衬的事物，包括一花一草及乌鸦，也包含在内，令人喜爱。

这 3 件属于人类行为中较为复杂的连锁反应,内容虽然不同,但都有同样的一个精神贯串着,那就是类化。第 1 个问题,由解决军队问题方法成功地类化放射线问题。第 2 个问题则把角弓的蛇影类化为毒蛇,导致错误的心理恐惧症。而第 3 个问题,则把喜欢房屋类化到相衬的景物,这种类化在日常生活中是经常发生的。

那么类化又是什么?从前面的实验中,古典制约与工具制约都有类化现象,若以综合概念加以定义的话,我们可以把类化界定为:

对某一刺激反应的连结一旦建立后,与该制约刺激相类似的其他刺激,虽未经特别的练习,亦能引起个体的制约反应;相同,对某一制约刺激,不仅有特定的制约反应,而且亦有引起类似的反应倾向,称为类化。

类化现象对人类学习非常重要,因为可以经由类化历程,就可不必对每件事物逐一学习;所谓触类旁通、举一反三,只要学到一件事即可经由类化,扩大经验领域,从同类事物中抽出类似之点,予以概括性的反应,这也就是人类对其周围事物惯以分类方式处理的行为基础。

四 类 别

有关类化的分类因划分的标准而不同,兹分述如下。

(一)依刺激反应划分

1. 刺激类化

刺激类化是出自古典制约的观点,它是指在制约刺激可单独引起制约反应之后，与该制约刺激相类似的其他刺激。虽然从未在制约过程中伴随增强刺激出现过，但也可以引起个体制约的反应，这种现象称为刺激类化。

刺激类化可以有积极的作用，也可以有消极的结果。积极方面，譬如用不着教一个机体在每种可能遇到刺激的情境下做出合适的反应。训练他在某种或至多某几种情境下做出反应后，就可以指望他能在几乎任何相似的情境下做出反应。譬如父（母）亲训练小孩在家里使用厕所后，就有理由指望他把这种控制和良好的行为类化到学校、邻里同伴的生日集会、参观动物园以及几乎任何其他地方。

当所涉及的反应是不该有的时候，如口吃，则刺激类化就可能有消极的影响。许多言语病理学家认为口吃是在亲、子相互作用的情境中，特别是在亲方对子方的言语行为过分操心的情境中习得的反应。而一旦口吃已经习得，几乎在所有的情境下，不管父母是否在场，孩子都口吃。当我们要消除不好的行为时，也会产生问题。在一些情境下消除口吃是可能的，但不能在所有情境下都消除口吃。有些实验结果表明，在焦虑的情况下，类化程度会增加和变宽，这就使问题复杂化了。由于消除不需要的反应常不免有不少的挫折和焦虑，刺激类化可能使消退更为困难。

2. 反应类化

反应类化是指经过训练做出某种反应的人，在他原来习得的行为受阻或受到干扰时，会做出相似的反应。

在人类的行为中有许多反应类化和反应辨别的例子。譬如在体育运动中，为了完成某一要求的动作，如跳高和撑竿跳，通常只有一个（或数个）最好的办法。偏离理想动作，即使程度不大，也可能导致一次跳高比赛中的失败，而这种偏离就是反应类化现象。一个运动员必须经过多年反应类化的训练，才能一再地做出理想的反应而很少差误。我们还可以再看一下弹奏钢琴、雕刻钻石或拆卸炸弹雷管所涉及的反应类化问题。

刺激类化和反应类化的主要区别在于：前者是刺激与原来不同（相似或相关），而反应则同（但可能反应强度有别）；后者是刺激与原来的相同，而反应不同（但相似或相关）。一般而言，通常刺激类化要比反应类化多。

（二）从训练层次来分

1. 特定训练计划中之不同刺激的类化

巴甫洛夫曾训练狗对某一特定音调的音做流涎反应（其方法为当该音发出之后，就给狗食物），而使它对其他音调的音不做流涎反应（其方法为其他音调的音发出之后，不给狗食物），结果能辨别不同音调的音。又小孩叫自己的父亲爸爸时就去抱他，叫别人爸爸时，不但不抱他，而且说他"笑死人，把别人的父亲叫爸爸"，这样就很快不会叫错。

2. 从训练情境类化到自然情境

上面例子若能在训练情境以外的地方，也能正确依不同音调的声音，做流口水或不流口水的反应，则狗学习到从训练情境类化到自然情境的能力。

从上述两层次比较，第1层次的类化比较容易达到，只要在被归纳为拟予类化的许多刺激出现时，增强正确的反应即可（当然也要消弱不适当的刺激引起的反应）。第2层次的类化则较困难复杂了。

第三节　正　用

一　家　庭　方　面

（一）应用在害怕情绪

1. 原则：一种刺激情境下习得的反应可能在其他相似情境下产生。

在一般学习历程中，刺激类化是一种重要现象，一直受到实验心理学家和理论心理学家的关注。在这种现象里，儿童在某种刺激情境下习得的反应，很可能在其他相类似的情境产生。

2. 示例：

《 "狗" 的学习 》

身为父母的人都有这样的经验，当婴儿成长到慢慢会说话的时候，许多概念都经过学习的类化和辨别而来。

李太太带着她的宝贝珊珊在庭院玩，忽然来了一只多毛的、四只脚、耳朵上下动的、友善地吠的动物。她指着，也张开大口，对着珊珊说：那是"狗"。另一方面，珊珊看了狗以后也面对妈妈，张口说："狗"，音虽不很准，但大致也差不多。

经过几次以后，珊珊会说狗，同时嗣后看到同类的狗,她就会说:"狗",这就是类化的作用。因为新的刺激(新的狗)引起先前已被增强的反应(狗),所以能有狗的概念。

有一天珊珊在出游时,意外被狗咬,惊吓之中,被送就医后没有大碍,不久也愈好。但自此以后,珊珊怕其他动物,甚至怕布制的玩具动物。(黄瑞焕等)

3. **分析:**

在本例中包含两种类化,第一是概念的类化,珊珊认识家里的狗,可以类化到外面的狗。第二是情绪的类化,由于被狗咬了,造成怕狗的情绪,也类化到其他动物,甚至玩具狗。

(二) 应用在礼貌行为

1. **原则:**刺激类化若能善加应用亦有积极作用。

在上例中显现刺激类化的消极作用,是我们不希望看到的;但它也有积极作用存在,假若我们能善加应用,则具有积极的教育意义。

2. **示例:**

《爸爸再见》

佩佩明天开始将就读小学,开始她的学生生涯,妈妈特别在今晚将书包等有关上学用品准备好,并当面告诉佩佩说:"从明天开始要上学读书,下面几项若能注意做到,那就是一个聪明的乖孩子,否则妈妈会不高兴。

* 准时上下学。

＊放学返家立即做功课，做完功课才可看电视。

＊……

＊……

最后一项，每次离家前要向妈妈及家人说再见，回来时说：妈，我回家了。

第2天一大早佩佩就起床，一切准备就绪，吃完早餐，7点40分出发到学校

＊妈妈再见。

＊再见。

＊爸爸再见。

＊再见。

＊爷爷再见。

不久，有次导师见到珊珊妈妈，面告她说：珊珊好有礼貌，每天放学时，一定跑来跟我说再见。

3.分析：

儿童在人生历程中要学习的地方很多，无法样样都要透过教与学的历程获得，有赖于应用类化原理，用不着教儿童在每种可能遇到的刺激情境下做出合适的反应，训练他在某种或多种情境下做出反应后，就可以在相似的情境做出相同的反应，本例珊珊学说再见的反应就是如此。

（三）应用在痛苦经验

1.**原则**：刺激类化在消极反应上亦具警惕作用。

儿童行为中有好的经验，也有不良的经验。部分不好经验虽然令人恐惧害怕，而引发情绪问题，但却具有警惕作用。假若能

把握类化原理，就可以使儿童避免从事危险工作。

2. **示例：**

《害怕火柴》

克鲁姆伯茨在其行为改变技术一书中描述：当他大约10岁时，习惯于将木制的火柴放在口袋内，母亲有一次在洗衣服时发现它，严厉教训一顿，但他仍我行我素。有一天，他的一个朋友在一块大的磨刀石四周游玩，他轻轻推动它，并引燃口袋内二三十根火柴的燃烧。他的衣服被烧得很厉害，立刻被送到医院治疗腿部的伤痕。

两天之后，另外一个男孩，因为玩火柴，他的衬衫被火烧着了，他的右手臂也被火烧伤。因为他的伯父拥有一个报社，所以他的图片以及被火烧伤的故事，刊登在当地的地方新闻上。

从那个时候以后，不仅克鲁姆伯茨不敢再带火柴棒，而且他也警告邻居的朋友。一直到现在为止，他不敢接近火柴，甚至他不敢抽烟或带安全火柴。（叶重新译）

3. **分析：**

克鲁姆伯茨一次被火柴烧伤的经验，显现了一朝被蛇咬，十年怕井绳的心理。从此不敢再带火柴，而且也警告邻居朋友的类化反应。

（四）应用在社交技巧

1. **原则：**良好家教修养，类化到社交上，减少许多纷争。

　　小孩子经常会因缺乏说出来的社交技巧,而使他们引起情绪,只好用"骂出来"或"打出来"的方式,来表达他们的感觉,造成同侪伤感情的局面。假若在家里,父母能够有良好的社交训练,然后类化到学校的话,确信会减少许多纷争。

　　2. 示例:

《动口不动手》

　　英华兄弟在母亲调教下,不仅兄弟和平相处,而且在同侪中表现出特别成熟。对他稍有认识的人都有这种看法。

　　母亲告诉他们,当别人的行为干扰到他时,可以用不会伤害别人,或不会引起和别人打架的方法,让别人知道他的感受。

　　例如:当别人没有经过同意而拿他的东西时,可以用非常果断而坚决的口气告诉他说:那是我的东西,请你还我,没有经过我的同意而擅自拿走,我会生气。

　　再如:我在看电视的时候你老是一声不响地换台,我不喜欢你这样做。

　　今早英华到校后不久,闲来无事,一伙聊起天来,小明忽然说出几句讥笑英华的话,英华两眼注视着他,可是他还继续说着。这时英华并没有生气,开口说:

　　＊你老是讥笑我,我觉得很难过。

　　小明见状自然停止了。(林正文)

　　3. 分析:

本例中的英华由于在家里已经学习到自我肯定行为，当别人行为干扰到他时，可以用不会伤害别人，或不会引起和别人打架的方法，让别人知道他的感受，而自动停止该项行为，争吵，甚至打架当可避免了。

（五）应用在赞美他人

1. **原则**：良好家教类化到社交上，不仅可以减少纷争，积极地更能促进良好关系。

儿童相处，若相互批评，或背后告状，容易伤感情。假若能具有开朗心胸，接纳别人，以感恩心怀，欣赏别人优点，不仅可以减少因批评告状引起的纷争，而且可以因赞美别人，而使人见贤思齐。一切伤感情的事就消弭于无形。

2. **示例**：

《欣 赏 别 人》

俊彦是一乙的小朋友，不仅是功课好，能力强，最可贵的是从他可以发掘到独特的价值，更可感受到，那种称赞别人优点是出自内心的，所以人见人爱，真是导师张老师心目中的心肝宝贝。

一次家庭访问，张老师特地拜访，俊彦的父母经过一段寒暄后，才体会出家教的重要。

＊俊彦表现很好。

＊谢谢老师的教导。

＊哪里！我应该感谢有这样的小孩当我的学生。

＊辛苦你了。

＊你们怎么教导俊彦？

＊没有什么。

＊最难得的是他喜欢赞美别人，欣赏别人。

＊哦，可能跟我们期望有关吧，我们的要求之一是，
批评别人、告状他人，一律听而不闻，凡赞美别
人的一律增强。

＊我清楚了……

＊……

＊……

3. **分析：**

从上述俊彦母亲与老师间的短短对话，我们不难理解俊彦在学校中能表现出赞美、欣赏别人的良好德性，不是意外的，完全是良好家教类化的结果。在肯定、温暖、支持的气氛中，长期能表现出欣赏别人的优点，绝不是谄媚，而是非常自然，因此到校上学也很自然流露了。

二　学　校　方　面

（一）应用在教学过程

1. **原则：**刺激类化应用于教学，效果显著。

在教学过程中，由于学生素质不一，对老师教学内容的领悟不尽相同，部分儿童对某一个问题始终不明白，老师若能利用类化原理，针对孩子不清楚的问题，举个类似的题目，详细说明答案，明了后解决类化的问题。

2. 示例：

《兔宝宝的难题》

森林里有一条大河，森林里的小动物们都用水管从河里接水来喝。有一天，小兔子拿了很多糖果，要送到河那边给小猴子，但是小兔子不想过河的那边去，因为不会游泳，怎么办呢？

小兔子由于刚刚阅读过这样的故事：

有一天，史奴比与小鸟妈妈用水管在玩电话的游戏。小鸟妈妈说她受伤了，所以她想请史奴比帮她把蛋从树上送到屋顶上。史奴比想他又不会飞，怎么办呢？忽然他看到旁边的管子，于是拿起管子，爬到树上，把管子一边放在屋顶上，然后把蛋丢进去，这样蛋就会全部送到屋顶上了。

小兔子于是应用这个故事的概念，拟定解决方案：把糖果放在水管中，滚过去。

3. 分析：

老师选择材料的表面特征不相同，但深层结构相同的例子，让对问题不清楚的孩子了解例子后，能自发应用例子解决的原则，来解决疑难问题，是一种可行的途径。

（二）应用在传送东西

1. 原则：刺激类化若能应用适当，也可以解决"某些"难题。在社交礼仪上，由于朋友或熟人要借东西，或要求协助事宜，由于某些要求的东西不宜出借，或某种原因不愿协助，无法直接讲明或不知如何讲明，在这种情形下，类化原理是一种可以应用的策略。

　　2. 示例：

《宝宝与贝贝》

　　有一天，贝贝生病了，不能出去玩，所以她打开窗户向距离5尺隔壁的宝宝借弹珠玩。但宝宝正在画图，他想先把图画完，所以不想出去玩，怎么办呢？现在宝宝要怎样才能把弹珠从他家送给贝贝呢？

　　小朋友好久没有想出解决办法，于是老师再说一个故事：

　　从前有一个很坏很坏的巫婆，她想偷国王的珠宝，国王就想把珠宝藏到另一个瓶子里。但巫婆很厉害，她就变魔术，把国王的脚黏在地上，现在国王不能走了，他要怎么才能把珠宝藏到另一个瓶子里呢？

　　后来，国王看到旁边的地毯，他就把地毯卷起来，变成圆圆的管子，再把管子一端放在瓶口，再从这边把珠宝放在管子里，这样珠宝就全滚到瓶子里了。

　　当老师还没讲完，圣芬举手说：把图画纸卷成管子，透过管子把弹珠滚过去。

　　3. 分析：

依据霍尔亚克的理论，应用类化来解决新问题的最后步骤，是从来源与标的故事中抽出共同部分，成为基模，使得学习者能注意到故事与目的相互间的相似性，容易地解决了问题。

（三）应用在情绪发展

1. **原则**：儿童情绪发展，可借类化现象来说明。

一个小孩降生以后，何时开始有情绪和有何种情绪，是一项争论的问题，但由笼统简单的情绪，随发展而趋向分化复杂情绪的看法，大致认同。这种情绪发展，其中之一的原因，可借类化现象来说明。

2. **示例**：

《华生的惧怕制约实验》

1920 年华生和雷纳共同发表一篇论文：制约情绪反应（conditioned emotional reaction）。实验对象是一位 11 个月大的男孩艾伯特，他原先不害怕小动物，如白鼠、白兔、小狗和小猴子等，但却对用铁锤敲击钢棒所发出的尖锐声，表现强烈的情绪反应，如哭叫、发抖、甚至改变呼吸频率。实验过程中，实验者先呈现一只白老鼠，然后看到他要去摸白鼠时，从其背后用铁锤敲击钢棒发出尖锐的声音，起先他表现退缩或倒向前，有时候也会哭叫。在 1 周内，连续 7 次配对呈现白鼠、尖锐噪音之后，艾维特对这一种实验情境都会哭，最后只要看到老鼠出现，虽然尚未听到尖锐声，他就惧怕而马上哭叫，甚至爬离现场。这就是所谓的惧怕情绪的制约历程。到了实验后期，艾伯特甚至看到白兔、白狗、棉花或母亲大衣……都会表现惧怕情绪。

3. 分析：

在日常生活里，每一个人对一件刺激都会产生类化反应。本例提醒吾人，假若父母师长忽略，往往在不知不觉中，也可能透过制约历程，促成孩子的恐惧情绪。因此在管教方面必须避免此类情况的发生。万一发生了，可以采反制约的手段来矫治。

（四）应用在生活礼仪

1. **原则**：在学校课堂中所培养的行为，借类化作用能在自然情境中出现。

学校教育都在特殊的情境——学校实施，为促进其效果，所以布置较单纯有助教学的情境来施教。用意固然良好，但形成降低自然类化成效的原因之一，即在学校训练好的行为无法应用到社会环境中，一个成功的教育就是把学校训练的各项知能，类化到自然情境。

2. **示例**：

《老 师 好》

李老师今年刚接一甲班级，对于新生她认为必须适当要求，建立良好规范，以后自然一切可以上轨道。假若一忽视，没有建立良好习惯，以后要更改就困难。

小朋友在校园或校外，遇见我们的老师都要向老师敬礼，并说：

＊老师好。

今早李老师到校，校园内碰见小明。

＊老师早。并鞠躬。

＊小明早！李老师也回报一声，并摸摸他的头。

⋯⋯⋯

开周会时，王老师坐在李老师的邻座，转过身告诉李老师说：

＊你班上的小明好有礼貌,前天我在市场遇见他,很有礼貌，会问候，敬礼⋯⋯

3. 分析：

在教育上的类化应用第一种是较简单的刺激类化，只要求在训练情境，对于训练者所提供的不同刺激产生类化反应，如同前例。但本例是属于较难的类化反应层次，希望在某种情境所培养的行为，在相似的其他情境下也能出现。

（五）应用在语文练习

1. 原则：类化原理不仅可以应用在行为上的学习，也可以应用在认知上的学习。

在各科学习中，老师可以透过各种途径，教导学生从事各种知识的学习，其中在知识的理解与应用，也可以应用类化原理来达成，如国语科的换词、造句、短语的练习是常见的。

2. 示例：

《句 的 活 用》

林老师是五丙导师，刚上完"春回大地"课文：和煦的太阳，一大早就探出头来，从云层中放射出万道光芒，衬托着灿烂的朝霞，更显得气象万千。一团团棉絮般的白云，在蔚蓝的天空飘着……林老师从文中取出"一团团棉絮般的白云"短句，要同学上台在黑板练习"一……般的……"短句，结果：

* 一声声夜莺般的歌唱（镒斌）

* 一层层绿毯般的梯田（宏一）

* 一串串紫玉般的葡萄（瑞祥）

* 一颗颗珍珠般的露水（汉坤）

* ……

* ……

3. **分析：**

上述儿童的造句是属于反应类化的应用，刺激都是一样：一……般的……每个小孩想出来的反应句子完全不同，但与课文的句子形式却是相似的。

第四节　影响类化的因素

一　训练情境和试验情境间的类似

类化的发生最先完全决定于两个刺激或情境间物理上的相似性，两种刺激情境愈相似，则学习的结果，从一种情境类化到另一种情境亦愈大。例如：在学习语文课时，如果某人学习过希腊文，再学拉丁文一定进步很快；如果学习拉丁文后，再学法文也比较容易;而拉丁文对于学习西班牙文或意大利文也都有帮助,其理由是两种语文间有很多相似之点,容易产生类化。

由上述例子看来,一种新的学习情境,其刺激条件如易于引发某种反应,则此种反应与早先学过的近似刺激有某种关系。因为这种关系,学习者在一种新的学习情境里,总会与旧有学习反应发生某种关联。这一类化的原则,似可提供一种假设,学习不只是刺激甲与反应乙的联结,同时也使反应乙与一些类似刺激甲的刺激,发生某种关联。

二 训练程度的高低

个体学习的结果,能否由一项学习活动,类化到另外一项活动上,是受前项活动训练程度的影响。

1938 年杰克逊(Jackson)等人所做的实验指出:在换位实验中,如训练加多时,类化反应由少量慢慢增加到顶点,然后会再次下降。

三 类化与工作难度

学习结果是否能类化与前后两次活动的难度有关,在有些情况下,从一容易工作易于类化到一困难工作,可是在某些情况下,正好相反。

琼斯和比拉图 (Bilodeau)(1952)从事一项实验:令被试者以两手合作以保持一个标准,固定在活动的目标上,前后二项工作反应区别,在于目标移动的难易上。在困难的工作中,目标移动是极其复杂;而在容易的工作中,目标移动路线却很简单。有些被试先做困难工作，后做容易工作，有些则由易而难。结果发现，从难到易有较大的类化。

四　试验情境中的增强作用

在类化到的另外情境中，是否有增强作用，且这项作用的次数，关系类化的程度，假若在试验情境中，有增强作用，且次数愈多，其类化成功的机率愈大。

霍弗兰（Hovland）（1937）曾从事一项皮肤电反射（G. S. R.）实验，增强次数从 8 次增加到 48 次时，其反应类化作用提高，唯起初提高较快些，然后会慢慢下降。

洛茨（Goetz）和贝尔（Baer）（1973）曾从事一项儿童堆砌积木的实验，发现若辅导人员只对每次都堆砌相同形式者给予增强，则儿童只对原来的形式堆积，没有什么反应的类化。反之，若对每次堆砌成不同的形式给予增强，则反应的变化大增，创造力提升，反应的类化也完全呈现。

这个实验说明了增强的作用，也说明了个体均有反应类化之潜能，举一隅能以三隅反，否则行为的学习也就无多大的效果了。

五　学习者的个别条件

学习者个人的条件，关系着类化效果甚巨，条件愈好，类化愈容易有效果，反之效果愈低。这些条件包括甚多，主要有下列数项：

（一）智能

学习者的智能愈高，积极的类化愈易引起，智能愈低时将会受到妨害。其关键乃在学习者能力愈高，愈能把握学习情境内所含的一般原理，亦能将其经验予以类化。

（二）态度

学习者之态度亦影响类化，此影响与上述之类化或学习方法之影响不能分离。学习者探索其他问题的本质，若能采分析、细心、思考的态度，则较容易产生类化。

（三）程度

第一学习能否影响到第二学习的类化效果，则与第一学习之程度而有差异。一般而言，在最初学习的程度若愈高，则引起积极类化的机会就愈大，反之则低。

第五节 误 用

人生有限，但所要学习者无穷，以有限的人生要学习无穷的东西，就不是一件乐观的事，何况在学习过程中，不管是直接的学校学习或间接的非学校学习，所能学习到的相当有限。所幸在学习上因有类化的现象，使学习者闻一知十，或举一反三，而扩大学习的范围。若没有类化现象的话，则人类文化的传录与创新，将大受限制了。还好，有了类化现象，使人类变得更多姿多彩了。唯类化不当时，不仅得不到效果，而且会产生弊端。

《差不多先生》

胡适曾写有《差不多先生》一文说：中国最有名的人是谁？提起此人，人人皆晓，处处闻名，他姓差，名不多……

他常常说："凡事只要差不多就好了，何必太精明呢？"

他小时候，妈妈叫他去买红糖，他买白糖回来，妈妈骂他，他摇摇头说："红糖、白糖，不是差不多吗？"

他在学堂的时候，先生问他："直隶的西边是哪一省？"他说："陕西。"先生说："错了，是山西，不是陕西。"他说："陕西同山西，不是差不多吗？"

后来他在一个钱铺里做伙计。十字常常写成千字，千字常常写成十字。掌柜生气了，常常骂他。他只笑嘻嘻地赔小心道："千字比十字只多一小撇，不是差不多吗？"

……

有一天，他忽然病了，赶快叫家人去请东街的汪先生。那位家人急急忙忙地跑去，一时寻不着东街的汪大夫，却把西街的牛医王大夫请来了。差不多先生病在床上，知道寻错了人；但病急了，身上痛苦，心里着急，等不得了，心里想道："好在王大夫同汪大夫也差不多，让他试试吧。"于是这位牛医王大夫走近床前，用医牛的方法，给差不多先生治病，不到一个钟头，差不多先生就一命呜呼了。

差不多先生要死的时候，一口气断断续续地说道：

"活人同死人也差……差……差……不多,凡事只要……差……差……不多……就……好了,何……必……太……太……太认真呢?"他说完这格言,就绝了气。

差不多先生太会类化,类化到死跟活也差不多,这种误用类化的例子,实在太严重,真是世上少有。不过在一般情况下,小问题的误用却不少。

一 家 庭 方 面

(一) 应用在潜意识上

1. **原则**:类化不仅出现于意识界,而且反应于潜意识中。

心理分析学家强调人在幼年时代,由于某些痛苦的经验或心理冲突的结果,被压入潜意识以后造成所谓情结。这种被压抑的倾向,已不为本人所记忆,但仍可产生类化的恐惧作用。

2. **示例**:

《恐 惧 症》

白格贝 (Bagby) (1928) 曾描述一故事,有一位小女孩,在她 7 岁的时候,父母因外出旅游,把她交给姑母看顾,临行时交代她要听话,否则……

就在居住姑母家的期间里,有一天竟偷偷离开姑母独自跑出去玩。等到姑母发现,到处寻找,不见人影,经过很久时间，才在一条小河中发现。原来她已不慎落水。当时曾有一道小瀑布向她的头上冲击，使她惊恐万分，连声呼救，后经姑母把她从河中捞扶起来，并答应不告诉母亲。这一段往事被压入潜意识，造成恐惧症，只要见到流动的水，就惊恐万分。不仅如此，后来连她在洗澡的时候也会恐惧，听到学校喷水池的声音也惶恐不安，甚至乘火车经过有瀑布的所在，就闭目不敢注视，对这些无谓的恐惧深以为苦。直到她 20 岁那一年，阔别 13 年的姑母来访，她听到姑母告诉她母亲说：这件事我都不敢告诉你。顿时勾起她幼年期的那段恐怖回忆；她才把这一段压抑很久的恐怖经验，从潜意识中发掘出来，其恐惧症不药而愈了。

3．**分析：**

据心理分析学者的看法，个人的行动有时是基于一些潜意识的倾向，亦就是所谓情结。情结虽不为人所记忆，但它们仍有无比的潜力在支配个人的行动。本例的个案见流水就恐惧，其原因为何，连本人也不知道，可是此恐惧却会类化到洗澡、喷水、瀑布等情况，造成生活上的不便。

4．**正用：**

改善此种毛病，必须采用心理分析法，将潜意识的倾向，召回于意识界，恐惧症自然治愈了。

（二）应用在讲话方面

1．**原则：** 在儿童语言病理上也显现类化作用。

刺激类化可能会产生消极的影响，例如许多语言病理学家认为口吃是在亲、子相互作用的情境中，特别是父母对子女的言语行为过分操心里习得的反应。而一旦口吃已经习惯，几乎在所有的情境下，不管父母是否在场，孩子都口吃。

2. **示例**：

《口 吃》

3岁的子璋开始会说话，跟人家对答，可是母亲总觉得似乎有什么缺憾的感觉，因为子璋有时候跟她讲话显现不甚流利，于是决定改善。因此，每当子璋在跟她讲话的时候，她特别注意，一稍有不准——口齿不佳，咬字不准时，立即予以矫正。

子璋就在这种母子言语互动下，心理愈显紧张、不安和焦虑，形成压力，结果说话愈显不顺畅，母亲就指正愈多，结果慢慢形成□吃的现象。

原先子璋的□吃，仅止于母子谈话间，但是愈来愈严重，渐渐地不管父母是否在场，子璋都□吃。后来几乎在所有的情境下，他都表现□吃现象。

3. **分析**：

谢尔夫（Schaefer）和米尔曼（1988）研究指出：有很多压力情境都可能造成小孩出现口吃现象。通常要一个人说话流利，是使他能在悠然无拘的状况下进行，若在紧张、不安、焦虑下，可能造成儿童的口吃。子璋焦虑紧张的来源，乃在母亲对子璋说话施予压力的情绪冲突所形成的结果。

4. **正用**：

解决之道乃在母亲不要太过关心与要求,通常儿童开始学习讲话的时候,都有不流畅的情形,不宜给予太大的压力。相对的,若能解决子璋内在心理冲突,松弛紧张焦虑情绪,自然就可以改善口吃的毛病。

(三) 应用在情绪反应

1. **原则**:刺激类化不仅反应在行为上,而且也反应在情绪上。

早期有关人类情绪发展理论涉及多种理论,1920 年雷纳在华生指导完成恐惧制约实验,证实儿童恐惧可以经过制约历程来促成,同时他更进一步证实这种制约形成的恐惧情绪,具有类化作用。换言之,人类一些不良情绪反应是类化的结果。

2. **示例**:

《拒乘电梯》

怡华从幼儿园放学回来,经常在客厅弄得乒乒乓乓,妈妈越来越觉得头痛。现在又听到砰地一声,探头一看,发现怡华正在客厅练习翻筋斗,已把客厅弄得乱七八糟。于是入内叫儿子停止,他也听话照做,可是妈妈才刚踏出客厅,怡华又开始翻筋斗。于是妈妈采刚从李太太学来的隔离方式,把怡华关到一个很小的房间,作为惩罚的方法。

上述惩罚虽然获得效果,但渐渐发现怡华单独进入小房间时都会产生恐惧感,后来竟然演变到怡华不敢一个人搭乘电梯。

3. 分析：

当儿子行为不好，尤其是屡劝不听时，把他隔离起来，可能收到吓阻效果。但对于一个幼小的儿童，在实施这项措施时，若实施太久，室内光线不好时，往往带来恐惧症，而这项恐惧若未适时改善，可能类化到其他情境，如本个案的电梯就是其中一种。

4. 正用：

采用隔离策略来改善儿童的偏差行为时，必须考虑隔离地点的选定。一般而言，2～4 岁，使用有靠背的椅子即可，5～12 岁，使用单独房间较宜，且注意灯光、通风等等。

（四）应用在社交技巧

1. **原则**：类化不当可能造成意外。

在人类关系上，寒暄问候，是必要的礼节，握手甚至拥抱，亦是亲密感情的流露。但这些社交礼仪的表达，必须在适当时间、适当对象下表达才算理想，否则不仅不宜，有时后果不堪设想。

2. **示例**：

《阿姨，你好！》

年展是李家的幺儿，因生产时的不当处理，脑筋受到影响，属于轻微的智能不足，李太太从小就特别注意，而且也花费最多心思，不仅要他能自己照顾自己，而且也能从事简单的社交生活。几年来的努力，李太太总算没有白费，在家中生活起居都可应付自如，外人来到李家，他也都做简单的问候和交谈。尤其最近，对亲戚朋友，甚至不熟悉的人，来到家里，嘴巴都很甜，能问候叔叔、阿姨您好，甚至也会拥抱的动作。

　　有一次他跟妈妈到公园去玩，走累了，妈妈在凉椅上坐着休息。他也稍停一下，就在妈妈没有注意时，他向一位小姐叫阿姨，而且拥抱她，这位小姐莫名其妙被他抱着，惊叫："干什么！干什么！……"

　　妈妈见状，赶快跑过去拉起年展，并向小姐致歉。

　　3. **分析：**

　　对智能不足儿童而言，培养他能自我照顾自己和从事简单社交技巧是正确的，唯要能在适当的情境下表示这些行为是很理想，但是若走向一个陌生人并加拥抱，后果不堪设想，尤其是年展若年龄大一点，对象又是年轻小姐，那就糟糕了。

　　4. **正用：**

　　解决这个问题的方法，是教导年展分辨适合表达社交的情境和不适合情境，本个案是由家庭情境类化到社会情境的不当行为。

（五）应用在环境适应

　　1. **原则：**类化错误，酿成祸端。

　　人类生活环境包括家庭、学校、社会等等，其涉及内容条件，不尽相同，影响儿童行为也有差异，假若家庭或学校条件与社会脱节差距愈大，则儿童长大投入社会后，往往产生适应问题。

　　2. **示例：**

《临江之麋》

　　临江一位猎人，一天打猎抓到一只小鹿，携带回家打算畜养它。进入家门，成群猎狗，只只馋涎欲滴，翘尾冲来。主人见之，一一怒打。从此以后，每天主人都抱着麋鹿去跟群犬戏玩，久而久之，群犬都知道主人的意思，均能够跟小鹿和平共存，一如主人的意思。麋鹿慢慢长大，忘记自己是鹿，以为狗都是它的朋友，跟狗游玩亲嘴。这些狗之所以跟它和好游戏，是因为主人的缘故。经过3年，一天小鹿走出门外，看见道路上有一群狗，以为这些狗就像家里的狗一样，就前往去跟它们游戏，而群狗共食之，结果小鹿至死还不知为什么。（请与第一章同例比较）

3. **分析**：

猎犬杀食麋鹿是出于本性，家犬之所以与它和平共存，乃经过主人的训练。外犬没有受过训练，仍维持它的本性，所以麋鹿因此遇害。

若从教育的观点分析，这乃在于家里的情境与外在环境不同所造成的。猎人在他家提供的环境条件，与外界可不一样，小鹿适应惯了的环境，一旦到新环境就格格不入，甚至要命还无所悟。

4. **正用**：

教育者尽可能使控制的教育环境与自然的社会环境一致，就不会产生这样的结果，或是训练学习者从事刺激辨别作用也可以改善这种缺失。因为小鹿缺乏辨别的机会与能力，才会依据旧经验，采取走向欲与狗为戏的动作，因而至死不悟了。

二　学校方面

（一）应用在拒学症上

1. **原则**：恐惧症不仅反应在家里，而且也反应在拒学上。

部分孩子由于学校功课太多或太难，形成的功课压力或老师处理不当，而产生焦虑，造成躲避学习的情绪，结果愈躲愈不会，愈不会则压力愈大，形成恶性循环，最后对功课感到害怕，形成恐惧症。

2. **示例**：

《拒 学 症》

9 岁的佳宏对数学向来不怎么灵通，成绩自然不好，兴趣当然低了，每次考试总是成为他的负担。这种压力越来越重，尤其是母亲求好心切，一直在要求他。

今天数学课已教完两位或两位以上的数字去除的长除法，他实在不懂，于是求救于老师。哪知，老师竟然说：我讲解这问题的时候你在哪里？你不听，老是玩，现在你却需要特别指导，这儿不只你一个人，我不能给你开特别班。佳宏失望地回到座位，但是这节课的其余时间，他的心乱得已经不知往哪里摆。

接下来的平时考，当然又惨不忍睹。老师发考卷的脸色如何，他也不知道，妈妈又开始念经了……忽然他讨厌老师，接着数学课也讨厌，慢慢地教室也不愿进去，最后对学校都产生讨厌的心理，于是不愿到校了。

3. **分析**：

佳宏数学低落固然与天资及努力有关，但老师不当处理，不仅不能提升数学成绩，而且降低学习意愿，更甚的是产生讨厌的心态，终至拒学症的出现，这是讨厌类化的结果。

4. **正用**：

对学校里的儿童，我们需要帮助他们来确认应该做些什么，以便增进其学习效果。老师对佳宏采取批评态度，只会使佳宏无形中产生讨厌老师的心态，进而讨厌书本、教室，甚至学校相关的一切，而形成拒学症。

（二）应用在害怕反应

1. **原则**：类化不管好坏，既可应用于人类，亦可应用于动物。

在日常生活情境，除上述制约作用的恐惧行为外，尚有一部分具体物会直接令儿童恐惧害怕，如因为狂犬会伤人，所以人们自然惧而远之。假若儿童经过一次经验后，其类似的情境也会形成恐惧反应。

2. **示例**：

《"我说"和"握手"》

唐老师今年 30 岁出头，是个乐善好施的人，热心参与公益事业，所以社区的人对他都留下良好印象，大家也都乐于跟他交往。

唐老师有一缺点，开口闭口总是"我说"，且他说话时发音不清楚，他说"握手"和"我说"时，别人听来总是一样的。

唐老师喜欢阅读并学以致用。最近他阅读心理学，尤其是制约学习，略有心得，把增强原理应用于狗，他在家教狗"握手"，终于狗学会了握手。

后来，班上同学有一天来到他家，敲门。小孩开了门，家犬也跟着来了。

＊谁呀，什么事？

＊老师，我说……

这时，狗伸出爪……同学吓得哭出来……（吕俊甫等）

3. **分析：**

唐老师的"我说"和"握手"二词发音不清楚，连人听起来都一样，狗更分不清楚。一方面狗不能识别"握手"和"我说"，一方面又过分类化（overgeneralized），造成伸爪被误以为会伤害的恐惧心理。

4. **正用：**

若唐老师在训练时，能分辨清楚"我说"或"握手"二词，当然就不会发生意外；若无法分辨清楚，则改用他词，如"两相好"，或只用"握"一字就可避免。

（三）应用在地理学习

1. **原则：**类化不当也显现在学科的学习上。

心理学家对刺激类化的研究较反应类化为多，而事实上刺激类化也较反应类化普遍，因在实际情境，刺激类化的误用显然也比反应类化为多，不过在儿童学习中，也可发现这方面误用的例子。

2. **示例**：

《冯京与马凉》

归仁小学高年级同学春假旅行地点是台北市，五甲全班同学在导师吴老师的带领下，到台北3天2夜，参观了许多地方。老师也予以机会教育，每到一个地方就告诉同学地名、特产……其中提到台南因为在台湾南部，所以称台南，台中、台北也是如此……

期考社会科试题出现，南港位于台湾的什么地方？结果答在南部的同学很多。

3. **分析**：

学生学习上无法完全每一样都透过教学过程来学会，往往训练学生在某种情境下做出反应后，就指望透过类化原理在相似的情境做出反应。可是却相对地，在许多情境，若显现出类似的反应，可能就是错误的学习，本示例就是典型的例子，真把冯京当马凉，山东响马当上海珍珠客。

4. **正用**：

在各种学习所归纳的原则并非绝对，不能做过度推理，所以在教学过程中，在原则的介绍上，能够把例外指出，以加深印象，当可减少错误的机率。

（四）应用在社交语言

1. **原则**：很多不良的刺激，来自模仿、认同的结果。

我生长在农村，从小就听惯"三字经"的口头禅，不觉得怎么样。后来到外地读书，并从事教育工作，"三字经"渐渐疏远了。近几年却从街头、校园到国会殿堂，都可听到"三字经"。因此，"三字经"已成为超越族群、国界，横跨世代的口头禅，甚至变成"国骂"，再不是渔民、农村的专利了。

2. **示例**：

《"三字经"》

今（83）年5月29日反核游行中，行经台北市仁爱路彭孟缉将军的住宅时，民进党籍立委陈婉真的支持民众，登上陈婉真的宣传车；□出"三字经"，以麦克风连续大喊"干你娘的××"，还有人附和叫好，引起参与游行的黄随不满，她上前抗议这种骂脏话的行为，却被一群人团团围住，还有人以伞重击她的头部。（联合报83.6.2. 第17版）

3. **分析**：

讲脏话是弱者对自己的愤恨，尤其是"三字经"是一种对女性尊严的践踏及伤害，是一种不宜存在的恶质文化，尤其是最近几年少数政治人物常出现在国会大殿，不仅使这项恶质文化继续绵延不断，而且更是发扬光大成为国骂，这对青少年的社会教育将产生不良的示范作用。

4. 正用：

积极上从社教着手，净化社会，使脏话、粗话消失，尤其是民意代表为然；消极上舆论界应予反应，使这种行为不能获得强化。

（五）应用在驾驶学习

1. **原则：**有些反应在某种情境下是合适的，但在另一个场合则可能受惩罚。

许多行为反应是否适宜？要看时间、地点与对象而定，由于在这种情况下，刺激类化可能引起错误，招致惩罚，因此有必要学会一种和刺激类化本质相反的刺激辨别，始能有适宜行为显现。

2. **示例：**

《撞　车》

杏英师院刚毕业分发到乡下一个学校任教，由于交通并不十分便利，但路程不甚远，所以决定住在家里，来回学校上、下班。

杏英利用暑假学习开车，经过 1 个月的学习，顺利考过驾照，开学后买了新车，亲自每天开车往返学校、家里。1 个月过去了，蛮顺手都没有事故。

今天难得连续假日，带着弟妹到高雄市。经过一处大交叉路口，绿灯还亮着，当她开到中央时，黄灯一亮，她赶紧大力刹车，结果"砰"一声，后车撞上来。

3. **分析：**

许多情境的学习，必须经过训练学会辨别多种刺激，而只对某些刺激做出反应，对其他的则不做出反应。本例杏英学习开车的一个重要方面，就是学会见红灯刹车；学会黄灯亮时车已在交叉路中要赶快过去，在未进入时就煞车。杏英太过紧张，反射动作的刹车是反应类化错误的结果，反而导致撞车的事故。

4. 正用：

杏英在黄灯出现时，只要脚轻踏煞车，宜保持速度与距离继续前进。

第六节　　有效应用类化的要点

就一般来说，无论是学习的内容，学习态度或学习方法，只需学习者具有类化的能力，则在某一学习情境中所获得的学习结果，都可类化到其他的新情境上。唯若能把握下列各项原则，则效果更好。

一　　目标行为的选择

1. 教导目标行为的情境要尽可能地与我们所要求之行为发生的情境类似。

2. 选择那些肯定会对人们有用，同时很可能在自然环境中得到增强的目标行为。

二 行为类化的实施

1. 在可行的许多情境中，将预期行为分为连续性的，从最容易的进步到最困难的。
2. 随学习者年龄之增加，宜增加学习自导类化原理，年龄愈大，自导原理类化愈大，年龄愈小则反之。
3. 学习方法亦是类化的重要条件，学习如何学习，将有助于类化的效果。

三 增强的应用

1. 改变到一新情境时，增加增强次数以抵消个人对从前的训练情境和新情境的辨别。
2. 在一段时间后，宜渐渐地减少训练情境中之增强次数，使其减到比自然情境中发生的还少。
3. 要保证有足够的增强力量，以维持在自然环境中发生的目标行为。

第十七章　结　论

——行为改变技术与伦理问题

　　行为改变技术旨在塑造良好行为和改变偏差行为，对人类而言，深具积极意义。但这层意义的显现，必须使个体行为能够向善为必要条件。假若这项科学技术由于某种原因，被不当地应用在某种目的而有损于人类时，那将是一项莫大的悲剧。

第一节　楔　子

《李斯斩腰》

　　秦始皇统一天下，李斯为相，定郡县之制，下禁书令。始皇崩，斯听赵高计，矫诏杀扶苏。二世立，赵高用事，与斯互忌。高乃诬斯子由谋反，赵高治斯，榜掠千余，不胜痛，自诬服。

　　赵高使其客十余辈诈为御史、谒者、侍中，更往复讯斯，斯更以其实对，辄使人复榜之。后二世使人验斯，斯以为如前，终不敢更言，辞服。

　　奏当上，二世喜曰："微赵君，几为丞相所卖"……

二世二年七月，具斯五刑，论腰斩咸阳市……夷三族。
（史记卷八十七，李斯列传第二十七，新文丰）

《审查预算》

立法院财政、预算联席会议昨（85.5.1）天审查下年度中央政府省市补助款及平衡省市预算基金，民进党籍的台北市长陈水扁在北市秘书长陈师孟陪同下，到财政预算联席会会场。陈水扁一到会场，立即受到朝野立委欢迎，纷纷趋前招呼他。

多位立委相继上台指出，陈水扁亲自列席，最尊重立院，台湾省、高雄市每年只派秘书长来，是不重视立院权责。民进党立委廖大林建议，优先审查台北市补助部分预算，台湾省、高雄市补助预算，则等台湾省长宋楚瑜、高雄市长吴敦义来了之后再审查。为了表示对台北市政府的尊重，朝野立委一致同意：跳过询答程序，无异议通过这笔补助预算。（陆情瑶，联合报，85.5.2.第4版）

第二节　必　要

马丁和波尔（1992）说：文明史是一不断滥用权力的历史，在不同时代里，各种团体或个人随意使用增强物来控制权力较小的团体或个人，使权势大的团体或个人，以削弱权势小的团体或个人来获得更多的强化，这种现象中西自古迄今都是如此。因此，检视人类发展的历史,虽然社会制度和国家制度经过无数次的改变,此起彼落,但权力继续在世界各地被滥用的事实却是一直存在,没有改变。

由前面叙述的例子来加以分析,不难可以推论出一些原则来。

赵高为整李斯,应用了巴甫洛夫的制约原理,采行鞭打手段,使权高一时,聪明一世的李斯,在询问者前噤若寒蝉,不敢申诉理由,而失去平反的机会。从赵高而言,善用古典制约技巧,成功达成目标,唯就事实而论,不仅造成冤狱,而且发生斩腰示众,夷诛三族惨绝人寰的悲剧。

至于立法院审查预算示例,立委完全掌握了正增强的、惩罚的应用权,台北市长陈水扁打破惯例,亲临会场,表现良好,所以予以增强——不仅无异议通过这项补助预算,甚至跳过询答程序。台湾省长宋楚瑜和高雄市长吴敦义因为只派秘书长出席,表现不好所以予以删除正增强——搁置。如此处理,立委可说完全应用了操作性行为改变技巧。

水可以载舟,亦可以覆舟,行为改变技术固然可以改善人类行为或建立良好行为,但亦可以用来整肃异已,削减弱小,甚至吞食弱小。善恶之分,端在一心。因此,许多人认为行为改变技术是统治者用以控制人类行为的工具。此种论点,若窥诸上述 2 例,虽不中亦不远矣。因此引起许多学者的怀疑,甚至敌视,而采取了消极反应。

事实上,行为改变技术乃是以研究控制行为因素为基础的一门科学,鉴于此种情况,行为改变技术者公开认为它基于两个前提:(1)行为可以控制;(2)为了达到某些目的而控制行为是合乎情理的。同时我们也应该明白:科学和技术本身不是问题,它只是人类为了解决自身问题而发展出来的一项高度复杂工具。真正的问题是人们误用了这些工具，譬如枪支可以用来自卫，也可以用来枪杀人，它本身没有好坏，好坏在于如何使用它。行为改变技术就像其他的科学技术一样，有好处，但也会被误用。为防止误用，戕害人类，将行为改变技术的应用置于正当伦理信条上是必要的。

第三节 伦理信条

在辅导儿童，建立良好行为或改变不良行为的运作中，父母或老师常面临的问题：诸如什么该做？什么不该做？怎么做才对？怎么做不对？怎么做是好？怎样做是坏？对错、好坏的标准又是什么？……这些就涉及到老师或父母对行为改变技术所面临问题的看法——无疑就涉及伦理或道德的问题。

伦理一词，Ethos 仿用而来，原意是泛指对人生的看法，与道德（morality 和 morals）一词，在字义上并不相同，道德是拉丁文 mores 而来，意指风俗习惯。道德偏重在解释行为本身的好、坏、善、恶。例如偷、抢、杀人等行为是不道德的行为，因为这种行为乃社会所不容许。伦理则是规范行为的原则，据以检定行为的对错。一般使用上，往往相互为用，只是道德具有强制力，而伦理则偏重行为的客观理由。[范胡斯（Van Hoose）和考特勒（Kottler），1977，2]

理解"伦理"意义后，从事行为改变技术的伦理信念，无疑是指：当父母或老师对儿童从事行为改变技术的时候，应具有那些规范行为的信条。有关这个问题可从两方面来说明。

一　消极方面

（一）防止滥用

行为改变技术虽然应用面很广，成效比较显著，但不是万能膏药。有些人根本不理解行为改变技术的真正内容，把其他一些不属于行为改变技术的治疗方法如电击痉挛法，药物医治等都带入行为改变技术领域加以应用，结果导致患者及家属对于行为改变技术的恐惧和反对，造成极坏的影响，所以宜防止滥用。

（二）避免误用

由于治疗者、训练者的无知或疏忽，会出现行为改变技术的误用，结果可能导致其他不良行为的产生。如有位孩子用哭闹为手段，以达到要挟取物的坏习惯，其母亲想用消弱法来矫正之，即在孩子哭闹时不予理睬，并告知小孩停止哭闹后才给物品。但由于她不忍心看孩子哭闹或厌烦孩子的哭闹声，最后却违反了自己的意愿，在孩子还没有停止哭闹时，就将东西递给他。这样做不仅没有达到抑制孩子哭闹行为的目的，反而强化并助长了他的坏习惯。本书各章中误用的例子均属于这类，应予避免。

二　积极方面

（一）了解独立自主的辅导对象

行为改变技术应用于各行各业及各年龄层的人，这些被辅导的对象，他们的年龄、人格、职业、地位……彼此差异甚大。因此在技巧上的辅导或目标上的选定……都有不同，尤其是对家里的小孩及学校儿童的应用更必须注意。譬如：儿童不论是在家庭或学校，他们不同于监狱的犯人或精神病院的病患，所以在应用行为改变技术于儿童的行为上，主要乃在于透过辅导技巧的力量，孕育或辅导儿童的理想行为；后者则在透过控制的力量，来匡正或约束犯者的行为。家庭或学校都是变化儿童气质的教育场所，当我们应用行为改变技术时，特别要针对个别差异，选定有效的、可行的辅导策略。不仅要注意外表、短暂性行为的改变，而且也要注意到实质及长远的行为变化。不宜造成儿童心灵上的压迫心理，否则，不仅不可能发展他们建设性的社会行为，而往往会导致难以捉摸的反抗动作，如故意破坏公物、旷课、逃学……社会要付出高昂的代价。

（二）选定适当明确的辅导目标

行为改变技术在本质上是中性的，没有好，也没有坏。好坏端在辅导者应用的结果而定，应用到善的方面就是好，应用到恶的方面就是坏，而这项应用的结果就是辅导目标。

当父母或老师确定儿童有何种行为问题，进而选择何种目标行为作为处理重点时，就取决于辅导者——父母或老师的价值观。由于价值观彼此不同，因此如何确定，是值得深思的问题。

乌尔曼和克劳斯勤（1965）强调治疗者的工作乃是排除不适应行为，并且协助当事者以更多的适应行为取代之。这种适应的观点是指儿童能适应所处社会的生活，因此父母或老师在确定这项价值时，尽可能和社会长期利益保持一致，使儿童在父母或老师实施行为改变技术后，确能使他适应于所处社会的群体生活。例如：把一位被遗弃在森林里的野孩子改变成文明人应有的样子，这是适当的目标；反之，把一位不知危险为何物而到处乱跑的人，改变成喜欢住在铁笼里的怪物，那么这就不是一个可以接受的目标。（许天威）

（三）慎用合理有效的辅导方法

行为改变技术发展迄今，历史虽短，但由于学者的努力探讨，这种具科学性的方法策略不少，再加上个案行为性质不一，何种方法对某种行为的辅导最为合理有效，无法定论，端看应用效果如何而定。

一般而言，父母或老师在应用行为改变技术时，最好能采用经验证明最有效、效果最好的，而副作用最小的方法。为了达到这个目标，行为改变技术者一致认为：只要有可能应采用积极增强，而不采用厌恶增强。

在正增强方面，简单良好行为建立可采正增强原理处理，复杂行为可采行为塑造、后向连锁反应；若在消除不良行为方面，简单行为可应用消弱原理，复杂行为可采区别增强、隔离方式。

在厌恶刺激方面，非不得已时，消除不良行为可采惩罚手段，而在应用惩罚方法时，也可以利用它来建立良好行为——逃脱制约和躲避制约。同时还认为：行为改变技术者应尽可能少用足以侵扰儿童、局限儿童，使儿童屈从于权威的任何方法。最好要用自发的增强来支持控制儿童的行为，如此将更符合伦理精神。

（四）显现客观负责的辅导绩效

行为学派强调具体、客观的，由此派发展出来的行为改变技术也重视此种精神，影响所及，行为改变方案所要达成的预期目标可以明确的标准加以衡量。只要在不违背当事者隐私权的原则下，行为改变工作可以透明化，将成败诉诸具体可观察的行为变化，最后能获得客观负责的辅导绩效。

所谓负责是指辅导者——父母或老师在从事行为改变工作时，必须负责产生满意的结果，为达此目标：

首先是父母或老师强调数据的纪录，从未经处理的行为到接受处理的行为，做持续的测量与纪录。这些纪录有助于父母或老师知悉采用的策略是否有效，且由其准确的基线数据，使我们清楚地确定辅导计划是否产生满意的改变。同时这些数据纪录不应局限于目标行为，也应该纪录其他相关的行为来保证整个辅导过程有无不满意的副作用产生。其次激励父母或老师与儿童签署契约作为确保负责的另一办法，因为这项契约的订定：（1）来自双方的意愿；（2）建立客观行为准绳；（3）随时可以进行核对。

若能掌握上述两项，当可获得客观负责的辅导绩效。

（五）具备胜任愉快的辅导专长

专业工作自然需要有专业知识与技能，方能胜任愉快。而行为改变技术是从事教学与辅导者常用的专业知能。既然它是专业工作，从事于这种工作的人员，当然要有专业能力，如此才能做好该做的事。

虽然本书撰写在于提供给父母、老师等相关人员的应用，这样想法并非说行为改变技术实施在儿童身上，就可以忽视专业性质。相对地，我们要强调，如果未曾具备充分的专业知能而尸位素餐，不仅会削弱辅导工作品质，而且可能危害服务对象，则属于不道德的举动。

为此，行为分析协会（Association for Behavior Analysis 缩写

为 ABA）已采取步骤发展正式的、标准化的程序来评估一个人从事行为改变技术的能力。

第一阶段全面考试，包括行为分析所有领域的基本行为原则。考试形式是多项选择题和短文，任何 ABA 会员都有资格参加。第二阶段包括更广泛的评估和在一种专业领域内监督实际操作水准。若能获得两阶段合格的专业人员，从事儿童不良行为的改善，必然会显现伦理特性。

（六）妥善保管儿童的辅导纪录

在第四点中提到行为改变工作可以透明化，很多资料可以公开显现，但我们也强调那是在不违当事者隐私权的原则下。

有关儿童行为处理所涉及的纪录资料中，有许多可能涉及保密性的个人隐私资料，对这些资料的纪录与保管，必须坚守保密原则。

行为改变工作者（父母或老师）应在做好纪录的同时，为了确保当事者免受不适当的泄密和困扰，必须认真考虑下列两件事：

一是不可随意叫儿童或学生代填有关资料，最好由辅导者亲自咨商，事后纪录，不宜假手他人。

二是严格控制，凡涉及当事者的有关资料，尤其是涉及隐私部分，都应予以严格控制。只有那些和当事人的辅导进度有直接关系的人，才能接触到有关纪录资料，不可随意让不相干的人，调阅任何有关资料。就是有相关的人或机构（如警察局、观护人员……）要了解有关资料时，也应小心协商后，在不妨害隐私下，有限度地提供，以保障儿童或当事者的权益。

（七）维护拥有权益的辅导对象

行为改变工作是为当事者的福祉——改善行为而服务，整个行为改变方案的主人不是别人，而是当事者。因此，当父母或老师在从事行为改变工作时，不能不注意当事者权益的维护。

由于行为改变技术，部分策略采用正增强等来建立良好行为，是积极的手段，是良好的，而令人肯定的；但部分策略用于改善不良行为如剥夺、隔离甚至提供厌恶刺激——惩罚，是消极的手段，不是良好的，而是令人置疑的。譬如：有些个案被迫忍受嫌恶治疗法所带来的不愉快经验。最近，美国人权组织甚至攻击利用嫌恶治疗法来治疗性犯罪的囚犯是侵犯他们的人权。也有学者反对有关剥夺的应用，借剥夺手段使个案用符合社会认可的表现来赢得增强物。基此，如何保护儿童权益，是行为改变技术应考虑的伦理问题。为保护儿童当事者的权益，父母或老师在应用行为改变技术时，宜接受有关专业人员的监督；另外任何行为改变技术的实施，必须取得个案的同意，它包括受环境控制的口头行为。如果当事者无能表达其意愿，则由其法定代理人决定。若能如此，儿童的权益或可维护。

第四节　结　语

伦理是建基在人伦关系上，人与人之间依循人伦体系，各尽自己的本分，互相尊重各人的基本权利，如此，就是伦理行为。父母对子女的辅导，以及老师对儿童的辅导，彼此之间究竟属于哪一关系？若设行为改变技术是一种专业性质的话，则行为改变工作是建立在这一种专业关系上，其关系的特殊不同于一般亲子关系或师生关系，而是一种特殊的辅导关系——专业助人关系。

助人固然可以改善个人行为，造福人群；但也可能被误用，妨害个人，戕害人类，正应验水可以载舟，亦可以覆舟的道理。行为改变技术亦复如此，不可不慎，这也是本章强调我们在应用行为改变技术时，不能不考虑伦理问题的关键所在。

有关行为改变技术的伦理信条，繁简宽严，见仁见智。我们认为只要从事行为改变工作者能够：在消极方面，防止滥用，避免误用；在积极方面，首先能了解独立自主的辅导对象，进而依次选定适当明确目标、慎用合理有效的方法、显现客观负责的绩效，最后能妥善保管当事人的纪录，并维护他们的权益，在自己的专长辅导下从事行为改变工作，虽不中亦不远矣。

参 考 书 目

一、中文部分

王文秀译（1994）　类化技巧的运用。载吴武典主编管教孩子的
　　16高招，台北市：心理出版社。

王文科译（1991）　学习心理学。台北市：五南图书公司。

吴幸宜译（1994）　学习理论与教学应用。台北市：心理出版社。

李咏吟主编（1993）　学习辅导。台北市：心理出版社。

吕俊甫、吴静吉、王焕琛、曾志朗（1972）教育心理学。台北市：
　　中国图书公司。

余德慧（1992）　心灵魔法师。台北市：张老师出版社。

林正文（1993）　儿童行为观察与辅导。台北市：五南图书公司。

林明秀译（1994）　教子有方。台北市：方智出版社。

林秀芬译（1987）　霸道的孩子。台北市：远流出版公司。

林家兴（1994）　天下无不是的孩子。台北市：张老师出版社。

林惠胜（1990）　有趣的文字。台北市：圆明出版社。

林泽宏译（1994）　爱与罚。台北市：张老师出版社。

邱连煌（1978）　心理与教育。台北市：文景书局。

邱绍春译（1994）　代币制的应用。载吴武典主编管教孩子的16

高招，台北市：心理出版社。

施显烃（1976）　行为改变技术的应用。台北市：市立师专。

施显烃（1990）　认知与行为治疗。台北市：幼狮文化事业公司。

施显烃（1995）　严重行为问题的处理。台北市：五南图书公司。

马信行（1983）　行为改变的理论与技术。台北市：桂冠图书公司。

陈竹华译（1985）　怎样做父母（上）。台北市：远流出版社。

陈荣华（1986）　行为改变技术。台北市：五南图书公司。

陈满桦（1994）　忽视法的运用，载吴武典主编管教孩子的16高招，台北市：心理出版社。

陈龙安（1993）　如何做个称职的父母。台北市：汉禾文化公司。

陈龙安（1993）　奖惩的艺术。台北市：汉禾文化公司。

许天威（1994）　行为改变技术之理论与应用。高雄市：复文书局。

许淑兰译（1971）　父母与儿童之间。台南市：王家出版社。

许慧玲译（1988）　教室管理。台北市：心理出版社。

许丽玉译（1992）　老师怎样跟学生说话。台北市：大地出版社。

张正芬（1989）　智障儿的教养。台北市：时报出版公司。

张正芬译（1994）　增强物的应用。载吴武典主编管教孩子的16高招，台北市：心理出版社。

张正芬译（1994）　隔离策略的运用。载吴武典主编管教孩子的16高招，台北市：心理出版社。

张春兴（1990）　现代心理学。台北市：东华书局。

张惠卿译（1986）　面对孩子就是挑战。台北市：远流出版公司。

黄正仁（1983）　慢性精神分裂症患者之行为治疗——团体代币制之应用。高雄市：复文书局。

黄正鹄（1991）　行为治疗的基本理论与技术。台北市：天马文化事业公司。

黄瑞焕、杨景尧、欧用生译（1982）　行为改变技术。高雄市：复文书局。

曾世杰、胡致芬（1989）　自闭儿的教养。台北市：时报出版公司。

游恒山译（1993）　变态心理学。台北市：五南图书公司。

叶重新译（1987）　儿童行为改变技术。台北市：大洋出版社。

欧用生（1987）　课程与教学。台北市：文景书局。

欧申谈译（1985）　师生之间。　台北市：教育资料文摘社。

刘英茂（1977）　普通心理学。台北市：大洋出版社。

蔡崇译（1994）　系统性注意与赞赏，载吴武典主编管教孩子的16高招，台北市：心理出版社。

卢台华译（1994）　斥责技巧的运用，载吴武典主编管教孩子的16高招，台北市：心理出版社。

钟思嘉（1983）　孩子的挑战。台北市：桂冠图书公司。

罗鸿翔译（1986）　幼儿教育法。台南市：图教之友社。

二、英文部分

ALBERTO, P. A., & TROUTMAN, A. C. (1990). Applied behavior analysis for teachers: Influencing student performance. 3rd ed. Columbus, OH: Charles E. Merrill.

AYLLON, T., & MICHAEL, J. (1959). The psychiatric nurse

as a behavioral engineer. Journal of the Experimental Analysis of Behavior, 2, 323~334.

BANDURA, A. (1969). Principles of behavior modification. New York: Holt, Rinehart & Winston.

BANDURA, A. (1977). Social learning theory. Englewood Cliffs, NJ: Prentice—Hall.

BECKER, W. C. (1986). Applied psychology for teachers: A behavioral-cognitive approach. Chicago: Science Research Associates, Inc.

BELCASTRO, F. P. (1985). Gifted students and behavior modification. Behavior Modification, 9, 155~164.

BELLACK, A. S. (1986). Schizophrenia: Behavior therapy's forgotten child. Behavior Therapy, 17, 199~214.

BELLACK, A. S. , & HERSEN, M. (1978). Chronic psychiatric patients: Social skill training. In M. , HERSEN & A. S. BELLACK (Eds.), Behavior therapy in the psychiatric setting (pp. 167~195). Baltimore: William & Wilkins.

BELLACK, A. S. TURNER, S. M. , HERSEN, M. , & LUBER, R. F. (1984), An examination of the efficacy of social skills training for chronic schizophrenic patients. Hospital and Community Psychiatry, 35, 1023~1028.

BLECHMAN, E. A, & BROWNELL K. (Eds.), (1989). Handbook of behavioral medicine for women. New York: Pergamon.

BLIMKE, J. , GOWAN, C. , PATTERSON, P. , & WOOD, N. (1984). Sport and psychology: What ethics suggest about practice. Sports Science Periodical on Research and Technology in Sport, Ottawa, Ontario: Coaching Association of Canada.

BREGER, L, and MCGAUGH, J. L. (1965). Critique and reformulation of "learning theory" approaches to psychotherapy and neurosis. Psychological Bulletin, 63, 338~358.

CATALDO, M. F. , & COATES, T. J. (Eds.), (1986). Health and industry: A behavioral medicine perspective. New York: John Wiley.

CIPANI, E. (Ed.), (1989). The treatment of severe behavior disorders: Behavior analysis approaches. Washington, DC: American Association on Mental Retardation.

DOLEY, D. M. , MEREDITH, R. L. , & CIMINERO, A. R. (Eds.), (1982). Behavioral psychology and medicine and rehabilitation: Assessment and treatment strategies. New York: Plenum.

DOLLARD, J. , & MILLER, N. E. (1950). Personality and psychotherapy. New York: McGraw Hill.

DONAHUE, J. A. , GILLIS, J. H. , & KING, H. (1980). Behavior modification in sport and physical education: A review. Journal of Sport Psychology, 2, 311~328.

DORSEY, M. F. , IWATA, B. A. , ONG, P. , & MCSWEEN, T. E. (1980). Treatment of self-injurious behavior using a water mist: Initial response suppression and generalization. Journal of Applied Behavior Analysis, 13, 343~353.

EYSENCK, H. J. (1959). Learning theory and behavior therapy. Journal of Mental Science, 105, 61~75.

EYSENCK, H. J. (Ed.), (1960). Behavior therapy and the neuroses. London: Pergam.

FEIST, J. , & BRANNON, L. (1988). Health psychology: An introduction to behavior and health. Belmont,CA:Wadsworth.

FERSTER, C. B. , & SKINNER, B. F. (1957). Schedules of reinforcement. New York: Appleton—Century—Crofts.

FREDERICKSEN, L. W. (1982). Handbook of organizational behavior management. New York: John Wiley.

FREDERIKSEN, L. W. , LOVETT, F. B. (1980). Inside organizational behavior management: Perspectives on an emerging field. Journal of Organizational Behavior Management, 2, 193 ～203.

FULLER, P. R. (1949). Operant conditioning of a vegetative human organism. American Journal of Psychology, 62, 587～590. Reprinted in L. P. Ullmann & L. Krasner (Eds.), (1965), Case studies in behavior modification (pp. 337～339). New York: Holt, Rinehart & Winston.

GELLER, E. S. , WINETT, R. A. , & EVERETT, P. B. (1982). Preserving the envioronment: New strategies for behavior change. New York: Plenum.

GILES, T. R. , (1990). Bias against behavior therapy in outcome reviews: Who speaks for the patient? The Behavior Therapist, 13, 86～90.

GOWAN, G. R. , BOTTERILL, C. D. , & BLIMKE, J. (1979). Bridging the gap between sport science and sport practice. In P. Klavora & J. Daniel (Eds.), Coach, athlete & sport psychologist. Toronto: School of Physical and Health Education, University of Toronto.

HARRIS, D. V. , & HARRIS, B. L. (1984). The athlete's guide to sports psychology. New York: Leisure Press.

HERSEN, M. , & BELLACK, A. S. (Eds.), (1955). Handbook of clinical behavior therapy with adults. New York: Plenum.

JACOBS, H. E. , KARDASHIAN, S. , KREINBRING, R. K. , PONDER, R. , & SIMPSON, A. P. (1984). A skills-oriented model for facilitating employment among psychiatrically disabled persons. Rehabilitation Counselling Bulletin, 28, 87~96.

JONES, M. C. , (1924). A Laboratory Study of Fear: The case of Peter. Pedagogical Seminary and Journal of Genetic Psychology. 31, 308~315.

KAPLAN, S. J. (1986). The private practice of behavior therapy: A guide for behavioral practitioners. New York: Plenum.

KAZDIN, A. E. (1978). History of behavior modification. Baltimore: University Park Press.

KAZDIN, A. E. , & WILSON, G. T. (1978). Evaluation of behavior therapy: Issues, evidence and strategies. Cambridge, MA: Ballinger.

KELLER, F. S. , & SCHOENFELD, W. N. (1950). Principles of psychology. New York: Appleton—Century—Crofts.

KELLER, F. S. , & SHERMAN, J. G. (1982). The PSI handbook: Essays on personalized instruction. Lawrence, KS: TRI Publications.

KELLY, J. A. & LAMPARSKI, D. M. (1985). Outpatient treatment of schizophrenics: Social, skills and problem-solving.

In M. HERSEN & A. S. BELLACK (Eds.),Handbook of clinical behavior therapy with adults (pp. 485~508). New York: Plenum.

KIMBKE, G. A. (1961). Hilgard and Marques' conditioning and learning (2nd ed.). Englewood Cliffs. NJ: Prentice—Hall.

LAST, C. G. , & HERSEN, M. (Eds.) (1988). Handbook of anxiety disorders. New York: Pergamon.

LAZARUS, A. (1971). Behavior therapy and beyond. New York: McGraw—Hill.

LAZARUS, A. A. (1976). Multi—model behavior therapy. New York: Springer.

LINDSLER, O. R. , SKINNER, B. F. , & SOLOMON, H. C. (1953). Studies in behavior therapy Status report I. Waltham, MA: Metropolitan State Hospital.

LUTHANS, F. , & KREITNER, R. (1985). Organizational behavior modification and beyond: An operant and social learning approach. Glenview, IL: Scott, Foresman.

MARTIN, G. L. , & HRYCAIKO, D. (Eds.), (1983). Behavior modification and coaching Principles,procedures,and research. Springfield, II; Charles C. Thomas.

MARTIN, G. L. , & LUMSDEN, J. (1987). Coaching: An effective behavioral approach. St. Louis, MO: Times Mirror/Mosby.

MARTIN, G. L. , & OSBORNE, J. G. (1989). Psychological adjustment to everyday living. Englewood Cliffs, NJ: Prentice—Hall.

MARTIN G. & PEAR, J. , (1992). Behavior Modification: What It Is And How To Do It. (4th ed.). Englewood Cliffs. NJ: Prentice—Hall.

MATSON, J. L. (1990). Handbook of behavior modification with the mentally retarded, 2nd ed. New York: Plenum.

MORRISON, R. L. , & BELLACK, A. S. (1984). Social skills training. In A. S. Belleck (Ed.), Schizophrenia: Treatment, management, and rehabilitation (pp. 247~280). Orlando, FL: Grune & Stratton.

NORTON, G. R. (1977). Parenting. Englewood Cliffs, NJ: Prentice—Hall.

O'BRIEN, R. M. , DICKENSON, A. M. , & Rosow, M. P. (Eds.), (1982). Industrial behavior modification: A management handbook. New York: Pergamon.

ORLICK, T. (1986a). Coaches training manual to psyching for sport. Champaign, IL: Human Kinetics.

ORLICK, T. (1986b). Psyching for Sport. Champaign, IL: Human Kinetics.

REED, S. D. (1990). Behavioral medicine and behavior change. In F. H. KANTER, & A. P. Goldstein (Eds.), Helping people change: A textbook of methods, 4th ed. New York: Pergamon.

REID, D. H. , PARSONS, M. B. , & GREEN, C. W. (1989). Treating aberrant behavior through effective staff management: A developing technology. In E. Cipan (Ed.), The treatment of severe behavior disorders. Washington, DC: American Association on Mental Defficiency.

ROTTER, J. B. (1954). Social learning and clinical psychology. Englewood Cliffs, NJ: Prentice—Hall.

RUTHERFORD, R. B. (1984). Books in behavior modification and behavior therapy. Scottsdale, AZ: Robert B. Rutherford.

SACKETT, D. L. & SNOW, J. C., (1979). The magnitude of compliance and noncompliance. In R. B. HAYNES, D. W.

SHERMAN, J. G., RUSKIN, R. S., & SEMB, G. B. (Eds.), (1982). The Personalized System of Instruction: 48 Seminar Papers. Lawrence, KS: TRI Publications.

SKINNER, B. F. (1938). The behavior of organisms. New York: Appleton—Century—Crofts.

SKINNER, B. F. (1948). Walden two. New York: Macmillan.

SKINNER, B. F. (1953). Science and human behavior. New York: Macmillan.

SKINNER, B. F. (1956). A case history in scientific method. American Psychologist, 11, 221~223.

SKINNER, B. F. (1957). Verbal behavior. New York: Appleton —Century—Crofts.

SKINNER, B. F. (1958). Teaching machines. Science, 128, 969~977.

SKINNER, B. F. (1960). Pigeons in a pelican. American Psychologist, 15, 28~37.

SKINNER, B. F. (1968). The technology of teaching. New York: Appleton—century—Crofts.

SKINNER, B. F. (1969). Contingencies of reinforcement: A theoretical analysis. New York: Appleton-Century-Crofts.

SKINNER, B. F. (1971). Beyond freedom and dignity. New York: Knopf.

SKINNER, B. F. (1974). About behaviorism. New York: Knopf.

SKINNER, B. F. (1977). Why I am not a cognitive psychologist. Behaviorism, 5, 1~10.

SKINNER, B. F. (1989). Recent issues in the analysis of behavior. Columbus, OH: Charles E. Merrill.

SKINNER, B. F., & VAUGHAN, N. E. (1983). Enjoy old age: A program of self-management. New York: W. W. Norton.

TAYLOR & D. L. SACKETT (Eds.), Compliance in health care. Baltimore: Johns Hopkins University Press.

TAYLOR, S. E. (1990). Health psychology: The science and the field. American Psychologist, 45, 40~50.

TURNER, R, M., & ASCHER, L. M. (Eds), (1985). Evaluating behavior therapy outcome. New York: Springer.

ULLMANN L. P., & KRASNER, L. (Eds.), (1965). Case studies in behavior modification. New York: Holt, Rinehart & Winston.

VAN HOOSE, W. H. (1986). Ethical Principles in counseling. Journal of Counseling and Development, 65 (3), 168~169.

VAN HOOSE, W. H., & KOTTLER, J. A. (1977). Ethical and Legal Issues in Counseling and Psychotherapy. San Francisco: Jossey—Bass.

WATERS, R. H. (1958). Behavior, datum of abstraction. American Psychology, 13, 278~282, (1)

WATSON, J. B. , & RAYNER, R. (1920). Conditioned emotional reactions. Journal of Experimental Psychology, 3, 1~14. in Reprinted. ULRICH, T. STACHNIK, & J. MABRY (Eds.), Control of Human Behavior, Vol. 1 (pp. 66~69). Glenview, IL: Scott, Foresman.

WATSON, R. I. (1962). The experimental tradition and clinical psychology. In A. J. Bachrach (Ed.), Experimental foundations of clinical psychology. New York: Basic Books.

WHITMAN, T. L. , SCIBIK, J. W. , & REID, D. H. (1983). Behavior modification with the severely and profoundly retarded: Research and application. New York: Academic Press.

WILLIAMS, R. L. , & LONG, J. D. (1982). Toward a self-managed lifestyle. 3rd ed. Boston: Houghton Mifflin.

WITT, J. C. , ELLIOT, S. N. , & GRESHAM, F. M. (1988). Handbook of behavior therapy in education. New York: Plenum.

WOLPE, J. (1958). Psychotherapy by reciprocal inhibition. Stanford, CA: Stanford University Press.

WOLPE, J. (1990). The practice of behavior therapy. 4th ed. New York: Pergamon.

WYATT, W. J. , HAWKINS, R. P. , & DAVIS, P. (1986). Behaviorism: Are reports of its death exaggerated? Behavior analyst, 9, 101~105.

YATES, A. J. (1970). Behavior therapy. New York: John Wiley.